Reihe Medienstrukturen

herausgegeben von
Otfried Jarren
Matthias Künzler
Manuel Puppis

Band 10

Otfried Jarren | Christian Steininger [Hrsg.]

Journalismus jenseits von Markt und Staat

Institutionentheoretische Ansätze und Konzepte in der Publizistik- und Kommunikationswissenschaft

Festschrift für Marie Luise Kiefer

 Nomos

Die Deutsche Nationalbibliothek verzeichnet diese Publikation in
der Deutschen Nationalbibliografie; detaillierte bibliografische
Daten sind im Internet über http://dnb.d-nb.de abrufbar.

ISBN 978-3-8487-2758-2 (Print)
ISBN 978-3-8452-7229-0 (ePDF)

1. Auflage 2016
© Nomos Verlagsgesellschaft, Baden-Baden 2016. Printed in Germany. Alle Rechte, auch
die des Nachdrucks von Auszügen, der fotomechanischen Wiedergabe und der Über-
setzung, vorbehalten. Gedruckt auf alterungsbeständigem Papier.

Vorwort

Die mit der hier vorliegenden Festschrift zu Ehrende, Marie Luise Kiefer, studierte Nationalökonomie und Staatswissenschaften. Sie war bis 1992 Leiterin der Fachzeitschrift „Media Perspektiven" und gemeinsam mit Klaus Berg Herausgeberin der „Schriftenreihe Media Perspektiven" (1984-1992). Auch betreute sie verantwortlich die Langzeitstudie Massenkommunikation (1970-1996).

Hinsichtlich ihrer steten Publikationstätigkeit sei auf das Schriftenverzeichnis am Ende dieses Bandes hingewiesen. Es verdeutlicht die Entwicklung ihrer Interessen hin zu einer institutionenökonomischen Perspektive auf zentrale Gegenstände unseres Faches.

Als Honorarprofessorin für Kommunikationsökonomie und Medienforschung an der Universität Wien wirkte sie auch in der Lehre. Ihre Arbeitsschwerpunkte waren Medienökonomie, Medienpolitik, Institutionenökonomie und Rezeptionsforschung. Dort, am Institut für Publizistik- und Kommunikationswissenschaft, begeisterte Marie Luise Kiefer einen der Herausgeber für medienökonomische Fragen. Christian Steininger stand ihr damals als Tutor zur Seite.

Otfried Jarren lernte, kurz nach seinem Magister-Abschluss, 1978 Frau Kiefer als Leiterin der Redaktion „Media Perspektiven" kennen. Seit dieser Zeit stand er, immer mal wieder, mit ihr im wissenschaftlichen Austausch. Vor allem Kiefers institutionentheoretische Arbeiten haben Otfried Jarren angeregt.

Der Anlass für diese Festschrift ist ein runder Geburtstag von Marie Luise Kiefer. Der Umstand, dass Marie Luise Kiefer auf die Nennung der mit diesem Ehrentag verbundenen Zahl wenig Wert legt, ermöglicht es den beiden Herausgebern, die leichte (sic!) Verzögerung der Herausgabe der Festschrift zu kaschieren. Soviel sei verraten: die aktuelle Festschrift erscheint etwa 10 Jahre nach der letzten Festschrift „Bausteine einer Theorie des öffentlich-rechtlichen Rundfunks". Insofern hat alles seine gute Ordnung.

Eigentlich hätte der viel zu früh verstorbene Hannes Haas als dritter Herausgeber fungieren sollen. Wir hoffen, dass die hier vorliegende Festschrift ihm auch gefallen hätte. In einem seiner letzten Schreiben an die beiden Herausgeber befand er zumindest ein vorläufiges Bandkonzept

„prima vista für [...] ausgezeichnet". Damit nicht genug, verstarb im Laufe der Erstellung des Bandes mit Kurt Imhof auch noch einer der prominenten Beiträger. Der vorliegende Band hat durch die beiden schmerzlichen Verluste ohne Zweifel an Qualität verloren.

Wir danken an allererster Stelle den Beiträgerinnen und Beiträgern, sie haben durch ihr Engagement diesen Band erst möglich gemacht. Dank gebührt auch den Herausgebern dieser Reihe, die der Festschrift eine Heimat gegeben haben. Die Publikation wurde dankenswerterweise durch eine finanzielle Zuwendung der Universität Zürich (UZH) ermöglicht.

Zürich und Wien, im September 2015 Otfried Jarren &
Christian Steininger

Inhalt

Einleitung

Christian Steininger & Otfried Jarren

Die Grundidee der vorliegenden Festschrift für Marie Luise Kiefer lässt sich wie folgt beschreiben: Reflexion über die von Marie Luise Kiefer vorgelegten Arbeiten. Dabei wird aber nicht allein das wissenschaftliche Oeuvre bilanziert und diskutiert, sondern es wird auch danach gefragt, welche Bedeutung ihre paradigmatischen Arbeiten für das Fach Publizistik- und Kommunikationswissenschaft hatten und haben.

In sechs Beiträgen wird dabei auf die Ausführungen in Kiefers Schrift „Journalismus und Medien als Institutionen" (2010) eingegangen. Ihre Überlegungen werden vertieft und ergänzt mit weiterführenden Überlegungen wie Konzepten. Dieser Fokus ist nicht zufällig: Über den Journalismus und seine Perspektiven wird seit geraumer Zeit auch wissenschaftlich debattiert. Marie Luise Kiefer kommt das Verdienst zu, diese Diskussion früh und wissenschaftlich gehaltvoll angegangen zu haben. Die Reaktionen auf ihre Überlegungen waren im ersten Moment stark und heftig. Dabei wurde eher politisch, nicht einmal ordnungspolitisch, argumentiert – und es wurden die mit ihren Überlegungen verbundenen theoretischen Grundlagen dabei vielfach übersehen und ignoriert. Es gehört zu den Eigentümlichkeiten des Faches, dass es sich rasch praktischen Fragen zuwendet – zu Lasten einer substantiierten wissenschaftlichen Debatte. Es ist auch eigentümlich zu nennen, dass sich die Kommunikatorforschung, lange Zeit eine Kerndomäne innerhalb der Publizistik- und Kommunikationswissenschaft, wenig bislang zu Wort gemeldet hat.

Die Gliederung des *ersten Teils* der Festschrift ist mit jener der Schrift Kiefers weitgehend identisch. Daran schließen im *zweiten Teil* elf Essays zur zentralen Frage: „Wie argumentiert, konstituiert und sichert man autonome Institutionen in einer Gesellschaft?" Ein Schriftenverzeichnis von Marie Luise Kiefer rundet die Festschrift ab.

Kiefer bearbeitet die Wechselbeziehungen zwischen Medien, Journalismus, Öffentlichkeit und Demokratie mit Hilfe institutionentheoretischer Ansätze. Institutionen bzw. die Auseinandersetzung mit diesen gewinnen in den Sozialwissenschaften zunehmend an Bedeutung. Vom „age of institutions" (Di Maggio 1998), „institutional turn" (Nielsen 2007), der „Renaissance des Institutionalismus" (Rehberg 1994) ist die Rede. In den Wirtschaftswissenschaften sogar von einer „institutionalistischen Revolution" (Feldmann 1995). Aus wissenschaftstheoretischer Perspektive ist die institutionalistische Herangehensweise an Medien und Journalismus eine Rückbesinnung auf die weitestgehend vergessenen nationalökonomischen Wurzeln der Kommunikationswissenschaft. Dies sei folgend kurz verdeutlicht.

1 Die wissenschaftstheoretische und fachhistorische Verortung institutionentheoretischer Ansätze

Um Marie Luise Kiefers Schrift(en) wissenschaftstheoretisch verorten zu können, bedarf es eingangs des Versuchs einer wissenschaftstheoretischen Kartierung der Kommunikationswissenschaft. Deren Entwicklung war und ist nicht allein durch das Aufstellen, Verteidigen und Widerlegen von Theorien geprägt (vgl. Steininger/Hummel 2015). Sozialwissenschaftliche (1960er-Jahre) und kulturalistische Wende (1980er-Jahre) der deutschsprachigen Kommunikationswissenschaft lassen sich nicht allein aus Erkenntnisfortschritten oder der Weiterentwicklung von Methoden verstehen. Diese Wenden wurden auch durch wissenschafts- und soziopolitische Rahmenbedingungen befördert. Mattelart (1999) würde hier insbesondere fachexterne, vor allem politische und wirtschaftliche Einflüsse, als Antrieb für Theorie- und Methodenentwicklungen herausstellen. „Idealistisch-rationalistische, empirisch-sozialwissenschaftliche und kulturalistische Ansätze koexistieren heute weitgehend ohne Auseinandersetzung nebeneinander, begriffliche Terminologien bleiben ungeklärt." (Steininger/ Hummel 2015: 163) Wissenschaftlicher Fortschritt unterliegt damit weitgehend dem Zufall. Das gilt auch für die Theorieentwicklung in den einzelnen Teildisziplinen der Kommunikationswissenschaft, so in der Kommunikatorforschung. Hachmeister (1987: 11) würde diese Teildisziplinen wohl als Orientierungskomplexe innerhalb des sich wandelnden Disziplinrahmens (von der Zeitungskunde, über die Zeitungswissenschaft und die Publizistikwissenschaft hin zur Kommunikationswissenschaft) bezeichnen. Aber auch für diese Orientierungskomplexe gilt, dass sie im Kontext von externen Bedingungen und wissenschaftsinternen Prozessen zu betrachten sind (vgl. Steininger/Hummel 2015: 27). Auffällig ist, dass es keinen ernsthaften Diskurs über Theorien und die Theorieentwicklung im

Fach Kommunikationswissenschaft gibt, wohl aber anhaltende Debatten über Forschungsmethoden.

Welche Theorieschulen lassen sich unterscheiden? Darüber einen Überblick zu geben, ist fordernd. Es existieren seit einigen Jahren zwar einige Übersichtsdarstellungen: Doch welchen kanonisierenden Effekt hatten die bislang? Es gilt wohl noch immer: Chaotisch wäre die in der Kommunikationswissenschaft praktizierte Theorienbildung, konstatierte Saxer (1995: 42) bereits vor zwanzig Jahren. Vor dem Hintergrund des Selbstverständnisses als Integrationswissenschaft würden „disziplinfremde Konzepte bzw. Theoriestücke" ohne „Befolgung konsentierter wissenschaftstheoretischer Normen übernommen" (Saxer 1995: 43f.). Heute stellt sich eher die Frage, was in der Kommunikationswissenschaft noch als ‚disziplinfremd' gelten könnte? So kann man sich manchmal nicht des Eindrucks erwehren, dass der Kommunikationswissenschaft nichts fremd ist, außer ihrer Wurzeln. Dazu noch später. Es lässt sich aber zumindest festhalten, dass man sich auf die Suche nach den Grundlagen des Fachs gemacht hat (vgl. etwa Krotz/Hepp/Winter 2008: 9). Die Kommunikationswissenschaft wird dabei zur „Querschnittswissenschaft", man sucht in ihr nach „Basistheorien" und „grundlegenden Theorien", wobei der letztere Begriff „weniger ausgrenzend und offener" sein soll als der erstere. Die von Saxer (1995: 43f.) befundete „chaotische Konkurrenz" gibt es nicht (mehr). Unter Basistheorien werden subsummiert: „z. B. Symbolischer Interaktionismus, (radikaler) Konstruktivismus, Handlungstheorie, Semiotik, materialistische Theorie und Systemtheorie" (Krotz/Hepp/Winter 2008: 9), unter grundlegende Theorien: Kultur- und Gendertheorien.

Wer sich mit dem wissenschaftlichen Tun anderer befasst, erkennt: Wissenschaft ist „keine Schöpfung aus dem Nichts, sondern bedient sich immer einer Reihe von Annahmen" (Bohrmann 2005: 151), auf die gestützt Autoren argumentieren. Bevor wir uns folgend in diesem Band der Frage widmen, was Kiefers institutionenökonomisches Theorienset leisten kann, muss man sich klar darüber werden, was Theorie grundsätzlich leisten kann. Friedrichs (1977: 60) hat darauf hingewiesen, dass die Vorstellungen über die Leistungsfähigkeit (soziologischer) Theorie „anspruchsvoll und unrealistisch zugleich" seien. Anspruchsvoll, weil die Erklärung eines Sachverhalts aus einer allgemeinen Theorie oder zumindest einer Vielzahl bewährter Aussagen abgeleitet werden muss, unrealistisch, weil eine Ableitung damit immer auf den Stand der Theorienbildung angewiesen ist und „nur unvollkommen möglich ist" (Friedrichs 1977: 60).

Saxer (1995: 44) sieht die Fachgeschichte der Kommunikationswissenschaft als „additive [...] Aneignung undisziplinierter Gegenstände". Von „herrenlosem Gut", das dem Materialobjekt der Zeitungswissenschaft zugeschlagen wurde, ist da die Rede: Zeitung, Radio, Fernsehen, Film, Buch udgl. Saxer würde die Arbeit Kiefers wohl daran messen, ob sie der Disziplinbildung durch die Umwandlung des Materialobjekts in Formalobjekte dienlich ist. Oder anders gesagt: Es geht ihm um die Subsummation der Materialobjekte „unter spezifische, erklärungsträchtige, eben disziplinäre Perspektiven" (Saxer 1995: 44). Eine solche erklärungsträchtige Perspektive will Kiefer mit vorantreiben, „Journalismus und Medien als Institutionen" ist der Versuch der Mitentwicklung einer solchen. Sie selbst würde ihre Schrift wohl ähnlich wie ihre Medienökonomik verorten: Als Versuch etwas zu entwickeln, das auf einem Entwicklungsschema wissenschaftlicher Forschungsprogramme der Ebene der präformalen Theorie am nächsten ist. Es geht darum „ein sehr weites Feld an Zusammenhängen, Einflussfaktoren, Ursache-Wirkungs-Ketten" (Kiefer/Steininger 2014: 13) mit der Hilfe institutioneller Theorieansätze abzustecken und auszuloten.

Dieser Band versucht deshalb, den Institutionalismus in seinen vornehmlich soziologischen und ökonomischen Ausprägungen weiter in Richtung erklärungsträchtige kommunikationswissenschaftliche Perspektive voranzutreiben, damit die nächste Stufe, jene der semiformalen Theoriebildung, erreicht werden kann. Denn: Die kurze Zeitspanne der Existenz der Kommunikationswissenschaft war und ist für ihre Theorien folgenreich. Für das Überleben einer Theorie ist deren Institutionalisierungschance (vgl. Meyen/Löblich 2006: 26; Lepenies 1981: II) maßgeblich. Theorieangebote, die vor der Gründung einer Universitätsdisziplin entstehen, geraten in Vergessenheit, weil sie diese Institutionalisierungschance zumeist nicht hatten.

1.1 Nationalökonomische Wurzeln der Kommunikationswissenschaft

„Hingewiesen sei nur auf die besonders herausragende Übernahme der durch Adam SMITH repräsentierten englischen ,klassischen' Schule politischer Ökonomie in Deutschland um 1800 als Grundlage zur Überwindung der älteren nationalstaatlichen Traditionen und zur Begründung einer neuen wissenschaftlichen Disziplin ,Nationalökonomie'." (vom Bruch 1986: 14)

Zu Medien (insb. die Presse) und ihren Wirkungen haben im 19. Jahrhundert Nationalökonomen, Historiker, Juristen und Literaturwissenschaftler gearbeitet. Diesen ging es aber nicht um den Aufbau einer eigenständigen Disziplin (vgl. Meyen/Löblich 2006: 12) Wer waren diese Nationalökonomen und womit haben sie sich beschäftigt?

Albert Schäffle betont in seinen Werken die Bedeutung von Kommunikation als gesellschaftlich integrierendes Moment. Von der Produktion symbolischer Güter ist da die Rede und von den sie ermöglichenden Institutionen, den Medien (vgl. Hardt 2001: 46). Was für aktuellere institutionenökonomische Arbeiten gilt, ist hier schon in Ansätzen zu beobachten: Die Bedeutung von Kommunikation wird betont. Medien begreift Schäffle nicht nur als Transmitter von Ideen, sondern als von politischen und ökonomischen Kräften beeinflusst. Kräfte, die auch journalistische Praxen determinieren (vgl. Hardt 2001: 66). Mit deskriptiver Analyse gibt sich Schäffle nicht zufrieden. Er fordert Pressereformen und die Trennung von redaktionellen und werblichen Inhalten. Man erkennt schon an dieser Stelle Parallelen zu Kiefers wissenschaftlichem Programm. Für Karl Knies ist Ähnliches zu berichten, nach Hardt (2001: 82) berücksichtigt er noch stärker als die Autoren vor ihm die Bedeutung von Kommunikation für Gesellschaft im Kontext der Entwicklung der Moderne. Auch betont er die Bedeutung einer nationalen institutionellen Infrastruktur für die ökonomische Entwicklung und befasst sich mit dem Medium Telegraf (vgl. Schmidt-Fischbach 1996: 27-59). Bei Karl Bücher findet sich eine starke Fokussierung auf das Pressewesen. In seiner „Entstehung der Volkswirtschaft" beschreibt er die Zeitung als eine kapitalistische Unternehmung (vgl. Bücher 1922; 1926). Aus kommunikationswissenschaftlicher Perspektive ist er wohl das bekannteste Gesicht unter den Nationalökonomen, gilt er doch als Gründervater der Zeitungskunde. Ferdinand Tönnies greift die Ausführungen der eben genannten Autoren auf und verhandelt sie vor dem Hintergrund öffentlicher und privater Interessen. Ihn sieht Hardt (2001: 145) sehr nahe an den Positionen der sich damals entwickelnden US-amerikanischen Soziologie. Gustav Schmoller schließlich fordert eine Verbindung von Institutionenlehre und -geschichte, eine Position der Vertreter aktueller institutionenökonomischer Positionen heute Rechnung tragen.

1.2 Ökonomischer Institutionalismus

Die oben genannten nationalökonomischen Autoren beeinflussten Thorstein Bunde Veblen und John R. Commons, beide gelten als Vertreter des

Alten (Amerikanischen) Institutionalismus (vgl. Seifert/Priddat 1995), der wiederum den aktuellen ökonomischen Institutionalismus und damit indirekt auch die Arbeiten Kiefers prägt, die man weder dem ökonomischen Mainstream der Wirtschaftstheorie noch dem betriebswirtschaftlichen der kommunikationswissenschaftlichen Teildisziplin Medienökonomie zuschlagen kann. Kiefer bewegt sich theoretisch im Bereich des Neuen (ökonomischen) Institutionalismus, der wie folgt untergliedert werden kann: Konstitutionenökonomik, New Organizational Economics, Theorie institutionellen Wandels und Evolutorische Ökonomik (vgl. Seifert/Priddat 1995: 29). Diese vier Bereiche lassen sich nur teilweise auf Veblen zurückführen, da sie ihren Anfang mitunter als institutionenökonomische Ergänzung der Neoklassik nahmen.

In der ökonomischen Theorie können mit Riese (1975) im historischen Rückblick drei Paradigmen unterschieden werden: das des Merkantilismus, der Klassik und der Neoklassik (vgl. Seufert 2007). Demnach gab es zwei Paradigmenwechsel in der Geschichte der ökonomischen Theorie, die Seufert der sozialgeschichtlichen Entwicklung der Gesellschaften geschuldet sieht. Seufert (2007: 24) macht deutlich, dass diese Entwicklung das normative Element in ökonomischen Theorien (insbesondere Antworten auf die Frage, „was Reichtum in einer Gesellschaft ausmacht und wie er zustande kommt") veränderte.

Heute wird vielfach Kritik am neoklassischen Effizienzmaßstab laut. Ursprung dieser Kritik ist mitunter auch die Institutionenökonomik, die Rationalität und ökonomisches Prinzip als nicht deckungsgleich begreift. Rationalität kann man nicht systemunabhängig definieren, stellt Herder-Dorneich (1992: 11) etwa fest. Und Effizienz als Maßstab reicht nicht aus, da es zur Beurteilung von Lösungen „definierter gesellschaftlicher Ziele, Ziele, denen von möglichst vielen Mitgliedern der Gesellschaft ein positiver Wertgehalt beigemessen wird, und die als Grundlage der Bewertung einer Lösung dienen" (Kiefer/Steininger 2014: 68f.) bedarf. Verwiesen sei in diesem Zusammenhang auf die verfassungsrechtliche Sonderstellung der Medien in demokratischen Gesellschaften.

Die Neue Institutionenökonomik ist in Teilen eine Rückbesinnung auf die klassischen Anfänge der ökonomischen Disziplin. Anders als die neoklassische Theorie abstrahiert sie bei ihren Analysen wirtschaftlicher Phänomene nicht von gesellschaftlichen und politischen Zusammenhängen. Institutionelle Rahmenbedingungen dürfen bei der Betrachtung des Wirtschaftsgeschehens nicht negiert werden, es geht gerade um die Erklärung von Zusammenhängen zwischen politischen, soziologischen und ökonomischen Faktoren (vgl. Kiefer/Steininger 2014: 62). Dies führt zu einer Weiterentwicklung des ökonomischen Instrumentariums, zu einer Vielzahl von Ansätzen, derer sich auch Kiefer bedient. Der ökonomische Institutionalismus ist weit davon entfernt paradigmatischen Charakter zu haben, man kann ihn sich mit Joas und Knöbl (2011: 747) als eine interdisziplinäre Bewegung vorstellen, die sich des Alten (Amerikanischen) Institutionalismus und ihrer Kritik an der Klassik besann. Die mit ersterem einhergehende Annahme der institutionellen Eingebundenheit des Individuums verträgt sich nicht uneingeschränkt mit der klassischen Annahme nutzenmaximierenden Verhaltens.

Kiefer wählt den Neuen (ökonomischen) Institutionalismus als analytisches Instrumentarium ihrer medienökonomischen Arbeiten. Damit ist zunächst einmal wenig gesagt, da dieser kein geschlossenes theoretisches Gebäude ist, vielmehr eine Reihe von Ansätzen mit Gemeinsamkeiten und Grundüberzeugungen. Zentral handelt es sich aber um folgende: Wirtschaften vollzieht sich heute in einem institutionellen und organisatorischen Rahmen, der eine sinnvolle Wirtschaftswissenschaft ohne Berücksichtigung dieses Rahmens nicht mehr vorstellbar erscheinen lässt (vgl. Holl 2004: 29).

2 Journalismus und Medien als Institutionen: Kiefers Ansatz in der Diskussion

Damit der Band auch für jene Leser von Nutzen ist, die sich mit Kiefers Schrift „Journalismus und Medien als Institutionen" (2010) (noch) nicht befasst haben, folgt eine knappe Einführung in ihre Grundüberlegungen. Um optimale Leserführung zu gewährleisten, werden am Ende der jeweiligen Kurzdarstellungen der Themenfelder die Positionen der Beiträgerinnen und Beiträger dieses Bandes einführend dargelegt.

Kiefer begreift Institutionen als Formen sozialer Handlungen, die unser Leben strukturieren und dadurch Unsicherheit vermindern. „Institutionen schaffen Richtlinien für Interaktionen" (Kiefer/Steininger 2014: 76; vgl. auch Knight 1992: 2). Auch North (1992: 4) versteht unter Institution „jede Art von Beschränkung, die Menschen zur Gestaltung menschlicher Interaktionen ersinnen". Die vielfältigen als Institutionen bezeichneten Phänomene haben eine Gemeinsamkeit, sie bilden die Grundlage von Erwartungen. Auch deshalb, weil Institutionen als „System formgebundener (formaler) und formungebundener (informeller) Regeln einschließlich der

Vorkehrungen zu deren Durchsetzung" (Richter/Furubotn 1996: 7) gelten. Ostrom (1990: 51 zitiert nach Kiefer 2010: 20) bringt dies auf den Punkt, wenn sie Institutionen als Mengen von Funktionsregeln beschreibt, „die man braucht um festzulegen, wer für Entscheidungen in einem bestimmten Bereich in Frage kommt, welche Handlungen statthaft oder eingeschränkt sind, welche Aggregationsregeln verwendet werden, welche Verfahren eingehalten werden müssen, welche Information geliefert oder nicht geliefert werden muss, welche Entgelte den Einzelnen entsprechend ihren Handlungen zugebilligt werden".

Kiefer (2010: 20) verweist darauf, dass Ostrom (1999: 66f.) ihre Definition der Institution in bedeutsamer Weise ergänzt: (a) Institutionen sind Teil des gemeinsamen Wissens einer Gesellschaft, (b) institutionelle Regelsysteme sind zumeist in andere institutionelle Regelsysteme eingebettet. Hier können analytisch drei Regelebenen unterschieden werden:

> „Regeln für operative Entscheidungen bestimmen unmittelbar das alltägliche Handeln und Entscheiden; Regeln für kollektive Entscheidungen bestimmen indirekt die operativen Regeln, sie sind diesen insofern exogen und legen die Verfahrensweisen über die operativen Regeln fest; Regeln für konstitutionelle Entscheidungen legen die spezifischen Regeln für die Schaffung des Regelsystems für kollektive Entscheidungen fest, sie sind insofern nicht nur operativen, sondern auch den kollektiven Entscheidungsregeln exogen." (Kiefer 2010: 20f.)

Institutionenwandel ist vor dem Hintergrund dieser drei Regelebenen zu sehen. Operative Regeln sind leichter und kostengünstiger zu verändern als kollektive oder gar konstitutionelle (vgl. Kiefer 2010: 21).

2.1 Perspektive: Medien als Institutionen

Kiefer (2010: 24) beschreibt Medien vor dem Hintergrund obiger drei Regelebenen als „komplexes System institutionalisierter formaler und informeller, interner und externer Regeln". Medien sind sowohl auf konstitutioneller (verfassungsrechtlicher Schutz von Pressefreiheit), kollektiver (Mediengesetze) als auch operativer Regelebene (Regeln auf Produktions- sowie Rezeptionsseite) verankert.

Medien lassen sich weiters als Bündelung von Institutionalisierungsformen begreifen. So unterscheidet Holl (2004: 15ff.) rekurrierend auf Kiwit und Voigt (1995) sowie Kasper und Streit (1999) vier Gruppen von Institutionen: (1) interne Institutionen als Ergebnis von generationenübergreifendem Handeln vor dem Hintergrund menschlicher Erfahrungen, (2) externe Institutionen als Ergebnis eines bewussten politischen Entwurfs, (3) informelle Institutionen als Ergebnis imperativer Selbstbindung der Akteure selbst und Sanktionierung durch spontane unorganisierte Feedbacks sowie (4) formale Institutionen, die nicht regelkonformes Verhalten durch private oder staatliche Überwachung sanktionieren. Kiefer (2010: 24) konstatiert vor dem Hintergrund dieser Differenzierung, dass im „institutionellen System ‚Medien'" alle vier genannten Formen der Institutionalisierung gebündelt scheinen: „So können Nachrichtenfaktoren […] als Selektionsraster journalistischer Arbeit als Konventionen, der Trennungsgrundsatz zwischen redaktionellem und Werbeangebot als ethische Regel, bestimmte Mediennutzungsgewohnheiten als Sitten, Presserat oder Selbstverpflichtungserklärungen der Medien als formale private Regeln, Berufskodizes als Verhaltensregeln und Mediengesetze als Regeln positiven Rechts oder der verfassungsrechtliche Schutz der Pressefreiheit als Verfahrensregeln […] bestimmt werden." (Kiefer 2010: 24)

Medien werden als Institutionen auch begreifbar, wenn man Funktionen von Institutionen in den Mittelpunkt der Betrachtung rückt. Beantwortet man etwa die Frage, warum es Institutionen gibt, mit den, Institutionen von Göbel (2002: 5ff.) zugeschriebenen Funktionen, dann erkennt man, dass auch Medien diese Funktionen erfüllen (vgl. Kiefer 2010: 28): Medien reduzieren Komplexität (Ordnungsfunktion), selektieren Information journalistisch für Rezipienten (Entlastungsfunktion), begünstigen Rezipientenverhalten in Richtung Informationsaufnahme (Motivationsfunktion), bringen die Informationsstände von Interaktionspartnern auf einen gemeinsamen Stand (Koordinationsfunktion), sind Faktor der Vergemeinschaftung (Kohäsionsfunktion), liefern Beurteilungsmaßstäbe (Wertmaßstabsfunktion) udgl.

Otfried Jarren (in diesem Band, Teil I) stimmt in seinem Beitrag „Medien als Institutionen: Medien oder Journalismus als Institution?" Kiefers Befund, dass es sich bei traditionellen Medien um Institutionen handelt, zu. Er betont darüber hinaus eigenständige und spezifische Vermittlungsinteressen der Medien, die er als intermediäre Organisationen fasst, als Organisationen die mit gesellschaftspolitischen Akteuren aus unterschiedlichen Systemen interagieren. Ausgehend vom Begriff des Massenmediums verdeutlicht er, dass das was darunter landläufig subsummiert wird, nicht immer journalistische Ansprüche verfolgt. Leitideen sowie journalistische Leistungen variieren zwischen den Massenmedien. Lässt sich vor diesem Hintergrund aber die zentrale institutionelle Position halten, die Kiefer dem Journalismus zuschreibt? Jarren konstatiert, dass diese Position nur dann beschreibbar wird, wenn man die Medienorganisation stärker mit ins Kalkül zieht. Organisationen als bewusst geschaffene und auf Dauer gestellte soziale Einrichtungen seien als Ressourcenbereitsteller und Justierer journalistischer Zielwerte mehr als nur maßgeblich für die Leistungserbringung des Journalismus. Von einer „institutionellen Einheit", die Medien und Journalismus bilden, spricht Jarren deshalb. Kiefers Argument, dass Journalismus als institutionelle Struktur von Öffentlichkeit anzusehen sei, gelte nur eingeschränkt, nämlich vorrangig für Zeiten, in denen politische bzw. gesellschaftliche Intermediäre ohne ökonomische Zielsetzungen Zeitungen herausbrachten.

2.2 Perspektive: Journalismus als Institution

Kiefer (2010: 47) vertritt die These, dass Journalismus als zentrale institutionelle Struktur von Öffentlichkeit zu begreifen ist. Weiter führt sie aus: „[I]n der Gesellschaft, die die modernen Massendemokratien heute darstellen, ist Öffentlichkeit mit all den mit diesem Begriff verknüpften deskriptiven und normativen Konnotationen […] funktionsfähig nur durch die eingezogene institutionelle Struktur des Journalismus, eine institutionelle Struktur, die die Verklammerung von Öffentlichkeit und ‚das Öffentliche' […] sichert." (Kiefer 2010: 47) Warum geht Kiefer aber davon aus, dass es Journalismus ist (und nicht Medien), der Öffentlichkeit in modernen Massendemokratien „potentiell funktionsfähig macht" (Kiefer 2010: 47)? Kiefer begründet ihre These wie folgt: (1) Journalismus hat eine beratende Funktion für den Bürger, soll die Aufmerksamkeit aller Mitglieder der Gesellschaft auf die gemeinsamen Interessen aller Bürger (‚das Öffentliche') fokussieren. Nur so kann dem Bürger Meinungsbildung in Sachen kollektiv relevanter und erforderlicher Angelegenheiten ermöglicht werden. „Journalismus als Institution soll, wenn auch prozedural und kommunikativ verflüssigt, auch unter den Bedingungen der modernen Massendemokratie Volkssouveränität ermöglichen und sichern. Das ist der normative Kern seiner Statusfunktion." (Kiefer 2010: 49) (2) Journalisten fungieren neben Parlamentariern und zivilgesellschaftlichen Gruppen als demokratietheoretisch zentrale institutionalisierte Akteure, sie agieren zwischen politischen/nicht politischen Akteuren/Akteursgruppen und der Bevölkerung in ihrer Rolle als Publikum.

Journalismus wird von Kiefer auch aus verfassungsökonomischer Perspektive als Institution beschrieben. Hier geht man davon aus, dass Institutionen Hintergrundgerechtigkeit verkörpern müssen. Institutionelle Leistungen müssen der Schulung und Bildung von bürgerlichem Grundvermögen dienen sowie den Einsatz dieses ermöglichen (vgl. Rawls 2003: 262). Dabei müssen Institutionen dem Grundsatz der Volkssouveränität folgen und deshalb demokratisch kontrollierbar sein. Ausnahmen von dieser Regel betreffen sogenannte ‚autonome Institutionen'. Als autonome Institutionen im engeren Sinn gelten Gerichte, als autonome Institutionen im weiteren Sinne gelten Medien (vgl. Kiefer 2007). Medien kommen Aufgaben zu, die sie zu autonomen Institutionen machen, zu Institutionen, die in unterschiedlichem Ausmaß dem Einfluss der Regierung entzogen sein müssen, um das demokratische System zu stabilisieren, indem sie gesellschaftliche Kooperation ermöglichen und ökonomische sowie bürokratische Rationalität der „rentensuchenden Gesellschaft" in Grenzen halten (vgl. Kiefer 2010: 187ff.). Die Verfassungsökonomik zeigt, dass Individuen in einem Gesellschaftsvertrag festlegen, welche Regeln ihren Umgang bestimmen sollen. Hier, im Rahmen der konsentierten Festlegung von Zielwerten, kommen Medien ins Spiel: Konsensfähigkeit bedarf des Wissens um die eigene Position in der Gesellschaft (Interessenwissen) sowie des Wissens um Ursache-Wirkungs-Zusammenhänge zwischen Regeln und individuellen Wahlhandlungen (Theoriewissen) (vgl. Kiefer 2010: 86). Der Aufbau dieser beiden Wissensformen geschieht zunehmend medial. Der Gerechtigkeitsgrad von Medienorganisationen ist jedoch von deren kommunikativem Anschluss an die Präferenzen der Bürger abhängig.

Christoph Neuberger (in diesem Band, Teil I) gibt in seinem Beitrag „Journalismus als Institution" eine Antwort auf die Frage, welchen Beschreibungs- und Erklärungsbeitrag ein institutionalistisches Verständnis von Journalismus liefern kann. Vorweg: Es sind bedeutende Vorzüge, die Neuberger mit dem „Institutionendenken" verbindet. Vor dem Hintergrund seines Befundes, dass Kiefer sich zwar überwiegend mit Institutionenökonomik befasst, sich aber nicht ausschließlich auf diese Spielart der Institutionentheorie festlegt, unternimmt Neuberger den Versuch, die Überlegungen Kiefers mit Hilfe des aus der Organisationstheorie hervorgegangenen Neo-Institutionalismus weiterzudenken. Die Fragen (a) wie Journalismus Institutionen in gesellschaftlichen Teilsystemen schafft, und (b) welche erkenntnistheoretischen Potenziale mit der Annahme des Journalismus als Institution verbunden sind, werden unter den Gesichtspunkten der Legitimationssicherung und Unsicherheitsabsorption diskutiert.

Dies geschieht in Abgrenzung zu landläufigen handlungstheoretischen sowie systemtheoretischen Sichtweisen auf Journalismus und ermöglicht institutionellen Journalismuswandel zu erklären.

Uwe Schimank (in diesem Band, Teil I) sieht Kiefers institutionalistische Perspektive in seinem Beitrag „Institutionengestaltung gegen Ökonomisierung – Nachfragen zu einem wichtigen Vorschlag zur Finanzierung des Journalismus" als Beleg dafür, dass „gerade" eine institutionalistische Perspektive soziales Geschehen nicht nur begreifbar macht, sondern auch einen Eingriff in dieses Geschehen ermöglicht. Dabei befasst er sich auch mit Kiefers (2011) Arbeit zur Finanzierung des Journalismus, in der sie eine Dekommodifizierung desselben fordert. Schimank verdeutlicht in seinem Beitrag einleitend, dass das, was in den einzelnen Disziplinen unter Institutionalismus verstanden wird, oftmals nicht viel miteinander gemein hat. Vor diesem Hintergrund erachtet Schimank Kiefers Versuch ökonomisches und nichtökonomisches Gedankengut zu verbinden, verwiesen sei hier auf ihren Integrationsversuch von Institutionenökonomie und John Searles philosophischer „Theorie institutioneller Tatsachen", als eine Spielart des Institutionalismus, der sich von der Perspektive eines Rational-Choice-Institutionalismus grundlegend unterscheidet. Schimank bedient sich der von Rainer Lepsius (1990) formulierten Trias von „Institutionen, Ideen und Interessen" um zu verdeutlichen, dass Interessen nicht nur durch institutionelle Regeln gerahmt sind, und um deutlich zu machen, welche Wirkrichtungen eine institutionalistische Perspektive im Blick behalten muss. Kiefers Antworten auf die Finanzierungsfrage des Journalismus nimmt Schimank als Beispiele dafür, welche Fragen Kiefers „institutionalistischer Gestaltungsfunktionalismus" aufwirft.

2.3 Perspektive: Öffentlichkeit

Aus dem Prinzip der Volkssouveränität ergibt sich nach Kiefer (2010: 45) „zwingend das Öffentlichkeitsgebot parlamentarischer Deliberation". Volkssouveränität bedarf mehr als der parlamentarischen Deliberation, sie bedarf der Deliberation in der öffentlichen Kommunikation. Deshalb müssen Öffentlichkeitstheorien als relevant erachtet werden, „die am Maßstab demokratischer Selbstherrschaft die Qualität der Deliberation in der öffentlichen Kommunikation mit der Qualität der Willens- und Entscheidungsbildung in Zusammenhang bringen" (Imhof 2003: 25). Wer dies berücksichtigt, kann das Verhältnis von Öffentlichkeit und Journalismus nicht außer Acht lassen.

Wir haben ja bereits gehört, dass Kiefer Journalismus als zentrale institutionelle Struktur von Öffentlichkeit begreift (vgl. Kiefer 2010: 47). Kiefer favorisiert deshalb eine Perspektive von Öffentlichkeit, die mit deliberativen Konzepten von Öffentlichkeit kompatibel ist. Das deliberative Öffentlichkeitsmodell ist Teil einer Politikvorstellung, „der die periodische Auswahl des Personals eines ausdifferenzierten Politikbetriebs durch den ‚Demos' unzureichend erscheint" (Gerhards/Neidhardt/Rucht 1998: 31). Öffentlichkeit soll nicht nur die vorhandene Pluralität von Partikularinteressen spiegeln, sondern kommunikative Verständigung erreichen (vgl. Imhof 2003).

Christian Steininger (in diesem Band, Teil I) greift in seinem Beitrag „Öffentlichkeit und ihre institutionelle Struktur" Kiefers Hinweis auf, dass, wer Journalismus als Institution fasst, auch jenen gesellschaftlichen Bereich behandeln muss, für den dieses Regelsystem funktional ist: Öffentlichkeit. Folglich wird geprüft, ob Kiefer, wie viele andere Autoren, Öffentlichkeit lediglich als Explanandum oder aber als autonom vorgängig festgelegtes Konzept anwendet. Letzteres ist der Fall, was einerseits dem Umstand geschuldet ist, dass bei Kiefer alle drei Ebenen von Wahlhandlung berücksichtigt werden und andererseits durch die Verwendung des Konsensprinzips eine Vermittlung zwischen positiver und normativer Analyse gelingt. Kommunikationswissenschaftliche Normativität wird so legitimierbar.

2.4 Perspektive: Entstehung und Wandel von Institutionen

Nicht Techniken, sondern Organisationen konkurrieren, befundet Kiefer (2003: 197) im Rahmen ihrer Befassung mit technischem Wandel, den sie mit institutionellem und organisatorischem Wandel verknüpft sieht. Organisationen sind für institutionellen Wandel entscheidend und „verändern in Verfolgung ihrer Ziele, ihres Organisationszwecks schrittweise – intendiert oder nicht intendiert – die Institutionenordnung" (Kiefer 2003: 199). Welche Organisationen entstehen, wie sie sich weiterentwickeln, hängt insbesondere von den institutionellen Rahmenbedingungen ab (vgl. North 1992: 5). Die unternehmerische Zielerreichung behindernde Faktoren sind in der institutionellen Rahmenordnung angelegt, die Akteure mit „vielschichtigen Dilemmasituationen konfligierender Normensysteme und institutioneller Regelungen" (Kiefer/Steininger 2014: 411) konfrontiert.

Organisationen entwickeln sich und verändern so auch Institutionen (vgl. North 1992: 8). Das Unternehmen gilt Kiefer als ökonomische Institution *und* Organisation. Es wird als „institutionalisierter Ort der Produktion" und als ein „wirtschaftlich-rechtlich organisiertes Gebilde mit dem Ziel, mittels produktiver Leistungen an den Markt Gewinne zu erwirtschaften" (Kiefer/Steininger 2014: 117) beschrieben. Unternehmen nehmen Einfluss auf die Gestaltung und damit den Wandel ihrer institutionellen Umwelten. Durch ihre Zielverfolgung verändert die Organisation die Institutionenordnung (vgl. North 1992: 87). „In kleinsten Schritten vor sich gehende Veränderungen rühren daher, dass Unternehmer in politischen und ökonomischen Organisationen erkennen, dass sie größere Erfolge erzielen könnten, wenn sie den gegebenen institutionellen Rahmen irgendwie marginal verändern." (North 1992: 9) Langfristiger wirtschaftlicher Wandel wird so als „kumulative Folge unzähliger kurzfristiger Entscheidungen politischer und wirtschaftlicher Unternehmer" (North 1992: 123) gefasst.

Kiefer (2010: 103ff.) bedient sich aber auch evolutionsökonomischer Modelle um die Entstehung, Entwicklung und den Wandel von Institutionen zu beschreiben. Sie trägt dabei der Einsicht von Berger und Luckmann (2007: 58 zitiert nach Kiefer 2010: 79) Rechnung, dass es unmöglich ist, „Institutionen ohne den historischen Prozess, der sie hervorgebracht hat, zu begreifen". Grundsätzlich lassen sich mit Mantzavinos (2007) motivationale (Selbstinteresse) und kognitive Gründe (Unkenntnis) für die Entstehung von Institutionen anführen. Letztere Gruppe von Gründen verweist auf die Bedeutung, die Institutionen durch die Umwandlung von Unsicherheit in Risiko erlangen (vgl. Kiefer 2010: 82f.). Evolutionärem Wandel nähert sich Kiefer mit Weise (2006), insbesondere sein Verständnis von kultureller Evolution als Prozessgeschehen: Kreative Individuen können durch Innovationen die Umwelt destabilisieren, die Innovation unterliegt einer Bewertung durch andere Individuen, die Vergleiche mit anderen Ideen ziehen und durch ihr Feedback und ihre Präferenzen die Innovation stützen. Hier ist die Rede von Selbstverstärkungskraft, die Konformitätsdruck nach sich ziehen kann. Negative Reaktionen werden unter dem Begriff der Hemmungskraft subsummiert. „Das Kräfteverhältnis zwischen Selbstverstärkung und Hemmung bestimmt die Selektion und damit das weitere gesellschaftliche Schicksal der Innovation." (Kiefer 2010: 100) Kiefer versucht nun evolutionsökonomische Modelle auf Medien zu übertragen, um deren Entstehung, Entwicklung und Wandel erklären zu können. Zentral befasst sie sich dabei mit Pressegeschichte und Journalismuswandel (vgl. Kiefer 2010: 103ff.).

Wolfgang Seufert (in diesem Band, Teil I) befasst sich in seinem Beitrag „Entstehung und Wandel der Institutionen Journalismus und Medien" mit der Ursache von Institutionalisierungsprozessen sowie mit den Mechanismen, die Institutionen wandeln oder zum Verschwinden bringen können. Kiefer rekurriert im Rahmen ihrer Bearbeitung obiger Themenkreise auf die Verfassungs- und die Evolutionsökonomik. Seufert greift diese Theorieansätze auf und prüft vor dem Hintergrund empirischer Befunde zur Medienregulierung in Deutschland deren heuristisches Potenzial. Dabei befasst er sich mit dem Kollektivgutcharakter der Leistungen von Journalismus und Medien und kommt zu dem Schluss, dass die von der Verfassungsökonomik geforderte breite Beteiligung aller Gesellschaftsmitglieder an kollektiven Entscheidungen über die Produktion obiger Kollektivgüter defizitär ist. Die Stabilität der deutschen Medienordnung beruhe weitestgehend auf der Rechtsprechung des Bundesverfassungsgerichts, nicht auf einem breiten gesellschaftlichen Diskurs.

2.5 Perspektive: Institution und Organisation

In ihrer Klärung des Verhältnisses von Organisation und Institution bezieht sich Kiefer auf Schmoller, der erstere als „die persönliche Seite der Institution" (Schmoller 1900 zitiert nach Kiefer/Steininger 2014: 81; vgl. auch Richter/Furubotn 1996: 8; Erlei/Leschke/Sauerland 1999: 25) begreift. Institutionen können zu Organisationen formalisiert sein (vgl. Kröll 2009: 135).

Der Umstand, dass Medienorganisationen sowohl durch materiell-ressourcenspezifische Kräfte (etwa Technik und Wettbewerb), als auch durch Normen und kulturelle Überzeugungen (vgl. Scott 2006: 211) geprägt werden, verweist auf eine Vielzahl von institutionellen Einflüssen auf Organisationen und deren Entstehen. Kiefer (2010) befundet, dass vor diesem Hintergrund oftmals von Organisationsfeldern (vgl. DiMaggio/Powell 1983), verstanden als in Wechsel- und Austauschbeziehungen stehende Ansammlung verschiedener Organisationen im institutionellen Feld, die Rede ist. In Analogie dazu lässt sich für Medien ein „Organisationsfeld um die Institution Journalismus bestimmen, das aus journalistischen Medienorganisationen des Fernsehens, Hörfunks und der Presse, aus Nachrichtenagenturen und Korrespondenzbüros, journalistischen und medientechnischen Organisationen aber auch Regulierungsbehörden [...] gebildet wird" (Kiefer 2010: 128f). Bei Moldaschl und Diefenbach (2006: 151) findet sich der Hinweis, dass sich Institutionen und Ressourcen durch einen Doppelcharakter auszeichnen. Je nach Betrachtung können sie sowohl das eine, als auch das andere sein. Angewandt auf das Verhältnis Journalismus/Medium bedeutet dies: Journalismus als Institution definiert einerseits das Organisationsfeld, in dem sich Medienorganisationen bewegen, andererseits ist er als Institution für privatwirtschaftliche Medienorganisationen die zentrale Ressource, die ökonomisch genutzt wird (vgl. Kiefer 2010: 129).

Manuel Puppis (in diesem Band, Teil I) betont in seinem Beitrag „Institution und Organisation", dass die Institutionenökonomik nur eine mögliche Perspektive auf Organisationen und Institutionen bietet. Eine Klärung des Verhältnisses von Medienorganisation und institutionellem Umfeld wird von ihm vornehmlich mit Rückgriff auf die neoinstitutionalistische Organisationstheorie angestrebt. Innerhalb dieser (und getragen von verschiedenen wissenschaftlichen Disziplinen) lassen sich verschiedene Richtungen (von Rational Choice Institutionalismus, Historischem Institutionalismus, Soziologischem Institutionalismus bis hin zum Diskursiven Institutionalismus) unterscheiden. Dass deren Verständnis von Institution höchst unterschiedlich ist, wird verdeutlicht.

3 Kiefer revisited: Wie argumentiert, konstituiert und sichert man autonome Institutionen in einer Gesellschaft?

Der Frage „Wie argumentiert, konstituiert und sichert man autonome Institutionen in einer Gesellschaft?" widmen sich elf Beiträgerinnen und Beiträger in der hier beschriebenen Abfolge.

Die beiden einleitenden Essays (in diesem Band, Teil II/A) beziehen sich auf obige Frage und ihre Stimmigkeit: *Regina Schnellmann* zeigt kurz und prägnant, wie Kiefer auf diese Frage antwortet und wo die Gefahren für die Institution Journalismus liegen. Deren Entstehung und Existenz wird vor dem Hintergrund fundamentaler Wissensgrenzen und daraus resultierender Unsicherheit, gesellschaftlichen Kooperationserfordernissen und sozialen Dilemmastrukturen verhandelt. Auch *Patrick Donges* sieht Konflikte zwischen institutionellen Logiken in sich ausdifferenzierenden Gesellschaften. Er seziert die Frage der Herausgeber vor dem Hintergrund seines Verständnisses von autonomer Institution, schreckt dabei dankenswerterweise auch nicht vor dem Einsatz eines Rotstifts zurück und kommt zu dem Schluss, dass Journalismus letztlich nicht gesichert werden kann, weil er sich mit der Gesellschaft verändert.

Die Rahmenbedingungen von Medien und Journalismus finden in den folgenden drei Essays (in diesem Band, Teil II/B) Behandlung. *Wolfgang Schulz* diskutiert obige Frage und Kiefers Antworten aus Regulierungsperspektive und erklärt die Vorzüge ihrer Bemühungen um eine publizistikwissenschaftlich orientierte Medienökonomie aus rechtswissenschaftlicher Perspektive. Dabei wird deutlich, dass es legitim ist, für einen im Wandel befindlichen Journalismus neue Organisationsvorstellungen zu entwickeln. *Klaus-Dieter Altmeppen* behandelt die Ökonomisierung traditioneller Medien. Sein leidenschaftliches Plädoyer für unkonventionelle Lösungen (auch in Finanzierungsfragen des Journalismus) geschieht auch vor dem Hintergrund des Eindringens funktionsfremder Praktiken digitaler Konglomerate in die institutionellen Ordnungen des Journalismus. *Matthias Künzler* vertieft in seinem Essay implizit die Einsichten Altmeppens mit Verweis auf Kiefers Erkenntnisse zur Kulturökonomie. Vor dem Hintergrund der Digitalisierung prüft er technische Möglichkeiten hinsichtlich ihres Potenzials zur Rationalisierung des Journalismus und damit zur Überwindung des mangelnden Produktivitätszuwachses im Mediensektor.

Die folgenden vier Autoren verhandeln obige Frage mit Betonung auf unterschiedliche Argumentationsstränge, die sich auch bei Kiefer finden (in diesem Band, Teil II/C). *Klaus Beck* wählt den Wandel von Institutionen als Bezugspunkt und betont die Vorzüge der institutionenökonomischen Perspektive, die er insbesondere an der analytischen Integration von sozialer Differenzierung und dynamischer Sicht auf diesen Wandel und die Entstehung von Institutionen festmacht. *Philip Baugut* wählt die Autonomie von Institutionen als Ausgangspunkt für seine Ausführungen. Diese Autonomie sieht er wie Kiefer in enger Beziehung zur Professionszugehörigkeit. Dass eine journalistische Kultur der Autonomie auch für die Autonomiegrade der Politik folgenreich ist, wird dabei deutlich. *Swaran Sandhu* fokussiert den Umstand, dass Institutionen von ihrer Legitimität leben. Er bezieht sich auf John Searle und befundet, dass Institutionen ohne Anerkennung nicht überleben können. Effizienz kann diese Anerkennung in den konkreten Ausprägungen der Qualitätssicherung (Evaluation, Ranking, Rating) nicht gewährleisten. Legitimierung muss vielmehr über die journalistische Arbeit selbst (ihre Transparenz) und die Teilhabe des Publikums geschehen. *Birger P. Priddat* nähert sich der Frage über die Befassung mit politischem und ökonomischem Wettbewerb. Er verdeutlicht dabei Interessen von Medien und Politik an der Mobilisierung von Aufmerksamkeit. Die Unabhängigkeit der Medien soll durch das Medienrecht gewährleistet werden. Unabhängige Medien erzwingen politische Kommunikation unabhängig von den Stimmenverhältnissen. Dafür erhalten sie ihr institutionell abgesichertes Machtpotenzial.

Im Rahmen des letzten Abschnitts (in diesem Band, Teil II/D) werden zwei konkrete Vorschläge zur Sicherung der institutionellen Struktur Journalismus vorgelegt. *Franziska Oehmer* sieht diese durch Erwartungskonformität gesichert, die durch redaktionelle Linien als verhaltenssteuernde Regelsets ermöglicht werden. Als redaktionelle Linien fasst sie nicht nur Festlegungen auf politische Positionen, sondern auch jene auf Neutralität oder Vielfalt. *Vinzenz Wyss* sieht eine öffentliche Finanzierung journalistischer Organisationen immer mit Entscheidungsgrundlagen und Kriterien verbunden, die Förderung nachvollziehbar machen. Qualitätsmanagementsysteme werden hier als wesentliche Elemente eines Kriterienkatalogs begriffen, dem Förderungsentscheidungen zugrunde liegen sollen. Sie sollen die unterschiedlichen Interessen von Redaktion und kaufmännischer Geschäftsführung der Medienorganisation ausbalancieren.

Literatur

Berger, Peter L./Luckmann, Thomas (2007): Die gesellschaftliche Konstruktion der Wirklichkeit. Frankfurt a. M.: Fischer.

Bohrmann, Hans (2005): Was ist der Inhalt einer Fachgeschichte der Publizistikwissenschaft und welche Funktionen konnte sie für die Wissenschaftsausübung in der Gegenwart besitzen. In: Schade, Edzard (Hrsg.): Publizistikwissenschaft und öffentliche Kommunikation. Konstanz: UVK, S. 151-182.

Bücher, Karl (1922): Die Entstehung der Volkswirtschaft. Vorträge und Aufsätze. Band 1. Tübingen: Laupp.

Bücher, Karl (1926): Die Grundlagen des Zeitungswesens. In: Bücher, Karl (Hrsg.): Gesammelte Aufsätze zur Zeitungskunde. Tübingen: Laupp.

DiMaggio, Paul J./Powell, Walter W. (1983): The Iron Cage Revisited: Institutional Isomorphism and Collective Rationality in Organizational Fields. In: American Sociological Review 48, Nr. 2, S. 147-160.

DiMaggio, Paul J. (1998): The new Institutionalisms. Avenues of Collaboration. In: Journal of Institutional and Theoretical Economics 154, Nr. 4, S. 696-705.

Erlei, Mathias/Leschke, Martin/Sauerland, Dirk (1999): Neue Institutionenökonomik. Stuttgart: Schäffer-Poeschel.

Feldmann, Horst (1995): Eine institutionalistische Revolution? Zur dogmenhistorischen Bedeutung der modernen Institutionenökonomik. Berlin: Duncker & Humblot.

Friedrichs, Jürgen (1977): Methoden empirischer Sozialforschung. Reinbek: Rowohlt.

Gerhards, Jürgen/Neidhardt, Friedhelm/Rucht, Dieter (1998): Zwischen Palaver und Diskurs. Strukturen öffentlicher Meinungsbildung am Beispiel der deutschen Diskussion zur Abtreibung. Opladen: Westdeutscher Verlag.

Göbel, Elisabeth (2002): Neue Institutionenökonomik. Konzeption und betriebswirtschaftliche Anwendungen. Stuttgart: Lucius & Lucius.

Hachmeister, Lutz (1987): Theoretische Publizistik. Studien zur Geschichte der Kommunikationswissenschaft in Deutschland. Berlin: Spiess.

Hardt, Hanno (2001): Social Theories of the Press. Constituents of Communication, 1840s to 1920s. Lanham: Rowman & Littlefield Publishers.

Herder-Dorneich, Philipp (1992): Neue Politische Ökonomie als Paradigma. Ihre Aktualität und ihre Weiterentwicklung in der Diskussion. In: Jahrbuch für Neue Politische Ökonomie, 11. Band. Tübingen: Mohr, S. 1-15.

Holl, Christopher (2004): Wahrnehmung, menschliches Handeln und Institutionen. Tübingen: Mohr.

Imhof, Kurt (2003): Der normative Horizont der Freiheit. „Deliberation" und „Öffentlichkeit" zwei zentrale Begriffe der Kommunikationswissenschaft. In: Langenbucher, Wolfgang R. (Hrsg.): Die Kommunikationsfreiheit der Gesellschaft. Die demokratischen Funktionen eines Grundrechts. Publizistik Sonderheft 4. Wiesbaden: Westdeutscher Verlag, S. 25-57.

Joas, Hans/Knöbl, Wolfgang (2011): Sozialtheorie. Zwanzig einführende Vorlesungen. Frankfurt a. M.: Suhrkamp.

Kasper, Wolfgang/Streit, Manfred E. (1999): Institutional Economics. Social Order and Public Policy. Cheltenham: Edward Elgar.

Kiefer, Marie Luise (2010): Journalismus und Medien als Institutionen. Konstanz: UVK.

Kiefer, Marie Luise (2003): Medienökonomie und Medientechnik. In: Altmeppen, Klaus-Dieter/Karmasin, Matthias (Hrsg.): Medien und Ökonomie. Band 1/2. Grundlagen der Medienökonomie. Opladen: Westdeutscher Verlag, S. 181-208.

Kiefer, Marie Luise (2007): Öffentlichkeit aus konstitutionenökonomischer Perspektive. In: Medien Journal 31, Nr. 1, S. 42-58.

Kiefer, Marie Luise (2011): Die schwierige Finanzierung des Journalismus. In: Medien & Kommunikationswissenschaft 59, Nr. 1, S. 5-22.

Kiefer, Marie Luise/Steininger, Christian (2014): Medienökonomik. 3. Auflage. München: Oldenbourg.

Kiwit, Daniel/Voigt, Stefan (1995): Überlegungen zum institutionellen Wandel unter Berücksichtigung des Verhältnisses interner und externer Strukturen. In: ORDO, Bd. 46, S. 117-148.

Knight, Jack (1992): Institutions and Social Conflict. Cambridge: Cambridge University Press.

Kröll, Friedhelm (2009): Einblicke. Grundlagen sozialwissenschaftlicher Denkweisen. Wien: Braumüller.

Krotz, Friedrich/Hepp, Andreas/Winter, Carsten (2008): Einleitung: Theorien der Kommunikations- und Medienwissenschaft. In: Winter, Carsten/Hepp, Andreas/Krotz, Friedrich (Hrsg.): Theorien der Kommunikations- und Medienwissenschaft. Grundlegende Diskussionen, Forschungsfelder und Theorieentwicklung. Wiesbaden: VS Verlag, S. 9-25.

Lepenies, Wolf (1981): Einleitung. In: Lepenies, Wolf (Hrsg.): Geschichte der Soziologie. Studien zur kognitiven, sozialen und historischen Identität der Soziologie. Band 1. Frankfurt a. M.: Suhrkamp, S. I–XXXV.

Lepsius, M. Rainer (1990): Interessen, Ideen und Institutionen. Wiesbaden: VS Verlag.

Mantzavinos, Chrysostomos (2007): Individuen, Institutionen und Märkte, Tübingen: Mohr.

Mattelart, Armand (1999): Kommunikation ohne Grenzen? Geschichte der Ideen und Strategien globaler Vernetzung. Rodenbach: Avinus-Verlag.

Meyen, Michael/Löblich, Maria (2006): Klassiker der Kommunikationswissenschaft. Fach- und Theoriegeschichte in Deutschland. Konstanz: UVK.

Moldaschl, Manfred/Diefenbach, Thomas (2006): Regeln und Ressourcen. Zum Verhältnis von Institutionen- und Ressourcentheorie. In: Schmid, Michael/Maurer, Andrea (Hrsg.): Ökonomischer und soziologischer Institutionalismus. Marburg: Metropolis, S. 139-162.

Nielsen, Klaus (2007): ‚The institutional turn‘ in the social sciences: a review of approaches and a future research agenda. In: Ioannides, Stavros/Nielsen, Klaus (Hrsg.): Economics and the Social Science Boundaries. Interaction and Integration. Cheltenham: Edward Elgar, S. 91-111.

North, Douglass C. (1992): Institutionen, institutioneller Wandel und Wirtschaftsleistung. Tübingen: Mohr.

Ostrom, Elinor (1999): Die Verfassung der Allmende. Tübingen: Mohr.

Ostrom, Elinor (1990): Governing the Commons. The evolution of institutions for collective action. Cambridge: Cambridge University Press.

Rawls, John (2003): Gerechtigkeit als Fairness. Ein Neuentwurf. Frankfurt a. M.: Suhrkamp.

Rehberg, Karl-Siegbert (1994): Institutionen als symbolische Ordnungen. Leitfragen und Grundkategorien zu Theorie und Analyse institutioneller Mechanismen. In: Göhler, Gerhard (Hrsg.): Die Eigenart der Institutionen. Zum Profil politischer Institutionentheorie. Baden-Baden: Nomos, S. 47-84.

Richter, Rudolf/Furubotn, Eirik (1996): Neue Institutionenökonomik. Eine Einführung und kritische Würdigung. Tübingen: Mohr.

Riese, Hajo (1975): Wohlfahrt und Wirtschaftspolitik. Reinbek: Rowohlt.

Saxer, Ulrich (1995): Von wissenschaftlichen Gegenständen und Disziplinen und den Kardinalsünden der Zeitungs-, Publizistik-, Medien-, Kommunikationswissenschaft. In: Schneider, Beate/Reumann, Kurt/Schiwy, Peter (Hrsg.): Publizistik. Beiträge zur Medienentwicklung. Festschrift für Walter J. Schütz. Konstanz: UVK, S. 39-55.

Schmidt-Fischbach, Patricia 1996: Das Fach-Stichwort: Fundamental-Kategorien des Nachrichtenverkehrs. In: Knies, Karl (Hrsg.): Der Telegraph als Verkehrsmittel. Über den Nachrichtenverkehr überhaupt. Faks. Nachdr. der Orig.-Ausgabe. Tübingen: Laupp 1857. München: R. Fischer, S. 27-59.

Schmoller, Gustav von (1900): Grundriss der Allgemeinen Volkswirtschaftslehre. München: Duncker & Humblot.

Scott, Richard W. (2006): Reflexionen über ein halbes Jahrhundert Organisationssoziologie. In: Senge, Konstanze/Hellmann, Kai-Uwe (Hrsg.): Einführung in den Neo-Institutionalismus. Wiesbaden: VS, S. 201-222.

Seifert, Eberhard K./Priddat, Birger P. (1995): Neuorientierungen in der ökonomischen Theorie: Zur moralischen, institutionellen, evolutorischen und ökologischen Dimension des Wirtschaftens. In: Seifert, Eberhard K./Priddat, Birger P. (Hrsg.): Neuorientierungen in der ökonomischen Theorie: Zur moralischen, institutionellen und evolutorischen Dimension des Wirtschaftens. Marburg: Metropolis, S. 7-54.

Seufert, Wolfgang (2007): Politische Ökonomie und Neue Politische Ökonomie der Medien – ein Theorienvergleich. In: Steininger, Christian (Hrsg.): Politische Ökonomie der Medien. Theorie und Anwendung. Wien: LIT, S. 23-42.

Steininger, Christian/Hummel, Roman (2015): Wissenschaftstheorie der Kommunikationswissenschaft. Berlin: De Gruyter Oldenbourg.

vom Bruch, Rüdiger (1986): Einleitung. In: vom Bruch, Rüdiger /Roegele, Otto B. (Hrsg.): Von der Zeitungskunde zur Publizistik. Biographisch-institutionelle Stationen der deutschen Zeitungswissenschaft in der ersten Hälfte des 20. Jahrhunderts. Frankfurt a. M.: Haag + Herchen, S. 1-30.

Weise, Peter (2006): Gesellschaftliche Evolution und Selbstorganisation. In: Güth, Werner/Kliemt, Hartmut/Weise, Peter/Witt, Ulrich (Hrsg.): Ökonomie und Gesellschaft. Jahrbuch 19: Evolution in Wirtschaft und Gesellschaft. Marburg: Metropolis, S. 171-283.

Teil I:
Journalismus und Medien als Institutionen: Kiefers Ansatz
in der Diskussion

Medien als Institutionen: Medien oder Journalismus als Institution?

Otfried Jarren

Marie Luise Kiefer (zuerst 2010) hat sich vor allem in den letzten fünf Jahren grundlegend mit institutionentheoretischen Konzepten im Hinblick auf die Frage nach dem institutionellen Verständnis von Medien und Journalismus auseinandergesetzt. Aufgrund ihrer Überlegungen kommt sie zur Beurteilung, dass der Journalismus als eine fundamentalere Institution im Vergleich mit der Medienorganisation anzusehen sei. Er sei zwar auf organisationale Strukturen angewiesen, erbringe aber auch unabhängig von der jeweiligen Organisation seine Leistungen. Gesamtgesellschaftlich sei es der Journalismus, dem zugetraut wird, bestehende Unsicherheiten vor allem durch die Bereitstellung von relevanten Informationen zu minimieren. Journalistische Leistungen seien ein kollektiv akzeptiertes Mittel zur Reduktion von Komplexität, die in der modernen Gesellschaft hoch ist und weiter zunimmt. Aufgrund der ihm kollektiv zugewiesenen Statusfunktion habe der Journalismus Institutionencharakter.

Aufgrund der besonderen institutionellen Bedeutung des Journalismus für die Gesellschaft hat Kiefer zudem auch Vorschläge unterbreitet zur Weiterentwicklung wie zur Förderung der Institution Journalismus. Der Beitrag „Die schwierige Finanzierung des Journalismus" (Kiefer 2011a) löste eine kurze, heftige Kontroverse aus (vgl. Ruß-Mohl 2011; Stöber 2011 sowie die Replik darauf von Kiefer (2011b). Auf diese Diskussion soll in diesem Beitrag nicht eingegangen werden. Die Frage, ob Journalismus tatsächlich als eigenständige Institution aufgefasst werden kann, steht hingegen im Mittelpunkt der nachfolgenden Überlegungen. Dabei wird auf die traditionellen Massenmedien und ihre institutionellen Spezifika eingegangen. Besonders fokussiert wird dabei auf die (Medien-)Organisation.

1 (Massen-)Medien als Institutionen

Ohne Zweifel: Die traditionellen Medien der Gesellschaft sind Institutionen, denn sie ermöglichen soziales Handeln und tragen zur sozialen Ordnung der Gesellschaft bei. Bislang sind es vor allem die traditionellen Massenmedien, die Regeln setzen und Erwartungen steuern und dadurch soziale Ordnung schaffen wie auch repräsentieren. Und mehr als nur das: Als intermediäre Organisationen verfolgen sie eigenständige und spezifische Vermittlungsinteressen. Neben die traditionellen Massenmedien sind nun neue Organisationen getreten, die zumeist summarisch unter Social Media zusammengefasst bezeichnet werden. Ob es sich bei diesen Organisationen auch um Institutionen handelt, das ist in der wissenschaftlichen Debatte noch offen. Zweifellos aber handelt es sich bei den Social Media-Anbietern auch um Organisationen, die allerdings nicht im organisationalen Feld der klassischen Massenmedien entstanden sind, sondern die von neuen Unternehmen begründet und etabliert werden. Ebenso ist unstrittig, dass auch diese neuen Medien Vermittlungsfunktionen in der Individual-, Gruppen- wie auch in der Massenkommunikation wahrnehmen (vgl. Neuberger 2013). Und das können sie, weil mit ihnen und durch sie regelhaft kommuniziert wird. Doch die Mehrzahl dieser neuen Medien entspricht nicht wesentlichen Institutionalisierungsmerkmalen der Massenmedien, so verfügen sie – und das ist ein zentrales Thema in den jüngeren Arbeiten von Marie Luise Kiefer – nicht über die für Medien fundamentale Institution Journalismus. Erst die Verknüpfung von Medien(-Organisationen) mit dem Journalismus führt zu einem institutionellen Arrangement, das aus Medien gesellschaftlich akzeptierte Institutionen hat werden lassen (vgl. Kiefer 2010: 212ff.).

Es ist in der Publizistik- und Kommunikationswissenschaft weitgehend akzeptiert, dass Medien, also die Massenmedien, Institutionen sind. Denn sie

- bilden spezifische Organisationen aus, die auf Dauer gestellt sind;
- institutionalisieren den Journalismus, der Themen in einer spezifischen, regelgeleiteten Weise generiert;
- initiieren durch Taktung sowie durch gesellschaftsweit bekannte Produktions- wie Rezeptionsrhythmen kommunikativen Austausch;
- synchronisieren sowohl durch ihre Bereitstellungsqualitäten wie durch ihr thematisches Angebot die Gesellschaft in sozialer, zeitlicher und sachlicher Hinsicht und sie

- erzeugen dadurch Erwartungssicherheit, die gesellschaftliche Koorientierung ermöglicht.

Institutionen kann man in einem allgemeinen Verständnis als ein soziales System von Erwartungsmustern auffassen, die das Verhalten von Personen in bestimmten Rollen und bei spezifischen Handlungen maßgeblich beeinflussen. Und diese regelsetzende Funktion einer Institution ist allgemein bekannt, anerkannt und sie wird akzeptiert. Dabei setzen Institutionen aber nicht nur Regeln, sondern durch ihre Handlungen können Einzelne wie Gruppen auf die (Weiter-)Entwicklung von sozialen Regeln und Normen, und somit auch auf die Ausgestaltung von Institutionen, Einfluss nehmen. Institutionen sind somit soziale Systeme aus verhaltenssteuernden Regeln, die sich gemäß einer Leitidee definieren, und die zumeist auf eine gewisse zeitliche Dauer gestellt sind und die einem größeren Kreis an Menschen bekannt sind und die eine gewisse Gültigkeit beanspruchen können (vgl. zusammenfassend Kiefer 2013: 120ff.).

Kiefer bezieht sich bei ihren institutionentheoretischen Überlegungen auf Searl (2005) und sie fasst die Anforderungen, die an eine Institution zu stellen sind, so zusammen: Um als Institution zu gelten

- muss ein soziales Phänomen durch konstitutive Regeln definiert sein,
- müssen diese Regeln Statusfunktionen festlegen, die kollektiv anerkannt sind und akzeptiert werden und
- diese Statusfunktionen lassen sich nur durch kollektive Zuweisung erfüllen oder sie beruhen auf beobachterunabhängigen Eigenschaften,
- ist mit den Statusfunktionen anerkannte und kollektiv akzeptierte denotische Macht verbunden (Schutzrechte, Anforderungen, Zertifikate u. a. m.) (vgl. Kiefer 2010: 36).

Auf den ersten Blick ist es einsichtig und überzeugend, grundsätzlich auch die Massenmedien zu den Institutionen zu zählen, wie dies sehr früh von Ulrich Saxer gemacht wurde. Medien, so Saxer, sollte man als „komplexe institutionalisierte Systeme um organisierte Kommunikationskanäle von spezifischem Leistungsvermögen" (Saxer 1999: 6) fassen (vgl. dazu grundlegend Donges 2006). Donges macht, unter Verweis auf Richard Scott, deutlich, dass Medien bezüglich regulativer, normativer wie auch kulturell-kognitiver Regeln als Institutionen aufzufassen sind. Allerdings ist die Bandbreite, in der unterschiedlich verfasste Medien sozialen Einfluss geltend machen können, groß (vgl. Donges 2013: 88f.). So unterscheiden sich die Medien nicht nur aufgrund ihres Leistungsvermögens hinsichtlich technischer Eigenschaften, sondern beispielsweise auch bezüglich der Publikationsnormen. So gilt: Ein Zitat für ein Pressemedium muss der befragten Person vor der Publikation zur Kenntnis gebracht werden, der dann für die Sendung vorgesehene Ausschnitt aus einem Fernsehinterview hingegen nicht. Text ist relevant, denn man besitzt es – schwarz auf weiß. Das Fernsehen mag im Moment mehr Leute erreichen, es ist aber – trotz aller Speichermöglichkeiten – insgesamt flüchtiger. Und es war ja nur ein Gesprochenes. Es gibt also bestimmte Normen und Regeln, die nur für die Presse, und andere, die nur für elektronische Medien gelten. Und diese Regeln sind bekannt und gemeinhin, wenngleich in Einzelfällen umstritten, auch anerkannt. Damit aber hat man nur den journalistischen Beitrag, den Massenmedien leisten, im Blick. Kiefer fragt deshalb, ob es überhaupt möglich sei, alle Medien gleichermaßen als Institutionen zu fassen. Folgen eine Tageszeitung und ein Pay-TV-Kanal für Spielfilme derselben Leitidee? (vgl. Kiefer 2013: 120) Donges macht in seinem Beitrag (in diesem Band) darauf aufmerksam, dass es bereits im Bereich der traditionellen Massenmedien zu Ausdifferenzierungen und somit auch zu speziellen Regeln gekommen ist.

Unter Massenmedien werden in der laufenden Diskussion zumeist jene Medien zusammengefasst und bezeichnet, die einen – mehr oder minder ausgeprägten – journalistischen Anspruch verfolgen, für die letztlich journalistische Leistungen als konstitutiv anzusehen sind (vgl. dazu Jarren 2015b). Doch wie ist es um diese Leistung und – vor allem – wie ist es um die Anerkennung dieser Leistung empirisch und in der Zuschreibung durch das allgemeine Publikum bestellt? Was ist denn eine journalistische Leistung – wo also fängt sie an? Reichen bestimmte (Nachrichten) oder minimale (Quantität) journalistische Leistungen aus, damit einem Medium eine journalistische Relevanz zuerkannt wird? Und wie ist es um die Zuschreibung von journalistischer Kompetenz bestellt, wenn die Zuschauer einen Unterhaltungs- oder Special-Interest-Kanal oder einen Musikspartenradiosender einer öffentlich-rechtlichen Rundfunkanstalt nutzen?

Mit Blick auf die journalistische Leistungserbringung wie auch aufgrund der Zuschreibung durch die Rezipienten ist davon auszugehen, dass die Leitideen zwischen den Massenmedien ebenso variieren wie die journalistischen Leistungen. Auch die publizistischen und journalistischen Profile der Medienorganisation variieren. Teilweise, vergleicht man Informationsangebote oder Nachrichtensendungen bei öffentlich-rechtlichen Sendern mit jenen von privat-kommerziellen Unternehmen, sogar beträchtlich. Und dieser Unterschied wird, wie die Rezeptionsforschung

zeigt, von den Nutzern wie Nichtnutzern auch so beurteilt. Selbst innerhalb der öffentlich-rechtlichen Senderfamilie finden sich höchst unterschiedliche publizistische wie journalistische Profile. Und dass sie variieren, hat mit dem Ausdifferenzierungsprozess sowohl im Bereich der Presse wie auch im Bereich des Rundfunks, also im Sektor der traditionellen
Massenmedien, zu tun. Damit haben sich, zumeist unbeobachtet durch
Teile der Publizistik- und Kommunikationswissenschaft (so vor allem der
Kommunikator- oder Journalismusforschung), natürlich auch die journalistischen Rollen, die Selbstverständnisse und die journalistischen Tätig-
keitsfelder ausdifferenziert. In der empirisch orientierten Publizistik- und
Kommunikationswissenschaft kommt immer noch den Printmedien und
vor allem den sog. Qualitätsmedien eine besondere Beachtung zu (so beispielsweise bei Inhaltsanalysen) (vgl. dazu Jarren 2015b).
Der Ausdifferenzierungsprozess bei den Massenmedien fand allerdings
im gleichen Feld unter sozialen Austausch- wie Beobachtungsbedingun-
gen statt. So haben sich die Massenmedien Presse, Radio und Fernsehen
in einem längeren historischen Prozess institutionalisiert – und dabei wurden Ziele, Formate und Ansprüche entwickelt und auf die jeweils neuen
Medien bzw. Sendeformate übertragen. Zugleich fanden aber auch wechselseitige Anpassungen statt. Dies geschah nicht zuletzt durch das Personal, das zu den jeweils neuen Medien wechselte. Und zugleich fand dieser
Prozess unter der wechselseitigen Beobachtung und Bewertung statt. Damit bildete sich ein institutionelles Arrangement wie auch ein organisationales Feld heraus, in dem vergleichbare Regeln gelten. Abgesehen von
solchen Massenmedien oder Kanälen, die keinerlei journalistische Leistungen erbringen, ist allen klassischen Massenmedien aber gemein, dass
gewisse journalistische Leistungen erbracht und auch ausgeflaggt werden.
Kiefer hat in ihren Arbeiten (vor allem 2010) deutlich gemacht, dass im
historischen Prozess von einer Koevolution von Journalismus und Medienorganisation auszugehen sei. Dabei habe sich der Journalismus als fundamentalere Institution durchgesetzt: Der innerhalb von Medienorganisationen erbrachte Journalismus habe kollektiv akzeptierte Regeln zur Reduktion von Komplexität, wie beispielsweise die Nachrichtenwerte, hervorgebracht, die gesellschaftsweite Relevanz erlangt haben. Diese Leistungen werden gesellschaftsweit deshalb akzeptiert, weil sie die Voraussetzung für alle menschlichen Entscheidungen und Handlungen bezogen
auf Kooperation darstellen (vgl. Kiefer 2010: 212). Der Journalismus, und
nicht die Medienorganisationen, habe eine konstitutive institutionelle
Funktion, da sich der Journalismus über ein allgemein anerkanntes Regel-

system konstituiert hat (vgl. Kiefer 2013: 121). Dabei verweist Kiefer auf empirische Studien über das Rollenbild im Journalismus wie auch auf die journalistische Aussagenproduktion. Sodann (aber) formuliert sie, eher normativ gewendet:

> „Der normative Kern oder die Leitidee dieser Statusfunktion im Kontext einer Demokratie ist die Ermöglichung und Sicherung des für Demokratien zentralen Prinzips der Volkssouveränität. In einer hoch differenzierten, komplexen, arbeitsteiligen und pluralistischen Gesellschaft, wie sie die modernen Massendemokratien darstellen, soll Journalismus mit seinen Wirklichkeitsbeschreibungen die Aufmerksamkeit der Bürger als Medienrezipienten auf das kollektiv Relevante, auf das gesellschaftlich Erforderliche lenken. [...] Der Journalismus übernimmt im Rahmen seiner Statusfunktion eine soziale Agentenschaft für den Bürger in dem Sinne, dass er dessen notwendige Informiertheit und die erforderlichen Lernprozesse mit Blick auf das Gemeinwesen ermöglichen und sicherstellen soll. Dieser institutionalisierte Agentenstatus ist die Basis für unser aller, also für ein generalisiertes Vertrauen in die journalistischen Wirklichkeitsbeschreibungen." (Kiefer 2013: 122f.)

Damit weist Kiefer dem Journalismus die zentrale institutionelle Position zu, beachtet aber zu wenig die Medienorganisation, deren Relevanz sie hingegen schon anerkennt. Die Organisation ist aufgrund der hier vertretenen Position für die Leistungserbringung des Journalismus mehr als nur maßgeblich: Erst die Organisation stellt dem Journalismus die Ressourcen bereit, sie legt und verfolgt ein publizistisches Programm und gibt insoweit die redaktionellen und somit auch journalistischen Zielwerte (publizistisches Programm, redaktionelle Linie) vor. Und die Medienorganisation bewirbt dieses Programm und betreibt dafür – und zwar im Vergleich zu anderen Branchen in einem hohen Maße – Marketing und PR. Die Organisation, zumal unter Marktbedingungen, bestimmt bezogen auf Markterwartungen eben auch die personellen (redaktionelle, journalistische) Ressourcen. Journalismus und Medienorganisationen stehen in einem symbiotischen Dependenzverhältnis (vgl. Altmeppen 2006) zueinander, wobei der Medienorganisation ein vorstrukturierender Einfluss zukommt: Die ökonomisch verantwortlichen Handlungsträger entscheiden über ökonomische Ressourcen und wählen das journalistische Leitungspersonal im Hinblick auch auf die ökonomische Zielerreichung aus. Kiefer anerkennt dies, wenn sie, mit Bezug auf Arbeiten von Uwe Schimank (2007), formuliert: „Dabei unterliegen Medien, sofern sie privatwirtschaftlich organisiert sind, ganz offensichtlich zwei teilsystemischen Orientierungshorizonten, dem der Wirtschaft und dem des Mediensystems." (Kiefer 2013: 127; vgl. dazu auch Schimank/Volkmann 2015: insbes. 123) Damit wird eine wichtige Unterscheidung getroffen: Es gibt (Massen-)Medien, die mehr oder minder stark sich auf ein bestimmtes Umfeld fokussieren und die damit auch ihr publizistisches Profil und somit auch die journalistische Leistungserbringung entsprechend diesem Profil quantitativ wie qualitativ anpassen. Diese Thematik wurde vor allem im Rahmen der Debatten über die Ökonomisierung im Mediensektor diskutiert. „Inhaltlich heißt Ökonomisierung des Journalismus dasselbe wie in anderen Teilsystemen auch [...]. Anders als in anderen Teilsystemen geht es dabei aber erst in zweiter Linie um Sparen und entsprechende Leistungsreduktionen, also ein Zurückfahren des Inklusionsniveaus; in erster Linie ist auf Seiten der verschiedenen Medienorganisationen, die den Journalismus tragen, Geldverdienen durch Inklusionsausweitung angesagt." (Schimank/Volkmann 2015: 125) Und dabei verweisen die Autoren auf die zunehmende Unterhaltungsorientierung in allen Medien. Der Unterhaltungswert würde von der Medienorganisation als Zielwert erkannt und dies könne die journalistischen Standards beeinflussen und gefährden.

Den Medienorganisationen kommt somit eine prägende Funktion, auch bezogen auf den Journalismus und das journalistische Leistungsprofil, institutionell zu. Deshalb bedarf die Analyse journalistischer (Massen-)Medien vor allem dem Blick auf die Medienorganisation.

2 Massenmedien als Organisationen

Presse, Radio und Fernsehen als Massenmedien haben sich mit ihren Organisationen als ein soziales System oder als ein soziales Feld institutionalisiert. Es hat sich, im historischen Prozess, eine spezifische institutionelle Medienorganisationsstruktur ausgebildet. Diese besteht – in einem allgemeinen Verständnis – aus einer Gesamtheit an „formellen wie der informellen Regeln und kulturellen Werte, die die Grundlage für die Handlungskoordination der Akteure und die Grenze zwischen legitimen und nicht-legitimen Handlungen bilden" (Esser 1996: 437). Medien insgesamt, also Medienorganisation als auch der in ihr verankerte Journalismus, dienen der Sozialregulation der Gesellschaft. Durch Regeln und Normen, so bezüglich Erscheinungsrhythmen, Taktgebung, Selektion usw., die vom Journalismus wie den Medienorganisationen bestimmt sind, wird der gesellschaftliche Austausch ermöglicht, stabilisiert und es werden Interaktionen möglich. Soziale Strukturbildung also als ein Resultat „der kommunikativ vermittelten, wechselseitigen Konditionierung von Erwartungen"

(Hartig-Perschke 2006: 230). Hier kommt den Massenmedien, als Organisationen – und derweil in Form von hochspezialisierten Organisationen – in der Gesellschaft dauerpräsent, eine besondere Bedeutung zu. Deshalb wird vielfach auch von „Mediengesellschaft" gesprochen (vgl. Imhof 2006). Damit wird sowohl auf die institutionelle Bedeutung wie die organisatorische Relevanz des Medien- und Kommunikationssektors verwiesen.

2.1 Die Organisationen der Massenmedien als Intermediäre

Die Massenmedien Presse, Radio und Fernsehen sind, und das unterscheidet sie konstitutiv vom Internet und somit auch von Social Media-Anbietern, Organisationen, und zwar Organisationen mit einer spezifischen Zwecksetzung wie Form. In ihnen handeln professionelle Rollenträgerinnen und Rollenträger. Organisationen im massenmedialen Sektor sind bewusst geschaffene und auf Dauer gestellte soziale Einrichtungen. In ihnen wird arbeitsteilig agiert, es bilden sich Handlungsbereiche und entsprechende Rollenträger heraus. Im Bereich der Massenmedien, der traditionellen Publizistik, wird dabei stets zwischen Management und Redaktion unterschieden, und die Rollen sind ebenso verteilt wie die Zuständigkeiten: einerseits für die inhaltliche Leistungserbringung (Journalismus, Publizistik) und andererseits für den Geschäftsbetrieb (Verlag, Management) (vgl. Siegert 2001). Massenmedien verfolgen durchwegs verschiedene gesellschaftliche, kulturelle, politische und ökonomische Ziele, aber die Zielverfolgung ist Teil ihres allgemein bekannten Programms. So verfolgen Medienorganisationen ökonomische Ziele, aber zur Erhaltung des Publikumsmarktes müssen sie die ökonomischen Aufgaben vom Journalismus trennen. Für Werbung und PR – zumindest wenn erkennbar – will das Publikum nicht bezahlen. Das Publikum erwartet eine unabhängige journalistische Produktion. Diese Trennung bei Medienorganisationen, vielfach zwar fragil, gehört aber zum konstitutiven Element der Publizistik, und sie wird laufend ausgeflaggt (Medienmarken; vgl. Siegert 2001). Nur so kann Vertrauen und somit Zuwendung und Zahlungsbereitschaft begründet werden. Und nur dort, das zeigen alle empirischen Studien, wo diese Trennung als sicher angenommen wird, besteht anhaltend Zuwendungs- und in der Folge auch Zahlungsbereitschaft. Die innere Verfasstheit der Massenmedien, dieses spezifische innere Ordnungsgefüge, ist zwar im Detail dem

Publikum nicht bekannt, aber im Grundsatz als spezifische Organisations-kultur anerkannt.

Über lange Zeit waren die Medien zugleich mit anderen Intermediären, wie den Parteien oder den Kirchen, unmittelbar verbunden (vgl. Rucht 1991). Auch wenn die heutigen Massenmedien mehr und mehr zu weltan-schaulich neutralen Forums- oder Geschäftsmedien geworden sind, so sind sie dennoch nicht norm- oder standpunktlos. Sie sind in der Gesellschaft verankert, verfügen über ein publizistisches Profil und sie entwickeln und kommunizieren ein redaktionelles Programm. Sie verfolgen, wenn auch variabel, Ziele, die sie zudem kommunizieren. Die Aufwendungen der Medienbranche für Werbe- und Marketingmaßnahmen sind immens. Mas-senmedien streben die Inklusion bestimmter sozialer Gruppen oder das Er-reichen der Gesellschaft in bestimmten Räumen an. Sie repräsentieren ge-wisse gesellschaftliche Positionen und Linien – manchmal arg opportunis-tisch, zudem vielfach wechselhaft. Aber in ihren Inhalten, die sie entlang publizistischer Grundsätze und redaktioneller Linien aufbereiten, markie-ren sie eine Ausrichtung.

Die Massenmedien repräsentieren gesellschaftliche Interessen und Gruppen, indem sie vor allem und vorrangig deren Themen präsentieren. Dafür erhalten sie von ihren jeweiligen gesellschaftlichen Partnern finan-ziell wie ideell Unterstützung und unsere geneigte oder weniger geneigte Aufmerksamkeit. Und auch der Gesetzgeber hat diese besondere Leistung der Medien, eine öffentliche Aufgabe wahrzunehmen, bekanntlich aner-kannt, und mit gewissen Privilegien versehen. Nur zu gerne berufen sich die Medien auf diesen öffentlichen Auftrag, zumal dann, wenn es Kritik gibt.

Medienorganisationen sind besondere Organisationen: Sie begreifen sich – neben allem Geschäftlichen – als gesellschaftliche Vermittler, als Intermediäre mit einem öffentlichen Mandat. Und sie betonen dies – öf-fentlich. Medien wollen vermitteln – bestimmte Themen, bestimmte nor-mative Standpunkte. Oder Medien müssen sogar nach einem bestimmten Vermittlungsprinzip agieren – so die öffentlich-rechtlichen Medienunter-nehmen. Dies unterscheidet publizistische Medien von Social Media-An-bietern, die Themen, Meinungen, Beobachtungen und andere Dinge nur verbreiten lassen. Publizistische Medien markieren also zumindest ein ge-nerelles, zumeist aber ein spezifisches Vermittlungsinteresse. Dazu gehört die Ausbildung einer bestimmten Organisation mit besonderen sozialen (Beobachtungs- wie Selektions-)Praxen (vgl. Altmeppen 2006).

2.2 Massenmedien als intersystemischer Organisationstyp

Medien verstehen und positionieren sich als Intermediäre, sie verfolgen explizit einen Vermittlungsanspruch, und sie tun dies durch die Ausbildung eines bestimmten Organisationstyps: intersystemische Organisation. Dieser Organisationstyp ist charakterisiert durch eine „systematische Verquickung von Gruppeninteressen, öffentlichen Aufgaben und Formen der bürokratischen oder auch ökonomischen Programmimplementation" (Bode/Brose 2001: 120).

Medienorganisationen weisen, wie übrigens auch Renten- bzw. Pensionskassen, bestimmte Formen der gesellschaftlichen Beteiligung auf. Dieser Organisationstyp erbringt gesellschaftlich erwünschte Leistungen, die aber nicht genau qualifiziert – geschweige denn zuverlässig evaluiert – werden können. Die Notwendigkeit und Existenz dieser Organisationen wird aber, trotz dieses offenkundigen Leistungs- und Qualitätsproblems, von den Konsumenten bzw. Rezipienten nicht wirklich bestritten. Medien wie Pensionskassen vermitteln uns eine gewisse Hoffnung auf eine sichere Zukunft. Immerhin, mehr aber nicht. Auf die Beiträge der Medien und das Beitragsprimat bei der Pensionskasse muss man sich verlassen.

Medien als intersystemische Organisationen verfügen über drei Merkmale:

* sie weisen eine hybride Struktur auf, d. h. sie sind durch keinen inklusiven Organisationszusammenhang konstituiert, sondern sie sind in ihrer internen Organisation durch Netzwerkstrukturen gekennzeichnet;
* an sie werden universalistische Leistungserwartungen herangetragen, deren Erfüllung – auch in qualitativer Hinsicht – nur schwer überprüft werden kann;
* sie weisen intermediären Charakter auf, d. h. von ihnen wird eine vermittelnde Leistung im öffentlichen Auftrag erwartet und sie übernehmen diese Aufgabe (vgl. Jarren 2008).

Die intersystemische Organisation der Massenmedien macht es möglich, dass dieser Organisationstyp mit höchst unterschiedlichen Akteuren aus allen Gesellschaftssystemen in Verbindung treten kann. Deshalb differenzieren sich Medienorganisationen aus, so in einen ökonomischen und in einen – davon bewusst unabhängigen – journalistischen Teil. Die Leistungserbringung wird also bewusst differenziert vollzogen. Die interne Struktur ist komplex, wenn Journalismus ermöglicht und als eigener Leistungsbereich ausgebildet wird. Der Journalismus steht potenziell mit Organisationen, Akteuren wie Individuen aus allen gesellschaftlichen Systemen in Austauschbeziehungen und ist insoweit hochgradig responsiv. Journalismus in diesem Organisationstypus ist organisiert als „Kommunikation über die Mehrsystem-Zugehörigkeit von Ereignissen" (Kiefer 2010: 69). Es gibt nicht viele Organisationen, die sich systematisch so aufstellen.

Medien sind deshalb inmitten der Gesellschaft. Die Leistungen, die von Massenmedien als intersystemische Organisationen erbracht werden, sind immer von unterschiedlichen Akteursgruppen abhängig, und sie werden von zahlreichen Gruppen der Gesellschaft beobachtet, beeinflusst und kontrolliert. Beobachtung, Mitbeteiligung und Mitkontrolle durch Dritte – bei der Presse anders als beim öffentlichen Rundfunk institutionalisiert und je nach Organisationstyp unterschiedlich ausgeprägt – hat zur Folge, dass die publizistische Produktion als ein öffentlicher Vorgang aufgefasst wird. Entsprechend differenzieren die Medienorganisationen aus: So werden im redaktionellen Bereich Herausgeberrollen definiert, publizistische Beiräte eingerichtet, man bedient sich externer Autoren, lässt Rezipienten zu Wort kommen.

Der Journalismus vertritt, neben seiner nachrichtlichen Leistungserbringung anhand professioneller Kriterien, sodann die Positionen und Interessen bestimmter gesellschaftlicher Akteure oder kommentiert – neben der vielfach heute verfolgten neutralen Beobachterrolle – im Sinne bestimmter Ziele, und zwar eigener, redaktioneller wie der von Gruppen der Gesellschaft. Medien wie Journalismus vertreten damit explizit oder implizit bestimmte gesellschaftliche Positionen über Themen, deren Deutung oder durch Formen der Kommentierung. Journalismus und Medienorganisation leisten damit gemeinsam, wie Kiefer es formuliert hat, „Verdichtungs-, Bündelungs- und Rückkoppelungsprozesse" (Kiefer 2010: 182).

Vor allem durch die journalistische Arbeit selbst, so bei der Recherche oder der Wiedergabe von Positionen wie Personen, werden unterschiedlichste gesellschaftliche Akteure einbezogen. Sie erhalten durch Bild oder Foto Gesicht oder man verleiht ihnen durch Zitate wie O-Ton Stimme. Zwar kommen normale Bürgerinnen und Bürger zumeist entpersönlicht und eher als Gewinner eines Preises, aufgrund eines Jubiläums, als Unfallopfer oder in Form einer Gruppe vor, aber der Einbezug ist für die Medien wichtig – sie legitimieren sich dadurch.

3 Kernmerkmale der massenmedialen Institution

Die journalistischen Leistungen in Verbindung mit der spezifischen (massen-)medialen Organisation bestimmen den Institutionentypus. Normen-wie regelsetzend wirken die Massenmedien der Gesellschaft insbesondere durch Synchronisation, Taktgebung, Selektion, Nachrichtensystem und Nachrichtenwerte, Nachrichtensystem und Koorientierung, Formatierung und Meta-Kommunikation (vgl. dazu die ausführliche Darstellung in Jarren 2015a).

3.1 Synchronisation

So wie selbst im Alltag möglichst viel in sicheren, bekannten und somit geregelten Bahnen verlaufen soll, so ist auch das Leben von Unternehmen und von politischen Organisationen nach gewissen Regeln strukturiert: Es werden handlungsentlastende Routinen angestrebt. Routinen schaffen soziale Stabilität. Daran wirken die Medien mit. Vor allem die Massenmedien als Organisationen leisten einen Beitrag zur gesellschaftsweiten Synchronisation aufgrund ihrer intermediären Leistungserbringung und ihrer Erscheinungsrhythmen. Die Journalistinnen und Journalisten könnten sekündlich Neuigkeiten bereitstellen, doch die Medienorganisation bündelt diese Informationen und stellt die journalistischen Produkte entsprechend optimaler Rezeptions- und somit Verkaufsbedingungen den Rezipienten bereit. Mit ihrer – letztlich seriell wie industriell geprägten – Produktionslogik geben sie einerseits den Takt bei der Informationsproduktion an und sie legen andererseits – noch immer – wesentliche Publikationszeiten und Nutzungszeiträume fest. Die Medienorganisation bestimmt in diesem Sinne die Bereitstellung der journalistischen Angebote.

Die Erscheinungsrhythmen – seien es die Zeitungen am Morgen oder die Fernsehnachrichten am Abend – sind allen Gesellschaftsmitgliedern bekannt. Im Alltag sind die Zeitfenster für die mediale Informationsbeschaffung zwar vielfältiger und variabler geworden, aber eben vorhanden. Habitualisierte Mediennutzung zwar, dennoch gemeinschaftsstiftend. Und so wird teilhabend wahrgenommen, was die Mitbürgerinnen und -bürger auch wissen. Wir denken und empfinden im Rezeptionsprozess die anderen einfach mit (vgl. Hasebrink 2001: 59).

> „The structure of the shared external environmental shapes neural responses and behavior. Some aspects of the environment are determinded by the physi-

cal environment. Other aspects, however, are determined by a community of individuals, who together establish a shared set of rules (behaviors) that shape and constrain the perception and actions of each member of the group." (Hasson et al. 2012: 115)

Themen, Prioritäten und Positionen, rhythmisch getaktet und in den meisten Medien gleichermaßen präsentiert, führen zusammen und schaffen Aufmerksamkeit. Diese Zusammenführung machen sich all jene, die um Aufmerksamkeit wie Entscheidungen buhlen, zu Nutze: Sie wollen, sie müssen möglichst alle oder zumindest die richtigen Gesellschaftsmitglieder mit ihrer Werbung und ihren Themen erreichen. Kollektive Nutzungszeiten sind äußerst rar, die Prime Time ist kurz und umkämpft. Organisationen aller Art wissen um die wichtigen Nachrichtenkanäle, ihre Publikationsrhythmen und die Prime Time: Entscheide, Medienmitteilungen oder Pressekonferenzen werden auf diesen Zeitpunkt hin ausgerichtet. Es soll Reichweite und auch Wirkung erzielt werden. Die Koproduktion zwischen Medien und gesellschaftlichen Organisationen ist, wenn immer möglich, auf einen Prime Time-Effekt ausgerichtet. Die Akteure wie die Nachrichtenmedien wollen ein möglichst großes Publikum erreichen, sie wollen eine maximale Aufmerksamkeit erzielen (vgl. Franck 1998). Deshalb takten die Medienorganisationen die wichtige Informationsproduktion und bestimmen sie die Publikationszeitpunkte – und die sind rar, die waren und bleiben ein knappes Gut.

3.2 Taktgebung

Takt bezieht sich generell auf soziale Situationen, und meint grundsätzlich die Fähigkeit, eine Interaktion zu initiieren, aufrechtzuerhalten wie auch in einer Interaktion situativ adäquat handeln zu können. Takt ist nicht nur ein Medium der Bewegungssynchronisation, sondern initiiert und steuert generell soziale Interaktionen, so auch Kommunikation. Der Takt als Ordnungsprinzip verleiht einer Nachrichtensendung oder der Fernsehsendung eine Struktur, die für Handelnde wie Rezipierende Berechenbarkeit und Erwartbarkeit schafft. Die Medienorganisation will durch ihre Taktsetzung die Aufmerksamkeit bündeln und lenken.

„Der Takt dient in der Moderne dazu, Selbstdarstellungen, kommunikative Beziehungen, emotionale Betroffenheiten und individuelle wie kollektive Entwicklungen zu ermöglichen." (Gödde/Zirfas 2012: 14) Der Takt dient der Synchronisation zur Verständigung. Takt steuert sowohl das individuelle als auch das kollektive Informationsverhalten. Vor dem Hintergrund des Axioms, dass man nicht nicht kommunizieren kann (Watzlawick et al. 2011 [1969]), sind alle kommunikativen Situationen eben enorm taktbedürftig, und sie sind – vor allem in der interpersonellen Interaktion – sehr anfällig für Taktlosigkeiten. Erst „der Takt schafft die unverfügbaren Gründe für ein Verhalten, die in den jeweiligen, den Takt erforderlichen Situationen nicht gegeben sind" (Zirfas 2012: 183f.). Takt-gefühl bildet sich aus. Akteure reproduzieren bei anderen beobachtete wie bereits einmal vollzogene Handlungen durch Nachahmung. Takt trägt also zum Gelingen einer Interaktion und somit auch von Kommunikation bei, selbst in der medial vermittelten Kommunikation. Hier wirken Journalismus und Medienorganisation zusammen, so indem beispielsweise festgelegt wird, welches Format in welcher Form zu welchem Zeitpunkt angeboten wird.

Takt im Zusammenhang mit Medien meint die Auseinandersetzung des sich informierenden Menschen mit seinem eigenen Informationsverhalten. Informieren als ein bewusstes Prinzip der Selbstinformation, der Selbstaufklärung. In diesem Prozess thematisiert sich die Welt- wie auch die Selbstbezüglichkeit menschlichen Verhaltens. Ich informiere mich im Wissen um die Informationsoptionen wie um das reale Informationsverhalten meiner Mitmenschen. Dazu dienen mir die Medien, die die Themen bzw. Geschichten bieten, die gerade herumgereicht werden. Mittels der Medien beobachten und evaluieren die Gesellschaftsmitglieder ständig die soziale Umwelt. Die Medien präsentieren Umweltbeobachtungen, eigene wie fremde. Die Medien repräsentieren dabei zugleich spezifische Beobachtungsstandorte bzw. -perspektiven. Und die Medien repräsentieren und inkludieren immer auch ein bestimmtes Publikum. Dieses „Mit-Publikums" (Hartmann/Dohle 2005: 291) sind sich die Rezipienten stets bewusst, und zwar in einer generellen Weise. So weiß das Publikum etwas über die Größe, um die Simultaneität und über die soziale Zusammensetzung der Mitnutzenden. Dieses Wissen wird einerseits durch Eigenbeobachtungen möglich. Andererseits aber stellen die Medienorganisationen, so in Form von Programminformationen oder Werbebeiträgen innerhalb wie außerhalb der Medien, dieses Wissen her (Meta-Kommunikation).

Der Journalismus produziert die Themen und die Medienorganisation stellt die Themen in einer rhythmischen Weise bereit. Zunächst handeln die Journalisten mit den Akteuren die Themen aus. Dies geschieht zumeist nicht öffentlich. Sodann stellen die Medienorganisationen Ergebnisse dieser Aushandlungen öffentlich als Themen bereit. Die Taktgebung in beiden Prozessen ermöglicht Koorientierung. Die Medienorganisationen ermöglichen durch ihren Takt sowohl im Prozess der journalistischen Informationsgewinnung als auch im Moment der Informationsverbreitung ein jeweils aufeinander bezogenes Verhalten sowohl auf Seiten der Informationsproduzenten wie der potenziellen Informationsempfänger, den Rezipienten. Die medialen Produktions- und Publikationsrhythmen führen dadurch zu komplexen sozialen Arrangements von Koorientierung (vgl. Reinemann 2003). Durch den medialen Takt initiiert wird produziert und rezipiert, wird Aufmerksamkeit erzeugt und damit Orientierung ermöglicht.

Der Takt ist im Medienbereich kein formal geregeltes Prinzip, wohl aber hat sich eine soziale Praxis ausgebildet und institutionalisiert, die klare Normen und Regeln aufweist. Nur durch diese garantierte Regelmäßigkeit ist es den Medienorganisationen möglich, auch Überraschendes, Umstürzendes oder generell, alles Unregelmäßige, vermitteln zu können. Takt als Beziehungsregulator ist also ein Mittel um Kommunikation generell zu ermöglichen und zu befördern.

3.3 Selektion

Selektion ist eine Kernleistung des Journalismus. Selektion – das ist der zentrale Grund, weshalb Massenmedien als soziale Systeme in der Gesellschaft existieren und bleiben werden. Durch Selektion wird die überbordende soziale gesellschaftliche Komplexität – selbst jene, die durch Twitter angerichtet wird – reduziert. Dies schützt Individuen und soziale Systeme vor Überlastung (vgl. Luhmann 1984). Durch die Art der Fokussierung auf ausgewählte soziale Vorgänge werden Möglichkeiten für sinnhafte Handlungsorientierungen erst hergestellt.

Die Selektivität der Massenmedien ist vorrangig ein von einer Redaktion gesteuerter Vorgang, der nicht sämtliche, sondern nur bestimmte, d. h. nach bekannten Kriterien ausgewählte, Informationen aus der Umwelt wahrnimmt, bearbeitet und bereitstellt (vgl. Luhmann 1996). Selektion findet auch auf Seiten der Rezipienten statt, die sich nur bestimmten Medien, bestimmten Texten oder Sendungen und darin wiederum nur bestimmten Informationen zuwenden, diese verarbeiten – und dann behalten oder vergessen (vgl. Ruhrmann 1989). Damit kommt wiederum die Medienorganisation ins Spiel. Selektion findet also an zwei Eckpunkten statt, und der Selektionsprozess erfolgt nicht blindlings, sondern im Wissen um die Erwartungen voneinander. Medienorganisation wie Journalisten kennen ihr Publikum und die Rezipienten wissen im Grundsatz, was sie von einer Zeitung, einer Sendung oder einem speziellen Journalisten zu erwarten haben.

Selektion ist zwar eine journalistisch-redaktionelle Leistung, aber auch ein den Rezipienten gut bekanntes redaktionelles Programm einer Medienorganisation. Alle Rezipienten, also auch die Mehrzahl der Nichtnutzer wissen, wofür die „NZZ" oder die „TAZ" steht, und sie gehen von einer bestimmten Themenauswahl wie -deutung aus. Das redaktionelle Programm ist so etwas wie eine Art von Versprechen, so in normativen Grundfragen wie im Blick auf das Themenspektrum. Journalisten liefern zwar tagtäglich unbekannte Informationen, aber insgesamt liefern Medienorganisationen stets erwartbare Leistungen. Das macht die Medienorganisationen relevant.

Redaktionelle Programme, die die Medienorganisation bewirbt, sorgen für zuverlässige Überraschungen (vgl. Schönbach 2005). Redaktionelle Programme, auch publizistische Linie genannt (vgl. Löblich 2011: 425), sind sozial hilfreiche Konstruktionen, weil sie – betrachten wir ein ganzes Land – Informationsmärkte und somit einen Teil der öffentlichen Meinung konstituieren. Das ist die Hauptleistung der Print-, vor allem der Qualitätsprintmedien. In allen demokratischen Ländern der Welt finden sich, entstanden ohne Regulierung, linke oder konservative, wirtschaftsnahe oder wirtschaftskritische Qualitätsmedien. Qualitätsprintmedien positionieren sich entlang gesellschaftlicher Spannungslinien. Dies ermöglicht die rasche Beschaffung von jeweils relevanten Informationen und Deutungen entlang dieser gesellschaftlichen Cleavages oder der Disput- oder Diskurskonstellationen wie -koalitionen (vgl. Adam 2008). Die Informationsanbieter wissen, wo es für sie besonders relevant ist, mit Themen und Positionen vorzukommen.

Selektion als zentraler sozialer Mechanismus bei den Medien hat eine Doppelfunktion: Über die „Storylines", die redaktionelle Linie bzw. das redaktionelle Programm, erfolgt ein sowohl thematischer als auch normativer Einbezug eines Teils an Informationsproduzenten wie von Teilen der Rezipienten. Die „FAZ" hat eine Nähe zur Wirtschaft und inkludiert damit eine bestimmte Population. Medien sind durch Journalismus und Medienorganisation gesellschaftlich positioniert. Zugleich aber – und dies gewährleistet dann das Neue oder Überraschende – wählen Journalisten auf Basis eines allgemein und medienübergreifend gültigen Modus Nachrichten aus, indem sie als professionelle Rollenträger die Nachrichtenwerte beachten (vgl. Galtung/Ruge 1965; vgl. Schulz 2011). Es gibt eben Themen, die muss man bringen, auch wenn das mit Normvorstellungen kollidiert. Medienorganisationen definieren aber die publizistische Linie, die beworben wird und die auf dem Werbe- wie auf dem Rezipientenmarkt Zahlungen auslösen soll.

3.4 Nachrichtensystem und Nachrichtenwert

Aus dem kleinen wie aus dem großen Weltgeschehen muss ständig ausgewählt werden. Gibt es dafür Regeln? Ja, und die gelten sogar weltweit. Zentrales Selektionskriterium für Journalisten wie Rezipienten sind die Nachrichtenfaktoren. Nachrichtenfaktoren „spezifizieren, welche Merkmale des realen Geschehens einen hohen Nachrichtenwert und damit eine hohe Publikationswahrscheinlichkeit in den Massenmedien besitzen" (Hagen 2013: 241). Nachrichtenfaktoren sind Merkmale von Ereignissen, die den Nachrichtenwert ausmachen (vgl. Kepplinger 2011). Nachrichtenfaktoren wie Überraschung, Eliten-Bezug, Personalisierung oder Negativismus steigern die Wahrscheinlichkeit, mit der ein Ereignis zur Nachricht wird. Ferner geben Nachrichtenfaktoren vor, welche Aspekte bei der Darstellung von den Journalisten akzentuiert werden. Nachrichtenwerte sind kognitive Schemata, die in Form einfacher Regeln festlegen, was Wert ist, veröffentlicht zu werden (vgl. Eysenck/Keane 2010). Die Rezeptionspsychologie des Nachrichtenpublikums beeinflusst die Struktur der journalistischen Nachrichtenproduktion insgesamt und wirkt sich selbst auf einzelne Texte oder Beiträge aus. Die Nachrichtenwerte erweisen sich auch in der Online-Kommunikation als „kollektive Relevanzindikatoren" (Weber 2012: 222).

Nachrichtenvermittlung geschieht in klar definierten Genres und ist hochgradig konventionalisiert. Dies führt weltweit zu gleichen journalistischen Praktiken und zu einer gewissen Homogenität der medialen Nachrichtenberichterstattung insgesamt. Nachrichten kann man daher als eine Form der rituellen Welterzählung begreifen (vgl. Hickethier 1997). Die Medienorganisation ist in diesem Bereich eher für die „Verpackung" und die Formen der Präsentation relevant.

3.5 Nachrichtensystem und Koorientierung

Zum Nachrichtensystem gehört auch, dass sich sowohl im Journalismus als auch bei den Rezipienten eine mediale Relevanzordnung etabliert hat, die gemeinsam geteilt wird. Sowohl in der interpersonalen, also der zwischenmenschlichen, Kommunikation wie auch in der medialen Kommunikation sind Formen der Koorientierung auszumachen (vgl. Hanitzsch 2004): Menschen orientieren sich an- und vergleichen sich miteinander. Nicht nur die eigenen Ein- und Vorstellungen beeinflussen also den Umgang mit einem Thema, sondern auch unsere Annahmen über die Wahrnehmungen anderer. Die Zuwendung zu einer Medienorganisation wie auch die Auswahl und Verarbeitung von Medieninhalten sind von deren sozialem Wert abhängig. Sind die Mitteilungen dienlich, um für das eigene Handeln eine Grundlage zu erhalten? Sind die Mitteilungen dienlich, um etwas über die Handlungen anderer Gesellschaftsmitglieder zu erfahren? Ist eine Mitteilung interessant für eine Form der Anschlusskommunikation? Dieses Interesse an den anderen bedienen sowohl der Journalismus wie auch die Medienorganisationen: Sie liefern durch die Publikation von Umfragedaten, Rankings, Hitparaden entsprechendes Material.

Wohl für alle Medien gilt: Das Wissen um das redaktionelle Programm und die Erwartung an den sozialen Wert steuert die Informationssuche und damit auch Medienauswahl mit (vgl. dazu Sommer et al. 2012). Vor allem in Grenzsituationen, wenn es also wirklich um etwas geht oder wir etwas für sehr wichtig erachten, werden jene Medien gewählt, die als besonders relevant, als objektiv wie besonders glaubwürdig gelten. Selbst die Nichtnutzer bspw. einer Qualitätszeitung wissen, wenn man sie fragt, um die besondere Relevanz, um die Qualität wie die Glaubwürdigkeit eben dieser Zeitung, auch dann, wenn sie alltäglich andere Medien nutzen. Medien werden dann als Medienmarken wahrgenommen und damit stehen die Medienorganisationen im Zentrum (Leitmedien, Qualitätsmedien) (vgl. dazu Jarren/Vogel 2009). Gleiches gilt für die Journalistinnen, die sich am sozialen Status anderer Medien orientieren (Kollegen- wie Koorientierung).

Diese ausgeprägte Koorientierung im Journalismus führt zu einem intermedialen Agenda-Setting, also zu einer Übernahme von Themen und Deutungen aus den Leit- oder Prestigemedien in die – hierarchisch gesehen – Folgemedien (vgl. McCombs/Shaw 1972; vgl. Gilbert/Eymal/McCombs/Nicholas 1980). Vor allem in Grenzsituationen, also im Falle einer gezielten Informationsbeschaffung oder im Falle der Prüfung von Informationen, sind als Qualitäts- oder Leitmedien etablierte Medienorganisationen von herausragender Bedeutung.

3.6 Formatierung

Die Zeiten für eine ausführliche Zeitungslektüre, gar für lange Texte oder die wiederholte Nutzung eines Fernsehbeitrages, die sind im Alltag seltener geworden. Viele Medienangebote konkurrieren um die knappe Aufmerksamkeitszeit. Zuerst bei Radio- und Fernsehsendern und nun auch in der Presse haben sich deshalb Formate durchgesetzt. Formatentscheidungen treffen die Medienorganisationen: Die Durchstrukturierung eines Programms oder die Formatierung einer Zeitung, die Nutzung von Farben wie Farbleitsystemen, soll zur optimalen Erreichung einer Zielgruppe und raschen Erschließung gesuchter Bereiche beitragen, aus werbe- wie aufmerksamkeitsökonomischen Gründen. Erkennbarkeit, Wiedererkennbarkeit, Führung des Rezipienten durch Texte und Programme wurden mehr und mehr zu einer zentralen publizistischen Aufgabe, die nicht zum Kernbereich des Journalismus gehört.

Durch Titelbezeichnung und Untertitel werden Rezipienten angesprochen und abgeholt. Durch Bundstruktur oder Heftaufbau bei Printmedien oder durch klare Programm- und Sendeschemata werden wir geführt. Durch Jingles bei Radio und Fernsehen sowie durch die klare Gestaltung von Websites bilden sich Schemata, die uns die rasche und gezielte Beschaffung und Auswahl von Informationen erleichtern.

3.7 Meta-Kommunikation

„Kommunikationsprozesse lassen sich nur dann als Episoden beobachten, wenn der Beginn eines Kommunikationszusammenhangs ausdrücklich ausgewiesen und markiert wird." (Hartig-Perschke 2006: 244) Akteure wollen sichtbar sein mit ihren Themen. Deshalb treiben die an bestimmten Themen interessierten Akteure die Koproduktion mit den Redaktionen der Medien voran, so indem sie Themen anbieten, Ereignisse für die Medienberichterstattung inszenieren und vor allem beständig auf vormals geäußerte Mitteilungen in den Medien explizit wie implizit Bezug nehmen (referenzieren). Das Generieren von Bezügen wie von Meta-Aussagen über vorausgegangene Mitteilungen wirkt als Motor der Kommunikation. Und am beständigen Fortgang der Dinge (in Form von Anschlusskommunikation) hat vor allem die Medienorganisation ein starkes ökonomisches Interesse (vgl. dazu Neuberger 2013: 101f.).

Die Konkurrenz der vielen Medien um Aufmerksamkeit, Zuwendung und Bindung wird immer größer. Medien werben deshalb immer mehr, so durch Plakate, Verteilaktionen, Kinospots usw. um uns. Das tun zwar auch andere Branchen, die Medien aber tun dies durch besondere Formen. Sie bieten Veranstaltungen an, ihre Mitarbeiter agieren als Moderatoren oder durch „Medienpartnerschaften" wirken sie sogar als Mitveranstalter. Selbst in den Medien wird heute aufmerksamkeitsheischend agiert: Medien beziehen sich in der Berichterstattung auf andere Medien wie auch auf sich selbst (vgl. Esser 2008). Durch die Selbstbezüglichkeit soll die eigene Leistung betont und die eigene Position gesteigert werden.

3.8 Konklusion: Journalismus als Institution?

Medien und Journalismus bilden eine institutionelle Einheit. Journalismus selbst ist in der Regel organisatorisch in Form einer Redaktion auf Dauer gestellt, wenn er seine spezifischen Selektionsleistungen dauerhaft erbringen will. Zudem benötigt der Journalismus aber organisationale Strukturen, die es ihm erst ermöglichen, seine Leistungen zu vervielfältigen und zu verteilen bzw. zu verbreiten. Der Journalismus ist aber auch darauf angewiesen, dass die Medienorganisation ein Arbeits- und somit ein redaktionelles Programm definiert. Diese Festlegung erfolgt im Rahmen von Personal- sowie Ressourcenentscheiden und Vorgaben durch die Medienorganisation bezüglich der Zielerreichung.

Es besteht somit mehr als lediglich ein Interdependenzverhältnis zwischen Journalismus und Medienorganisation (vgl. Altmeppen 2006): Die Medienorganisation ist für die Begründung einer Redaktion und somit für die spezifische journalistische Leistungserbringung wesentlich. Insoweit strukturiert die Medienorganisation erhebliche Formen des Journalismus (Ressortbildung und Ressortgrößen; Publikationsweise, Publikationsformate etc.) vor. Dies gilt uneingeschränkt für Medien und Journalismus, seit diese vorrangig unter ökonomischen Bedingungen etabliert werden. Sofern und solange Journalismus eine subsidiäre intermediäre Leistung einer nicht vorrangig ökonomisch ausgerichteten Organisation, wie einer Partei oder einer Kirche war, handelten die dort tätigen Journalisten vorranging nach normativen Vorgaben und bezogen auf die jeweiligen ideellen Organisationsziele.

Das Argument von Kiefer, dass Journalismus als institutionelle Struktur von Öffentlichkeit anzusehen sei (Kiefer 2010: 212), gilt vorrangig für die Zeiten, in denen von politischen bzw. gesellschaftlichen Intermediären Zeitungen herausgegeben wurden, mit denen nicht oder allenfalls punktuell ökonomische Zielsetzungen verbunden waren. Zweifellos aber wird auch noch heute die institutionelle Struktur der Öffentlichkeit vom Journalismus und den (Massen-)Medien bestimmt, aber in einem schwindenden Maße vom politischen bzw. aktuellen Journalismus. Die Legitimität von Medien ist offenkundig nicht grundsätzlich von der Existenz eines politischen Journalismus abhängig. Das bedeutet im Umkehrschluss aber nicht, dass die institutionelle Struktur des Journalismus anhaltend für deliberative Öffentlichkeitskonzepte bedeutsam bleiben wird (vgl. Jarren 2014).

Zwar haben sich im Journalismus, und das macht Kiefer anhand von Studien aus der Kommunikatorforschung deutlich, Rollenbilder und Rollenselbstverständnisse des Journalismus robust entwickelt, doch bleiben Zweifel, ob der Journalismus ein institutionelles Regelsystem von konstitutiver Natur (vgl. Kiefer 2013: 121) ausbilden kann. Zweifellos gehören die Nachrichtenwerte und somit die Selektionsentscheidungen zum Journalismus, die ihn von anderen Berufstätigkeiten unterscheidbar machen. Allerdings ist die Auswahl, Bearbeitung und Darstellung von nachrichtlichen Informationen nur ein Teil des Journalismus. Und die Selektion wie Aufbereitung erfolgen im Rahmen von medienorganisationalen Vorgaben wie Medientyp, Erscheinungsweise, Vorhandensein von Formaten u. a. m.

Ist es also dem Journalismus möglich, „die Aufmerksamkeit der Bürger als Medienrezipienten auf das kollektiv Relevante, auf das gesellschaftlich Erforderliche" (Kiefer 2013: 122) zu lenken? Daran bestehen Zweifel, auch wenn nicht übersehen werden kann, dass in den traditionellen Massenmedien ein hohes Maß an inhaltlicher Homogenität auszumachen ist. Allerdings haben sich nicht nur der Journalismus, die Medien und die Medieninhalte ausdifferenziert, sondern es hat sich auch das Informationsverhalten ausdifferenziert (vgl. dazu Hasebrink/Schmidt 2013). Zumindest die „Lenkungsleistung" kann auch in empirischer Hinsicht bestritten werden.

Gewichtiger aber ist, dass der Journalismus sich bislang, und auch unter den Bedingungen des Netzes (der Online-Kommunikation), nicht wirklich eigenständig und (aufmerksamkeits-)ökonomisch selbstständig hat etablieren können. Die publizistische Produktion ist nicht allein auf klassische journalistische Leistungen begrenzt, denn neben der Fokussierung auf das allgemeine und aktuelle Geschehen bieten die Massenmedien zahlreiche weitere Angebote, über deren Herkunft und Auswahl wenig Klarheit besteht. Die publizistische Produktion, als Kuppelproduktion betrieben, bietet den Rezipienten zumeist in breiter Weise und eben auch in höchst unterschiedlichen Qualitäten Informationen – und dies in einem sehr weiten Verständnis – an. Aus legitimatorischen Gründen betonen die Journalistinnen und Journalisten und die sie begleitende wie beobachtende Journalismusforschung stets ihre aktuelle, zumal ihre politische, journalistische Leistung. Diese Leistungen herauszustreichen liegt auch im Sinne der Medienorganisation, so um den Abverkauf von Leistungen auf dem Rezipientenmarkt abzusichern. Gerade deshalb aber sollten diese funktionalen Begründungen, die zudem gerne normativ überhöht werden, kritisch hinterfragt werden.

Gegen die Annahme, dass Journalismus eine fundamentalere Institution als die Medienorganisation sei, spricht zudem die soziale Position der Journalisten in der Gesellschaft. Kiefer selbst sieht die „schwierige Finanzierung des Journalismus" (Kiefer 2011a: 5) als ein drängendes Problem an, das auch medienpolitisch anzugehen sei. Im Rahmen eines politischen Maßnahmenbündels schlägt sie unter anderem auch vor, den Zugang zum Beruf zu prüfen und insoweit Professionalisierungsaktivitäten einzuleiten. Mit diesem Vorschlag weist Marie Luise Kiefer darauf hin, dass es sich beim Journalismus eben nicht – oder besser: immer noch nicht! – um eine Profession handelt. Über welche exklusive Expertise verfügt der Journalismus? Es kommen neue Konkurrenzverhältnisse hinzu: Neben dem Journalismus hat sich – längst vor dem Internet und den Suchmaschinen – eine Vermittlungs- und Beratungsindustrie angesiedelt, die dem Einzelnen wie der Gesellschaft auch Wissen und Beratung anbietet.

Der Journalismus hat, im Unterschied zu anderen Berufsgruppen, noch keinen eigenständigen Berufsstatus erlangen können, um aus dieser Position heraus eigenständige Regeln oder Forderungen ableiten zu können. Eine Professionalisierung würde bedeuten, dass sozial klar definiert wäre, wer zum Journalismus gehört und wer nicht. Und es wäre festzulegen, welche Handlungspraxen Gültigkeit haben sollen. Verstöße und Fehlverhalten müssen durch Professionsangehörige beobachtet werden und Sanktionen zur Folge haben. Das ist aber nicht der Fall.

Generell ist festzustellen, dass im Journalismus nicht einmal Fachkriterien existieren, um bereichsinterne Evaluationen oder Bewertungen vorzunehmen. Der Journalismus hat zwar Nachrichtenwerte etabliert, doch weitere und übergreifend gültige professionelle Standards existieren nicht. Aufgrund des vom Journalismus selbst eifrig gepflegten Selbstverständnisses eines sog. „freien Berufes" ist es nicht einmal gelungen, zu konsentierten Regelungen in der Aus- oder Weiterbildung zu kommen. Zwar hat der Journalismus Verbände und Gewerkschaften hervorgebracht, aber es ist ihm nicht gelungen, Peer-Organisationen zu etablieren. Eine Peer-Kultur, wie wir sie in vielen (auch freien) Berufen kennen, existiert nicht. Die Organisationen der Journalismus- bzw. Medienselbstkontrolle werden auch nicht von den Journalisten und ihren Organisationen getragen, sie sind also berufsprofessionell definiert, sondern folgen durchwegs einer sozial-partnerschaftlichen Organisationslogik. Daran wird deutlich, dass die Vertreter der Medienorganisationen auch im beruflichen und somit berufsprofessionellen Bereich einen erheblichen vorstrukturierenden Einfluss ausüben. Es stellt sich also die Frage, ob der Journalismus aufgrund seiner Statusfunktion über eine anerkannte und allgemein akzeptierte Macht verfügt.

4 Schlussbemerkungen

Die Annahme von Kiefer, dass nicht zuletzt aufgrund der Medienfinanzierungskrise dem Journalismus neue Möglichkeiten zukommen („Das traditionelle institutionelle Arrangement von Journalismus und Medien ändert sich allerdings gravierend, die gegenseitige Abhängigkeit wird lockerer." Kiefer 2011a: 19), bedarf der empirischen Beobachtung und Analyse. Das Verhältnis zwischen Journalismus einerseits und Medienorganisationen andererseits bedarf zudem auch der weiteren historischen Klärung. Kiefer hat die historische Dimension in ihrer grundlegenden Arbeit (Kiefer 2010) systematisch verfolgt. Mit Blick auf die Historizität der Institutionenbildung formuliert sie: „Medien werden zu Institutionen durch die iterative Verknüpfung mit dem Journalismus, Journalismus ist die fundamentalere Institution, bleibt aber vermutlich in den modernen Massendemokratien eine Institution nur durch die historische Verknüpfung mit Medien." (Kiefer 2010: 165) Damit ist nicht nur ein auf weitere Vertiefung angelegtes historisches Forschungsprogramm angeregt, sondern diese Aussage sollte auch vor dem Hintergrund der Entstehung von Social Media-Anbietern und -Angeboten als institutionentheoretische Herausforderung aufgenommen werden. Ob und welche Onlinemedien als Institutionen aufzufassen sind und was deren Institutionenbildung für die gesamtgesellschaftliche

Kommunikation bedeutet, das ist eben nicht nur eine noch empirisch offene, sondern vor allem auch eine (institutionen- wie organisationstheoretisch) zu bearbeitende Frage.

Literatur

Adam, Silke (2008): Medieninhalte aus der Netzwerkperspektive. Neue Erkenntnisse durch die Kombination von Inhalts- und Netzwerkanalyse. In: Publizistik 53, Nr. 2, S. 180-199.

Altmeppen, Klaus-Dieter (2006): Journalismus und Medien als Organisationen. Leistungen, Strukturen und Management. Wiesbaden: VS.

Bode, Ingo/Brose, Hanns-Georg (2001): Zwischen den Grenzen. Intersystemische Organisationen im Spannungsfeld funktionaler Differenzierung. In: Tacke, Veronika (Hrsg.): Organisation und gesellschaftliche Differenzierung. Wiesbaden: Westdeutscher Verlag, S. 112-140.

Donges, Patrick (2013): Klassische Medien als Institutionen. In: Künzler, Matthias/Oehmer, Franziska/Puppis, Manuel/Wassmer, Christian (Hrsg.): Medien als Institutionen und Organisationen. Baden-Baden: Nomos, S. 87-95.

Donges, Patrick (2006): Medien als Institutionen und ihre Auswirkungen auf Organisationen. Perspektiven des soziologischen Institutionalismus für die Kommunikationswissenschaft. In: Medien & Kommunikationswissenschaft 54, Nr. 4, S. 563-578.

Esser, Frank (2008): Metaberichterstattung. Medienselbstthematisierung und Publicity-Thematisierung in amerikanischen, britischen und deutschen Wahlkämpfen. In: Melischek, Gabriele/Seethaler, Josef (Hrsg.): Medien- und Kommunikationsforschung im Vergleich. Grundlagen, Gegenstandsbereiche, Verfahrensweisen. Wiesbaden: Westdeutscher Verlag, S. 121-156.

Esser, Hartmut (1996): Soziologie. Allgemeine Grundlagen. 2., durchgesehene Auflage. Frankfurt a. M./New York: Campus.

Eysenck, Michael W./Keane, Mark T. (2010): Cognitive Psychology: A Student's Handbook. 6. Auflage. East Sussex: Psychology Press.

Franck, Georg (1998): Ökonomie der Aufmerksamkeit: Ein Entwurf. München: Hanser.

Galtung, Johan/Ruge, Mari Holmboe (1965): The Structure of Foreign News. The Presentation of the Congo, Cuba and Cyprus Crises in Four Norwegian Newspapers. In: Journal of Peace Research 2, S. 64-91.

Gilbert, Steve/Eyal, Chaim/McCombs, Maxwell. E./Nicholas, David (1980): The state of the union address and press agenda. In: Journalism Quarterly 57, Nr. 4, S. 584-588.

Gödde, Günter/Zirfas, Jörg (2012): Die Kreativität des Takts. Einblicke in eine informelle Ordnungsform. In: Gödde, Günter/Zirfas, Jörg (Hrsg.): Takt und Taktlosigkeit. Über Ordnungen und Unordnungen in Kunst, Kultur und Therapie. Bielefeld: Transcript, S. 9-32.

Hagen, Lutz M. (2013): Nachrichtenfaktoren. In: Bentele, Günter/Brosius, Hans-Bernd/Jarren, Otfried (Hrsg.): Lexikon der Kommunikations- und Medienwissenschaft. 2., überarbeitete und erweiterte Auflage. Wiesbaden: Westdeutscher Verlag, S. 240-241.

Hanitzsch, Thomas (2004): Integration oder Koorientierung? Risiken funktionaler Differenzierung und Journalismustheorie. In: Löffelholz, Martin (Hrsg.): Theorien des Journalismus. Ein diskursives Handbuch. 2., vollständig bearbeitete und erweiterte Auflage. Wiesbaden: Westdeutscher Verlag, S. 217-232.

Hartig-Perschke, Rasco (2006): Kommunikation, Kausalität, Struktur – Zur Entstehung sozialer Mechanismen im Modus kommunikativ vermittelter Reflexivität. In: Schmitt, Marco/Michael, Florian/Hillebrand, Frank (Hrsg.): Reflexive soziale Mechanismen. Von soziologischen Erklärungen zu soziologischen Modellen. Wiesbaden: Westdeutscher Verlag, S. 229-254.

Hartmann, Tilo/Dohle, Marco (2005): Publikumsvorstellungen im Rezeptionsprozess. In: Publizistik 50, Nr. 3, S. 287-303.

Hasebrink, Uwe (2001): Fernsehen in neuen Medienumgebungen. Befunde und Prognosen zur Zukunft der Mediennutzung. Berlin: Vistas.

Hasebrink, Uwe/Schmidt, Jan-Hendrik (2013): Medienübergreifende Informationsrepertoires. In: Media-Perspektiven, Nr. 1, S. 2-12.

Hasson, Uri/Ghanzanfar, Asif A./Galantucci, Bruno/Garrod, Simon/Keysers, Christian (2012): Brain-to-brain coupling: a mechanism for creating and sharing a social world. In: Cell 16, Nr. 2, S. 114-121.

Hickethier, Knut (1997): Das Erzählen der Welt in den Fernsehnachrichten. Überlegungen zu einer Narrationstheorie der Nachricht. In: Rundfunk und Fernsehen 45, Nr. 1, S. 9-18.

Imhof, Kurt (2006): Mediengesellschaft und Medialisierung. In: Medien & Kommunikationswissenschaft 54, Nr. 2, S. 191-215.

Jarren, Otfried (2014): Erfüllen die Medien heute einen demokratischen Auftrag? Wie sich der Medienwandel auf Gesellschaft und Demokratie auswirkt. In: Zeitschrift für Politikwissenschaft 24, Nr. 3, S. 317-327.

Jarren, Otfried (2015b): Journalismus – Unverzichtbar?! In: Publizistik 60, Nr. 2, S. 113-122.

Jarren, Otfried (2008): Massenmedien als Intermediäre. Zur anhaltenden Relevanz der Massenmedien für die öffentliche Kommunikation. In: Medien & Kommunikationswissenschaft 56, Nr. 3-4, S. 329-346.

Jarren, Otfried (2015a): Ordnung durch Medien? In: Altmeppen, Klaus-Dieter/Donges, Patrick/Künzler, Matthias/Puppis, Manuel/Röttger, Ulrike/Wessler, Hartmut (Hrsg.): Soziale Ordnung durch Kommunikation? Baden-Baden: Nomos, S. 29-50.

Jarren, Otfried/Vogel, Martina (2009): Gesellschaftliche Selbstbeobachtung und Ko-Orientierung: Die Leitmedien der modernen Gesellschaft. In: Müller, Daniel/Ligensa, Annemone/Gendolla, Peter (Hrsg.): Leitmedien. Konzepte – Relevanz – Geschichte, Band 1. Bielefeld: Transcript, S. 71-92.

Kepplinger, Hans-Mathias (2011): Theorie der Nachrichtenauswahl als Theorien der Realität. In: Kepplinger, Hans-Mathias (Hrsg.): Realitätskonstruktionen. Wiesbaden: Westdeutscher Verlag, S. 47-65.

Kiefer, Marie Luise (2011a): Die schwierige Finanzierung des Journalismus. In: Medien & Kommunikationswissenschaft 59, Nr. 1, S. 5-22.

Kiefer, Marie Luise (2010): Journalismus und Medien als Institutionen. Konstanz: UVK.

Kiefer, Marie Luise (2013): Journalismus und Medien als Institutionen – systemtheoretisch betrachtet. In: Künzler, Matthias/Oehmer, Franziska/Puppis, Manuel/Wassmer, Christian (Hrsg.): Medien als Institutionen und Organisationen. Baden-Baden: Nomos, S. 117-131.

Kiefer, Marie Luise (2011b): Wider den Steuerungspessimismus. In: Medien & Kommunikationswissenschaft 59, Nr. 3, S. 420-424.

Lippmann, Walter (1920): Liberty and the News. New York: Dover Books.

Löblich, Maria (2011): Frames in der medienpolitischen Öffentlichkeit. Die Presseberichterstattung über den 12. Rundfunkänderungsstaatsvertrag. In: Publizistik 56, Nr. 4, S. 423-439.

Luhmann, Niklas (1996): Die Realität der Massenmedien. 2., erw. Auflage. Opladen: Westdeutscher Verlag.

Luhmann, Niklas (1984): Soziale Systeme. Grundriss einer allgemeinen Theorie. Frankfurt a.M.: Suhrkamp.

McCombs, Maxwell E./Shaw, Donald L. (1972): The Agenda-Setting Function of Mass Media. In: Public Opinion Quarterly 36, Nr. 2, S. 176-187.

Neuberger, Christoph (2013): Onlinemedien als Institution. In: Künzler, Matthias/Oehmer, Franziska/Puppis, Manuel/Wassmer, Christian (Hrsg.): Medien als Institutionen und Organisationen. Baden-Baden: Nomos, S. 97-116.

Ruß-Mohl, Stephan (2011): Der Dritte Weg – eine Sackgasse in Zeiten der Medienkonvergenz. In: Medien & Kommunikationswissenschaft 59, Nr. 3, S. 401-414.

Reinemann, Carsten (2003): Medienmacher als Medienproduzenten. Kommunikations- und Einflussstrukturen im politischen Journalismus der Gegenwart. Köln/Weimar/Wien: Böhlau.

Rucht, Dieter (1991): Parteien, Verbände und Bewegungen als Systeme politischer Interessenvermittlung. WZB Discussion Paper FS III. Berlin, S. 91-107.

Ruhrmann, Georg (1989): Rezipient und Nachricht. Struktur und Prozess der Nachrichtenrekonstruktion. Opladen: Westdeutscher Verlag.

Saxer, Ulrich (1999): Der Forschungsstand der Medienwissenschaft. In: Leonhard, Joachim-Felix/Ludwig, Hans-Werner/Schwarze, Dietrich/Strassner, Erich (Hrsg.): Medienwissenschaft. Ein Handbuch zur Entwicklung der Medien und der Kommunikationsformen. 1. Teilband. Berlin/New York: de Gruyter, S. 1-14.

Searle, John R. (2005): What is an institution? In: Journal of Institutional Economics 1, Nr. 1, S. 1-22.

Schimank, Uwe (2007): Theorien gesellschaftlicher Differenzierung. 3. Auflage. Wiesbaden: Westdeutscher Verlag.

Schimank, Uwe/Volkmann, Ute (2015): Ökonomisierter Journalismus: Erodiert funktionale Differenzierung zur Unterhaltungsgesellschaft? In: Altmeppen, Klaus-Dieter/Donges, Patrick/Künzler, Matthias/Puppis, Manuel/Röttger, Ulrike/Wessler, Hartmut (Hrsg.): Soziale Ordnung durch Kommunikation? Baden-Baden: Nomos, S. 117-136.

Schulz, Winfried (2011): Politische Kommunikation. Theoretische Ansätze und Ergebnisse empirischer Forschung. 3. Auflage. Wiesbaden: Westdeutscher Verlag.

Schönbach, Klaus (2005): „Das Eigene im Fremden". Zuverlässige Überraschung: eine wesentliche Medienfunktion?" In: Publizistik 50, Nr. 3, S. 344-352.

Siegert, Gabriele (2001): Medien. Marken. Management. München: Fischer.

Sommer, Denise/Fretwurst, Benjamin/Sommer, Katharina/Gehrau, Volker (2012): Nachrichtenwert und Gespräche über Medienthemen. In: Publizistik 57, Nr. 4, S. 381-401.

Stöber, Rudolf (2011): Eine gefährliche Finanzierung des Journalismus. In: Medien & Kommunikationswissenschaft 59, Nr. 3, S. 415-419.

Watzlawik, Paul/Beauvin, Janet H./Jackson, Don D. (2011 [1969]): Menschliche Kommunikation. Formen, Störungen, Paradoxien. 11. Auflage. Bern: Huber.

Weber, Patrick (2012): Nachrichtenfaktoren & User Generated Content. In: Publizistik 57, Nr. 2, S. 218-239.

Zirfas, Jörg (2012): Pädagogischer Takt. Zehn Thesen. In: Gödde, Günter/Zirfas, Jörg (Hrsg.): Takt und Taktlosigkeit. Über Ordnungen und Unordnungen in Kunst, Kultur und Therapie. Bielefeld: Transcript, S. 165-188.

Journalismus als Institution

Christoph Neuberger

1 Theorienpluralismus in der Journalismusforschung

Die Journalismusforschung – zumal im deutschsprachigen Raum – stützt sich auf eine Vielzahl von Theorien. Zumeist handelt es sich dabei um Theorieanleihen aus der Soziologie, welche auch – so zeigt eine neuere Erhebung (vgl. Hagen/Frey/Koch 2015: 141) – im gesamten Fach dominieren. Nicht weniger als 13 gegenwärtig verwendete Journalismustheorien unterscheidet Scholl (2013) in einer Synopse. Hinzu kommen mehrere Theorien mittlerer Reichweite. Im Unterschied zu Theorien mittlerer Reichweite, deren zentrale Frage der Auseinandersetzung mit dem Gegenstand selbst entsprungen ist (wie z. B. im Fall der Nachrichtenwerttheorie oder der Gatekeeper-Forschung die Frage nach der Nachrichtenauswahl), müssen sich Gesellschafts- und Sozialtheorien ihre Fragen an den Journalismus erst noch „suchen" (ebenda: 171). Ihr heuristischer Wert liegt also nicht auf der Hand. Nur wenige dieser importierten Theorien werden aber kontinuierlich weiterentwickelt.

Der Mehrwert einer Theorie wird erst dann deutlich, wenn sie mit anderen Theorien verglichen wird. Doch eine solche Gegenüberstellung findet nur selten statt. Der problemorientierte Theorienvergleich von Scholl (2013) ist eine der wenigen Ausnahmen.[1] Das bloße Nebeneinander zahlreicher Theorien kennzeichnet auch andere Bereiche der Kommunikationswissenschaft (vgl. Kinnebrock/Schwarzenegger/Birkner 2015: 18). Saxer (1993: 177) veranlasste dies zur Bemerkung, dass im Fach „Theorienchaos" herrsche; und er forderte „Normen, die chaotische Übernahmen verhindern und eine geordnete Theorienkonstruktion und -kumulation sichern sollen". Kaube (2015: 98) sieht gar die Geistes- und Sozialwissenschaften generell in einem „Zeitalter der paradigmatischen Indifferenz" angelangt, in dem der Dissens durch „Segmentbildung befriedet" (ebenda:

---

1 Zur Frage des Theorienvergleichs in der Soziologie vgl. Greshoff/Lindemann/Schimank (2007).

99) wird. Salopp formuliert: Es forscht sich behaglich in der eigenen Theorieblase, wenn keine fremden Theorien irritieren.

Vor diesem Hintergrund stellen sich an die Einführung einer neuen Theorie in die Journalismusforschung besondere Anforderungen: Sie muss im Verhältnis zu anderen Theorien verortet werden, und es muss ihre besondere Problem- und Lösungsperspektive deutlich gemacht werden. Für den vorliegenden Fall lautet also die Frage: Welchen zusätzlichen Beschreibungs- und Erklärungsbeitrag liefert ein institutionelles Verständnis des Journalismus?[2] Institutionalistische Ansätze haben sich in der deutschsprachigen Journalismusforschung bisher noch kaum durchsetzen können. Scholl (2013: 182f.) erwähnt zwar den Neo-Institutionalismus, führt dazu aber nur eine einschlägige Studie an. Im Theorien-Handbuch von Löffelholz (2004) fehlt ein entsprechender Eintrag. Marie Luise Kiefer (2010) hat mit ihrem Buch „Journalismus und Medien als Institutionen" einen wichtigen Beitrag zur Etablierung geleistet.

2 Institutionenbegriff und Ansätze der Institutionentheorie

Im Fall der Institutionentheorie kommt eine weitere Schwierigkeit hinzu: Hier findet sich kein Klassiker als Fixpunkt, an dessen Werk Exegeten anschließen könnten (wie etwa im Fall von Luhmann, Bourdieu, Giddens oder Habermas). Stattdessen gibt es eine Vielzahl institutionentheoretischer Ansätze in der Soziologie, Politikwissenschaft, Ökonomie und Philosophie, deren Systematisierung wegen der Überschneidungen und Unschärfen selbst eine Herausforderung darstellt.[3]

Institutionen lassen sich allgemein als Regeln definieren, die Handeln dauerhaft (zeitlich), verbindlich (sozial) und maßgeblich (sachlich) beeinflussen (vgl. Senge 2006: 35). Institutionen sind, folgt man Schimank (2007a: 222), etwas „analytisch Sperriges in der Mitte" zwischen Akteurskonstellationen, die das ‚Können' strukturieren, und gesellschaftlichen Teilsystemen, die einen evaluativen und kognitiven Orientierungshorizont (‚Wollen') aufspannen. Institutionelle Ordnungen sind primär normativ

---

2 Im englischsprachigen Diskurs ist die Sachlage offenbar genau umgekehrt: Ryfe (2006a: 136) begründete die Adaption des Neo-Institutionalismus mit einem Stillstand der Theoriedebatte in der Journalismusforschung seit einem Vierteljahrhundert.

3 Kiefer (2010: 11-34) gibt hier eine hilfreiche Übersicht.

ausgerichtet ('Sollen'). Ihre zentrale Funktion ist die Ausbildung wechselseitiger Erwartungen, das Schaffen einer gemeinsamen Sinngrundlage, auf
der Akteure interagieren können (vgl. Schimank 2005: 80-83; Kiefer
2010: 80-85).

Donges (2013: 88f.) unterscheidet zwischen dem handlungsprägenden
(regulativen), bewertenden (normativen) und die Wahrnehmung der Wirklichkeit bestimmenden (kulturell-kognitiven) Aspekt von Institutionen.
Auch Kiefer (2010: 24, 30-34) subsumiert unter Institutionen mit Searle
(1997) nicht nur regulative, d. h. ordnende Regeln, sondern auch konstitutive Regeln, mit denen ein gesellschaftliches Phänomen als institutionelle
Tatsache erst geschaffen wird. Ihnen kann eine kollektiv akzeptierte Statusfunktion zugewiesen werden, die sie für die Gesellschaft erfüllen
(ebenda: 40f., 71-77). Der Journalismus ist nach Kiefer (2010: 163) „eine
zentrale demokratienotwendige Institution [...], deren kollektiv anerkannte Leitidee und Statusfunktion die Ermöglichung und Sicherung von
Volkssouveränität ist". Als professionelle Institution ist der Journalismus
mit weiteren Institutionen wie Medien, Normen, Sprachen, Formaten,
Marken und Organisationen verbunden (vgl. Neuberger 2013: 99f.).

Schimank (2007b) unterscheidet sechs institutionentheoretische Ansätze: den soziologischen Neo-Institutionalismus, die Institutionenökonomik,
den Rational-Choice-Institutionalismus, den historischen Institutionalismus sowie den akteurzentrierten Institutionalismus. Sie unterscheiden sich
u. a. in der Weite des Institutionenbegriffs und im Akteursmodell (regel-
geleitet vs. rational). In die Journalismusforschung hat vor allem der Neo-
Institutionalismus Eingang gefunden (vgl. z. B. Ryfe 2006a, b; Benson
2006; Kaplan 2006; Sparrow 2006; Asp 2014), daneben auch die Institutionenökonomik (vgl. z. B. Heinrich/Lobigs 2003; Lobigs 2004). Kiefer
(2010) bezieht sich besonders auf die Institutionenökonomik (ebenda:
19-30) und die philosophische Theorie institutioneller Tatsachen von Searle (ebenda: 30-34). Donges (2006) als weiterer Hauptvertreter der Theorie im deutschsprachigen Raum greift den Neo-Institutionalismus auf. Beide legen sich aber – wie auch andere Autoren (z. B. Künzler et al. 2013) –
nicht ausschließlich auf eine Spielart der Institutionentheorie fest.

3 Neo-Institutionalismus

Die Überlegungen Kiefers, die hier aufgegriffen werden, sollen mit Hilfe
eines ausgewählten Ansatzes weiterentwickelt werden. Der Neo-Institutio-

nalismus[4] ist aus der Organisationstheorie hervorgegangen. Er befasst sich aber nicht nur mit der Analyse von Organisationen, sondern auch mit wirtschaftlichem Wettbewerb und kulturellen Rahmenbedingungen der Politik in der Weltgesellschaft (world polity). Er besitzt einen weiten Institutionenbegriff, der auch implizite, als selbstverständlich gesehene Institutionen (taken for granted) einschließt (vgl. Hasse/Krücken 2005: 63, 65).

Der Neo-Institutionalismus ist keine ausgearbeitete, geschlossene Theorie, sondern eine „effektive Forschungstechnologie" (ebenda: 62). Folgende drei Kerngedanken des Ansatzes lassen sich hervorheben:

- Institutionen besitzen *keinen Zwangscharakter*; sie determinieren das Handeln nicht. Mit diesem Verständnis reagiert der Ansatz auf frühere Kritik am Institutionenbegriff. Er unterscheidet Grade der Institutionalisiertheit. Freiräume für Akteure ergeben sich, wenn Regelverstöße nicht ausreichend sanktioniert werden, Institutionen interpretationsoffen sind und aktiv angeeignet werden, mehrere Institutionen widersprüchliche Erwartungen stellen oder dann, wenn Erwartungen nur symbolisch entsprochen wird (ebenda: 67-71). Generell kommt es im Prozess der Modernisierung zur „Auflösung eindeutiger und homogener Erwartungsstrukturen" (ebenda: 71). So betont die Individualisierungsthese einerseits den „Verlust kulturell vorgegebener verbindlichkeitstiftender Institutionen", andererseits die „wachsenden Reflexions- und Wahlmöglichkeiten der Individuen im Verhältnis zu den institutionellen Vorgaben" (Junge 1996: 738).
- Der *Legitimität* wird in der neo-institutionalistischen Analyse mehr Gewicht beigemessen als Rationalität und Effizienz (vgl. Hasse/Krücken 2005: 22f., 36ff.; Donges 2006: 570), und zwar nicht nur in Bereichen wie Bildung und öffentliche Verwaltung, sondern auch im Fall von Wirtschaftsunternehmen (vgl. Hasse/Krücken 2005: 50-56). Es komme zu einer „Entzauberung von Rationalität" (ebenda: 41), weil gezeigt werden könne, dass die „institutionalisierten Ursache-Wirkungs-Zuschreibungen" (ebenda: 40) kulturell geprägt sind und sogar der rationale Akteur selbst ein institutionelles Produkt ist (ebenda: 72-76). Legitimation wird durch Anpassung erzielt (vgl. DiMaggio/Powell 1983; Hasse/Krücken 2005: 24-27). Dabei kann zwischen äußerer, auf Legitimation abzielender, symbolischer Selbstdarstellung

---

4 Im Überblick bei Hasse/Krücken (2005), denen hier vor allem gefolgt wird, außerdem: Donges (2006); Senge (2006); Schimank (2007b: 163-165).

von Organisation (talk) und innerem Handeln (action) eine nur „lose Kopplung" (Hasse/Krücken 2005: 24, 40) bestehen.

• Der Neo-Institutionalismus betont außerdem, dass Institutionen „Erwartungssicherheit" (Schimank 2007b: 163) schaffen. Die Übernahme existierender institutioneller Lösungen hilft, *Unsicherheit zu absorbieren*. „Institutionalisierungsdynamiken" (ebenda: 165), die zur Anpassung und Homogenität in organisatorischen Feldern führen, erklären DiMaggio und Powell (1983: 151f., 154f.) durch drei – häufig in der Literatur zitierte (z. B. Donges 2006: 571ff.; Beckert 2010: 157ff.) – Mechanismen: erzwungene Anpassung, z. B. durch rechtliche Regeln (coercive isomorphism), professionelle Normen (normative isomorphism) sowie die wechselseitige Beobachtung zwischen Konkurrenten und Nachahmung (mimetic isomorphism).

Auch im Fall des Neo-Institutionalismus stößt man auf Einordnungsprobleme: Der Ansatz verzichtet auf die Auseinandersetzung mit anderen soziologischen Institutionenansätzen, kritisieren Hasse und Krücken (2005: 62). Ebenfalls wenig ausgelotet ist sein Verhältnis zu benachbarten Netzwerk- und Strukturtheorien (ebenda: 77).[5]

---

5 Hasse/Krücken (2005: 77-101) diskutieren solche Bezüge: Anschlussmöglichkeiten zur soziologischen Netzwerktheorie bestehen u. a. deshalb, weil sie den Mechanismus der mimetischen Isomorphie tiefergehend erklären kann (ebenda: 81f.). Parallelen sehen sie außerdem zu den Strukturtheorien von Bourdieu und Giddens, die gleichfalls von einem Wechselverhältnis zwischen Handeln und Strukturen ausgehen (ebenda: 88). Bourdieu sieht – weniger als Giddens – die Möglichkeit der reflexiven Distanzierung des Akteurs gegenüber gesellschaftlichen Vorgaben und steht damit dem Neo-Institutionalismus näher (ebenda: 91f.; als Theorienvergleich speziell zum Journalismus: Benson 2006). Hingegen fällt die Verbindung zur Luhmannschen Systemtheorie schwerer, die in ihrer autopoietischen Variante etwa die systemübergreifende Diffusion von Institutionen ausklammert (vgl. Hasse/Krücken 2005: 99). Scholl (2013: 182f.) ordnet in seinem Vergleich der Journalismustheorien den Neo-Institutionalismus den integrativen Sozialtheorien zu, der ihn in die Nähe von Strukturationstheorie (Giddens), Feldtheorie (Bourdieu) und Akteur-Struktur-Dynamik (Schimank) bringt. Dieses Theorienfeld hat sich erst in jüngerer Zeit als Reaktion auf Einseitigkeiten von Handlungs- und Systemtheorie entwickelt.

4 Potenziale der Institutionentheorie für die Journalismusforschung

Wie lassen sich institutionentheoretische Überlegungen auf den Journalismus und die Öffentlichkeit übertragen? Dafür sollen hier einige Anregungen gegeben werden. Grundsätzlich lassen sich zwei mögliche Verwendungsweisen unterscheiden: Zum einen kann analysiert werden, wie der Journalismus Institutionen in gesellschaftlichen Teilsystemen schafft, verändert und stabilisiert. Zum anderen kann der Journalismus selbst als Institution begriffen werden. Beide Perspektiven werden hier unter den neo-institutionalistischen Gesichtspunkten der Legitimationssicherung und Unsicherheitsabsorption diskutiert. Ein besonderes Augenmerk soll dabei das Internet erhalten. Kiefer (2010: 119) hat das Internet noch als „Unbekannte" bezeichnet und die „Frage für zukünftige Wissenschaftler" aufgeworfen, wie sich dadurch der Journalismus als Institution wandelt (ebenda: 111-119).

4.1 Wie Journalismus und Öffentlichkeit Institutionen prägen

Was also tragen Journalismus und Öffentlichkeit zur Frage der Legitimation und Unsicherheit bei, die im Zentrum neo-institutionalistischer Überlegungen stehen?

(1) Legitimationsbeschaffung und -entzug: Rehberg (2014a, b) hat auf die Notwendigkeit der öffentlichen Legitimation politischer Institutionen aufmerksam gemacht (Rehberg 2014b: 88; Hervorheb. i. O.): Sie werden kommuniziert, um „die Prinzipien und Geltungsansprüche einer Ordnung symbolisch zum Ausdruck" (Rehberg 2014a: 53) zu bringen. Historisch betrachtet, geschah dies in der repräsentativen Öffentlichkeit durch das „demonstrative Offensichtlichmachen von Herrenrechten und der damit verbundenen Rang- und Herrschaftsansprüche" (ebenda: 95). In der demokratischen Öffentlichkeit ändert sich die „Geltungslogik des Institutionellen" (ebenda: 111): Institutionen werden nicht mehr fraglos hingenommen, ihre „bloße Zurschaustellung" (ebenda: 112) reicht nicht mehr aus. Stattdessen müssen sich Institutionen der Kritik stellen und ihre Geltung rechtfertigen (ebenda: 112). Rehberg spricht deshalb vom „*Reflexivwerden von Institutionen*" (ebenda: 112; Hervorheb. i. O.). Mit dem Wandel der Öffentlichkeit veränderten sich auch die Modi des Legitimationserwerbs von Repräsentation zur diskursiven Bewährung, z. B. in Konflikten und Skandalen. Neben solchen interaktiven Modi sind – gerade unter den Be-

dingungen der traditionellen Massenmedien – einseitig gerichtete Werbung und Public Relations für die eigene Legitimationsbeschaffung von Bedeutung, und zwar nicht nur für politische Akteure, sondern auch für die professionellen Funktionseliten anderer Teilsysteme, die nach Pfadenhauer (2003: 83) ebenfalls einen Bedarf an öffentlicher Inszenierung und „überzeugende[r] Darstellung von Leistung" haben (ebenda: 82-86; Klatetzki 2005). Neben dieser kommunikativen Eigenwerbung können Organisationen Legitimation auch dadurch gewinnen, dass sie über Journalismus und Öffentlichkeit ihre institutionelle Umwelt beobachten und sich an den als legitim anerkannten Vorbildern orientieren.

(2) Unsicherheitsproduktion und -absorption: Journalismus ist ein besonderer Modus der gesellschaftlichen Selbstbeschreibung (vgl. Scholl/ Weischenberg 1998: 63-78). Er sorgt notorisch für Unruhe und Unbestimmtheit. Die vier Merkmale des Journalismus nach Groth (1960) – Aktualität, Periodizität, Universalität und Publizität – sind jeweils Quelle von Unsicherheit. Relevant ist hier auch, welcher Medien sich der Journalismus für das aktuelle, periodische, universelle Publizieren bedient. Deshalb wird hier auch gleich der Übergang von den traditionellen Massenmedien zum Internet mitdiskutiert. Dabei zeigt sich, dass mit dem Internet die Unsicherheit in der öffentlichen Kommunikation tendenziell sogar noch zunimmt.

- *Aktualität:* Orientiert am binären Code „aktuell" – „inaktuell", selektiert der Journalismus Themen, deren Relevanz in der Zeit- und Sozialdimension bestimmt ist (vgl. Merten 1973): Nachrichtenwert wird jenen Themen zugeschrieben, denen unterstellt wird, dass sie gegenwärtig für viele bedeutsam sind und deshalb mit einem Massenpublikum gerechnet werden kann, das sich zeitgleich über die gleichen Sachverhalte informiert. Dabei handelt es sich überwiegend um gegenwartsnahe Ereignisse. Der Journalismus, so lässt sich an Luhmann (1996: 46) anknüpfen, hat die Funktion der „Erzeugung und Verarbeitung von Irritation". Und: „Massenmedien halten, könnte man deshalb auch sagen, die Gesellschaft wach. Sie erzeugen eine ständig erneuerte Bereitschaft, mit Überraschungen, ja mit Störungen zu rechnen. Insofern ‚passen' die Massenmedien zu der beschleunigten Eigendynamik anderer Funktionssysteme wie Wirtschaft, Wissenschaft und Politik, die die Gesellschaft ständig mit neuen Problemen konfrontieren." (ebenda: 47f.) Der Journalismus präferiert Überraschungen, also Ereignisse, die Routinen unterbrechen. Digitale Aufzeichnungs- und Verbreitungstechniken haben dazu geführt, dass überraschende Ereignisse immer häufiger und schneller publiziert und oft auch visuell dokumentiert werden.

- *Periodizität:* „Aktualität" bedeutet, dass gegenwärtig Relevantes selektiert wird, das sich durch das Veröffentlicht-Werden rasch wieder verbraucht, sodass das Publikum permanent mit weiteren Neuigkeiten versorgt werden muss (vgl. ebenda: 43f.). Dies leisten Medien durch ihr periodisches oder mittlerweile auch kontinuierliches Erscheinen. Das Gebot der Aktualität steht in einem Spannungsverhältnis zur sorgfältigen Prüfung und Einordnung. Aus der Vielzahl kurzer Nachrichten ergibt sich ein fragmentiertes Weltbild. Tendenziell hat sich im Zuge des Medienwandels journalistische Kommunikation weiter beschleunigt. Vor allem das Internet hat dazu beigetragen, dass die Geschwindigkeit der Nachrichtensammlung und -verbreitung gestiegen ist (vgl. Neuberger 2010).
- *Universalität:* Der journalistische Leitwert „Aktualität" lässt sachlich offen, welche Themen der Journalismus aufgreift. In der Sachdimension kennt er keine Begrenzung (vgl. Luhmann 1996: 29), sondern berichtet umfassend – der funktionalen Differenzierung der Gesellschaft folgend – über Politik, Wirtschaft, Kunst, Sport usw. Damit ermöglicht Journalismus die wechselseitige und zeitlich synchronisierte Beobachtung sowohl zwischen als auch innerhalb von Teilsystemen. Im Internet erweitert sich das Themenspektrum, weil dort nicht nur journalistische „Gatekeeper" nach professionellen Kriterien (Nachrichtenwert) auswählen, sondern sich jeder von seinen idiosynkratischen Präferenzen leiten lassen kann.

Mit dem Merkmal „*Publizität*" ist schließlich gemeint, dass der Journalismus im öffentlichen Raum agiert, woraus sich mehrere Aspekte für die Frage nach der Unsicherheit ergeben:

- *Fiktionalität des Publikums:* Die Unabgeschlossenheit des Publikums definiert „Öffentlichkeit". Traditionelle Massenmedien vergrößerten den Kreis potenzieller Teilnehmer auf der Rezipientenseite – das Internet hat ihn auf der Kommunikatorseite erweitert. Vor allem das nur rezipierende Publikum der Massenmedien ist für den Journalismus schwer überschaubar. Dort erzielte Wirkungen sind im Vorhinein kaum kalkulierbar, und die tatsächlichen Folgen sind wenig transparent. Dadurch entsteht Unsicherheit für alle Beteiligten – für jene, die kommunizieren, Gegenstand der Berichterstattung sind oder abschätzen wollen, wie das Mitpublikum reagiert. Das Publikumsbild beruht weitgehend auf Unterstellungen (vgl. Merten 1978: 578; Werron 2009: 16). Die dadurch erzeugte Unsicherheit macht das Publikum – vermittelt über die „öffentliche Meinung" – zu einer diffusen Kontrollinstanz (vgl. Noelle-Neumann 2001). Im Internet wächst zwar einerseits die Transparenz darüber, wer rezipiert. Andererseits gibt es neuen Anlass zur Verunsicherung: Partizipations- und Interaktionsmöglichkeiten erweitern das Repertoire des Publikums, dessen Reaktionen oft überraschend und weitreichend sind. Zudem schafft das Internet globale Beobachtungs- und Beeinflussungsverhältnisse.

- *Offenheit von Diskursen:* Themenkarrieren und Meinungsbildungsprozesse haben oft keinen identifizierbaren Anfang und Schluss. Auch ihr Teilnehmerkreis ist offen. Das unterscheidet die Medienöffentlichkeit als Arena z. B. vom Parlament, in dem ein Thema nur im Kreis der gewählten Repräsentanten diskutiert und per Abstimmung zumindest vorläufig abgeschlossen wird. Zeitliche Zäsuren und soziale Grenzen fehlen dem prinzipiell auf Unendlichkeit und Offenheit hin angelegten Journalismus. Im Internet können sich Diskurse hinsichtlich Teilnehmer und Dauer noch weiter ausdehnen; und sie sind auch weniger überschaubar. Hier mangelt es an vermittelnden Dritten, die Diskurse zentralisieren, ordnen und moderieren.

- *Prekärer Wahrheitsanspruch:* Medienangebote haben den Charakter von Erfahrungs- und Vertrauensgütern, deren Qualität weder vor, während und teilweise selbst nach dem Konsum nicht richtig eingeschätzt werden kann. Grundsätzlich, so vermutet das Publikum, sind journalistische Aussagen nur begrenzt glaubwürdig (vgl. Müller 2013). Dies liegt u. a. an den – im Vergleich zur Wissenschaft – vereinfachten Prüfprozeduren unter Zeitdruck und der stärkeren Umweltabhängigkeit. Im Internet, in dem der Journalismus seine Rolle als „Gatekeeper" verloren hat, fällt dem Rezipienten die Einschätzung der Qualität noch schwerer, weil oft nicht klar ist, wer dort mit welcher Absicht schreibt.

In der Offenheit, Ungewissheit und Vorläufigkeit des Journalismus sehen Kritiker oft einen Schwachpunkt – und verkennen damit seine Funktion: Er bildet die Komplexität der gesellschaftlichen Umwelt ab. Indem er sie durch Selektion und Interpretation weiterbearbeitet, trägt der Journalismus auch dazu bei, sie zumindest ein Stück weit zu reduzieren und dadurch die „Erwartungssicherheit" (Jarren 2008: 331) zu verbessern. Außerdem schafft er einen öffentlichen Raum des wechselseitigen Beobachtens und

Beeinflussens, d. h. für „gesellschaftliche Koorientierung" (ebenda). Dies ist die notwendige Voraussetzung für Imitation und Persuasion. Während in der Medienwirkungsforschung die persuasiven Effekte im Vordergrund stehen, betont der Neo-Institutionalismus die mimetische Isomorphie, also die Nachahmung erfolgreicher oder legitimer institutioneller Lösungen (vgl. DiMaggio/Powell 1983: 151; Donges 2006: 573). Hinter der Imitation steht keine Wirkungsabsicht des Kommunikators. Das Fehlen einer solchen Intention unterscheidet nach Katz (2006: 266) die Imitation von der Persuasion.

4.2 Der Journalismus als verunsicherte Profession

Der Journalismus ist als Profession selbst eine Institution. Seine Legitimität ergibt sich aus der für die Demokratie notwendigen Statusfunktion (vgl. Kiefer 2010: 42-54), die „nur beobachterabhängig und nur durch kollektive Zuweisung und kollektive Akzeptanz erfüllt werden kann" (ebenda: 41). Auch journalistisches Handeln ist aus neo-institutionalistischer Sicht vorrangig nicht durch Effizienz und Eigeninteresse bestimmt, sondern folgt professionellen Routinen und Praktiken, durch die angemessenes Handeln definiert und Unsicherheit reduziert wird (vgl. Ryfe 2006a: 138; Ryfe 2006b: 208ff.). „Over time, these routines generate identities, behaviors, roles, and values that are seen as appropriate. These norms may crowd out alternative ways of practicing journalism – even if those alternatives might respond more efficiently to exogenous pressures." (Asp 2014: 140)[6]

(1) Unsicherheitsabsorption: Der Journalismus hat professionelle Routinen und Praktiken entwickelt, um Unsicherheit zu reduzieren, wobei die Redaktionen diese als selbstverständlich angenommenen Regeln übernehmen und sich dadurch angleichen (vgl. Asp 2014: 264f.). Um das hohe Maß an Homogenität und die Tendenz zur Bestätigung des Status quo zu erklären, können auch hier die drei Mechanismen der institutionellen Iso-

---

6 Ryfe (2006b: 205) definiert eine journalistische Regel als „a normative assumption or expectation about appropriate or legitimate modes of behavior". Und Asp (2014) unterscheidet zwei Gruppen institutioneller Regeln im Journalismus, die zusammen die Logik der Nachrichtenmedien bilden: professionelle Normen (Unabhängigkeit, Objektivität) und professionelle Standards (handwerkliche und formbezogene Regeln).

morphie von DiMaggio und Powell (1983) herangezogen werden: staatlicher und ökonomischer Zwang, professioneller Druck und Mimese (vgl. Hasse/Krücken 2005: 24-27).[7]

Schon früh hat Tuchman (1971) auf die Rolle der Objektivität als strategisches Ritual hingewiesen, mit dem Risiken abgewehrt werden sollen, die von Zeitdruck, Vorgesetzten und möglichen Verleumdungsklagen ausgehen. Da der Journalismus weniger Ressourcen als der Wissenschaft zur Verifizierung zur Verfügung stehen, hält er sich an bestimmte formale Regeln (Präsentation konfligierender Positionen, unterstützender Evidenz und von Zitaten, Nachrichtenstruktur nach dem Prinzip der umgekehrten Pyramide und durch die Beantwortung der W-Fragen), um Objektivität im journalistischen Verständnis zu erreichen (vgl. ebenda: 665-671).[8] Darüber hinaus orientieren sich Redaktionen am Common Sense, nämlich daran, was die meisten Nachrichtenjournalisten für richtig und selbstverständlich halten (vgl. ebenda: 674).

Ähnlich argumentiert Donsbach (2004: 136-139). Er beschreibt die Situation von Journalisten bei der Nachrichtenauswahl als unsicher und unterdeterminiert: Sie arbeiten unter Zeit- und Wettbewerbsdruck, ihnen fehlen klare Kriterien, und jede ihrer Entscheidungen ist sogleich öffentlich. Sie orientieren sich deshalb stark an anderen Journalisten, weil sie zu diesen einen einfachen Zugang haben und diese ihnen professionelle Legitimität verschaffen können (vgl. ebenda: 140). Daraus ergibt sich das hohe Maß an Konsonanz unter den Medien (vgl. ebenda: 141-143). Ihre geteilte Realitätssicht lässt sich an übereinstimmenden Nachrichtenfaktoren und Frames sowie Urteilen über Skandale und Schlüsselereignisse ablesen. Um solche gruppendynamischen Prozesse zu verhindern, müssten Regeln entwickelt werden (vgl. ebenda: 152).

Der Journalismus ist nach Sparrow (2006) mit drei Unsicherheiten konfrontiert: mit seiner ökonomischen Verletzlichkeit, seinem professionellen Bemühen um Glaubwürdigkeit im Publikum und seinem unsicheren Zugang zu Informationen über Quellen. Er nennt die Neutralitäts- und Transparenznorm sowie die Orientierung an einer kleinen Zahl einflussreicher

---

7 Das Verhältnis zwischen endogenen, d. h. professionellen und exogenen, vor allem politischen und ökonomischen Kräften auf den Journalismus wird dabei in der Literatur zum Neo-Institutionalismus unterschiedlich eingeschätzt (vgl. Benson 2006: 195ff.; Kaplan 2006: 176f.; Lawrence 2006; Ryfe 2006a: 138f.; Asp 2014: 265f.).

8 Zur Kritik und Funktion dieser und anderer sogenannter „Objektivitätskriterien", die nicht mit der Frage nach der Erkenntnis zu tun haben vgl. Neuberger (1997).

Quellen. Durch sie kann der Journalismus dem professionellen, ökonomischen und informationellen Druck standhalten (vgl. ebenda: 147-150).

Zu den Anlässen, durch die professionell-journalistische Routinen in Frage gestellt werden und Unsicherheit ausgelöst wird, gehören technologische Umbrüche (vgl. ebenda: 152f.). Das Internet hat zweifellos zu einer starken Verunsicherung des Journalismus geführt. Im Prozess der Institutionalisierung bilden sich Regeln für den Umgang mit dem Internet heraus. Dabei muss geklärt werden, welche der zahlreichen technischen Möglichkeiten journalistisch sinnvoll zu gebrauchen sind, um Erwartungen des Publikums und die gesellschaftliche Statusfunktion zu erfüllen. Hier finden „kollektive Lernprozesse" (Kiefer 2010: 199) statt. Die Aneignung des Internets, so steht zu vermuten, wird zunächst nur wenig professionell bestimmt, d. h. durch kodifizierte Normen und handwerkliche Regeln sowie deren Vermittlung in Aus- und Weiterbildung (vgl. Di Maggio/ Powell 1983: 155). Weil feste Regeln noch fehlen, dürfte stattdessen mimetische Isomorphie dominieren, d. h. das Beobachten und Imitieren von Konkurrenten oder Leitmedien (vgl. Boczkowski 2009). Das Internet hat auch das Monitoring anderer Anbieter vereinfacht. Das – oft kritisierte – Rudelverhalten im Journalismus ist also in neo-institutionalistischer Sicht nicht als koordiniertes Vorgehen zu verstehen, was leicht den Verdacht einer Konspiration weckt, sondern als Reaktion auf Unsicherheit und als Bemühen um Risikominimierung.[9]

Ein Schwachpunkt des Neo-Institutionalismus besteht darin, dass er sich auf die imitative Verbreitung von Institutionen konzentriert, während er „Prozesse der Innovation als ‚black box' behandelt" (Krücken 2005: 66). Dagegen spricht jedoch schon, dass sich Innovation und Imitation als Phasen nicht klar voneinander trennen lassen, weil „durch neue Anwendungskontexte Rekombinationen, Hybridisierungen und nicht zuletzt Fehlkopien entstehen, die etwas Neues darstellen" (ebenda: 74). Dies trifft gerade auf Medieninnovationen zu, bei denen in der Diffusion und Aneignung Produkte rekursiv durch den Nutzergebrauch mitgeformt werden (vgl. Dogruel 2014: 58f.).

---

9 Die gegenwärtige Verunsicherung des Journalismus wird in der professionellen Diskussion als „Krise" gerahmt, was Kontrollierbarkeit suggerieren soll, so Zelizer (2015: 2-5). Dies verhindere aber aufgrund einer zeitlichen, räumlichen und sachlichen Simplifizierung ein tiefergehendes Verständnis der komplexen Umbruchssituation und seiner vielfältigen Erscheinungsformen.

(2) Grenzverletzungen und Normverstöße: Wie jede Profession (vgl. Abbott 1988), so muss auch der Journalismus fortlaufend die Grenzen seines Zuständigkeitsbereichs gegen Konkurrenten verteidigen und Normverstöße ahnden. Diese professionellen Praktiken zur Existenz- und Legitimitätssicherung untersucht die Journalismusforschung mit den Konzepten „boundary work" (vgl. z. B. Lewis 2012: 841-845) und „paradigm repair" (vgl. z. B. Ruggiero 2004). Abwehrkämpfe zur Sicherung der Autonomie werden gegen Public Relations (vgl. Abbott 1988: 225f.) sowie andere Einflussversuche aus Politik und Wirtschaft geführt (vgl. z. B. Revers 2014). Im Internet stoßen die professionelle und die partizipative Logik aufeinander (vgl. Waisbord 2013: 202-221), wobei die Frage im Mittelpunkt steht: Wie viel Kontrolle über den Inhalt soll oder muss der Journalismus abgeben? Der Journalismus nimmt dazu vor allem eine defensive Haltung ein, weil er primär versucht, das herkömmliche Modell der Ein-Weg-Kommunikation zu sichern und Innovationen zu „normalisieren" (vgl. Lewis 2012: 849-852). In den 1990er Jahren wurde dem Internet sogar oft noch die Eignung als Recherchequelle (vgl. Ruggiero 2004; Ruggiero/Winch 2005) und Publikationsort für den Journalismus abgesprochen (vgl. McCoy 2001). Im Fall der Blogger kam es zum öffentlichen Konflikt über die Frage der jeweiligen Identität und Qualität (vgl. Lowrey/Mackay 2008; Neuberger/Nuernbergk/Rischke 2009). Seit einiger Zeit wird auch die Legitimität des professionellen Journalismus in den sozialen Medien massiv in Frage gestellt („Lügenpresse"-Debatte). Hier stellt sich die von Kiefer (2010: 204f.) aufgeworfene Frage, ob es ihm gelingen wird, seine Legitimität zu sichern, was von der kollektiven Akzeptanz seiner Statusfunktion abhängt.

5 Fazit

Welchen zusätzlichen Beschreibungs- und Erklärungsbeitrag liefert also ein institutionelles Verständnis des Journalismus? Der Neo-Institutionalismus betont, dass Legitimations- und Sicherheitsstreben in Organisationen wichtiger sind als Effizienz- und Konkurrenzstreben (vgl. DiMaggio/Powell 1983: 154ff.). Damit rückt er zwei Aspekte in den Mittelpunkt, die in der Journalismusforschung bislang wenig Beachtung gefunden haben. Das Institutionendenken unterscheidet sich von der handlungstheoretischen Sichtweise des Journalismus, die rationales, am Eigeninteresse orientiertes Handeln in den Vordergrund rückt. Und es grenzt sich vom systemtheoretischen Ansatz ab, dem es am Akteursbezug mangelt. Institutionen vermitteln als „analytisch Sperriges in der Mitte" (Schimank 2007a: 222) zwischen Akteur und System (vgl. Ryfe 2006a: 137f.; Kiefer 2013: 129). Eine weitere Stärke der Institutionentheorie liegt darin, dass sie den institutionellen Journalismuswandel zu erklären vermag. Das Potenzial der Theorie, die in den letzten Jahren vor allem in der englischsprachigen Literatur aufgegriffen worden ist, ist bei Weitem noch nicht ausgeschöpft. Insofern – und das gilt es am Ende zu bekennen – muss auch diese Journalismustheorie (wie viele andere) noch weiterentwickelt werden.

Literatur

Abbott, Andrew (1988): The System of Professions. An Essay on the Division of Expert Labor. Chicago/London: The University of Chicago Press.

Asp, Kent (2014): News media logic in a New Institutional perspective. In: Journalism Studies 15, Nr. 3, S. 256-270.

Beckert, Jens (2010): Institutional Isomorphism Revisited. Convergence and Divergence in Institutional Changes. In: Sociological Theory 28, Nr. 2, S. 150-166.

Benson, Rodney (2006): News Media as a „Journalistic Field": What Bourdieu Adds to New Institutionalism, and Vice Versa. In: Political Communication 23, Nr. 2, S. 187-202.

Boczkowski, Pablo J. (2009): Technology, Monitoring, and Imitation in Contemporary News Work. In: Communication, Culture & Critique 2, Nr. 1, S. 39-59.

DiMaggio, Paul J./Powell, Walter W. (1983): The Iron Cage Revisited. Institutional Isomorphism and Collective Rationality in Organizational Fields. In: American Sociological Review 48, Nr. 2, S. 147-160.

Dogruel, Leyla (2014): What is so Special about Media Innovations? A Characterization of the Field. In: The Journal of Media Innovations 1, Nr. 1, S. 52-59.

Donges, Patrick (2006): Medien als Institutionen und ihre Auswirkungen auf Organisationen. Perspektiven des soziologischen Neo-Institutionalismus für die Kommunikationswissenschaft. In: Medien & Kommunikationswissenschaft 54, Nr. 4, S. 563-578.

Donges, Patrick (2013): Klassische Medien als Institutionen. In: Künzler, Matthias/ Oehmer, Franziska/Puppis, Manuel/Wassmer, Christian (Hrsg.): Medien als Institutionen und Organisationen. Institutionalistische Ansätze in der Publizistik- und Kommunikationswissenschaft. Baden-Baden: Nomos, S. 87-96.

Donsbach, Wolfgang (2004): Psychology of news decisions. Factors behind journalists' professional behavior. In: Journalism 5, Nr. 2, S. 131-157.

Greshoff, Rainer/Lindemann, Gesa/Schimank, Uwe (2007): Theorienvergleich und Theorienintegration – Disziplingeschichtliche und methodische Überlegungen zur Entwicklung eines paradigmenvermittelnden „conceptual framework" für die Soziologie. Oldenburg: Carl von Ossietzky Universität Oldenburg (= Arbeitsgruppe Soziologische Theorie, Diskussionspapiere, AST-DP-1-2007). http://www.uni-oldenburg.de/fileadmin/user_upload/sowi/ag/ast/download/dp/ast-dp-1-07.pdf (12.08.2015).

Groth, Otto (1960): Die unerkannte Kulturmacht. Grundlegung der Zeitungswissenschaft (Periodik). 7 Bände, Band 1. Berlin: Walter de Gruyter.

Hagen, Sebastian/Frey, Felix/Koch, Sebastian (2015): Theoriebildung in der Kommunikationswissenschaft. Eine Bestandsaufnahme zu Bedeutung, Arten und Verfahren der Theorieentwicklung. In: Publizistik 60, Nr. 2, S. 123-146.

Hasse, Raimund/Krücken, Georg (2005): Neo-Institutionalismus. Mit einem Vorwort von John Meyer. 2., vollständig überarbeitete Auflage. Bielefeld: transcript.

Heinrich, Jürgen/Lobigs, Frank (2003): Wirtschaftswissenschaftliche Perspektiven IV: Neue Institutionenökonomik. In: Altmeppen, Klaus-Dieter/Karmasin, Matthias (Hrsg.): Medien und Ökonomie. Band 1. Opladen/Wiesbaden: Westdeutscher Verlag, S. 245-268.

Jarren, Otfried (2008): Massenmedien als Intermediäre. Zur anhaltenden Relevanz der Massenmedien für die öffentliche Kommunikation. In: Medien und Kommunikationswissenschaft 56, Nr. 3-4, S. 329-346.

Junge, Matthias (1996): Individualisierungsprozesse und der Wandel von Institutionen. In: Kölner Zeitschrift für Soziologie und Sozialpsychologie 48, Nr. 4, S. 728-747.

Kaplan, Richard L. (2006): The News About New Institutionalism: Journalism's Ethic of Objectivity and Its Political Origins. In: Political Communication 23, Nr. 2, S. 173-185.

Katz, Elihu (2006): Rediscovering Gabriel Tarde. In: Political Communication 23, Nr. 3, S. 263-270.

Kaube, Jürgen (2015): Im Reformhaus. Zur Krise des Bildungssystems. Springe: zu Klampen.

Kiefer, Marie Luise (2010): Journalismus und Medien als Institutionen. Konstanz: UVK.

Kiefer, Marie Luise (2013): Journalismus und Medien als Institutionen – systemtheoretisch betrachtet. In: Künzler, Matthias/Oehmer, Franziska/Puppis, Manuel/Wassmer, Christian (Hrsg.): Medien als Institutionen und Organisationen. Institutionalistische Ansätze in der Publizistik- und Kommunikationswissenschaft. Baden-Baden: Nomos, S. 117-131.

Kinnebrock, Susanne/Schwarzenegger, Christian/Birkner, Thomas (2015): Theorien des Medienwandels – Konturen eines emergierenden Forschungsfeldes? In: Kinnebrock, Susanne/Schwarzenegger, Christian/Birkner, Thomas (Hrsg.): Theorien des Medienwandels. Köln: von Halem, S. 11-28.

Klatetzki, Thomas (2005): Professionelle Arbeit und kollegiale Organisation. Eine symbolisch interpretative Perspektive. In: Klatetzki, Thomas (Hrsg.): Organisation und Profession. Wiesbaden: VS Verlag, S. 253-283.

Krücken, Georg (2005): Innovationen – neo-institutionalistisch betrachtet. In: Aderhold, Jens/John, René (Hrsg.): Innovation. Sozialwissenschaftliche Perspektiven. Konstanz: UVK, S. 65-78.

Künzler, Matthias/Oehmer, Franziska/Puppis, Manuel/Wassmer, Christian (Hrsg.) (2013): Medien als Institutionen und Organisationen. Institutionalistische Ansätze in der Publizistik- und Kommunikationswissenschaft. Baden-Baden: Nomos.

Lawrence, Regina G. (2006): Seeing the Whole Board: New Institutional Analysis of News Content. In: Political Communication 23, Nr. 2, S. 225-230.

Lewis, Seth C. (2012): The Tension Between Professional Control and Open Participation. Journalism and its boundaries. In: Information, Communication & Society 16, Nr. 6, S. 836-866.

Lobigs, Frank (2004): Funktionsfähiger journalistischer Wettbewerb – Institutionenökonomische Herleitung einer fundamentalen publizistischen Institution. In: Siegert, Gabriele/Lobigs, Frank (Hrsg.): Zwischen Marktversagen und Medienvielfalt. Medienmärkte im Fokus neuer medienökonomischer Anwendungen. Baden-Baden: Nomos, S. 53-68.

Löffelholz, Martin (Hrsg.) (2004): Theorien des Journalismus. Ein diskursives Handbuch. 2., vollständig überarbeitete und erweiterte Auflage, Wiesbaden: VS Verlag.

Lowrey, Wilson/Mackay, Jean Burleson (2008): Journalism and Blogging. A test of a model of occupational competition. In: Journalism Practice 2, Nr. 1, S. 64-81.

Luhmann, Niklas (1996): Die Realität der Massenmedien. 2., erweiterte Auflage. Opladen: Westdeutscher Verlag.

McCoy, Mary E. (2001): Dark alliance: News repair and institutional authority in the age of the internet. In: Journal of Communication 51, Nr. 1, S. 164-193.

Merten, Klaus (1978): Kommunikationsmodell und Gesellschaftstheorie. In: Kölner Zeitschrift für Soziologie und Sozialpsychologie 30, Nr. 3, S. 572-595.

Merten, Klaus (1973): Aktualität und Publizität. Zur Kritik der Publizistikwissenschaft. In: Publizistik 18, Nr. 3, S. 216-235.

Müller, Jan (2013): Mechanisms of Trust. News Media in Democratic and Authoritarian Regimes. Frankfurt a. M.: Campus.

Neuberger, Christoph (1997): Was ist wirklich, was ist wichtig? Zur Begründung von Qualitätskriterien im Journalismus. In: Bentele, Günter/Haller, Michael (Hrsg.): Aktuelle Entstehung von Öffentlichkeit. Akteure – Strukturen – Veränderungen. Schriftenreihe der DGPuK 24. Konstanz: UVK, S. 311-322.

Neuberger, Christoph (2010): „Jetzt" ist Trumpf. Beschleunigungstendenzen im Internetjournalismus. In: Westerbarkey, Joachim (Hrsg.): End-Zeit-Kommunikation. Diskurse der Temporalität. Münster: LIT Verlag, S. 203-222.

Neuberger, Christoph (2013): Onlinemedien als Institutionen. In: Künzler, Matthias/Oehmer, Franziska/Puppis, Manuel/Wassmer, Christian (Hrsg.): Medien als Institutionen und Organisationen. Institutionalistische Ansätze in der Publizistik- und Kommunikationswissenschaft. Baden-Baden: Nomos, S. 97-116.

Neuberger, Christoph/Nuernbergk, Christian/Rischke, Melanie (2009): Eine Frage des Blickwinkels? Die Fremd- und Selbstdarstellung von Bloggern und Journalisten im öffentlichen Metadiskurs. In: Neuberger, Christoph/Nuernbergk, Christian/Rischke, Melanie (Hrsg.): Journalismus im Internet: Profession – Partizipation – Technisierung. Wiesbaden: VS Verlag, S. 129-168.

Noelle-Neumann, Elisabeth (2001): Die Schweigespirale. Öffentliche Meinung – unsere soziale Haut. 6., erweiterte Neuauflage. München: Langen Müller.

Pfadenhauer, Michaela (2003): Macht – Funktion – Leistung. Zur Korrespondenz von Eliten- und Professionstheorien. In: Mieg, Harald/Pfadenhauer, Michaela (Hrsg.): Professionelle Leistung – professional performance. Positionen der Professionssoziologie. Konstanz: UVK, S. 71-87.

Rehberg, Karl-Siegbert (2014a): Institutionen als symbolische Ordnungen. Leitfragen und Grundkategorien zur Theorie und Analyse institutioneller Mechanismen (TAIM). In: Rehberg, Karl-Siegbert: Symbolische Ordnungen. Beiträge zu einer soziologischen Theorie der Institutionen. Hrsgg. v. Hans Vorländer. Baden-Baden: Nomos, S. 43-83.

Rehberg, Karl-Siegbert (2014b): Die „Öffentlichkeit" der Institutionen. Grundbegriffliche Überlegungen im Rahmen der Theorie und Analyse institutioneller Mechanismen. In: Rehberg, Karl-Siegbert: Symbolische Ordnungen. Beiträge zu einer soziologischen Theorie der Institutionen. Hrsgg. v. Hans Vorländer. Baden-Baden: Nomos, S. 85-117.

Revers, Matthias (2014): Journalistic professionalism as performance and boundary work: Source relations at the state house. In: Journalism 15, Nr. 1, S. 37-52.

Ruggiero, Thomas E. (2004): Paradigm repair and changing journalistic perceptions of the internet as an objective news source. In: Convergence 10, Nr. 4, S. 92-106.

Ruggiero, Thomas E./Winch, Samuel P. (2005): The Media Downing of Pierre Salinger: Journalistic Mistrust of the Internet as a News Source. In: Journal of Computer-Mediated Communication 10, Nr. 2. http://onlinelibrary.wiley.com/doi/10.1111/j.1083-6101.2005.tb00245.x/full (12.08.2015).

Ryfe, David Michael (2006a): Guest Editor's Introduction: New Institutionalism and the News. In: Political Communication 23, Nr. 2, S. 135-144.

Ryfe, David Michael (2006b): The Nature of News Rules. In: Political Communication 23, Nr. 2, S. 203-214.

Saxer, Ulrich (1993): Basistheorien und Theorienbasis in der Kommunikationswissenschaft: Theorienchaos und Chaostheorie. In: Bentele, Günter/Rühl, Manfred (Hrsg.): Theorien öffentlicher Kommunikation. Problemfelder, Positionen, Perspektiven. München: Ölschläger, S. 175-187.

Schimank, Uwe (2005): Differenzierung und Integration der modernen Gesellschaft. Beiträge zur akteurzentrierten Differenzierungstheorie 1. Wiesbaden: VS Verlag.

Schimank, Uwe (2007a): Theorien gesellschaftlicher Differenzierung. 3. Auflage. Wiesbaden: VS Verlag.

Schimank, Uwe (2007b): Neoinstitutionalismus. In: Benz, Arthur/Lütz, Susanne/Schimank, Uwe/Simonis, Georg (Hrsg.): Handbuch Governance. Theoretische Grundlagen und empirische Anwendungsfelder. Wiesbaden: VS Verlag, S. 161-175.

Scholl, Armin (2013): Theorien des Journalismus im Vergleich. In: Meier, Klaus/ Neuberger, Christoph (Hrsg.): Journalismusforschung. Stand und Perspektiven. Aktuell. Studien zum Journalismus, 1. Baden-Baden: Nomos, S. 167-194.

Scholl, Armin/Weischenberg, Siegfried (1998): Journalismus in der Gesellschaft. Theorie, Methodologie und Empirie. Opladen/Wiesbaden: Westdeutscher Verlag.

Searle, John R. (1997): Die Konstruktion der gesellschaftlichen Wirklichkeit. Zur Ontologie der Tatsachen. Reinbek: Rowohlt.

Senge, Konstanze (2006): Zum Begriff der Institution im Neo-Institutionalismus. In: Senge, Konstanze/Hellmann, Kai-Uwe (Hrsg.): Einführung in den Neo-Institutionalismus. Wiesbaden: VS Verlag, S. 35-47.

Sparrow, Bartholomew H. (2006): A Research Agenda for an Institutional Media. In: Political Communication 23, Nr. 2, S. 145-157.

Tuchman, Gaye (1971): Objectivity as Strategic Ritual: An Examination of Newsmen's Notions of Objectivity. In: American Journal of Sociology 77, Nr. 1, S. 660-679.

Waisbord, Silvio (2013): Reinventing Professionalism. Journalism and News in Global Perspective. Cambridge/Malden, MA: Polity Press.

Werron, Tobias (2009): Zur sozialen Konstruktion moderner Konkurrenzen. Das Publikum in der „Soziologie der Konkurrenz". Luzern: Soziologisches Seminar, Kultur- und Sozialwissenschaftliche Fakultät, Universität Luzern (= Working Paper, WP 05/09).

Zelizer, Barbie (2015): Terms of Choice: Uncertainty, Journalism, and Crisis. In: Journal of Communication. doi:10.1111/jcom.12157 (12.08.2015).

Institutionengestaltung gegen Ökonomisierung – Nachfragen zu einem wichtigen Vorschlag zur Finanzierung des Journalismus

Uwe Schimank

Marie Luise Kiefer (2011) nimmt in einem neueren Beitrag „die schwierige Finanzierung des Journalismus" zum Anlass, eine Dekommodifizierung dieses gesellschaftlichen Teilsystems zu fordern, die aber die Risiken der Politisierung, wie sie immer wieder am öffentlich-rechtlichen Rundfunk deutlich werden, vermeidet. Dieser Beitrag verdient in mindestens zwei Hinsichten nicht nur in der Journalismusforschung, sondern darüber hinaus gesellschafts- und auch sozialtheoretisch große Aufmerksamkeit. Die Autorin hat sich ja bereits in einer Reihe von Beiträgen bemüht, den reich bestückten Werkzeugkasten der institutionalistischen Perspektive zur Anwendung zu bringen und damit der Journalismusforschung immer wieder vorzuführen, welchen Gewinn man daraus ziehen kann, auch sehr konkrete bereichsspezifische Phänomene mit viel abstrakteren sozialtheoretischen Instrumenten zu bearbeiten (siehe nur: Kiefer 2010; Kiefer/Steininger 2014). Der angesprochene Beitrag ist erstens ein mustergültiges Beispiel für diese Herangehensweise, wobei die Autorin hier nicht bei der Analyse der aktuellen Situation einer tiefgreifenden Funktionsgefährdung des Journalismus stehenbleibt, sondern darauf aufbauend auch dezidierte Empfehlungen gibt, wie der Journalismus umgestaltet werden müsste, um seine gesellschaftliche Funktion wieder und besser erfüllen zu können. Kiefer demonstriert damit, dass gerade eine institutionalistische Perspektive dafür prädestiniert ist, soziales Geschehen nicht nur begreifen, sondern auch in es eingreifen zu können. Zweitens wird diese generelle sozialtheoretische Botschaft mit einer Thematik verknüpft, die man ohne Übertreibung eine der Schicksalsfragen nicht nur des Journalismus, sondern der demokratischen politischen Ordnung nennen kann. Kiefer (2011: 5) spricht „vom gesellschaftlichen Metatrend[1] der Ökonomisierung", dem

---

1 Vielleicht ist dies auch ein Druckfehler, und es ist „Megatrend" gemeint. Beides machte Sinn. Während „Megatrend" die besondere Größenordnung und damit Durchschlagskraft ansprüche, wiese „Metatrend" darauf hin, dass es sich um einen Trend handelt, der als Treiber vielen anderen Trends zugrundeliegt.

nicht nur, aber eben doch auch – und das ist ihr Anliegen – mit Blick auf den Journalismus Einhalt geboten werden müsse; und sie weiß, wie gesagt, auch, wie das geschehen müsste. Sie reiht ihren Beitrag damit in eine gesellschaftstheoretische Diskussion über die Ökonomisierung des Nicht-Ökonomischen ein (als Überblicke nur: Schimank/Volkmann 2008; 2012; 2015; speziell zum Journalismus: Schimank/Volkmann 2015a), die sich auf das Gesundheits- und das Schulwesen, die Universitäten und das Militär, die Sozialverwaltung und die Kunst – um nur einige weitere Bereiche zu nennen – bezieht und überall die gleiche Frage stellt, die auch die Autorin umtreibt: Wie kann den Ökonomisierungsdynamiken Einhalt geboten werden?

Im vorliegenden Beitrag sollen sowohl das sozial- als auch das gesellschaftstheoretische Plädoyer Kiefers weiter reflektiert werden. Dies geschieht in drei Schritten. Zunächst werden sozialtheoretisch die Vorzüge einer institutionalistischen Perspektive auf den Journalismus dargelegt – gerade wenn es darum geht, Probleme wie dessen Ökonomisierung zu analysieren. Sodann wird in einem Zwischenschritt gesellschaftstheoretisch nachgearbeitet, was Kiefer voraussetzt: wie Ökonomisierungsdruck den Journalismus verbiegt. Darauf aufbauend wird überprüft, ob die von Kiefer vorgeschlagene Umgestaltung der institutionellen Rahmenbedingungen des Journalismus den Ökonomisierungsdruck reduzieren kann – und wie realistisch eine Umsetzung dieser Umgestaltung ist.

1 Die institutionalistische Perspektive auf Stellschrauben sozialen Geschehens

In der Einleitung ihres Buchs über „Journalismus und Medien als Institutionen" zitiert Kiefer (2010: 7) Helmut Willkes oft wiedergegebene Einschätzung: „Der Begriff der Institution hat eine große Vergangenheit und eine zweifelhafte Zukunft." Willke schrieb dies Mitte der 1980er Jahre, also ausgerechnet zu einem Zeitpunkt, als sich in mehreren sozialwissenschaftlichen Disziplinen „neue" Institutionalismen verbreiteten; aber vielleicht hatte er weniger Zweifel daran, dass auch weiterhin über Institutionen gesprochen werde, sondern ging ganz im Gegenteil davon aus, dass genau das der Fall sein werde – jedoch zum Schaden der Sozialwissenschaften! Was man diesbezüglich zumindest konstatieren muss, ist eine nahezu babylonische Sprachverwirrung. Was – um nur zwei Extreme zu nennen – die Institutionenökonomie auf der einen (Richter/Furubotn 1996) und der soziologische Neo-Institutionalismus auf der anderen Seite (Hasse/Krücken 1999) unter Institutionen versteht, hat nicht viel miteinander gemein; und selbst einander näherstehende Institutionalismen reden an nicht wenigen Punkten aneinander vorbei. Wenn aber Begriffe die Verständigung nicht erleichtern, sondern erschweren, ist in der Tat zu fragen, ob man sie weiter verwenden sollte.

Seit Willkes harschem Urteil ist dies nicht besser geworden. Kiefer hat sich dennoch nicht davon abhalten lassen, den Journalismus institutionalistisch zu fassen, und ich werde dies hier ebenfalls tun. Während sie eine interessante Kombination aus Institutionenökonomie und John Searles philosophischer „Theorie institutioneller Tatsachen" ausarbeitet (Kiefer 2010: 19-34), greife ich – nicht konkurrierend, sondern komplementär – auf die von Rainer Lepsius (1990) formulierte Trias von „Institutionen, Ideen und Interessen" zurück, die im Zusammenklang Grundkategorien von Max Webers Analysen gesellschaftlicher Ordnungen und ihrer Dynamiken sind. Die Rahmung von Interessen nicht nur durch institutionelle Regeln, auch durch Ideengebilde, aber auch die interessen- und ideengeleitete Gestaltung von Institutionenkomplexen sowie die interessierte Ideenpolitik in Richtung einer Institutionalisierung von Leitideen etwa in Gesetzestexten: All diese Wirkrichtungen sollte eine institutionalistische Perspektive im Blick behalten.

Mit Blick auf Kiefers Institutionalismus heißt das insbesondere: Ideen als generalisierte kulturelle Deutungsmuster des Erstrebenswerten, des Gesollten und des Machbaren sind nicht aus den Augen zu verlieren. Diese Ideen – z. B. der journalistischen Aufklärung der Öffentlichkeit unter Bedingungen der Pressefreiheit – sind nicht bloß ein ideologischer „Überbau", der das zynisch praktizierte Gegenteil camoufliert, sondern ein Ethos, dem Journalisten „auf Gedeih und Verderb" anhängen, selbst wenn sie dafür, manchmal bis zum Tod, politisch drangsaliert oder ökonomisch ruiniert werden. Wann immer Institutionen von solchen starken Ideen getragen werden, führt die Perspektive eines Rational-Choice-Institutionalismus in die Irre, der Konformität oder Nicht-Konformität mit institutionellen Regeln daran bemisst, ob sich Nicht-Konformität angesichts erwartbarer Kontrollwahrscheinlichkeit und Sanktionsstärke auszahlt oder nicht.[2] Schwarzfahren oder Versicherungsbetrug wären für einen so kalkulieren-

---

2 Siehe auch Wolfgang Streecks (2009: 24-29) Gegenüberstellung von Oliver Williamsons und Emile Durkheims Institutionenverständnis.

den Akteur oft genug das Mittel der Wahl; doch die meisten halten sich
dennoch zumeist an die Regeln. Dass sich viele Spitzensportler dopen, also an institutionalisierte Fairness-Regeln nicht halten, ist eben nicht der
Normalfall, sondern verdeutlicht die starke „Hochkosten-Situation" (Zintl
1989) eines Akteurs, der hinterrücks und irreversibel in eine Pfadabhän-
gigkeit geraten ist, die ihm kaum noch eine andere Wahl als Devianz lässt
(vgl. Bette/Schimank 1995). Die meisten – auch die meisten Journalisten –
sind glücklicherweise nicht so arm dran.

Eine so angelegte institutionalistische Perspektive auf soziales Geschehen kann in der weiteren Ausarbeitung in fünf Hinsichten falsche Dichoto-
mien überwinden:

- Institutionen sind – als Teilmenge sozialer Strukturen – *„constraining
  and enabling"* (Giddens 1984: 25). Wie andere Arten sozialer Strukturen auch – etwa Einkommensverteilungen – schränken Institutionen einerseits Handlungsmöglichkeiten ein. Ein Gesetz verbietet bestimmte
  Handlungen, etwa die Diskriminierung von Schwulen. Andererseits ermöglichen Institutionen auch bestimmtes Handeln. Schwule können
  aufgrund des Anti-Diskriminierungsgesetzes z. B. gegenüber Vermie-
  tern auf ihre Rechte pochen.
- Institutionen geben Akteuren zum einen *Erwartungssicherheit* – mit
  Arnold Gehlen (1940) gesprochen: „Entlastung". Man muss nicht weiter darüber nachdenken, wie man handelt; man weiß Bescheid. Zum
  anderen ermöglicht Erwartungssicherheit *Zielverfolgung*. Weil man in
  so vielen Hinsichten weiß, was zu tun ist, kann man sich in wenigen
  anderen Hinsichten den Luxus leisten, selbstgesetzten – im Extremfall
  höchst idiosynkratischen – Zielen nachzugehen (vgl. Schimank 1992).
  Paradox formuliert: Institutionen ermöglichen Nicht-Institutionalität.
- Institutionen umfassen nicht nur „Normen des angemessenen Verhaltens" (Mayntz/Scharpf 1995: 45) – wobei das *Normative* dann auch das
  Evaluative mit meint, also Sollen und Wollen gleichsetzt. Darüber hinaus sind auch *kognitive* Deutungsmuster institutionalisiert, also intersubjektiv geteiltes Wissen und als solches unterstellt (vgl. Powell/Di
  Maggio 1991). Institutionen sind also ein Zusammenhang wechselseitig aufeinander verweisender und einander wechselseitig tragender
  evaluativer, normativer und kognitiver Handlungsorientierungen.
- Institutionen sind auf der einen Seite *informale, nicht entschiedene*,
  sondern sich aus dem fortlaufenden handelnden Zusammenwirken er-
  gebende soziale Gebilde, deren Zustandekommen nur durch „invisible

hand-explanations" (Ullman-Margalit 1978) erklärt werden kann. Auf der anderen Seite gibt es aber auch *entscheidungsförmig gestaltbare formale* Institutionen, vor allem rechtlich oder als Organisationsprogramme gültige Regelungen darüber, welche evaluativen und normativen Gesichtspunkte gelten.

- Dass und inwiefern Institutionen handlungs*prägend* sind, erschließt sich aus dem bisher Angeführten. Manche Institutionen sind aber darüber hinaus auch handlungs*fähig*, besitzen also Akteurqualität. Das gilt insbesondere für viele Organisationen (vgl. Schimank 2002). Schaut man sich beispielsweise Universitäten als Organisationen an, ist augenfällig: Je nachdem, wie etwa die Befugnisse der Universitätsleitung geregelt sind, weist die Universität als institutioneller, das Handeln ihrer Mitglieder prägender Komplex auch eine mehr oder weniger ausgeprägte Handlungsfähigkeit als „composite actor" auf.

Sehr schnell denkt man bei Institutionen an das jeweils Erstgenannte und versteht sie demzufolge zusammengefasst als Gestaltungszugriffen entzogene und so Erwartungssicherheit gebende Handlungsprägungen in Form einer Eingrenzung von Handlungsmöglichkeiten, und zwar durch normative Vorgaben. Gegenüber einer solchen Sichtweise auf Institutionen ist in den genannten fünf Hinsichten besonders hervorzuheben, dass Institutionen auch ermöglichenden Charakter haben, gerade auch im Hinblick auf die Verfolgung eigener Ziele durch Akteure, dass Institutionen auch das Wollen und Können von Akteuren prägen, dass Institutionen auch gestaltbar sein und auch Handlungsfähigkeit besitzen können. So ergibt sich ein vielschichtigeres Bild von Institutionen, das gerade auch benötigt wird, wenn man Journalismus institutionalistisch begreifen will.

Den Aspekt der Gestaltbarkeit will ich noch vertiefen, weil der hier betrachtete Beitrag Kiefers, wie dargestellt, Gestaltungsempfehlungen gibt.[3] Sozialtheoretischer Ausgangspunkt ist der bereits erwähnte Tatbestand, dass sich die nicht zuletzt institutionell hervorgebrachte Handlungsfähigkeit von Akteuren nicht nur aus evaluativen und normativen, sondern auch aus kognitiven Orientierungen speist. Ich muss nicht nur wissen, was ich will und was ich soll, sondern auch, was ich kann; und mein Können beruht nicht nur auf körperlichem Vermögen und verschiedenen Arten von Ressourcen, sondern auch auf möglichst adäquatem, wenngleich notorisch unvollständigem und nur partiell systematisiertem Tatsachen- und Wir-

---

3 Die folgenden Überlegungen finden sich ausführlicher in Schimank (2014).

kungswissen über die jeweilige Handlungssituation. Ein Teil dieses Wirkungswissens wiederum ist funktionalistischer Natur, besteht also aus Vorstellungen darüber, wie bestimmte Ausprägungen bestimmter sozialer Strukturen über das durch sie geprägte handelnde Zusammenwirken funktionale oder dysfunktionale Wirkungen auf andere Strukturen haben. Bezogen auf Kiefers Thema: Welche Auswirkungen hat eine bestimmte institutionelle Regelung der Finanzierung des Journalismus auf dessen Qualität? Ist die etablierte „mediale Querfinanzierung des Journalismus aus dem Werbemarkt" (Kiefer 2011: 5) eher funktional oder eher dysfunktional für einen Journalismus, der – mit Alfred Schütz (1946) gesprochen – den „well-informed citizen" ermöglichen soll?

Solches Wissen über funktionale Wirkungszusammenhänge kann schon dann wichtig sein, wenn sich mein Handeln einfach nur in gegebene soziale Strukturen einfügen und so zu deren identischer Reproduktion beitragen soll. Beispielsweise muss jemand, der als Journalist sein Publikum informieren will, u. a. dafür sorgen, dass die Leser, Zuhörer oder Zuschauer ihm Aufmerksamkeit schenken und sich nicht von allem Möglichen ablenken lassen. Er wird dafür bestimmte Darstellungstechniken einsetzen, die auf psychologischen Kenntnissen beruhen – etwa dem simplen funktionalen Zusammenhang, dass im richtigen zeitlichen Rhythmus eingestreute Anekdoten und Witze die Aufmerksamkeit des Publikums sichern. Völlig unerlässlich ist ein solcher „Funktionalismus als Akteurswissen" (Vobruba 1992) aber, wenn es um Gestaltungshandeln geht, der Akteur also bestimmte soziale Strukturen aufbauen, gegen Störungen aufrechterhalten, reparieren oder verändern will.

Die zwei Fragerichtungen funktionalistischen Denkens, wie es zunächst einmal für Analysezwecke konzipiert worden ist (vgl. Merton 1949; Nagel 1956), sehen solcherart praktisch gewendet so aus:

- Ist die Fortexistenz einer betrachteten Struktur wie etwa eines Finanzierungsmodus für Journalismus in der vorliegenden Ausprägung gerechtfertigt, oder richtet diese Struktur mit Blick auf von ihr ausgehende Funktionen und Dysfunktionen mehr Schaden an, als sie Nutzen stiftet?
- Was kann getan werden, um die Fortexistenz einer betrachteten Struktur in der vorliegenden Ausprägung funktional zu bedienen? Um es am gleichen Beispiel zu verdeutlichen: Welche Maßnahmen wären funktional förderlich oder sogar funktional erforderlich, um einen gegebe-

nen Finanzierungsmodus des Journalismus aufrecht zu erhalten? Und welche funktionalen Äquivalente gibt es dafür?

Es geht somit um Wirkungsvorstellungen – mindestens eine „awareness of function" (Dore 1961: 405) – hinsichtlich der funktionalen und dysfunktionalen Effekte einer Struktur in ihrer gegebenen Ausprägung auf die Reproduktionsfähigkeit anderer Strukturen oder hinsichtlich der Reproduktionserfordernisse einer vorliegenden Struktur in ihrer gegebenen Ausprägung.

Eines der nun anzusprechenden zwei grundlegenden Probleme, mit denen eine gestaltungsfunktionalistische Nutzung solchen Wirkungswissens immer wieder konfrontiert ist, besteht in mehr oder weniger großer funktionaler Ignoranz der betreffenden gesellschaftlichen Akteure. Sie haben oft nur ein eher unvollständiges Wissen, also nur ein begrenztes Vermögen, die jeweiligen funktionalen Zusammenhänge zu überblicken. Je komplexer der Gestaltungsgegenstand sachlich ist und je weniger Zeit für seine Beobachtung die Akteure haben, desto größer ist dessen Intransparenz für sie. Damit geht als nicht unwahrscheinliche Handlungsfolge Transintentionalität im Sinne gescheiterter Intentionalität einher (vgl. Schimank 2003): ein mehr oder weniger erfolgloses Installieren oder Triggern des intendierten funktionalen Zusammenhangs. Oder man ist zwar dabei erfolgreich, aber um den Preis gravierender dysfunktionaler Nebenwirkungen. Gestaltungsfunktionalismus kann sich somit aufgrund funktionaler Ignoranz mehr oder weniger gravierend irren und dann alle Spielarten und Auswüchse einer „Logik des Misslingens" (Dörner 1989) durchlaufen.

Oftmals werden funktionale Zusammenhänge erst dadurch besser erkennbar, dass sie gestört werden: wenn also die Reproduktionsbedingungen einer bestimmten Struktur mit ihrer gegebenen Ausprägung nicht mehr erfüllt sind. Dann merkt man, dass „irgendetwas falsch läuft". Zugespitzt kann das heißen, dass sich funktionale Zusammenhänge oder gar funktionale Erfordernisse erst dann offenbaren, wenn sie in eine Krise geraten sind. Welche Voraussetzungen Qualitätsjournalismus hat, merkt man vielleicht erst, wenn diese immer weniger gegeben sind. Krisen fungieren diesbezüglich geradezu als Aufmerksamkeitslenkung. Allerdings enthüllt sich ein funktionaler Zusammenhang selbst in Krisensituationen, u. a. wegen des hohen Zeitdrucks auf Seiten des Beobachters, selten vollständig. Aber ansonsten bleibt er eben zumeist noch nebulöser.

Das zweite grundsätzliche Problem des Gestaltungsfunktionalismus kann eine funktionale Indifferenz der jeweiligen Akteure sein. Sie mögen zwar durchaus erkennen, dass ihr Handeln bestimmte funktionale Zusammenhänge tangiert; sie sind aber nicht gewillt, dies zu berücksichtigen, wie z. B. bei einer in Kauf genommenen Schrumpfung des Leserkreises einer Zeitung aufgrund einer Preiserhöhung. Diese Art von beiläufiger, aufgrund anders gelagerter Intentionen unbemerkter oder nicht interessierender Transintentionalität stellt kein Problem dar, soweit es sich wie bei „invisible hand-effects" um eufunktionale Wirkungen handelt. Sind die Wirkungen hingegen dysfunktional, kann es sein, dass sie früher oder später die betreffenden Akteure selbst negativ tangieren. Solches Leiden kann Lernen fördern, also eine Überwindung der funktionalen Indifferenz in den betreffenden Hinsichten. Wenn ein funktional indifferenter Akteur sich nicht selbst schädigt, bleibt nur, dass die anderen Akteure, die Leidtragende seines Tuns sind, ihn aufgrund ihres Leidensdrucks zur Rede stellen. Sie agieren dann, analog zu Charles Lindbloms (1965: 156) „watchdogs for values", sozusagen als „watchdogs for functions". Falls es für bestimmte funktionale Zusammenhänge keine solchen „watchdogs" gibt oder diese nicht stark genug sind, gegen die funktionale Indifferenz desjenigen vorzugehen, der Dysfunktionalitäten verursacht, steht es freilich schlecht um die betreffende Struktur.

Aus seiner – noch dazu oft unbemerkten – Anfälligkeit für funktionale Ignoranz und funktionale Indifferenz sollte der Gestaltungsfunktionalismus den Schluss ziehen, dass Inkrementalismus als Vorgehensweise des Gestaltungshandelns in den meisten Fällen angebrachter sein dürfte als heroische großangelegte Reformen (vgl. Lindblom 1959). Nicht selten dürfte sogar erst einmal der „Status quo als Argument" (Luhmann 1968) gelten: Wenn man den zur Verbesserung ins Auge gefassten funktionalen Zusammenhang in seinem weiteren Strukturkontext sieht, schrumpft eine zunächst – abstrakt – große Zahl denkbarer funktionaler Äquivalente ganz schnell auf sehr wenige, immer wieder sogar buchstäblich auf die Null-Option zusammen. Der gestaltungsbezogene „Äquivalenzfunktionalismus" liefert so einerseits eine „Optionenheuristik" (Wiesenthal 2003) dessen, was man prinzipiell alles tun könnte, macht aber andererseits im gleichen Atemzug klar: Unter den zu berücksichtigenden konkreten Rahmenbedingungen bleibt oftmals nicht viel anderes übrig, als sich mit einer „Politik der kleinen Schritte" einschließlich Reversibilität und „Fehlerfreundlichkeit" (Schimank 2005: 280-306) vorsichtig in Richtung des Verbesserungsziels auf den Weg zu begeben, also den Status quo, obwohl er mehr schlecht als recht funktioniert, größtenteils erst einmal fortzuführen bzw. seine naturwüchsigen Wandlungsdynamiken hinzunehmen. Allenfalls über eine längere Sequenz vieler kleiner Schritte, die dann hoffentlich halbwegs eine Linie anstelle erratischer Hin- und Herbewegungen ergeben, ist nach und nach mehr erreichbar. Dies anzuerkennen, anstatt es als „inertia" (Dror 1964) der Gestaltungsakteure zu denunzieren, läuft auf einen Gestaltungsfunktionalismus ohne sonderlichen Gestaltungsoptimismus, aber auch ohne totalen Gestaltungsfatalismus hinaus. Kleine Verbesserungen bleiben bis zum Beweis des Gegenteils möglich.

Inkrementalismus impliziert die realistische Erwartung, dass Gestaltungshandeln kaum einmal in definitiven Problemlösungen endet, sondern auf eine nicht selten „unendliche Geschichte" von Problemverschiebungen hinausläuft. Ein bestimmter Gestaltungseingriff kann vielleicht, wenn es gut geht, die offenbar gewordene Störung des betreffenden funktionalen Zusammenhangs beseitigen oder erkannte Möglichkeiten der Leistungsverbesserung realisieren; doch das kann sich früher oder später in anderen Hinsichten als dysfunktional für den funktionalen Zusammenhang erweisen, so dass ein neuerlicher Gestaltungseingriff erforderlich wird; oder der Gestaltungseingriff schießt über sein Ziel hinaus, verfällt vielleicht sogar ins andere Extrem; oder er zeitigt dysfunktionale Effekte auf andere funktionale Zusammenhänge, was dann weiteres Gestaltungshandeln nötig macht.

Mit dieser Charakterisierung der Möglichkeiten, aber auch Grenzen von Institutionengestaltung im Hinterkopf wende ich mich nun Kiefers Überlegungen zum Finanzierungsmodus des Journalismus zu. Sie diagnostiziert eine fundamentale Dysfunktionalität des bestehenden Finanzierungsmodus und zieht daraus den Schluss, dass eine weitreichende institutionelle Umgestaltung notwendig ist. Ich werde zunächst die von Kiefer nur knapp angesprochene Dysfunktionalität etwas genauer betrachten und ihre Problemdiagnose vollauf bestätigen. Sodann schaue ich mir ihre Gestaltungsempfehlungen an. Hier habe ich aufgrund der gerade vorgestellten Überlegungen zu funktionaler Ignoranz und funktionaler Indifferenz den Anfangsverdacht, dass Kiefer eine zu radikale Problembewältigung vorschlägt, mit der man sich leichtfertig in zu unbekanntes Gelände begäbe und noch dazu Querschüsse von allen möglichen Seiten zu gewärtigen hätte.

2 Ökonomisierungsdruck und Entertainisierung

Startpunkt von Kiefers Überlegungen zu einer Umgestaltung der Finanzierung des Journalismus ist – wie bereits kurz erwähnt – die Diagnose, dass sich dessen zunehmende Ökonomisierung höchst dysfunktional darauf auswirkt, was er als Bedingung der Möglichkeit für eine demokratische politische Gestaltung der gesellschaftlichen Verhältnisse einbringt. Ohne hier nachzeichnen zu können, wie, in welchen Formen und in welchem Ausmaß sich eine Ökonomisierung des Journalismus eingestellt hat,[4] soll der Mechanismus, der die angesprochene Dysfunktionalität eines inzwischen schon stark ökonomisierten Journalismus hervorbringt, kurz skizziert werden, weil Kiefer (2011: 9) ihn in ihren Überlegungen nicht näher beleuchtet, sondern davon ausgeht, dass „die notwendige Informiertheit und die erforderlichen Lernprozesse der Staatsbürger mit Blick auf ihr Gemeinwesen" nicht mehr gewährleistet sind, wenn Ökonomisierung immer weiter voranschreitet.[5] Dass es sich hier, was die gesamtgesellschaftlichen Folgen anbelangt, um eine zeitdiagnostische Spekulation handelt, sei explizit betont.

Der Journalismus ist in vielen westlichen Ländern seit Mitte der 1970er Jahre einem steigenden Ökonomisierungsdruck ausgesetzt gewesen. Im öffentlich-rechtlichen Rundfunk hat dieser sich – wie etwa auch im Gesundheitswesen – vorrangig in Gestalt von Sparzwängen und damit einhergehenden Reduktionen des Leistungsangebots umgesetzt. Bei den profitorientierten privatwirtschaftlichen Medienorganisationen hingegen, um die es Kiefer vorrangig geht, hat Ökonomisierung vielmehr auf eine Entfesselung der journalistischen Leistungsproduktion hingewirkt. Dort ist mehr Geldverdienen durch mehr Publikum angesagt.[6]

Wie kann der profitgetriebene Journalismus mehr Publikum attrahieren? Wie können Redaktionen und die sie tragenden Medienorganisationen durch eine erhöhte Nachfrage nach ihren Leistungen mehr Geld verdienen? Da nahezu alle Gesellschaftsmitglieder bereits tagtägliche Rezipi-

---

4 Siehe als Überblicke hierzu Kiefer (1999), Altmeppen (2000; 2008) und Meier/ Jarren (2001).

5 Zum Folgenden siehe ausführlicher Schimank/Volkmann (2015a).

6 Der logischen Alternative, durch Preiserhöhungen mehr Geld zu verdienen, sind faktisch durch die Konkurrenz der journalistischen Anbieter untereinander und durch eine nicht steigende Zahlungsbereitschaft oder sogar -fähigkeit der Abnehmer enge Grenzen gesetzt.

enten journalistischer Berichterstattung sind, also Nachrichtensendungen im Radio hören oder im Fernsehen anschauen und vielleicht auch Zeitung lesen, ist eine Erweiterung des Rezipientenkreises kaum noch möglich. Was man dann nur noch tun kann, ist, die Rezipienten länger zu fesseln. Und die wichtigste Antwort, wie man das bewerkstelligen kann, die zugleich die Gefährdung der journalistischen Standards benennt, lautet: Der Unterhaltungswert des Journalismus muss immer mehr gesteigert werden.

Damit gewinnt ein in vielen der traditionellen Nachrichtenfaktoren – den zentralen „Selektionsprogrammen" (vgl. Blöbaum 1994: 281f.; Luhmann 1996: 57-72) des Journalismus – bereits angelegtes Super-Programm der „newsworthiness" immer mehr an Gewicht. Nicht Orientierung, sondern „Faszinierung" (Weischenberg 1999: 42) des Publikums steht fortan im Vordergrund: „When news departments that derive most – or all – of their income from advertising seek to maximize audience, they must create content that attracts more than those who consume news primarily for information." (McManus 1994: 184) Plakativ formuliert: Wie bringt man jemanden dazu, tagtäglich eine Zeitung zu kaufen oder eine Nachrichtensendung ein- und nicht so schnell wieder auszuschalten, obwohl ihn bestenfalls ein Bruchteil der dargebotenen Berichte nennenswert persönlich betrifft? Die Antwort lautet: durch unterhaltsame Darbietung der Informationen, die den Rezipienten seine Nicht-Betroffenheit vergessen und auch so viel ihn nicht Betreffendes lesen oder anschauen lässt, dass er bei der Stange bleibt.

Bis hierher reicht der typische Blick publizistikwissenschaftlicher Auseinandersetzungen mit der Ökonomisierung des Journalismus. Die sich anschließende gesellschaftstheoretische Frage wird hingegen höchstens in Ausblicken in Gestalt vager Befürchtungen angedeutet: Was bedeutet eine – einmal unterstellt, das wäre der Fall – immer stärkere „Entertainisierung" (Saxer 2007: 51-80) des größeren Teils der journalistischen Berichterstattung über Politik, Wirtschaft und die anderen Teilbereiche der modernen Gesellschaft für deren demokratische Selbstgestaltungsfähigkeit? Die Antwort, in Kurzform, lautet: „Politainment" (Dörner 2001) ist eine entscheidende Ursache von „Post-Demokratie" (Crouch 2004).

Eine Überformung der Politik durch Unterhaltung führt zum einen dazu, dass die Berichterstattung über wichtige gesellschaftliche Geschehnisse unterbleibt, wenn diese vergleichsweise langweilig sind (vgl. McManus 1994: 110-137) – und sei es deshalb, weil sich nichts oder nichts Spektakuläres tut, die Dinge sich also weder dramatisch verbessern noch verschlechtern. Früher oder später verschwinden selbst die katastrophalen

Folgen von Fukushima oder die Gräueltaten des IS aus dem Blick, sofern sie sich nicht immer wieder selbst überbieten.[7] Insoweit finden die Geschehnisse aber nach wie vor und unbeeinflusst vom Journalismus, der sie einfach nicht zur Kenntnis nimmt, statt. Wenn sich zum anderen aber in Antizipation dieser Nicht-Berichterstattung aufgrund eines die Berichterstattung dominierenden Selektionsfilters der Unterhaltsamkeit die Geschehnisse selbst verändern, weil politische Entscheidungsträger mit langweiliger Politik politisch nichts werden können, gewinnt das Ganze eine andere Qualität. Ein erfundenes Beispiel: Wenn sich bestimmte Arten von familienpolitischen Entscheidungen viel einfacher und eindrucksvoller unterhaltsam inszenieren lassen als andere, die aber in der Sache problemadäquater wären, könnte man vermuten, dass unter Konkurrenzdruck stehende Parteien sich für Erstere entscheiden – und sobald diese Parteien an der Regierung sind und die Familienministerin stellen, können sie diese Entscheidungen auch umsetzen.

Neil Postman (1985) vermutete bereits, dass wir beim „amusing ourselves to death" angelangt seien.[8] Zugespitzt formuliert: War früher die Religion – so das bekannte pointierte Diktum von Karl Marx (1844: 378, Hervorheb. weggel.) – „Opium des Volks", so ist es längst vor allem auch die journalistische Berichterstattung, die die von ihr vermittelte „legitimate vision of the social world" (Bourdieu 2005: 36) an den „Erwartungen des anspruchslosesten Publikums" (Bourdieu 1996: 72) ausrichtet, das nichts als unterhalten werden will. Die „Unterhaltungsgesellschaft" (Ralfs 1995) aber ist kein guter Ort für „mündige Bürger" wie den schon angesprochenen „well-informed citizen"; und politische Entscheidungsträger, die nicht von „well-informed citizens" kontrolliert und gegebenenfalls abgewählt werden, machen, was sie wollen, oder – noch schlimmer! – beugen sich Pressionen höchst zweifelhafter Herkunft.

Es ist richtig: Hier bleibt vieles unausgeführt im Raum stehen, was schnell auch zu einer kulturkritisch dramatisierenden Attitüde werden kann. Aber einmal unterstellt, dass an dieser Dysfunktionalitäts-Diagnose etwas dran sein könnte, macht es Sinn, nach einer Therapie Ausschau zu halten. Genau das hat Kiefer aus institutionalistischer Perspektive getan, und dem wende ich mich nun zu.

---

7 Der bereits von Anthony Downs (1972) konstatierte „issue-attention cycle" wird durch Ökonomisierungsdruck gewissermaßen akzeleriert.

8 Neil Gabler (1998) lieferte eine Post-Postman-Variante desselben Topos.

3 Druckabsenkung durch institutionelle Umgestaltung

Die Ausgangsüberlegung Kiefers ist nunmehr klar: Je weiter die Ökono-misierung des Journalismus voranschreitet, desto dysfunktionaler wirkt sich dies auf dessen zentrale gesellschaftliche Leistung aus, Bürgern die Informationsbasis für eine kompetente demokratische Teilhabe an den po-litischen Gestaltungsentscheidungen hinsichtlich sie betreffender gesell-schaftlicher Sachverhalte bereitzustellen. Ein institutionalistischer Gestal-tungsfunktionalismus stellt vor diesem Hintergrund die Fragen: Welche institutionellen Strukturen bringen diese Ökonomisierung hervor, und wie müsste man die Strukturen ändern, um den Ökonomisierungsdruck zumin-dest auf ein erträgliches Maß abzusenken?

Kiefers Diagnose der institutionellen Strukturen, die Ökonomisierung erzeugen, bezieht sich vorrangig auf die wirtschaftlich getragenen Medi-enorganisationen, also als Unternehmen in der kapitalistischen Wirtschaft angesiedelte Zeitungsverlage oder private Rundfunksender. Sie finanzie-ren sich nur zum geringeren Teil aus dem Verkauf ihrer journalistischen Produkte – als Einzel- oder Abonnementverkauf. Ihre hauptsächliche oder – siehe umsonst verteilte Zeitungen – manchmal sogar alleinige Finanzie-rungsquelle sind Werbeeinnahmen, also der Verkauf von Werbeflächen oder Werbezeiten (vgl. Ludwig 1994; Meyer/Trappel 2001; Kiefer/Stei-ninger 2014: 147-166). Solche Medienorganisationen betreiben somit, be-triebswirtschaftlich betrachtet, eine Kuppelproduktion von Journalismus und Werbung, organisatorisch repräsentiert durch die Redaktion auf der einen, die Anzeigenakquisition auf der anderen Seite. Diese Kuppelpro-duktion ist allerdings nicht, wie in den meisten anderen Fällen, „naturge-setzlich oder technologisch bedingt" (Riebel 1996: 3362), sondern geht auf eine finanzierungstechnische Nutzenverschränkung zurück. Die Kos-ten, die die Produktion einer Zeitung oder einer Nachrichtensendung im Fernsehen aufwerfen, und dabei insbesondere die Kosten der journalisti-schen Arbeit, machen nach aller Erfahrung von den Anfängen des Journa-lismus bis heute einen Verkaufspreis erforderlich, den nur die wenigsten Interessenten zu zahlen bereit wären, insbesondere nicht tagtäglich; und je weniger zahlungsbereite Interessenten da sind, desto höher wäre aufgrund von dann negativ zum Tragen kommenden Economies of scale der vom Einzelnen zu zahlende Preis, was schnell in eine Preissteigerungsspirale münden würde, wenn immer mehr in der Erwartung des Abspringens an-derer Interessenten auch selbst abspringen. Lapidar gesagt: Journalismus ist, von ganz speziellen kleinen Nischen vielleicht abgesehen, für sich genommen nicht finanzierbar, sondern bedarf einer Querfinanzierung, die dadurch erfolgt, dass Zeitungen und Rundfunksendungen auch Werbung enthalten, für deren Verbreitung durch die journalistischen Produkte die Werbekunden zahlen. Dass sie dazu bereit sind, liegt daran, dass Werbung weit mehr Aufmerksamkeit findet, wenn sie im Gespann mit Zeitungsberichten und Nachrichtensendungen und damit nur schwer ignorierbar auftritt.

Diese existenzielle finanzielle Abhängigkeit des Journalismus von Werbeeinnahmen lässt sich – wie der nicht wirtschaftlich getragene Mediensektor zeigt – nur durch staatlich auferlegte Zwangsabgaben aufheben. Die öffentlich-rechtlichen Rundfunkanstalten, wie es sie nicht nur in Deutschland gibt, brauchen sich um den Verkauf ihrer journalistischen Produkte nicht zu kümmern, weil sie Rundfunkgebühren erhalten.[9] Doch diese Gebühren können die Parlamente und politischen Parteien, wie man immer wieder sieht, mit Blick auf Wählerunmut nicht beliebig hoch fahren; vielmehr ist jede Erhöhung, selbst wenn sie durch Kostensteigerungen sachlich erforderlich ist, mit großer Vorsicht vorzunehmen.[10] Es gibt zudem zwei wichtige Mechanismen, die dafür sorgen, dass die Zuschauer und -hörer die Rundfunkgebühren akzeptieren. Erstens müssen so gut wie alle Haushalte die Gebühren zahlen, und zwar in gleicher Höhe, wodurch eine erhebliche Quersubventionierung der Vielnutzer durch Wenig- und Nichtnutzer stattfindet. Das ergibt eine Gebührenhöhe, die zwar die Wenig- und Nichtnutzer manchmal murren lässt, aber noch keine „Hochkostensituation" darstellt, in der sie nachhaltig verärgert sind und die Politiker das spüren lassen; und die Vielnutzer brauchen aufgrund der Quersubventionierung durch die Zahlungen der Wenig- und Nichtnutzer nicht die wirklichen Kosten ihres eigenen Rundfunkkonsums zu zahlen, was sie ansonsten wahrscheinlich als „high cost situation" einstufen würden, woraufhin sie ebenfalls Unmut zeigen würden. Noch wichtiger ist eine zweite Quersubventionierung. Mit ihren Rundfunkgebühren zahlen die Zuschauer und -hörer weit überwiegend Unterhaltungsprogramme, wofür eine deutlich höhere Zahlungsbereitschaft besteht als für journalistische Nachrichten-

---

9 Ihre Werbeeinnahmen sind gering. Sie lagen vor einigen Jahren bei der ARD um die 2 Prozent, beim ZDF um die 7 Prozent (vgl. Held 2006: 298).

10 Schon als Anfang der 1960er Jahre das ZDF neu gegründet wurde, war Maßregel, dass das Hinzukommen dieses zweiten öffentlich-rechtlichen Senders zu keiner Erhöhung der Rundfunkgebühren führen dürfe, weshalb dann u. a. die Spielräume für Werbung erweitert wurden.

sendungen; Letztere laufen gleichsam als unbekannter Teil der Gesamtge-
bühr in einer Art „Huckepack"-Finanzierung mit. Würden hingegen die
Unterhaltungs- und die Nachrichtensendungen getrennt mit ihren Gebüh-
renanteilen ausgewiesen, erschienen die Nachrichtengebühren vielen sicher als zu hoch; und könnte man sich vielleicht sogar als Gebührenzahler
auf eines der beiden Segmente beschränken, wäre zu erwarten, dass die
Unterhaltungsgebühren klaglos bezahlt, die Nachrichtengebühren hingegen von den meisten verweigert werden würden.[11]

So oder so ist Journalismus also in überwiegendem Maße quersubven-
tioniert – zumeist durch Werbung, sonst durch Unterhaltung. Dieser über
Jahrzehnte ganz gut funktionierende Status quo der institutionellen Finanzierung ist nun zunehmend kritisch geworden. Im Rundfunksektor begann
das bereits mit der Etablierung der Privatsender, weil sich fortan mehr
Medienorganisationen den Kuchen der Werbeeinnahmen teilen mussten.
Mehr noch: Der Kuchen reichte bei weitem nicht aus und musste erheblich
größer werden. Doch sowohl Werbung als auch Rezipienten sind dann
bald zunehmend ins Internet abgewandert; und in dem Maße, in dem Rezipienten das getan haben, also die Leserzahlen und Einschaltquoten gesun-
ken sind, sind die erzielbaren Werbeeinnahmen zurückgegangen, zusätzlich auch noch die Verkaufseinnahmen der wirtschaftlich getragenen Zeitungen und Rundfunksender. Solche Entwicklungen haben erst einmal
Ökonomisierung als Kostendruck ausgelöst, mit den bekannten Folgen
wie Verkleinerung von Redaktionen und verstärktem Einsatz schlechter
bezahlter „freier" Journalisten. Das hat für journalistische Qualitätseinbu-
ßen, auch durch Reduktion von Angebotsvielfalt, dann auch für die darge-
stellte Tendenz zum Unterhaltungsjournalismus geführt – Letzteres als
oftmals verzweifelter Versuch des Überlebens. Gegenläufig und parallel
hierzu hat aber eine zweite Ökonomisierungsdynamik eingesetzt. Einige
Medienorganisationen sind von Finanzmarkt-Investoren als lukrative Ka-
pitalanlagen entdeckt worden – natürlich nicht kleine lokale Zeitungsverlage, sondern große nationale oder sogar internationale Konzerne, die

---

11 Werbungsfreies Pay-TV enthält ja typischerweise keinen Journalismus, sondern
nur Unterhaltung – mit der Ausnahme der Sportberichterstattung. Und „pay-
news"-Anbieter ohne Werbeteile gibt es nur in winzigen Nischen. Die frühe taz
war ein Feldversuch zur Frage, ob Journalismus möglichst ohne Werbung auszu-
kommen vermag. Das ließ sich aber nur durch Spenden opferbereiter Leser und
noch mehr durch Selbstausbeutung der Journalisten für wenige Jahre durchhalten
(vgl. Magenau 2007).

zahlreiche Zeitungen oder Rundfunksender betreiben. Die dort tätigen Journalisten sind dann erst recht dem Unterhaltungsimperativ unterworfen worden, um Verkaufszahlen und Einschaltquoten und so die Konzerngewinne und Investorendividenden und -renditen zu steigern.

Vor dem Hintergrund dieser Problemdiagnose schlägt Kiefer (2011: 14-20 – Zitat: 14) nun folgende weitreichende institutionelle Veränderungen vor, die auf einen ganz neuen Finanzierungsmodus hinauslaufen, „der mit einem Professionsbildungs- und Selbstorganisationsprozess des Journalismus […] verknüpft ist":

- Journalistische Nachrichtenproduktion wird kostendeckend staatlich, also selbst dann, wenn weitere Finanzierungsquellen möglich bleiben, über *Steuergelder oder staatlich geregelte Gebühren* als Hauptgeldquelle und Ausfallbürgschaft finanziert. Finanzierte Einheiten könnten im Prinzip auch selbstständige Journalisten sein; typischerweise sind es jedoch Organisationseinheiten in Gestalt von Redaktionen.
- Nur solche Redaktionen können diese staatlich getragene oder geregelte Finanzierung erhalten, „die mit Blick auf die Inhalteproduktion ausschließlich und autonom von Journalisten geleitet werden" (Kiefer 2011: 15). Dies ist der Kern der *Selbstorganisation* des Journalismus.
- Diese ist wiederum daran gebunden, dass Journalismus ein akademischer Ausbildungsberuf wird, der von niemandem sonst ausgeübt werden darf. Der Journalismus wird damit zu einem stark dem *Professionsmodell* entsprechenden Beruf, für den „occupational control" im Sinne einer „collective capability of members of an occupation to preserve unique authority in the definition, conduct, and evaluation of their work" etabliert wird, einhergehend mit der Fähigkeit „to determine the conditions of entry to and exit from practice within occupational parameters" (Child/Fulk 1982: 155).

Hier wird der Politik also eine Art Tauschgeschäft angeboten: Wenn der Staat für eine kostendeckende dekommodifizierte Finanzierung des Journalismus sorgt, stellt dieser die eigene Professionalität sicher – was natürlich, wie bei den anderen Professionen auch, ebenfalls eine entsprechende staatliche Regulierung erfordert. Kiefer (2011: 15) sieht sehr klar den Bruch mit der bisherigen Praxis: „Die Vorstellung, dass Informations- und Meinungsbildungsfreiheit eine unbedingte, d.h. an keine Qualifikationsnachweise gebundene Berufszugangsfreiheit zum Journalismus erfordere, wird aufgegeben." Sie begründet dies u. a. damit, dass eine neuere empirische Studie (Donsbach et al. 2009) gezeigt habe, dass die große Mehrheit

der Bevölkerung eine solche Professionalisierung ohnehin befürworte –
wobei die Art, wie die entsprechende Frage formuliert wurde, daran zweifeln lässt, dass die Befragten sich über die Tragweite ihrer Antwort im
Klaren waren. Insofern ist die berichtete breite Zustimmung dazu, was die
Journalisten nach Kiefer für ihre vorgeschlagene marktentzogene Finanzierung anzubieten haben, erst einmal fragwürdig.

Lässt man das jedoch hier auf sich beruhen, kann man nun daran gehen,
Kiefers Problemlösungsvorschlag etwas genauer zu prüfen. Als Prüfkrite-
rien sind die zwei zuvor herausgearbeiteten Hauptprobleme des Gestaltungsfunktionalismus heranzuziehen: Wie geht der Vorschlag mit dem
Problem der funktionalen Ignoranz und dem Problem der funktionalen Indifferenz um?

Vor der Klammer lässt sich bereits folgender Eindruck festhalten: Der
Vorschlag bedeutet unbestreitbar eine weitreichende Umgestaltung der Fi-
nanzierungsgrundlagen des Journalismus. Er entspricht damit einer schon
immer weitverbreiteten Neigung zu folgender Maxime: Je größer ein
Problem ist, desto radikalere Gegenmaßnahmen müssen möglichst schnell
und auf einen Schlag umgesetzt werden. Denn – so die Begründung – ein
großes Problem ist in zeitlicher Hinsicht auch ein drängendes Problem,
weil es sich sonst schnell noch weiter vergrößert; und ein großes Problem
kann in sachlicher Hinsicht nur mit einer entsprechend großen Kurskorrektur umschifft werden, eine Serie vieler aufeinanderfolgender kleiner
Korrekturen reicht nicht aus. Demgegenüber habe ich zu bedenken gegeben, dass funktionale Ignoranz und funktionale Indifferenz fast immer nur
eine „Politik der kleinen Schritte" (Lindblom 1959) ratsam erscheinen lassen. Denn je größer die in einem einzigen Schritt vorgenommene Kurskorrektur ist, desto unwägbarer sind – jenseits der guten Absichten – ihre tatsächlichen Konsequenzen. Hinzu kommt: Je größer die Kurskorrektur ist,
desto größer sind zumeist die Widerstände von am Status quo interessierten Akteuren, auf die sie stößt. Im günstigsten Fall sorgen diese Widerstände transintentional dafür, dass aus einer revolutionären Umgestaltung
Inkrementalismus wird: Funktionale Indifferenz bremst funktionale Ignoranz aus. Manchmal ist auch umgekehrt ein revolutionäres Greifen nach
den Sternen nötig, damit man angesichts versteinerter Verhältnisse wenigstens kleine Schritte vorankommt: Funktionale Ignoranz überwindet funktionale Indifferenz. Im ungünstigen Fall läuft eine versuchte große Kurskorrektur jedoch darauf hinaus, dass sie zum einen ihr Ziel verfehlt und
stattdessen unvorhergesehene und unerwünschte Nebenfolgen zeitigt, die
sich zum anderen auch noch mit weiteren solcher Nebenfolgen verbinden,

wie sie aus dem uneindeutigen Kräfte-Gegeneinander von Veränderern auf der einen, blockierenden und Widerstand leistenden Status quo-Wahrern auf der anderen Seite resultieren. Dann addieren oder multiplizieren sich funktionale Ignoranz und funktionale Indifferenz in ihren dysfunktionalen Potenzialen.

Diesen Worst case vor Augen, will ich im Weiteren einige Aspekte funktionaler Ignoranz und funktionaler Indifferenz ansprechen, die mir bei Kiefers Vorschlag noch nicht hinreichend bedacht zu sein scheinen. Es geht dabei weder darum, eine möglichst vollständige Liste derartiger kritischer Punkte zusammenzustellen, noch um eine möglichst definitive Einschätzung dieser Punkte. Eher exemplarisch soll vielmehr vorgeführt werden, welche Art von Beurteilungsfragen ein institutionalistischer Gestaltungsfunktionalismus, wie ihn Kiefer praktiziert, aufwirft. Klar sollte nach den bisherigen Erörterungen sein: Diese Fragen bedeuten keine Kritik am institutionalistischen Gestaltungsfunktionalismus als Herangehensweise, sondern sind als deren Bestandteil anzusehen – und zwar als Bestandteil, der zu den Stärken dieser Herangehensweise zählt. Dies ist freilich nur dann der Fall, wenn man die Fragen auch explizit stellt, so dass Gestaltungsvorschläge gleichsam an der Auseinandersetzung mit ihnen wachsen können.

Um mit einigen Aspekten der funktionalen Ignoranz zu beginnen: Hier sollte es nach Möglichkeit – um die legendäre Unterscheidung Donald Rumsfelds aufzugreifen – nicht nur um die „known unknowns", sondern auch darum gehen, „unknown unknowns" der Gestaltungsvorschläge auszuloten, also latente Funktionen, die mindestens die involvierten Gestaltungsakteure, aber vielleicht auch deren sozialwissenschaftliche Berater gar nicht vor Augen haben. Im Einzelnen will ich vier Aspekte kurz benennen.

Erstens muss eine im historischen Rückblick sehr augenfällige, aber inzwischen weitgehend vergessene latente Funktion der Anbindung von Journalismus an Ökonomie in Rechnung gestellt werden. Was zuvor noch deutlicher bei der Kunst zu beobachten war (vgl. Kemp 1987; Schleier 1987; Luhmann 1995: 256-271), gilt ebenso für den Journalismus: Nur die Kommodifizierung, also die wohlhabenden Stadtbürger als Kundschaft, konnte in der Frühmoderne die Kunst aus der Umklammerung durch Politisierung, gepaart mit Religion, befreien; und entsprechend vollzog sich dann später die Herausbildung einer von obrigkeitsstaatlicher Zensur „freien Presse" in Gestalt wirtschaftlich getragener Zeitungsverlage. Immer wieder wird die „Verfilzung" des öffentlich-rechtlichen Rundfunks

mit den politischen Parteien beklagt; und selbst wenn das teilweise über-
zogen sein sollte, ist es ganz sicher auch nicht völlig an den Haaren her-
beigezogen. Kiefer (2011: 14) selbst spricht ja von „der gebotenen Staatsferne" des Journalismus und betont, dass ihr Vorschlag einer staatlich getragenen bzw. geregelten Finanzierung so gestaltet sein muss, dass die Gefahr der Politisierung vor allem durch professionelle Selbstorganisation
gebannt wird. Wie das angesichts des Dauerinteresses der Parteien, sich
jeweils eine möglichst vorteilhafte eigene Medienpräsenz zu verschaffen,
genauer aussehen und besser als bei den öffentlich-rechtlichen Rundfunkanstalten funktionieren könnte, bedarf noch einiger weiterer Überlegungen.

Man könnte weitergehend überlegen, ob der nicht nur in Deutschland,
sondern auch anderswo institutionalisierte Dualismus von privatwirtschaftlichen und öffentlich-rechtlichen Medienorganisationen als Träger
des Journalismus ein für die Informationsbedürfnisse der Bürger womöglich funktionaleres Gebilde darstellt als ein entweder völlig kommodifi-
zierter oder völlig dekommodifizierter Journalismus – wobei man auch
dann, wenn man zu diesem Schluss gelangt, noch eine derzeitige Disba-
lance beider Seiten konstatieren könnte, die rebalanciert werden müsste.

Wenn man Kiefer folgend auf eine staatlich getragene bzw. geregelte
Finanzierung des Journalismus umschwenkt, sollte man zweitens bedenken, ob man damit gänzlich auf eine Finanzierung durch Werbung verzichten will. Letztere Finanzierungsform ist ja – bei allen Dysfunktionalitäten – in dem Sinne höchst funktional, dass sie eine Steuergelder sparen-
de Bezahlung eines öffentlichen Gutes, wie es sich im „well-informed citizen" verkörpert, durch Unternehmen darstellt. Will und kann man sich
diese Finanzierung, die die Unternehmen – natürlich mit anderen Absichten – bis heute klaglos leisten, entgehen lassen, um sie ausgerechnet dem
doch finanziell immer bedrängteren Staat aufzuhalsen? Dieser müsste ja
entweder auf irgendeine Weise seine Steuern erhöhen oder eine der jetzigen Rundfunkgebühr analoge weitere Journalismusabgabe neu institutionalisieren – beides keine Maßnahmen, die beim Wähler gut ankommen
dürften! Es dürfte sich auch, wenn man mal die Kosten sämtlicher bislang
privatwirtschaftlich erstellter journalistischer Leistungen addiert, um keine
ganz geringfügige Summe handeln, die den einzelnen Rezipienten selbst
dann, wenn er fortan alle journalistischen Angebote kostenfrei erhält,
spürbar mehr belastet als seine jetzigen Geldausgaben für den Zeitungs-
kauf – privaten Rundfunk bekommt er ja, was journalistische Angebote
anbelangt, weitestgehend kostenfrei.

Kiefer (2011: 17) kann sich offenbar auch weiterhin „Werbung, die zur Finanzierung [...] des Journalismus beiträgt", vorstellen, wenn sie kurz deren denkbare steuerliche Begünstigung gegenüber anderen Werbeausgaben von Unternehmen anspricht; sie denkt weiterhin auch in Richtung einer Zusatzbesteuerung „von PR zur Finanzierung des Journalismus", was auf den ersten Blick die Unternehmen und nicht den einzelnen Rezipienten belastet, auf den zweiten Blick aber natürlich in die Preise der beworbenen Produkte eingeht und so doch den Einzelnen als Käufer betrifft. Wenn allerdings Werbeeinnahmen doch weiterhin einen nennenswerten Anteil der Finanzierung des Journalismus ausmachen, fragt man sich, ob die damit verbundenen dysfunktionalen Effekte, die ja gerade den Anlass für die Umgestaltung darstellen, nicht weiter auftreten werden. Nur weil ihr Anteil spürbar gesenkt wird, heißt das eben nicht, dass ihre Einflusskraft auf den Journalismus entsprechend sinkt. Denn es dürfte sich dann wie an den Universitäten beim Verhältnis von Grund- und Drittmittelfinanzierung der Forschung verhalten: Die umfangmäßig deutlich geringeren Drittmittel geben als „freie Spitze", die man bekommen, aber auch nicht bekommen kann, die Richtung vor.

Eine dritte Richtung, in der genauer nach dysfunktionalen Effekten geschaut werden müsste, betrifft die journalistischen Inhalte. Die von Kiefer mit ihrem Vorschlag verbundene Zwangs-Professionalisierung des Journalismus könnte sich diesbezüglich als höchst funktional erweisen, weil – man könnte geradezu sagen: endlich! – verbindliche, in einer geregelten Ausbildung erworbene und geprüfte Qualitätsstandards journalistischer Arbeit gelten würden.[12] Es lohnt sich allerdings, auch die Gegenrechnung aufzumachen. Es ist ja kein Zufall, dass die moderne Gesellschaft, die u. a. durch eine sehr weitreichende Verberuflichung der meisten gesellschaftlichen Leistungsproduktionen gekennzeichnet ist, vier prominente Ausnahmen kennt: Politiker, Unternehmer, Künstler – und Journalisten. Auch wenn in allen vier Fällen erhebliche Entwicklungen einer faktischen Verberuflichung auszumachen sind, darf nach wie vor jede und jeder, egal mit welchem Bildungs- und Ausbildungshintergrund, diese vier Rollen einnehmen und ausprobieren, wie weit sie oder er damit kommt – vor allem: welche Nachfrage und Anerkennung das von ihm oder ihr in der Rolle Geleistete findet. Der Grund dafür, dass der Zugang zu diesen Rollen keiner

---

12 Über schon existierende rechtliche Regelungen und freiwillige Selbstkontrollen hinaus.

über Berufsausbildungen institutionalisierten sozialen Schließung unterliegt, dürfte jeweils die Erwartung einer funktionalen Diversitätssteigerung durch diese Offenheit sein.[13] Ganz andere Sichtweisen und Ideen sollen nicht von vornherein durch die Perspektivität, die jeder Berufsausbildung zwangsläufig innewohnt, ausgeschlossen werden. Zu fragen wäre vor diesem Hintergrund also, ob Kiefers Vorschlag eine dysfunktionale Einschränkung der Breite des journalistischen Berichts- und Meinungsspektrums bedeuten könnte.

Solche Befürchtungen sind nicht völlig von der Hand zu weisen, wie sich auch daran zeigt, dass sie bei den anderen drei Rollen immer wieder artikuliert werden. Prominentes Beispiel war die Entstehung der modernen Malerei, als die Impressionisten sich außerhalb der verkrusteten Kunstakademien positionierten. Heutzutage wird gefragt, ob es für Unternehmen gut ist, wenn ihre Spitzenmanager immer stärker der Monokultur bestimmter Fachgebiete der Betriebswirtschaftslehre entstammen, anstatt dass etwa auch Ingenieure oder sogar Personen ohne irgendeine einschlägige Ausbildung Unternehmen leiten; und auch mit Blick auf die politischen Parteien erregt Besorgnis, dass mittlerweile die meisten Politiker eine reine Parteikarriere machen, anstatt sich irgendwo „draußen im Leben" umgetan zu haben. Dass Mitte der 1970er Jahre im linksalternativen Milieu eine Alternativpresse aufkam, hatte nicht nur damit etwas zu tun, dass Zeitungskonzerne wie der Springer-Verlag in den Augen dieses Milieus reaktionäre Meinungsmache betrieben, sondern auch damit, dass man einen „lebensnäheren" Journalismus wollte (vgl. Reichardt 2014: 223-315). Solche Gegenbewegungen könnten noch mehr erforderlich werden, wenn die von Kiefer vorgeschlagene Professionalisierungspflicht eingeführt würde; aber Impulse aus diesen Gegenbewegungen könnten in eine professionelle Monokultur vermutlich nicht mehr so leicht eingehen, wie das dann seit den 1980er Jahren geschah, als viele nicht als Journalisten Ausgebildete, aber dafür durchaus sehr Befähigte nach Lehrjahren in der Alternativpresse dann auch in die Redaktionen der etablierten Zeitungen und Rundfunksender gingen und dort für frischen Wind sorgten.

---

13 Es wäre interessant, im Vergleich zu betrachten, warum das offenbar in der Wissenschaftlerrolle nicht mehr als notwendig erscheint. Zwar kann im Prinzip immer noch jede und jeder ein Manuskript bei einer Fachzeitschrift einreichen; die Chance auf Veröffentlichung oder auch nur Begutachtung liegt aber mittlerweile bei Null, wenn nicht die „credentials" der einschlägigen Fachdisziplin vorweisbar sind.

Wenn auch unter diesen Umständen die Diversität gesichert werden soll, müsste es auf Dauer zwei Segmente des Journalismus geben: neben dem durch staatliche Trägerschaft oder Regelung dekommodifizierten einen aus amateurhafter Selbstorganisation hervorgegangenen, der die blinden Flecken von Ersterem korrigiert. Ob sich Letzterer aber tatsächlich dauerhaft durch selbstausbeuterisches Engagement halten kann, bleibt abzuwarten.

Viertens schließlich ist mit Blick auf funktionale Ignoranz der spezifische Modus der neuen Finanzierung des Journalismus daraufhin zu betrachten, welche möglichen Fehlanreize dadurch gesetzt werden. Kiefer äußert sich nicht genauer dazu, wie die Finanzierungsmodalitäten aussehen könnten. Hier sind sehr unterschiedliche Modelle denkbar. Am einen Ende des Spektrums könnten ganz dezentral einzelne Medienorganisationen von jedem Nutzer kostendeckende Gebühren für die jeweils genutzten Produkte erheben. Das liefe auf eine deutliche Verteuerung gegenüber den bisherigen Preisen für Zeitungen hinaus, übertragen auf den öffentlich-rechtlichen Rundfunk für die meisten Nutzer auch auf eine Verteuerung gegenüber den geltenden Pauschalgebühren; erst recht verteuerte sich das bisher weitgehend kostenfreie Angebote privater Rundfunksender. Dieser Finanzierungsmodus brächte also erheblichen Ärger mit den Nutzern mit sich, die dann möglicherweise ihr Interesse an journalistischen Produkten stark zurückschraubten, was mit Blick auf den „well-informed citizen" sehr dysfunktional wäre.

Am anderen Ende des Spektrums könnte man sich aus dem allgemeinen Steueraufkommen oder aus speziellen Journalismus-Abgaben kostendeckend finanzierte Redaktionen denken. Wenn eine Redaktion in solch einem Modell ihren Finanzbedarf etwa auf Jahresbasis vorausschätzt und entsprechende Gelder zugewiesen bekommt, hat natürlich jede die Neigung, immer mehr zu fordern, um sich die Arbeit leichter zu machen oder um zu wachsen, und schnell übersteigt die Gesamtsumme des von allen Redaktionen Geforderten das, was zur Verfügung steht, so dass die Gelder umverteilt oder erhöht werden müssten. Da man hier schnell an die Grenzen des den Wählern Zumutbaren stieße, bliebe nichts anderes als Mangelverwaltung übrig: Man müsste entscheiden, welche Redaktion wie viel von dem, was sie als Bedarf angemeldet hat, bekommt. Dafür benötigte man transparente und universell angewandte Kriterien, und wenn man knappe Finanzmittel möglichst effizient und effektiv einsetzen will, sollten diese Kriterien etwas mit relativer Leistungsstärke zu tun haben. Vorstellbar wäre vieles: von der Anzahl der journalistischen Beiträge, die eine

Redaktion erarbeitet (bei Wortbeiträgen könnte man noch präziser die Zeichenzahl messen), bis zu verschiedenen Indikatoren der Resonanz auf die Beiträge (wie z. B. Einschaltquote, Verkaufszahlen, Anzahl der Leserbriefe oder Blog-Beiträge, Wiederaufgreifen durch andere Journalisten). Auch die Konstruktion beliebig komplizierter Leistungs-Indizes könnte man angehen. Man würde freilich, wenn so etwas für einige Zeit installiert worden wäre, dieselbe Erfahrung machen, die die Wissenschaftspolitik gerade mit der indikatorbasierten Zuteilung von Finanzmitteln an Hochschulen oder einzelne Wissenschaftler macht: Je größer der Anteil der Gelder – einschließlich der persönlichen Arbeitseinkommen – ist, der indikatorbasiert vergeben wird, desto größer wird die Neigung bzw. ganz schnell der Druck, genau jene Leistungsaspekte zu bedienen, die mit hoch gewichteten Indikatoren abgebildet werden, und alle anderen Leistungsaspekte zu vernachlässigen (vgl. Schimank 2010; Wissenschaftsrat 2011). Wenn etwa die Zeichenzahl für Wortbeiträge in starkem Maße bestimmt, wieviel Geld man bekommt, dann produziert man weitschweifige Masse, was nicht unbedingt Qualität bedeuten muss; und wenn Blog-Einträge zu Beiträgen zählen, dann tut man alles, um so etwas zu animieren, drängt Freunde und Bekannte zum Dauerbloggen zu den eigenen Beiträgen und fälscht gleich noch ein paar Einträge dazu u. s. w. Weil jedes Set solcher Indikatoren spezifische Fehlanreize gebiert, bedürfte es eines darauf achtenden Dauermonitorings, um zeitnah immer wieder korrektiv eingreifen zu können – womit das träge System parlamentarischen Entscheidens ganz sicher überfordert wäre, was also subalternen staatlichen Instanzen überlassen werden müsste, deren demokratische Kontrolle dann wiederum vielleicht nicht im gewünschten Maße gegeben wäre. Man könnte an diesem Punkt vor dem Hintergrund von Erfahrungen in der neueren Wissenschaftsfinanzierung noch weit tiefer einsteigen; die Andeutungen dürften aber genügen, um plausibel zu machen, dass in solchen Details der Teufel vielfältigster transintentionaler Dysfunktionalitäten stecken kann.

Ich schwenke nun zur funktionalen Indifferenz um, um zu dieser Problematik des institutionalistischen Gestaltungsfunktionalismus ein paar noch kürzere Hinweise zu geben. Die Konstellation der relevanten Akteure besteht ja vor allem aus den folgenden vier: Politiker, Medienorganisationen, Journalisten und Mediennutzer. Zu fragen ist, wie sich diese Akteure wohl zu Kiefers Vorschlag verhalten würden. Wer macht ihn sich zu eigen – sei es aus der Überzeugung heraus, dass so dem Anliegen des Journalismus und seiner wichtigen gesellschaftlichen Funktion am besten gedient ist, sei es aufgrund der Einschätzung, dass man bestimmte wichtige Eigeninteressen so am besten zu realisieren vermag? Wessen Eigeninteressen oder Überzeugungen läuft der Vorschlag hingegen ganz deutlich zuwider, so dass von dieser Seite mit Widerständen zu rechnen ist? Und wer wendet sich zwar vielleicht nicht gegen den Vorschlag, unterstützt ihn aber auch nicht aktiv, sondern verhält sich gleichgültig? Sowohl Gleichgültigkeit als auch Widerstand laufen auf funktionale Indifferenz hinaus, was angesichts der Tatsache, dass funktional noch so Wünschenswertes oder gar dringend Erforderliches sich deswegen nicht von selbst realisiert, Realitäten schafft. Der Status quo ist, Luhmann erweiternd, nicht nur deshalb ein „Argument", weil man erst einmal etwas mit erheblicher Plausibilität Besseres vorweisen muss, um ihn in Frage stellen zu können; sondern er ist auch in dem Sinne ein „Argument", dass überhaupt erst einmal irgendjemand auf die Idee kommen muss, etwas anderes an seine Stelle zu setzen, anstatt weiterhin von ihm auszugehen.

Ich frage vor diesem Hintergrund:

- bei welchem der vier Akteure erstens der Leidensdruck durch die bisherige Finanzierung des Journalismus so groß sein könnte, dass aus seiner Sicht dringend etwas geschehen muss;
- welcher der vier Akteure zweitens aus Überzeugung oder durch Interessen stark dem Status quo verhaftet sein könnte, also gegen Umgestaltungsbemühungen anderer Widerstand leisten würde;
- und welcher der vier Akteure drittens eigentlich die von Kiefer vorgeschlagene Umgestaltung zur eigenen Sache erklären und vorantreiben könnte.

Meine grobe Antwort auf diese Fragen lautet: Ich sehe wenig Leidensdruck – außer bei vielen Journalisten – und kaum Akteure, die zu engagierten und einflussstarken Propagandisten der Umgestaltung werden könnten; zugleich sehe ich aber beträchtliche Status quo-Interessen in den anderen drei Akteurgruppen, so dass selbst dann, wenn es durch Leidensdruck angetriebene Propagandisten gäbe, deren Erfolg alles andere als gewiss wäre, weil sie auf entsprechenden Widerstand träfen.

Bei den Journalisten ist der Leidensdruck im Status quo unübersehbar. Das gilt nicht für alle, aber doch für eine Mehrheit, deren Arbeits- und Beschäftigungsbedingungen sich verschlechtert haben und weiter verschlechtern, so dass sie immer weniger in der Lage sind, gegenüber den Zumutungen des Ökonomisierungsdrucks journalistische Qualitätsstandards hochzuhalten. Hier wären entsprechend auch die Propagandisten der von Kiefer vorgeschlagenen institutionellen Umgestaltung der Finanzierung zu finden. Allerdings könnte es passieren, dass die Realisierung dieses Vorschlags viele Journalisten schnell vom Regen in die Traufe brächte. Würde derjenige Finanzierungsmodus gewählt, der eine kostendeckende Bezahlung des journalistischen Einzelprodukts durch die Nutzer vorsieht, würde der vorstellbare Nachfragerückgang aufgrund der Verteuerung Risiken der Angebotsreduktion mit entsprechenden Personaleinsparungen in sich bergen; und bei einer leistungsbezogenen staatlichen Mittelzuweisung an die Redaktionen sähen sich die Journalisten mit Fehlanreizen konfrontiert, denen sie dann auch gegen das eigene berufliche Ethos folgen müssten. Eine vorbehaltlose Unterstützung von Kiefers Vorschlag wäre also auch in dieser Akteurgruppe nicht zu erwarten.[14]

Geht man zu den wirtschaftlich getragenen Medienorganisationen über, haben diejenigen einen Leidensdruck, denen es wirtschaftlich schlecht geht, weil ihr Geschäftsmodell nicht mehr richtig funktioniert – also vor allem kleinere Zeitungsverlage. Selbst für sie gilt aber, dass ein Wechsel von einem der Gewinnerzielung dienenden Journalismus zu einem nur noch kostendeckenden ein radikaler organisatorischer Identitätswandel wäre. Ob ihnen das journalistische Anliegen oder die Rückfallposition, so als Organisation zumindest finanziell überleben zu können, Kiefers Vorschlag ab einem gewissen Punkt attraktiv erscheinen lassen, bliebe abzuwarten: Begeisterte Propagandisten sähen sicher anders aus. Die das Feld dominierenden und wirtschaftlich erfolgreichen Medienunternehmen, insbesondere die großen privaten Rundfunksender, haben hingegen keinen Leidensdruck. Den hätten sie vielmehr genau dann, wenn der Journalismus konsequent dekommodifiziert würde, weil ihnen so ein Feld des lukrativen Gewinnmachens verloren ginge. Sie hegen also ein massives Interesse an Status quo-Wahrung. Die dekommodifizierten öffentlich-rechtlichen Rundfunkanstalten schließlich müssten sich zwar einerseits bestätigt sehen, wenn Journalismus insgesamt dekommodifiziert würde. Doch andererseits haben sie ein massives Interesse daran, die eigenen Fleischtöpfe vor Konkurrenz zu sichern; die aber käme in großer Zahl, wenn der gesamte Journalismus auf eine staatlich getragene Finanzierung umgestellt würde, ohne dass – so ist zu befürchten – in gleichem Maße mehr Geld zur Verfügung gestellt würde. Würde hingegen für die nun dekommodifizierten Redaktionen der geschilderte dezentrale Finanzierungsmodus des kos-

---

14 Ganz zu schweigen davon, dass ein Teil der heute tätigen Journalisten Kiefers Professionalitäts-Kriterium nicht erfüllt und damit nicht mehr als Journalist tätig sein dürfte.

tendeckenden Vertriebs einzelner journalistischer Produkte gewählt, stellte sich schnell die Frage, warum man nicht auch die Öffentlich-Rechtlichen darauf umstellt, was dem vergleichsweise einfachen Leben mit den Rundfunkgebühren ein Ende machte.

Bei den Politikern ist nicht überall ein Leidensdruck durch den derzeitigen Zustand des Journalismus zu sehen. Politiker ereifern sich zwar schnell über populistisches „Politainment" – solange sie und ihre je eigenen politischen Positionen dabei schlecht wegkommen. Sobald sie es für die eigenen Anliegen nutzen können, kommen sie sehr gut damit zurecht. Generell gilt zwar, dass hier der politische Code „konservativ/progressiv" (vgl. Luhmann 1974) eine Frontlinie bildet: Das konservative politische Lager kann sich nicht nur aus ideologischen Überzeugungen mehr mit einem wirtschaftsgetragenen als einem öffentlich-rechtlichen Journalismus anfreunden, sondern vor allem auch deshalb, weil Ersterer zumeist konservativen Positionen nahesteht. Doch inzwischen haben auch linke Politiker gelernt, auf der Klaviatur des Unterhaltungs-Journalismus zu spielen. Ob ferner das Angebot, dass ein dekommodifizierter zugleich ein professionell autonomer Journalismus sein wird, für Politiker wirklich attraktiv ist, kann man bezweifeln. Wenn sie etwas mit Dekommodifizierung verbinden, dann Chancen der Politisierung zu je eigenen Gunsten. Wichtiger als diese Erwägungen ist aber ohnehin, dass die mit einer Dekommodifizierung verbundenen Mehrkosten für den Steuerzahler oder den Mediennutzer aus mehreren schon angesprochenen Gründen bei Wählern gleich welchen Lagers schlecht ankämen, so dass Politiker mit entsprechenden Umgestaltungsvorstößen sehr zurückhaltend sein werden – insbesondere in Zeiten, in denen der fiskalische Spardruck immer größer wird.

Schließlich die Mediennutzer: Für Kiefer sind sie die eigentlichen Nutznießer der von ihr vorgeschlagenen Umgestaltung. Aber sind sie das wirklich – gemessen an ihren tatsächlichen Präferenzen, nicht an den ihnen normativ auferlegten Haltungen des „mündigen Staatsbürgers" als „well-informed citizen"? Warum gab es bei der Einführung der privaten Rundfunkanbieter in Deutschland den massiven und dauerhaften „exit" beim öffentlich-rechtlichen Rundfunk? Doch wohl nur, weil viele ihn zu langweilig fanden! Und sie tun dies noch immer, obwohl er sich inzwischen an die Entertainisierung angepasst hat. Es greift auch zu kurz, hier von „Unterschichten-Fernsehen" zu sprechen, wie das distinktionsbedürftige Angehörige der bildungsbürgerlichen Nachfolgefraktion der Mittelschichten zu tun belieben. Schließlich passen sich Zeitungen wie DIE ZEIT oder die Frankfurter Allgemeine Zeitung sowie Nachrichtensendungen wie die Tagesthemen offen oder klammheimlich in beträchtlichem Maße der „Unterhaltungsgesellschaft" an, weil ihnen gar nichts anderes übrig bleibt. Von einem breiten Leidensdruck durch auf Unterhaltung getrimmten ökonomisierten Journalismus kann jedenfalls nicht die Rede sein; allenfalls kleine Teilgruppen sind davon betroffen, auch wenn mehr sich betroffen glauben oder es sich schuldig sind, sich als betroffen zu erklären. Demokratische Teilhabe an der politischen Gesellschaftsgestaltung zieht als Informationsbasis offenkundig oftmals das vor, was Ökonomisierungsdruck zulässt – sofern man nicht im Einzelfall als unmittelbar Betroffener weiß, wie verbogen und verlogen einer unterhaltsamen Story zuliebe berichtet und bewertet wird.

Dass ich mit Blick auf funktionale Indifferenz somit eher geringe Realisierungschancen für Kiefers Vorschlag sehe, heißt nicht, dass ich das als transintentional heilsam hinsichtlich der angesprochenen Risiken funktionaler Ignoranz einstufe. Ich stimme mit ihr darüber überein, dass bald etwas geschehen muss; und dem stehen die geschilderten Interessenlagen entgegen. Sogar anfängliche Schritte in die falsche Richtung wären – soweit keine irreversiblen Fakten geschaffen würden – vermutlich besser als weiterer Stillstand; denn es wären zumindest Lockerungsübungen, die dann auch für anderes vorbereiteten. Die ganz ausbleibende Resonanz auf Kiefers Vorschlag – und das scheint bis heute so zu sein – ist das Schlechteste, was passieren konnte.

4 Schluss

Damit die vorausgehenden Überlegungen und Fragen nicht missverstanden werden: Sie stellen kein abschließendes Urteil über Kiefers Vorschlag dar. Zum einen habe ich einseitig kritische Punkte akzentuiert, um eine Gegenposition zu markieren, mit der sich Kiefers Position auseinandersetzen muss – im besten Fall, um gestärkt aus der Auseinandersetzung hervorzugehen. Zum anderen können derzeit beide Positionen hauptsächlich theoretische Plausibilitäten mobilisieren; ob diese Überlegungen empirischen Befunden standhalten, ist weitgehend offen.

Der entscheidende Punkt ist freilich: Kiefers institutionalistische Überlegungen stellen, ganz im Sinne der „conjectures and refutations"-Logik des Kritischen Rationalismus (vgl. Popper 1963), Argumente zur Diskussion, die mutig und klar und damit konstruktiv bestreitbar sind – und sich in diesem Streit auch bewähren können. Solange man die Regeln einer zielführenden wissenschaftlichen Auseinandersetzung einhält und sich nicht auf leere Polemik oder Immunisierungsstrategien zurückzieht, ist es für den Erkenntnisfortschritt egal, ob Kiefer Recht behält oder die Kritik an ihren Diagnosen und Therapievorschlägen: weil nur eine ähnlich klare und damit wiederum bestreitbare Gegenposition eine Chance hat, die weitere Diskussion zu bestimmen.[15] Ich hoffe, gezeigt zu haben, dass eine institutionalistische Perspektive, so wie Kiefer sie vertritt, diesen – im Zweifelsfalle selbstlosen – erkenntnisfördernden Duktus aufweist. Natürlich könnten auch ganz andere Herangehensweisen an soziale Wirklichkeit so wirken – was zu beweisen wäre!

Literatur

Altmeppen, Klaus-Dieter (2000): Funktionale Autonomie und organisationale Abhängigkeit. Inter-Relationen von Journalismus und Ökonomie. In: Löffelholz, Martin (Hrsg.): Theorien des Journalismus. Ein diskursives Handbuch. Wiesbaden: Westdeutscher Verlag, S. 225-239.

Altmeppen, Klaus-Dieter (2008): Ökonomisierung der Medienunternehmen: Gesellschaftlicher Trend und sektorspezifischer Sonderfall. In: Maurer, Andrea/Schimank, Uwe (Hrsg.): Die Gesellschaft der Unternehmen – Die Unternehmen der Gesellschaft. Wiesbaden: VS, S. 237-251.

Bette, Karl-Heinrich/ Schimank, Uwe (1995): Doping im Hochleistungssport. Frankfurt a. M.: Suhrkamp.

Blöbaum, Bernd (1994): Journalismus als soziales System. Opladen: Westdeutscher Verlag.

Bourdieu, Pierre (2005): The Political Field, the Social Science Field, and the Journalistic Field. In: Benson, Rodney/Neveu, Erik (Hrsg.): Bourdieu and the Journalistic Field. Cambridge/Malden: Polity Press, S. 29-47.

Bourdieu, Pierre (1996): Über das Fernsehen. Frankfurt a. M., 1998: Suhrkamp.

Child, John/Fulk, Janet (1982): Maintenance of Occupational Control. The Case of Professions. In: Work and Occupations 9, S. 155-192.

Crouch, Colin (2004): Postdemocracy. Oxford: Polity.

Dörner, Andreas (2001): Politainment. Politik in der medialen Erlebnisgesellschaft. Frankfurt a. M.: Suhrkamp.

---

15 Die Diskussion ist ja schnell in Gang gekommen – siehe nur die überwiegend kritischen Kommentare von Stephan Ruß-Mohl (2011) und Rudolf Stöber (2011) sowie die Replik von Kiefer (2011a). Googelt man den Aufsatztitel, stößt man auf über 2.000 Einträge (Zugriff: 24.6.2015) mit vielen weiteren Anmerkungen und Einschätzungen.

Dörner, Dietrich (1989): Die Logik des Mißlingens. Strategisches Denken in komplexen Situationen. Reinbek: Rowohlt.

Donsbach, Wolfgang et al. (2009): Entzauberung eines Berufs. Was die Deutschen vom Journalismus erwarten und wie sie enttäuscht werden. Konstanz: UVK.

Dore, Ronald (1961): Function and Cause: In: American Sociological Review 26, S. 843-853.

Downs, Anthony (1972): Up and Down With Ecology – The „Issue-Attention Cycle". In: Public Interest 28, S. 38-50.

Dror, Yehezkel (1964): Muddling Through – „Science" or Inertia? In: Etzioni, Amitai (Hrsg.): Readings on Modern Organizations. Englewood Cliffs, 1969: Prentice Hall, S. 166-171.

Gabler, Neal (1998): Das Leben, ein Film. Die Eroberung der Wirklichkeit durch das Entertainment. Berlin, 1999: Berlin Verlag.

Gehlen, Arnold (1940): Der Mensch. 9. Auflage. Wiesbaden, 1976: Athenaion.

Giddens, Anthony (1984): The Constitution of Society. Cambridge: Polity Press.

Hasse, Raymund/Krücken, Georg (1999): Neo-Institutionalismus. Bielefeld: Transcript.

Held, Thorsten (2006): Rundfunkgebühr. In: Hans-Bredow-Institut (Hrsg.): Medien von A bis Z. Wiesbaden: VS, S. 298-301.

Kemp, Wolfgang (1987): Kunst wird gesammelt. In: Busch, Werner (Hrsg.): Funkkolleg Kunst – Eine Geschichte der Kunst im Wandel ihrer Funktionen. 2 Bde. München: Piper, S. 185-204.

Kiefer, Marie Luise (1999): Privatisierung und Kommerzialisierung der Medienwirtschaft als zeitgeschichtlicher Prozess. In: Wilke, Jürgen (Hrsg.): Massenmedien und Zeitgeschichte. Konstanz: UVK, S. 705-717.

Kiefer, Marie Luise (2010): Journalismus und Medien als Institutionen. Konstanz: UVK.

Kiefer, Marie Luise (2011): Die schwierige Finanzierung des Journalismus. In: Medien & Kommunikationswissenschaft 59, Nr. 1, S. 5-22

Kiefer, Marie Luise (2011a): Wider den Steuerungspessimismus. Antwort auf die Repliken von Stephan Ruß-Mohl und Rudolf Stöber. In: Medien & Kommunikationswissenschaft 59, Nr. 3, S. 420-424.

Kiefer, Marie Luise/Steininger, Christian (2014): Medienökonomik. München: Oldenbourg.

Lepsius, M. Rainer (1990): Interessen, Ideen und Institutionen. Wiesbaden, 2009: VS.

Lindblom, Charles E. (1965): The Intelligence of Democracy. Decision-Making Through Mutual Adjustment. New York: The Free Press.

Lindblom, Charles E. (1959): The Science of Muddling Through. In: Public Administration Review 13, S. 79-88.

Ludwig, Johannes (1994): Medienökonomie – Eine Einführung in die ökonomischen Strukturen und Probleme von Medienunternehmen. In: Jarren, Otfried (Hrsg.): Medien und Journalismus 1. Opladen: Westdeutscher Verlag, S. 145-209.

Luhmann, Niklas (1968): Status quo als Argument. In: Baier, Horst (Hrsg.): Studenten in Opposition. Bielefeld: Bertelsmann, S. 74-82.

Luhmann, Niklas (1974): Der politische Code: „konservativ" und „progressiv" in systemtheoretischer Sicht. In: Zeitschrift für Politik 21, S. 253-271.

Luhmann, Niklas (1995): Die Kunst der Gesellschaft. Frankfurt a. M.: Suhrkamp.

Luhmann, Niklas (1996): Die Realität der Massenmedien. Opladen: Westdeutscher Verlag.

Magenau, Jörg (2007): Die taz. Eine Zeitung als Lebensform. München: Hanser.

Marx, Karl (1844): Zur Kritik der Hegelschen Rechtsphilosophie. In: Marx, Karl/ Engels, Friedrich: Werke, Bd. 1. Berlin, 1976: Dietz, S. 378-391.

Mayntz, Renate/Scharpf, Fritz W. (1995): Der Ansatz des akteurzentrierten Institutionalismus. In: Mayntz, Renate/Scharpf, Fritz W. (Hrsg.): Gesellschaftliche Selbstregelung und politische Steuerung. Frankfurt a. M.: Campus, S. 39-72.

McManus, John H. (1994): Market-Driven Journalism: Let the Citizen Beware? Thousand Oaks/London/New Delhi: Sage.

Meier, Werner A./Jarren, Otfried (2001): Ökonomisierung und Kommerzialisierung von Medien und Mediensystem. Einleitende Bemerkungen zu einer (notwendigen) Debatte. In: Medien & Kommunikationswissenschaft 49, Nr. 2, S. 145-158.

Merton, Robert K. (1949): Manifeste und latente Funktionen. In: Merton, Robert K.: Soziologische Theorie und soziale Struktur. Berlin, 1995: de Gruyter, S. 17-81.

Meyer, Werner A./Trappel, Josef (2001): Medienökonomie. In: Jarren, Otfried/Bonfadelli, Heinz (Hrsg.): Einführung in die Publizistikwissenschaft. Bern: Haupt, S. 161-196.

Nagel, Ernest (1956): A Formalization of Functionalism. In: Nagel, Ernest: Logic without Metaphysics and other Essays in the Philosophy of Science. Glencoe, Ill.: The Free Press, S. 247-283

Popper, Karl Raimund (1963): Conjectures and Refutations. The Growth of Scientific Knowledge. London: Routledge.

Postman, Neil (1985): Amusing Ourselves to Death. New York: Viking.

Powell, Walter/di Maggio, Paul (Hrsg.) (1991): The New Institutionalism in Organizational Analysis. Chicago: University of Chicago Press.

Ralfs, Richard (1995): Die Unterhaltungsgesellschaft. Die Bedeutung der Unterhaltung in der gesellschaftlichen Kommunikation. Universität Düsseldorf, Sozialwissenschaftliches Institut: Magisterarbeit.

Reichardt, Sven (2014): Authentizität und Gemeinschaft. Linksalternatives Leben in den siebziger und frühen achtziger Jahren. Frankfurt a. M.: Suhrkamp.

Richter, Rudolf/Furubotn, Eirik (1996): Neue Institutionenökonomik. Tübingen: Mohr Siebeck.

Riebel, Paul (1996): Kuppelproduktion. In: Handelsblatt Wirtschaftslexikon, Band 7. Stuttgart, 2006: Schäffer-Poeschel, S. 3362-3371.

Ruß-Mohl, Stephan (2011): Der dritte Weg – eine Sackgasse in Zeiten der Medienkonvergenz. Replik auf den Beitrag von Marie Luise Kiefer in M&K 1/2011. In: Medien & Kommunikationswissenschaft 59, Nr. 3, S. 401-414.

Saxer, Ulrich (2007): Politik als Unterhaltung. Zum Wandel politischer Öffentlichkeit in der Mediengesellschaft. Konstanz: UVK.

Schimank, Uwe (1992): Erwartungssicherheit und Zielverfolgung. Sozialität zwischen Prisoner's Dilemma und Battle of the Sexes. In: Soziale Welt 43, S. 182-200.

Schimank, Uwe (2002): Organisationen: Akteurkonstellationen – korporative Akteure – Sozialsysteme. In: Allmendinger, Jutta/Hinz, Thomas (Hrsg.): Organisationssoziologie. Sonderheft 42/2002 der Kölner Zeitschrift für Soziologie und Sozialpsychologie. Wiesbaden: Westdeutscher Verlag, S. 29-54.

Schimank, Uwe (2003): Transintentionale Weiterungen der Kommunikation über Transintentionalität. In: Greshoff, Rainer/Kneer, Georg/Schimank, Uwe (Hrsg.): Die Transintentionalität des Sozialen – Eine vergleichende Betrachtung klassischer und moderner Sozialtheorien. Wiesbaden: Westdeutscher Verlag, S. 440-451.

Schimank, Uwe (2005): Die Entscheidungsgesellschaft. Komplexität und Rationalität der Moderne. Wiesbaden: VS.

Schimank, Uwe (2010): Reputation statt Wahrheit; Verdrängt der Nebencode den Code? In: Soziale Systeme 16, S. 233-242.

Schimank, Uwe (2014): Gestaltungsfunktionalismus. In: Fehmel, Thilo/Lessenich, Stephan/Preunkert, Jenny (Hrsg.): Systemzwang und Akteurswissen. Theorie und Empirie von Autonomiegewinnen. Frankfurt a. M.: Campus, S. 221-242.

Schimank, Uwe/Volkmann, Ute (2008): Ökonomisierung der Gesellschaft. In: Maurer, Andrea (Hrsg.): Handbuch der Wirtschaftssoziologie. Wiesbaden: VS, S. 382-393.

Schimank, Uwe/Volkmann, Ute (2012): The Marketization of Society: Economizing the NonEconomic. Universität Bremen: Welfare Societies Conference Paper 2012.

Schimank, Uwe/Volkmann, Ute (2015): Marketized Modernity: The New Quality of Contemporary Economization. Bremen: Ms.

Schimank, Uwe/Volkmann, Ute (2015a): Ökonomisierter Journalismus: Erodiert funktionale Differenzierung zur ‚Unterhaltungsgesellschaft'? In: Altmeppen, Klaus-Dieter et al. (Hrsg.): Soziale Ordnung durch Kommunikation? Baden-Baden: Nomos, S. 119-135.

Schleier, Reinhart (1987): Die holländische Kunst des 17. Jahrhunderts. In: Busch, Werner (Hrsg.): Funkkolleg Kunst – Eine Geschichte der Kunst im Wandel ihrer Funktionen. 2 Bde. München: Piper, S. 678-702.

Schütz, Alfred (1946): The Well-Informed Citizen. In: Social Research 13, Nr. 4, S. 463-478.

Stöber, Rudolf (2011): Eine gefährliche Finanzierung des Journalismus. Replik auf den Beitrag von Marie Luise Kiefer in M&K 1/2011. In Medien & Kommunikationswissenschaft 59, Nr. 3, S. 415-419.

Streeck, Wolfgang (2009): Institutions in History. Bringing Capitalism Back In. Köln: MPIfG Discussion Paper 09/8.

Ullmann-Margalit, Edna (1978): Invisible-Hand Explanations. In: Synthese 39, S. 263-291.

Vobruba, Georg (1992): Funktionalismus als Akteurswissen. In: Abromeit, Heidrun/Juergens, Ulrich (Hrsg.): Die politische Logik wirtschaftlichen Handelns. Berlin: Sigma, S. 215-232.

Weischenberg, Siegfried (1999): Journalismus unter neuen Geschäftsbedingungen. In: Rolke, Lothar/Wolff, Volker (Hrsg.): Wie die Medien die Wirklichkeit steuern und selbst gesteuert werden. Opladen: Westdeutscher Verlag, S. 35-48.

Wiesenthal, Helmut (2003): Soziologie als Optionenheuristik? In: Allmendinger, Jutta (Hrsg.): Entstaatlichung und soziale Sicherheit: Verhandlungen des 31. Kongresses der Deutschen Gesellschaft für Soziologie in Leipzig. Opladen: Leske + Budrich, S. 94-109.

Wissenschaftsrat (2011): Empfehlungen zur Bewertung und Steuerung von Forschungsleistungen. Köln: Drucksache 1656-11 des Wissenschaftsrats.

Zintl, Reinhard (1989): Der Homo Oeconomicus: Ausnahmeerscheinung in jeder Situation oder Jedermann in Ausnahmesituationen. In: Analyse und Kritik 11, S. 52-69.

Öffentlichkeit und ihre institutionelle Struktur

Christian Steininger

„Wenn man Journalismus, wie dargelegt, als Institution begreift, dann stellt sich notwendig die Frage nach dem gesellschaftlichen Bereich, für den dieses institutionelle Regelsystem – mehr oder weniger effektiv – funktional ist, und man stößt auf den Bereich der Öffentlichkeit, ein diffuser, vielschichtiger und vieldeutiger gesellschaftlicher Bereich, dem hier etwas näher nachgegangen werden muss." (Kiefer 2010: 42)

1 Journalismus als zentrale institutionelle Struktur

Öffentlichkeit begreift Kiefer als zentrale demokratietheoretische Kategorie, die nicht mit ‚das Öffentliche' gleichgesetzt werden darf. Letzteres, und hier verweist Kiefer auf Jansen und Priddat (2007a: 7), sei ein weitaus größerer Bereich als die Öffentlichkeit, der unabhängig von medialer (Re-)Präsentation sei. Institutionell sei der Staat ‚das Öffentliche', insbesondere die Produktion öffentlicher Güter macht diesen Bereich aus: „Das Öffentliche ist, wirtschaftlich betrachtet, der Bereich der Produktion öffentlicher Güter." (Kiefer 2010: 43) Öffentliche Güter entstanden auf Grund von negativen Externalitäten (public bads), Revolutionen und den damit einhergehenden sozialen Verwerfungen (vgl. Jansen/Priddat 2007: 15f.). Die Idee staatlicher Gewährleistung für die Allgemeinheit entwickelte sich erst vor diesem Hintergrund. Durch die Französische Revolution gewann Öffentlichkeit als „eine Art Subsystem des Öffentlichen" eine „spezifische gesellschaftliche Funktion" (Kiefer 2010: 44). Mit der Festlegung auf Volkssouveränität, die so auch im Deutschen Grundgesetz verankert ist, „ergibt sich zwingend das Öffentlichkeitsgebot parlamentarischer Deliberation", befundet Kiefer (2010: 45). Generell solle, so wie dies Hickethier (2003: 207) vorschlägt, von einem doppelten Öffentlichkeitsbegriff ausgegangen werden. Einerseits der Vorstellung einer universellen Öffentlichkeit als demokratische Kategorie und Ideal, andererseits jene von einer Vielzahl vorwiegend medial definierter Öffentlichkeiten, die sich „keineswegs zu ‚der' Öffentlichkeit ergänzen müssen" (Kiefer 2010: 46).

Kiefer (2010: 47) vertritt die These, dass Journalismus als zentrale institutionelle Struktur von Öffentlichkeit zu begreifen ist. Weiters führt sie aus: „[I]n der Gesellschaft, die die modernen Massendemokratien heute darstellen, ist Öffentlichkeit mit all den mit diesem Begriff verknüpften deskriptiven und normativen Konnotationen […] funktionsfähig nur durch die eingezogene institutionelle Struktur, die die Verklammerung von Öffentlichkeit und ‚das Öffentliche‘ […] sichert." (Kiefer 2010: 47) Im Rahmen einer Typisierung der in der Kommunikationswissenschaft vertretenen Öffentlichkeitskonzeptionen kommt Kiefer (2010: 46) zu dem Schluss, dass Öffentlichkeit und Journalismus in diesen bislang nicht systematisch und prominent verknüpft wurden. Mit Medien geschah diese Verknüpfung schon, allerdings bislang wenig erfolgreich. Hickethiers (2000: 9) Befund, dass „[e]ine ausgebildete Theorie der verschiedenen medialen Formen von Öffentlichkeit bzw. wie die Medien in ihrer jeweiligen Eigenart zu dieser gemeinsamen Öffentlichkeit beitragen", nicht vorliegt, hat nichts an Aktualität verloren.[1]

Kiefer geht davon aus, dass es Journalismus ist (und nicht Medien), der Öffentlichkeit in modernen Massendemokratien „potentiell funktionsfähig macht" (Kiefer 2010: 47). Sie begründet dies wie folgt: Journalismus hat eine beratende Funktion für den Bürger, soll die Aufmerksamkeit aller Mitglieder der Gesellschaft auf die gemeinsamen Interessen aller Bürger (‚das Öffentliche‘) fokussieren.[2] Damit kann dem Bürger Meinungsbildung in Sachen kollektiv relevanter und erforderlicher Angelegenheiten ermöglicht werden. „Journalismus als Institution soll, wenn auch prozedu-

---

1 Unterschieden nach ihrer Fokussierung auf spezifische Erklärungsmomente, können exemplarisch folgende Näherungen an Öffentlichkeit benannt werden, die Medien berücksichtigen (vgl. Steininger 2007): die mediale Aktivierung von Öffentlichkeit (vgl. Dahrendorf 1974), deren medialer Vermittlung (vgl. Widmer 1997), das Medium als Institution der Sphäre Öffentlichkeit (vgl. Habermas 1985), die Öffentlichkeit als Diskurs (vgl. Weßler 1999), Struktur (vgl. Müller-Doohm 1998) oder Beobachtungsformel der Selbstbeschreibung der modernen Gesellschaft (vgl. Baecker 1996).

2 Die Befassung mit so verstandener Beratung steht aber keinesfalls im Zentrum der Kommunikatorforschung. Kiefer (2010: 202f.) weist in diesem Zusammenhang darauf hin, dass mit Weischenberg, Malik und Scholl (2006: 365) Abweichungen zwischen dem Rollenselbstverständnis und organisationalen Vorgaben argumentiert werden können, auch im Bereich „Lebenshilfe für das Publikum bieten, also als Ratgeber dienen". Mit Bezug auf Donsbach et al. (2009: 130ff.) lässt sich festhalten, dass Journalisten als „unehrliche Makler" mit ein Grund für die wachsende Medien- und Journalismusskepsis sind.

ral und kommunikativ verflüssigt, auch unter den Bedingungen der modernen Massendemokratie Volkssouveränität ermöglichen und sichern. Das ist der normative Kern seiner Statusfunktion." (Kiefer 2010: 49) Journalisten werden von Kiefer neben Parlamentariern und zivilgesellschaftlichen Gruppen als demokratietheoretisch zentrale institutionalisierte Akteure begriffen, sie agieren zwischen politischen/nicht politischen Akteuren/Akteursgruppen und der Bevölkerung in ihrer Rolle als Publikum.

Diese analytische Trennung von Medien(-Organisationen) und Journalismus ist nicht neu. So weist Haas (2010: 63) etwa darauf hin, dass in der Journalismusforschung eine Unterscheidung zwischen Medien und Journalismus immer wieder eingemahnt wurde. Und auch aktuell macht diese Unterscheidung Sinn, denn wenn „Medienmanager den Journalismus und sein Personal flexibel und klein machen, dann gilt es umso mehr, Medien und Journalismus analytisch zu differenzieren". Die Trennung von Medium und Journalismus kann man auch mit Altmeppen (2008: 83) argumentieren. Er unterscheidet zwischen journalistischen Organisationen und Medienorganisationen. Verbunden sieht er beide durch den öffentlichen Kommunikationsprozess. Da dieser Prozess durch journalistische Produktion und Distribution konstituiert wird, entstehen nach Altmeppen (2008: 85) „enge Formen gegenseitiger Dependenzen und Interdependenzen zwischen Journalismus und Medien". Letztere begründen aber nicht die Zuschreibung gleicher Verantwortung. Denn Medien und Journalismus übernehmen im öffentlichen Kommunikationsprozess unterschiedliche Leistungen: journalistische Organisationen die Berichterstattung und Medienorganisationen die Distribution und Finanzierung. Einher gehen damit einerseits gesellschaftliche Verantwortung, andererseits eine ‚wirtschaftliche Sozialverantwortung' (vgl. Altmeppen 2008: 98). Jarren (2010: 22) verweist zu Recht darauf, dass Journalismus elementar auf den organisationalen Rahmen angewiesen ist. „Journalismus bedarf, um erkannt, anerkannt und ‚verkäuflich' zu sein, der Organisation." (Jarren 2010: 22) Es bedarf einer Medienorganisation, die im Idealfall einen Vermittlungsauftrag (gesellschaftlicher Interessen) wahrnimmt, eines Intermediärs. Dafür beansprucht die Medienorganisation Rechte und Privilegien, dafür erhält sie öffentliche Anerkennung (vgl. Jarren 2010: 22).

Journalismus lässt sich als „Beratung für das Volk" beschreiben, er soll „Lernprozesse staatsbürgerlicher Funktionalität ermöglichen und unterstützen" und „die Aufmerksamkeit des Volkes auf das kollektiv Relevante und Erforderliche, auf die gemeinsamen Interessen aller Mitglieder der ‚Bürgergenossenschaft' [...], also auf ‚das Öffentliche' fokussieren, um dem Bürger als Souverän so die Meinungsbildung zu sein Gemeinwesen betreffenden Angelegenheiten zu ermöglichen" (Kiefer 2010: 49). Vor dem Hintergrund der knappen Ressourcen des Publikums (Aufmerksamkeit, kognitive Kapazität und Rezeptionsbereitschaft) wird Journalismus zu einem zentralen institutionellen Akteur der Öffentlichkeit (vgl. Kiefer 2010: 50). Noch dazu ist das kollektiv Relevante und Erforderliche „in den wissensmäßig hoch differenzierten Massendemokratien mit ihrem vielstimmigen, oft dissonanten Konzert pluraler Öffentlichkeit(en) ja keineswegs mehr offensichtlich und ohne weiteres erkennbar für den Bürger" (Kiefer 2010: 50).

Kiefer wollte sich ursprünglich in ihrer, diesem Aufsatz zugrundeliegenden, Arbeit zentral mit Medien als Institutionen auseinandersetzen, dass dies nicht ohne die Befassung mit Journalismus möglich war, erkannte sie schnell. Nicht zuletzt daran, weil die journalistische Statusfunktion in modernen Massendemokratien „nur noch in der und durch die Sphäre der Öffentlichkeit realisierbar" ist, „die vor allem Medien über die Vervielfältigung der journalistischen Aussagen und die Produktion von Publikum herstellen" (Kiefer 2010: 211). *Journalistische* Medien erlangen ihren Institutionencharakter erst durch die Verknüpfung mit dem Journalismus zu „einem institutionellen Arrangement" (Kiefer 2010: 211f.). „Ihre Statusfunktion ist die Herstellung der für die Konkretisierung von Journalismus als Institution in Massenmedien benötigten Öffentlichkeit." (Kiefer 2010: 211) Öffentlichkeit ist bei Kiefer (2010: 212) ein Subsystem des ‚Öffentlichen', sie steht für das Kollektive, Allgemeine, Gesellschaftliche. Journalismus ist die institutionelle Struktur dieser Öffentlichkeit, er soll die „Verklammerung dieses Subsystems mit dem Öffentlichen sicherstellen" (Kiefer 2010: 212). Kurz: Wer zum Themenfeld Öffentlichkeit arbeitet, kann nicht vom Öffentlichen abstrahieren (etwa vom Gutcharakter der Medien), auch nicht von der institutionellen Struktur (Journalismus), die Öffentlichkeit und ‚das Öffentliche' verknüpft.

2 Bedeutungsgehalt des Begriffes Öffentlichkeit

Der direkte Bezug zwischen einem Wort und einem oder mehreren Gegenständen wird als Referenz bezeichnet. Diese hat damit den Charakter des Benennens; sprachliche Ausdrücke gelten nur insofern als sinnvoll, als sie dasjenige Ding, auf das sie referieren, aus der Mannigfaltigkeit der Welt herausgreifen, indem sie es benennen. Diffusität, Mehrdeutigkeit und

Uneinheitlichkeit von Theorien lassen sich dadurch erklären, dass sie sich auf verschiedene Referenzobjekte beziehen. Als Extension wird diejenige Menge von Gegenständen bzw. Entitäten bezeichnet, die mit einem bestimmten Wort mittels der Referenzbeziehung verbunden ist (vgl. Prechtl 2004: 107). Extensionen (und empirische Gehalte) der verschiedenen Öffentlichkeitsbegriffe variieren. Das soll hier nicht über die Maße vertieft werden, lediglich exemplarisch verdeutlicht. So erscheinen etwa bei Habermas (1985, 1995, 1998) Sphären, bei Gerhards und Neidhardt (1990) intermediäre Kommunikationssysteme, Felder und Räume als Referenzobjekte. Dahrendorf (1974) bedient sich des Referenzobjekts Personengruppe bzw. -aggregat und deren politischer Aktivität, Oevermann (1996) bestimmter, zur Praxisform institutionalisierter Kommunikationsvorgänge, Baecker (1996) Kommunikationstypen bzw. -praktiken, die der gesellschaftlichen Selbstorganisation dienen. Die Aufzählung ließe sich beliebig fortsetzen, ohne dass damit etwas gewonnen wäre.

Es ist bedeutsam zu begreifen, dass der Begriff 'Öffentlichkeit' seinen spezifischen und eigentlich relevanten Bedeutungsgehalt *nicht* aus seiner Referenz bezieht, sondern aus seinen ihm beigelegten Konnotationen, d. h. seinen intensionalen Bedeutungsgehalten (vgl. Heiniger/Steininger 2007: 21). Der Begriff Öffentlichkeit wurde im Lauf seiner Geschichte um verschiedene Bedeutungsdimensionen angereichert. Exemplarisch sei hier auf Kommunikationsfreiheit als einer solchen Anreicherung verwiesen. Diese stellt heute ein Grundrecht jeder demokratischen Gesellschaft, das in der Verfassung als auch in den Grund- und Menschenrechtskatalogen verankert ist. Konkret beinhaltet die Kommunikationsfreiheit eine Vielzahl von bürgerlichen Freiheiten (vgl. Haas 2008: 68), die von der Meinungsäußerungsfreiheit, über die Informations-, Vereins-, Versammlungs-, Koalitions-, Bekenntnis-, Wissenschaftsfreiheit, das Petitionsrecht, das Brief- und Fernmeldegeheimnis, den Schutz der Privatsphäre bis hin zur Presse-/Medienfreiheit reichen. Wir wollen uns letzterer Freiheit folgend widmen.

Hummel (2007) verdeutlicht, dass der Begriff der Pressefreiheit kulturell determiniert und kodiert ist – sowohl rechtlich wie in der konkreten Akzeptanz im Journalismus und auch in der Auffassung des Publikums. Pressefreiheit ist demnach einem Veränderungsprozess unterworfen, sie lebt von der jeweiligen konkreten Durchsetzung dessen, was unter ihr verstanden wird. Machtkämpfe um die legitime Sichtweise und um die gesellschaftliche Anerkennung prägten und prägen diesen Prozess. Pressefreiheiten waren das Resultat bürgerlicher Revolutionen: „angelsächsisch als „Watchdog"-Funktion im Auftrag der Bürger [...]; französisch als Garantie einer Plattform öffentlichen Meinungsstreites, um der Vernunft Geltung zu verschaffen" (Steininger/Hummel 2015: 149).

So ging John Milton (2008: 865-952) in seiner rechtlichen Begriffsherleitung von naturrechtlichen, religiös determinierten Axiomen aus. „Im ursprünglichen Sinn der angelsächsischen Tradition verkörpert die Presse die Stimme der Mehrheit, die Stimme des Volkes, die wiederum ihre Legitimation in göttlichem Naturrecht hat." (Steininger/Hummel 2015: 148) Presse hat hier eine sozialerzieherische Funktion, ihre Stimme ist die Stimme der Mehrheit, legitimiert durch göttliches Naturrecht. Von diesen Annahmen (sie gelten weitestgehend für die Cromwell-Revolution und die puritanische amerikanische Unabhängigkeitsbewegung) unterscheidet sich die Französische Revolution, der eine Entsakralisierung voranging. Hier wurde *Öffentlichkeit als Diskurs* von gebildeten Privatleuten begriffen, die weltliche und geistliche Autoritäten hinter sich ließen und auf Vernunft vertrauten. Berka (1982: 104ff.) verweist darauf, dass die kontinentaleuropäische Variante eher auf dem französischen als auf dem angelsächsischen Modell fußt (vgl. diesbezüglich auch Kiefer 2010: 47).

Nebst seiner politischen Bedeutung des Staatlichen, der Legitimation durch das ‚öffentlich sein', nahm der Begriff Öffentlichkeit im Lauf der Aufklärung unterschiedliche Bedeutungen in sich auf. Das Attribut ‚öffentlich' beinhaltet schon im 17. Jahrhundert einen „für die bürgerliche Gesellschaft charakteristischen ästhetischen, moralischen und rationalen Wert" (Hölscher 1978: 431). Damit verbunden ist der Wandel des Publikumsbegriffs zur aufgeklärten, „gebildeten bürgerlichen Gesellschaft" (Hölscher 1978: 433), der durch Kant die Kompetenz zugesprochen wurde, sich selbst aufzuklären, wenn sie die Freiheit dazu erhält (vgl. Hölscher 1978: 437). All diese Konnotationen transportiert der Begriff Öffentlichkeit noch heute. Imhof (2003a: 193) sieht ihn deshalb auch „unauflösbar mit politisch-rechtlichen, sozialintegrativen und deliberativen Ansprüchen verbunden". In *politischen Diskursen* wird der Begriff gebraucht, als „ein ‚Kampfmittel' in den gesellschaftlichen Strukturierungs- und Transformierungsprozessen" (Fischer 2000: 63). Gerade in diesen Diskursen wird seine Mehrdeutigkeit ge- und benutzt, da mit ihm „all diese im Begriff anklingenden Bedeutungen von Legitimität, Vernunft, Allgemeingültigkeit etc. auf eine nicht explizite Weise aktiviert werden können, um damit beispielsweise seinen eigenen vertretenen Standpunkten den Nimbus der Plausibilität, Selbstverständlichkeit oder Rechtmäßigkeit zu verleihen" (Heiniger/Steininger 2007: 21f.). Das gilt so auch für *wissenschaftliche Diskurse*, vornehmlich wird hier der Begriff Öffentlichkeit den eigenen theoretischen Bedürfnissen untergeordnet, er hat den Stellenwert eines Hilfsmittels, das die jeweiligen Thesen plausibel macht. Der Begriff Öffentlichkeit wird innerhalb einer bereits vorausgesetzten Theorie „mehr angewandt als eigentlich entwickelt" (Heiniger/Steininger 2007: 22). Er wird definiert, ist aber selten Ausgangspunkt von Theorien.

Dieser Indienstnahme des Begriffs Öffentlichkeit ist sich Kiefer bewusst, sie betont, dass das Wort im politisch-sozialen Diskurs zu einem Begriff aufgewertet wurde, der die soziale Wirklichkeit selbst mitgestaltete, die er bezeichnete (vgl. Hölscher 1997; 1978). Vor dem Hintergrund dieser kursorischen Darstellung des Begriffs, stellt sich an dieser Stelle die Frage, ob Kiefer Erhellendes zur Begriffs- und Theorieentwicklung von Öffentlichkeit beitragen kann. Ja. Wird Öffentlichkeit in und außerhalb der Kommunikationswissenschaft lediglich als Explanandum benutzt, also lediglich den Bedürfnissen dieser angepasst, so findet Öffentlichkeit bei Kiefer als „autonom vorgängig festgelegtes Konzept Anwendung" (Heiniger/Steininger 2007: 22).

Vorweg: Kiefers Vorstellung von Politik stehen liberale Vorstellungen von Öffentlichkeit entgegen, welche eine „Validierung öffentlicher Meinungen am Maßstab des Allgemeininteresses [...] vom Öffentlichkeitsprozess" (Lobigs 2007: 203) nicht erwarten. Kommunikative Transparenz alleine reicht Kiefer nicht, sie hat auch Erwartungen an das Kommunikationsverhalten der Öffentlichkeitsakteure, die äußerst anspruchsvoll sind und in der Kommunikationswissenschaft üblichen Lesarten von und Fehlinterpretationen ‚der' Institutionenökonomik entgegenstehen. Ein konsequentes Zurückführen demokratischer Willensbildung auf individuelle Präferenzen einzelner Akteure verträgt sich nicht mit liberalen Vorstellungen von Demokratie und Öffentlichkeit und den mit diesen Vorstellungen einer gehenden Repräsentationsmodellen. Kiefer selbst sieht ihre Ausführungen zu Recht an Fragen der Deliberation und des Diskurses anschlussfähig, sie präferiert explizit deliberative Konzeptionen von Öffentlichkeit. Diese Konzeptionen sind zumeist in deliberative Demokratietheorien eingebettet bzw. von diesen kaum zu trennen, da Letztere bei ihrem Entwurf eines Programms demokratischer Gesellschaft auf das Funktionieren von Öffentlichkeit angewiesen sind (vgl. Gerhards/Neidhardt/Rucht 1998: 31; Donges/Imhof 2001: 112f.). Deliberativen Konzeptionen von Öffentlichkeit liegt letztlich ein explizites Interesse an der Möglichkeit und konkreten Realisierung demokratischer Prinzipien zugrunde. Medienorganisation soll in üblicher verfassungsrechtlicher Sichtweise so gestaltet sein, dass „Politikorientierung am allgemeinen Interesse" (Lobigs 2007: 183) möglich ist.

3 Öffentlichkeit aus konstitutionenökonomischer Sicht

Als primärer Adressat erarbeiteter Erkenntnisse und Argumente gilt in Kiefers konstitutionenökonomischem Denken die ‚demokratische' Öffentlichkeit. In ihr sollen kontrovers und wertstrittig geführte Auseinandersetzungen diskursiv überwunden werden. Im Kern geht es um eine Rationalisierung gesellschaftlicher Diskurse, darum, dass konsensuale Lösungen auf der Regelebene aufzeigen, wie Kooperation möglich werden kann. „Öffentlichkeit gilt folglich als Medium demokratischer (Selbst)Aufklärung und (Selbst)Steuerung im Sinne von Selbstbindung." (Kiefer 2007: 53) In ihrer Auseinandersetzung mit gängigen Öffentlichkeitstheorien macht Kiefer deutlich, dass liberale Modelle nicht mit konstitutionenökonomischen Annahmen kompatibel sind. Gründe hierfür: Sie sind normativ unterkomplex und vernachlässigen jene aktive Komponente von Öffentlichkeit, die die Verfassungsökonomik für Öffentlichkeit vorsieht. Zwischen diskursiver Öffentlichkeit und konstitutionenökonomischen Annahmen sieht sie zahlreiche Übereinstimmungen. Aus konstitutionenökonomischer Sicht sind nach Kiefer aber einige Modifikationen und Ergänzungen notwendig. Insbesondere die Anforderungen an das Publikum sind „deutlich spezifizierter" (Kiefer 2007: 56).

Aus dem Prinzip der Volkssouveränität ergibt sich nach Kiefer (2010: 45) „zwingend das Öffentlichkeitsgebot parlamentarischer Deliberation". Deshalb müssen Öffentlichkeitstheorien als relevant erachtet werden, „die am Maßstab demokratischer Selbstherrschaft die Qualität der Deliberation in der öffentlichen Kommunikation mit der Qualität der Willens- und Entscheidungsbildung in Zusammenhang bringen". (Imhof 2003b: 25) Wer dies berücksichtigt, kann das Verhältnis von Öffentlichkeit und Journalismus nicht außer Acht lassen. Schon 1875 bezeichnete der Nationalökonom Albert Schäffle Öffentlichkeit als sozialpsychologisches Phänomen analog dem menschlichen Nervensystem: „Im engeren Sinn ist Öffentlichkeit eine Ausbreitung sozial wirksamer Ideen über die Grenzen jenes Kreises hinaus, welcher berufsmäßig die betreffende geistige Arbeit durchzuführen hat." (Schäffle zitiert nach Hölscher 1978: 464) Als Adressat dieser geistigen Arbeit fungiert nach konstitutionenökonomischer Argumentation (vgl. Kiefer 2007: 50f.) die demokratische Öffentlichkeit, die sie mit Engel (1996) als ‚Medium demokratischer (Selbst)Aufklärung und (Selbst)Steuerung im Sinne von Selbstbindung' begreift. In der demokratischen Öffentlichkeit soll die „kontrovers und wertstrittig geführte Auseinandersetzung über gesellschaftliche Probleme überwunden und eine Rationalisierung gesellschaftlicher Diskurse dadurch erreicht werden, dass konsensuale Lösungen auf der Regelebene aufzeigen, wie Kooperation zum gegenseitigen Vorteil für alle erreicht werden kann" (Kiefer 2007: 53).

Fragt man nun nach der theoretischen Anschlussfähigkeit der beiden oben skizzierten Öffentlichkeitsmodelle, so wird deutlich, dass das liberale Modell (bemessen an konstitutionenökonomischen Vorstellungen) normativ unterkomplex und passiv ausgelegt ist, das deliberative Modell hingegen einige Optionen der stimmigen Integration kommunikationswissenschaftlicher und konstitutionenökonomischer Befunde bietet (vgl. Kiefer 2007: 53f.). In der Öffentlichkeit geht es um Regelinteressen und -präferenzen, die im Mittelpunkt öffentlicher Diskurse stehen müssen. Letztere haben das Ziel, individuelle Handlungspräferenzen und -präferenzen „in kollektiven Selbstbindungsprozessen über Regeln so zu kanalisieren, dass soziale Dilemmastrukturen aufgelöst und kollektive Selbstschädigung verhindert werden können" (Kiefer 2007: 54). Mit Verweis auf Imhof (2005), der die kommunikationswissenschaftliche Forschung zu Öffentlichkeit weitgehend durch die ‚funktionale Heuristik' kleingeschnitten sieht, plädiert Kiefer für eine konstitutionenökonomische Perspektivenweitung. Sinnvoll anwendbar wäre diese normativ sehr anspruchsvolle Form von Öffentlichkeit aber lediglich auf Ebene der Findung und Modifikation gesellschaftlicher Regeln (nicht auf jener politischen Entscheidens innerhalb konsentierter Regeln). Hier wäre eine andere Öffentlichkeitskonzeption zu entwickeln.

4 Besonderheiten der institutionellen Herangehensweise Kiefers

Kiefers theoretische Herangehensweise an Journalismus und Medien als Institutionen (und damit auch an Öffentlichkeit) ist durch zwei Besonderheiten gekennzeichnet. Sie ist (1) um die Berücksichtigung aller drei Ebenen von Wahlhandlungen und (2) um die Vermittlung zwischen positiver und normativer Analyse bemüht.

Kiefer sieht ökonomische Theorie primär als Entscheidungstheorie mit Blick auf menschliche Kooperation. Dabei lassen sich drei Ebenen von Wahlhandlungen unterscheiden (vgl. Acocella 1998): gesellschaftliche, institutionelle und individuelle. Jeder dieser Ebenen kann eine bestimmte Form der Analyse zugeordnet werden (vgl. Kiefer/Steininger 2014: 405). Der Ebene gesellschaftlicher Wahlhandlungen jene der Identifikation gesellschaftlich wünschenswerter Ziele (siehe Abschnitt 4.1), auf institutioneller Ebene geht es um die Analyse des institutionellen Rahmens (in dem obige Ziele verwirklicht werden) und den Prozess öffentlicher Intervention zur Zielerreichung (siehe Abschnitt 4.2). Auf Ebene individueller Wahlhandlungen rückt die Analyse des Entscheidungs- und Kooperationsverhaltens der Individuen und formalen Organisationen in den Mittelpunkt (siehe Abschnitt 4.3).

4.1 Konsens als gesellschaftlich wünschenswertes Ziel

Konstanten in Kiefers Arbeiten sind die Frage nach den (gesellschaftlichen/publizistischen) Kosten der Wirtschaftsfreiheit im Bereich der Medien und das Abwägen, ob normierte publizistische Ziele und Werte mit den gewählten Mitteln überhaupt erreichbar sind. Alles Handeln, auch das Nicht-Handeln bedeutet in seinen Konsequenzen Parteinahme. Anders als viele normativ arbeitende Autoren sucht Kiefer nach einer Legitimierung für die ‚Normativität der publizistischen Ziele und Werte‘. Wenig überraschend setzt sie den Willen der Individuen als Legitimierungsinstanz absolut, rekurriert auf das konstitutionenökonomische Konzept der Zustimmungsfähigkeit durch alle Betroffenen. Das Konsenskriterium (Pies 1996: 10f.) rückt dabei in den Mittelpunkt. Konsensfähigkeit sieht Kiefer nicht voraussetzungsfrei gegeben, es gründet auf dem Wissen der von einer Regel oder Institution Betroffenen. Mit Aufderheide (1996: 187f.) unterscheidet sie zwischen Theoriewissen (Wissen um Ursache-Wirkungs-Zusammenhänge von Regeln und Wahlhandlungen) und Interessenwissen (Wissen um die eigene gesellschaftliche Position). In diesem Verständnis liegt auch der Auftrag, den Kiefer sich und wissenschaftlicher Analyse mit auf den Weg gibt. Positive Analyse muss Theoriewissen generieren, das Voraussetzung für Konsensfähigkeit ist.

> „Mit der Vorgabe, nach gemeinsamen Interessen zu suchen, fokussiert das Konsensprinzip die positive Forschungsperspektive auf eine Untersuchung der gesellschaftlichen Funktionalität institutioneller Arrangements. [...] Das Aufzeigen gemeinsamer Interessen im politischen Prozess ermöglicht es, in die politische Diskussion Zweckmäßigkeitsargumente einzuführen, das heißt Erklärung in Aufklärung umzusetzen." (Pies 1996: 14)

Individuen müssen Erwartungen bilden können, welche Folgen Regeländerungen für sie und andere haben. Kiefer sieht im Konsensprinzip mit
Verweis auf Pies (1996: 14) eine Möglichkeit zwischen positiver und normativer Analyse zu vermitteln. Nicht zuletzt könne das Konsensprinzip
die normative Analyse mit diskursiver Kompetenz unterfüttern. Konsens
wird demnach zum Ausgangspunkt für die „Rekonstruktion politischer
Konfliktlagen" (Pies 1996: 14).

4.2 *Journalismus und Medien als institutioneller Rahmen der Zielerreichung*[3]

Dass Medien und Journalismus für den Wandel von Institutionen eine ur-
sächliche Rolle spielen, verdeutlichen Coyne und Leeson (o. J.). Sie begreifen Medien als „backup institutions", die die Etablierung und Erhaltung anderer Institutionen durch kommunikative Koordinierung ermöglichen. „The media is one such supporting institution that can reinforce existing institutions while simultaneously contributing to the evolution of
those and new institutions." (o. J: 9) Folgt man North, so entwickeln sich
Institutionen auf Basis kultureller Vorstellungsmuster der Wirtschaftssub-
jekte. Diese Vorstellungsmuster bedürfen eines komplexen dynamischen
Lernprozesses. Die dabei gebildeten Vorstellungen bedürfen der Samm-
lung, Speicherung und Verbreitung von Wissen und Information, der Zusammenhang von Transaktionskosten und Informationsgewinn wird in
den neueren Schriften Norths zu einem der bedeutendsten Gründe für die
Schaffung von Institutionen (vgl. North/Wallis/Weingast 2006). Bezüge
zu North, insbesondere seinem Befund, dass Menschen versuchen unvoll-
ständige Informationssituationen durch subjektive Handlungsentwürfe zu
bewältigen, die auf gelernten Handlungsmustern basieren, finden sich
auch bei Kiefer (2010).

Journalismus lässt sich auch aus konstitutionenökonomischer Perspektive als Institution beschreiben. Hier geht man davon aus, dass Institutionen
Hintergrundgerechtigkeit verkörpern müssen. Institutionelle Leistungen

---

3 Hier soll keineswegs der Eindruck erweckt werden, dass lediglich Journalismus und
   Medien als institutioneller Rahmen der Zielerreichung relevant wären. Sie sind Teil
   des institutionellen Rahmens. Es sind juristische, ökonomische und wissenschaftliche Regimes, die um die Vorherrschaft in neuen Ordnungen kämpfen (vgl. Kiefer/
   Steininger 2014: 412).

müssen der Schulung und Bildung von bürgerlichem Grundvermögen dienen sowie den Einsatz dieses ermöglichen (vgl. Rawls 2003: 262). Dabei müssen Institutionen dem Grundsatz der Volkssouveränität folgen und deshalb demokratisch kontrollierbar sein. Ausnahmen von dieser Regel betreffen sogenannte „autonome Institutionen" (Franke 1998: 100). Als autonome Institutionen im engeren Sinn gelten Gerichte, als autonome Institutionen im weiteren Sinne gelten Medien. Diesen kommen Aufgaben zu, die sie zu autonomen Institutionen machen, zu Institutionen, die in unterschiedlichem Ausmaß dem Einfluss der Regierung entzogen sein müssen, um das demokratische System zu stabilisieren, indem sie gesellschaftliche Kooperation ermöglichen und ökonomische sowie bürokratische Rationalität der ‚rentensuchenden Gesellschaft' in Grenzen halten (vgl. Kiefer 2010: 187ff.). Die Verfassungsökonomik zeigt, dass Individuen in einem Gesellschaftsvertrag festlegen, welche Regeln ihren Umgang bestimmen sollen. Denn soziale Probleme bedürfen nicht nur individueller, sondern auch kollektiver Einsicht. Nach Homann und Suchanek (1992) impliziert dies öffentliche Kommunikation über die Akzeptanz von Zielen, Werten, Präferenzen und Interessen.

Im Rahmen der konsentierten Festlegung von Zielwerten kommen journalistische Medien ins Spiel: Konsensfähigkeit bedarf des Wissens um die eigene Position in der Gesellschaft (Interessenwissen) sowie des Wissens um Ursache-Wirkungs-Zusammenhänge zwischen Regeln und individuellen Wahlhandlungen (Theoriewissen) (vgl. Kiefer 2010: 86). Der Aufbau dieser beiden Wissensformen geschieht zunehmend medial. Damit ist auch der Bereich bürgerlicher Identitätsbildung berührt, denn Identität braucht Wissen. Vor dem Hintergrund gesellschaftlicher Komplexität und Unübersichtlichkeit entwickelt der Einzelne ein Alltagsbewusstsein, das durch Routinen, Egozentrik oder aber durch Reflexion bestimmt ist.

> „Das Alltagsbewusstsein ist ein Doppelprozessor. Es kann sowohl mit Vereinfachungen (Egozentrik, Routinen) als auch mit Differenzierungen (Reflexion) in der Auseinandersetzung mit der Welt operieren. Es kann also unterschiedliche Typen von Wissen erzeugen und benutzen, was das Spektrum an Handlungsmöglichkeiten erheblich ausweitet." (Schülein/Reitze 2002: 20f.)

Journalistischer Wissensaufbau bleibt durch Medien geprägt, die als öffentliche Güter begriffen werden müssen. Journalismus ist voraussetzungsreich an Medienorganisation gebunden, welche sich durch mit Marktversagen verbundene Problemlagen auszeichnet. Daraus resultierende mediale Produktionsstrategien setzen auf selektive Anreize (Stereotype und Formate), befördern Vereinfachungen als Grundlage von Wissenserzeugung. Der Gerechtigkeitsgrad von Medienorganisationen ist jedoch von deren kommunikativem Anschluss an die Präferenzen der Bürger abhängig. Und dieser Anschluss verträgt sich nicht mit Marktversagen, das ja auf die Aufhebung der informatorischen Kopplung zwischen Produzenten und Konsumenten verweist.

> „Dabei drängt sich bei der Zentralität des Wissensproblems in der Verfassungsökonomik die Frage geradezu auf, ob Medien, die überwiegend als private Unternehmen organisiert sind und ihr Aktionsfeld folglich völlig logisch als Markt betrachten, auf dem sie effizient und rentabel agieren müssen, die optimalen Voraussetzungen dafür bieten, dass das benötigte Theoriewissen ausreichend in den Kommunikationsprozess einfließt und dort angemessen repräsentiert wird. Viele Kommunikationswissenschaftler werden auf der Basis ihrer Analysen diese Frage wohl eher verneinen." (Kiefer 2007: 55)

Vor diesem Hintergrund rückt Journalismus ins Zentrum von Kiefers Betrachtung. Er soll das vor allem für die Konsensfähigkeit benötigte Theoriewissen generieren und Aufklärungsarbeit leisten. Öffentlichkeit als „Medium kollektiver Selbstbindungsprozesse" (Engel 1996: 22 zitiert nach Kiefer 2010: 86f.) fungiert als Adressat. Journalismus soll als in die Öffentlichkeit eingezogene institutionelle Struktur diese Aufklärungsarbeit ermöglichen und sichern. Vor dem Hintergrund dieser Aufklärungsarbeit entwickeln die Mitglieder der Gesellschaft Präferenzen. Grob lassen sich aus verfassungsökonomischer Perspektive zwei Arten von Präferenzen der Gesellschaftsmitglieder unterscheiden: (1) originäre Präferenzen beziehen sich auf private und öffentliche Güter, die dem Individuum unmittelbar Nutzen stiften, (2) konstitutionelle Präferenzen beziehen sich auf die Bereitstellungsweise dieser Güter.

Es wurde hier schon festgehalten, dass die Ansprüche an Öffentlichkeit aus konstitutionenökonomischer Sicht nicht gering sind. Kognitiv fordernd nennt Kiefer sie. Bürger fungieren als „Autoren jener Gesetze und Institutionen [...], denen sie sich selbst unterwerfen" (Imhof 2003b: 49f. zitiert nach Kiefer 2007: 56). Bezug auf andere, die Fähigkeit zur rationalen Begründung und das Denken in kollektiver Rationalität wird ihnen darüber hinaus abverlangt.[4] „Andererseits liefert die Konstitutionenökono-

---

4 Auch aktuelle Debatten über Public Value verdeutlichen, dass Öffentlichkeit anspruchsvoll und fordernd für alle beteiligten Akteure ist. So wird im Public Value-Konzept von Moore (1995; Benington/Moore 2011) deutlich, dass es der Koproduktion, der Beteiligung der Bürger an der Definition wie Produktion von Public Value bedarf. Nicht nur die Ausbringungsmenge (Output) ist für Public Value bedeutsam, Moore zieht als zweite Dimension Outcome ein. Letzteres fokussiere

mik mit dem Rekurs auf Interessen eine plausible Begründung, warum sich die Individuen der mühevollen Prozedur der Konsensfindung unterziehen sollten und – wenn im konstitutionellen Diskurs entsprechend aufgeklärt – auch unterziehen." (Kiefer 2007: 56) Ich will dies folgend vertiefen.

4.3 Individuelle Wahlhandlungen

Öffentlichkeit ist für Kiefer nur unter Berücksichtigung des Handlungsaspektes theoretisch bearbeitbar. Folgende Handlungsaspekte als Voraussetzung für Öffentlichkeit lassen sich benennen: deliberative/kollektive, normative und rationale. Diese Handlungsformen sind ohne Zweifel nicht überschneidungsfrei. Deliberatives Handeln (Freiheitshandeln) ist in seiner kollektiven Ausprägung auf Öffentlichkeit angewiesen, Öffentlichkeit wiederum auf kollektives Handeln, das auf Wissen angewiesen ist. Kollektives Handeln ist nur für wenige Gruppen möglich, und dabei auf öffentliche Güter (Medien), die spezifische Inhalte bieten, angewiesen. Medien müssen dabei als Institutionalisierung im sozialen Feld und Teil des geographischen Raumes begriffen werden, sie sind grenzübergreifende und grenzschaffende Institutionen, wirken auf soziale Felder und führen mit zur Gruppenbildung.

Institutionen zeichnen sich durch das Verschmelzen von Normen und korporativen Gebilden aus. Die Existenz von Institutionen lässt sich nicht hinreichend mit Sanktionen erklären. Belohnungen und Strafen (externe Sanktionen) und Gewissensbisse (interne Sanktionen) sind lediglich ein Teil der Erklärung. Handeln, das an institutionellen Regeln orientiert ist, ist nach Esser (2003) der andere Teil.[5] Solches Handeln bezeichnet Esser (2003: 47) als normatives Handeln, das sich durch „[d]ie von allen ‚kalkulierenden' Bezügen auf bestimmte ‚Konsequenzen' losgelöste Bindung an die Vorgaben der institutionellen Regeln bzw. Normen" (Esser 2003: 47)

---

einen längerfristigen Zeithorizont, nimmt „what adds value to the public sphere" in den Blick (Kiefer/Steininger 2014: 383). Public Value kann nach Moore nur durch Dienstleistungsangebote und Dienstleistungsnachfrage gemeinsam produziert werden. Der Dienstleistungsproduktionsprozess ist nun einmal zweiphasig (vgl. Corsten/Stuhlmann 2001).

5 Vgl. in diesem Zusammenhang die Parallelen mit den Ausführungen Kiefers zur Bedeutung von Wissen um Ursache-Wirkungs-Zusammenhänge zwischen Regeln und individuellen Wahlhandlungen in Abschnitt 4.2.

auszeichnet. Normatives Handeln unterscheidet sich vom ergebnisorientierten rationalen Handeln (,Logik der Berechnung') durch seine ,Logik der Angemessenheit'. Letzteres meint: „die Orientierung der Handlungsselektion an der beschriebenen Angemessenheit des Tuns im Rahmen der institutionellen Regeln [...] und die Übereinstimmung des Handelns mit der Identität des Akteurs, die auf seinem aus der Vergangenheit stammenden Selbstbild für typische Situationen bzw. seinem Weltbild und seinen Werthaltungen insgesamt beruht". (Esser 2003: 48) Darüber hinaus sieht Esser normatives Handeln weitestgehend von der Berechnung von Konsequenzen unabhängig. Eine solche Unterscheidung ist von der Ökonomie bislang weitestgehend ignoriert worden. Sehr wohl wurde diese Unterscheidung aber im Rahmen der Meritorik-Debatte von Kiefer (2003) getroffen. Kiefer plädiert dabei für eine differenzierte Analyse des Meritorisierungsgrades von Medienangeboten. Dies geschieht vor dem Hintergrund kontroverser Einschätzungen des Konzepts der Meritorik bezüglich seiner Anwendung auf Medien und auf deren gesellschaftliche Funktionen. Sinnvoll erscheint Kiefer die Verknüpfung des Konzepts der Meritorik mit jenem der *,konstitutionellen Interessen'*. Demnach lassen sich Meta-Präferenzen der Individuen aus verfassungsökonomischer Perspektive als Präferenzen begreifen, welche der konstitutionellen Interessenlage der Individuen entsprechen. Konstitutionenökonomik wird von Kiefer dabei als Konzept zur Fundierung und Begründung des Meritorik-Konzepts herangezogen.

Die Wahl zwischen normativem und ergebnisorientiertem rationalem Handeln geschieht regelhaft. Dies ist nach Esser eine Idee, die Habermas im Rahmen seiner Unterscheidung zwischen kommunikativem und strategischem Handeln formuliert hat (vgl. Esser 2003: 50). Mit dem von Habermas bemühten „intuitiven Moment" als Logik der Wahl zwischen diesen beiden Handlungstypen gibt sich Esser nicht zufrieden, er bedient sich des Modells der Frame-Selektion, um das Auftreten verschiedener Logiken zu erklären. Dabei werden zwei Aspekte betont: Die Orientierung an normativen oder kulturellen Modellen wird als „Modell-Aspekt" des Handelns, der Grad der ,Elaboriertheit', mit dem Akteure Informationen über Konsequenzen verarbeiten, wird als „Modus-Aspekt" bezeichnet. Der „Modell-Aspekt" berücksichtigt, dass Handeln stets in eine durch Erfahrungen, Muster und Regeln geprägte Situationsdefinition eingebettet und davon mitunter komplett bestimmt ist, der „Modus-Aspekt" berücksichtigt „Grenzen der Rationalität" (Esser 2003: 51).

Bemerkenswert ist das von Esser vorgenommene In-Beziehung-Setzen dieser Handlungsaspekte zu Institutionen. Institutionen fungieren, betont man den „Modell-Aspekt", als kulturell geprägte ‚mental models' des Handelns. Institutionen enthalten kollektiv geteilte Regeln, Esser spricht hier von „sozialen Algorithmen", sie setzen kulturelle Ziele, welche mit „institutionalisierten Mitteln" im Rahmen von „eingelebten Routinen" erreicht werden können, sie amalgieren zu Vorstellungen, Weltbildern, Leitideen, kollektiven Repräsentationen und Legitimationen, sie tragen aber auch Anreizen, Opportunitäten und Restriktionen Rechnung (vgl. Esser 2003: 51). Betont man den „Modus-Aspekt", so wären die mit Abweichungen von institutionellen Regeln verbundenen Opportunitätskosten handlungsleitend. Selbstinteresse und die daraus resultierenden sozialen Problemlagen bleiben für Institutionenwandel bedeutsam, auch der Umstand, dass die kognitiven Fähigkeiten der Individuen limitiert sind und Institutionen Unsicherheit reduzieren und damit Vertrauen generieren (vgl. Kiefer 2010: 83). Vertrauen ist für Kooperation unerlässlich und in modernen Gesellschaften überwiegend durch Institutionen vermittelt (vgl. Beckmann et al. 2005 zitiert nach Kiefer 2010: 83). Mit Bezug auf Rehberg (2002) verdeutlicht Kiefer (2010: 83), dass Institutionalisierung „nicht nur eine (Stereo-)typisierung von Akteuren, Rollen, Erwartungen, sondern auch von Formen des Vertrauens" bedeutet. Ausgehend davon, dass Institutionen und Systemvertrauen zutiefst verknüpft sind, sieht Kiefer (2010: 207) den Wandlungs- oder gar De-Institutionalisierungsprozess journalistischer Medien als folgenreich für das für Demokratien zentrale Systemvertrauen an.

5 Die materiellen Interessen der Institutionen

> „Den militanten Realisten, die an ihren eigenen Realismus so heftig glauben, wie ansonsten nur ein Paranoiker an seine Paranoia, stehen weder die Spinner, Träumer, Utopisten, Visionäre noch die Fundamentalisten, Ideologen, Überzeugungstäter gegenüber, sondern zunächst einmal ganz normale Menschen, die Wünsche haben und Ideen. Der erste Feind des Realismus ist die Unschuld." (Seeßlen 2015: 11)

Habermas verweist auf die Doppelstruktur von Öffentlichkeit, darauf dass massenmedialer Öffentlichkeit immer auch eine aus interpersonalen Interaktionen bestehende Präsenzöffentlichkeit zur Seite gestellt ist (1998: 451f.). Den Medien kommt bei der Befriedigung der bürgerlichen Nachfrage nach Information und Bildung eine wesentliche Rolle zu (vgl. Habermas 2008: 136). Von der Presse als Rückgrat der politischen Öffentlichkeit ist hier die Rede. Zentral seien auch Publizisten, die Information selektieren und präsentieren (vgl. Habermas 1998: 454), als Agenten des Publikums. Ohne sie funktioniere deliberativ verstandene Öffentlichkeit nicht, ohne sie wäre ein intersubjektiver Austausch von Überzeugungen, wäre allgemeinzugänglicher und -verständlicher Diskurs der Zivilgesellschaft nicht möglich. Dass hier die Rede von einem Ideal ist, wurde an vielen Stellen thematisiert, an vielen Stellen kritisiert. Lobigs (2007: Fn 7) spricht von deliberativer Öffentlichkeit als einem toten Pferd. Die mit ihr verbundenen Anforderungen an die persönliche moralische Motivation der Bürger seien, so Lobigs mit Verweis auf Somin (1998: 438ff.) und Salam (2001: 94ff.) „hoffnungslos utopisch". Und: „Es drängt sich freilich der Eindruck auf, als würde hier ein bereits totes Pferd immer wieder erneut erschossen." (Lobigs 2007: Fn 7)

Gerhards und Neidhardt (1990: 66) verweisen darauf, dass die mit Öffentlichkeit verbundenen kommunikativen Annahmen anspruchsvoll sind. Nicht jeder könne den Status des Akteurs in der Öffentlichkeit erlangen. Wir wissen z. B. um den dem Publikum nicht zustehenden Status als medienpolitischen Akteur, zumal Aushandlungsprozesse der Ressourcen bedürfen. Deliberation ohne Akteure ist nicht möglich. In ihren Ausführungen zur „stellvertretenden Öffentlichkeit" (2007: 49) unterscheidet Kiefer drei Akteure: Parlamentarier, zivilgesellschaftliche Gruppen und Journalisten. Die Leistungen Letzterer erachtet Kiefer als eine Voraussetzung für die Funktionsfähigkeit demokratischer Öffentlichkeit. Die argumentativen Überschneidungen mit Habermas (1998) und Röpke (1970) sind hier nicht zu übersehen. Alle drei Autoren argumentieren vor dem Hintergrund einer empirisch unbestreitbaren ökonomischen Zusammenballung von Medienmacht. Verschärft werden die mit dieser Zusammenballung verbundenen Folgen für das journalistische Leistungsspektrum durch das ‚ökonomische Dilemma der Medienproduktion' (vgl. Schnellmann 2013).

Kiefer begreift Öffentlichkeit, wie Habermas, nicht als Institution. Öffentlichkeit lässt sich „nicht als Institution und gewiss nicht als Organisation begreifen; sie ist selbst kein Normengefüge mit Kompetenz- und Rollendifferenzierung" (Habermas 1998: 435). Auch wer von einem System im Zusammenhang mit Öffentlichkeit spricht, wird von Habermas eines Besseren belehrt: Sie sei „am ehesten" ein „Netzwerk für die Kommunikation von Inhalten und Stellungnahmen, also von *Meinungen*" (Habermas 1998: 435, Hervorheb. i. O.). Öffentlichkeit ist von Institutionen geprägt, sie gehorcht den materiellen Interessen der Institutionen, die von ihr leben (vgl. Steininger 2007: 184). Journalismus versteht Kiefer als „die zentrale institutionelle Struktur von Öffentlichkeit in Demokratien […], die institutionelle Struktur, die Öffentlichkeit in den modernen Massenmedien erst funktionsfähig macht". (Kiefer 2010: 47) Ihr Verständnis von Öffentlichkeit ist gerade wegen materieller Interessen der Institutionen ein deliberatives und sie bedient sich nicht einfach, wie landläufig üblich, einer normativen Setzung, sondern prüft konstitutionenökonomisch inwieweit die Normativität publizistischer Werte durch den Willen der Individuen legitimiert ist. Journalismus als institutionelle Struktur ist für Öffentlichkeit bedeutsam. Der systematische Einbau von Journalismus und journalistischen Medien in deliberative Öffentlichkeitskonzeptionen erscheint Kiefer (2010: 77) deshalb als dringlich.

Wenn Kiefer (2010) von Journalismus als zentraler institutioneller Struktur von Öffentlichkeit spricht, schränkt das die Relevanz der Medienorganisation als Teil des institutionellen Gefüges nicht ein, denn Institution und Organisation lassen sich nicht getrennt denken. Sie begreift Organisationen als „Unterfall" von Institutionen, als „Institutionen einschließlich der daran beteiligten Personen" (Richter/Furubotn 1996: 8). Schmoller (1900: 61) spricht von der Organisation als „persönliche Seite der Institution". „Unternehmen als ein zentraler Typus des ‚Unterfalls korporative Gebilde' sind mithin beides: sekundäre Institution und Organisation." (Kiefer/Steininger 2014: 81)

Das Verhältnis von Journalismus und Medienorganisation lässt sich mit North (1992) wie folgt beschreiben: Chancen, die eine Gesellschaft bietet, werden durch Institutionen bestimmt, Organisationen werden geschaffen, um diese Chancen wahrnehmen zu können. Organisationen entwickeln sich und verändern so auch Institutionen (vgl. North 1992: 8). Auch Medienorganisationen nehmen Einfluss auf die Gestaltung und damit den Wandel ihrer institutionellen Umwelten. Durch ihre Zielverfolgung verändern Organisationen die Institutionenordnung (vgl. North 1992: 87). „In kleinsten Schritten vor sich gehende Veränderungen rühren daher, dass Unternehmer in politischen und ökonomischen Organisationen erkennen, dass sie größere Erfolge erzielen könnten, wenn sie den gegebenen institutionellen Rahmen irgendwie marginal verändern." (North 1992: 9) Langfristiger journalistischer Wandel kann demnach als „kumulative Folge unzähliger kurzfristiger Entscheidungen politischer und wirtschaftlicher Unternehmer" (North 1992: 123) beschrieben werden. In dieser institutionellen Ordnung sind Akteure mit „vielschichtigen Dilemmasituationen konfligierender Normensysteme und institutioneller Regelungen" (Kiefer/Steininger 2014: 411) konfrontiert. Fast klingt das wie eine Jobbeschreibung für Journalisten, Parlamentarier und Vertreter zivilgesellschaftlicher Gruppen.

Das heißt, obgleich Institutionen als zählebig gelten, wandeln sie sich. Kröll (2009: 135) verweist darauf, dass von manchen Institutionen nur mehr eine Fassade zurückbleibt. Dies korrespondiert mit dem Befund Priddats (1996: 28), der die Erosion von Institutionen betont: „Institutionen sind über eine gewisse Zeit stabilisierte Handlungssituationen, aber ihre Dauer ist nicht von Dauer." Das gilt auch für die Institution Journalismus als institutionelle Struktur von Öffentlichkeit. Dies wissend, sattelt Kiefer das tote (und nach seinem Ableben noch mehrmals erschossene) Pferd namens ‚deliberative Öffentlichkeit' nicht nur, sie reitet es. Galopp, wie ich meine. Ihr, als unschuldig gebliebener Wissenschaftlerin, um auf das Zitat eingangs des Kapitels zurück zu kommen, gelingt das. Denn mit dem ‚Realismus' in der Wissenschaft ist das so eine Sache. Seeßlen hat für die Politik ausgeführt, was auch für die Wissenschaft gilt. ‚Realismus' bedeutet oftmals: „Sich abfinden mit den Gegebenheiten, das Scheitern einkalkulieren, und einen Unterschied akzeptieren zwischen dem Ziel und seiner Erreichbarkeit und damit zwischen Programm und Handlung. Man weiß gar nicht, was von alldem fataler ist." (Seeßlen 2015: 11)

Literatur

Acocella, Nicola (1998): The Foundations of Economic Policy. Values and Techniques. Cambridge: Cambridge University Press.

Altmeppen, Klaus-Dieter (2008): Diffuse Geschäftsgrundlagen. Die schwierige Beziehung von Journalismus und Medien. In: Pörksen, Bernhard/Loosen, Wiebke/Scholl, Armin (Hrsg.): Paradoxien des Journalismus. Theorie – Empirie – Praxis. Festschrift für Siegfried Weischenberg. Wiesbaden: VS Verlag, S. 81-99.

Aufderheide, Detlef (1996): Konstitutionelle Ökonomik versus Theorie der Wirtschaftspolitik: Herausforderung des Herausforderers? In: Pies, Ingo/Leschke, Martin (Hrsg.): James Buchanans konstitutionelle Ökonomik. Tübingen: Mohr, S. 184-192.

Baecker, Dirk (1996): Oszillierende Öffentlichkeit. In: Maresch, Rudolf (Hrsg.): Medien und Öffentlichkeit. Positionierungen, Symptome, Simulationsbrüche. München: Boer, S. 89-107.

Beckmann, Markus/Mackenbrock,Thomas/Pies, Ingo/Sardison, Markus (2005): Vertrauen, Institutionen und mentale Modelle. In: Held, Martin/Kubon-Gilke, Gisela/ Sturm, Richard (Hrsg.): Normative und institutionelle Grundfragen der Ökonomik. Jahrbuch 4. Reputation und Vertrauen. Marburg: Metropolis, S. 59-83.

Benington, John/Moore, Mark H. (2011): Public Value in Complex and Changing Times. In: Benington, John/Moore, Mark H. (Hrsg.): Public Value. Theory and Practice. Basingstok: Palgrave, S. 1-30.

Berka, Walter (1982): Medienfreiheit und Persönlichkeitsschutz. Wien/New York: Springer.

Corsten, Hans/Stuhlmann, Stephan (2001): Kapazitätenplanung im Dienstleistungsunternehmen. In: Bruhn, Manfred/Meffert, Heribert (Hrsg.): Handbuch Dienstleistungsmanagement. Wiesbaden: Gabler, S. 177-192.

Coyne, Christopher J./Leeson, Peter T. (o. J.): Media as a Mechanism of Institutional Change. Unveröffentlichtes Manuskript.

Dahrendorf, Ralf (1974): Aktive und passive Öffentlichkeit. Über Teilnahme und Initiative im politischen Prozeß moderner Gesellschaften. In: Langenbucher, Wolfgang R. (Hrsg.): Zur Theorie der politischen Kommunikation. München: Piper, S. 97-109.

Donges, Patrick/Imhof, Kurt (2001): Öffentlichkeit im Wandel. In: Bonfadelli, Heinz/Jarren, Otfried (Hrsg.): Einführung in die Publizistikwissenschaft. Bern: Haupt, S. 101-133.

Donsbach, Wolfgang/Rentsch, Mathias/Schielicke, Anna Maria/Degen, Sandra (2009): Entzauberung eines Berufs. Was die Deutschen vom Journalismus erwarten und wie sie enttäuscht werden. Konstanz: UVK.

Engel, Gerhard (1996): Die Grenzen der politischen Öffentlichkeit. Jürgen Habermas und die konstitutionelle Gesellschaftstheorie. In: Pies, Ingo/Leschke, Martin (Hrsg.): James Buchanans konstitutionelle Ökonomik. Tübingen: Mohr, S. 19-55.

Esser, Hartmut (2003): Institutionen als ‚Modelle'. Zum Problem der ‚Geltung' von institutionellen Regeln und zur These von der Eigenständigkeit einer ‚Logic of Appropriateness'. In: Schmid, Michael/Maurer, Andrea (Hrsg.): Ökonomischer und soziologischer Institutionalismus. Interdisziplinäre Beiträge und Perspektiven der Institutionentheorie und -analyse. Marburg: Metropolis, S. 47-72.

Fischer, Ludwig (2000): Wirkliche Öffentlichkeiten? Reflexionen mit Rücksicht auf Pierre Bourdieus Kultursoziologie. In: Faulstich, Werner/Hickethier, Knut (Hrsg.): Öffentlichkeit im Wandel. Neue Beiträge zur Begriffsklärung. Bardowick: Wissenschaftler-Verlag, S. 63-74.

Franke, Siegfried F. (1998): Autonome Institutionen und die Grenzen ihrer demokratischen Legitimation. In: Grözinger, Gerd/Panther, Stephan (Hrsg.): Konstitutionelle Politische Ökonomie. Marburg: Metropolis, S. 89-130.

Gerhards, Jürgen/Neidhardt, Friedhelm (1990): Strukturen und Funktionen moderner Öffentlichkeit. Fragestellungen und Ansätze. FS III 90-101. Berlin: Wissenschaftszentrum Berlin.

Gerhards, Jürgen/Neidhardt, Friedhelm/Rucht, Dieter (1998): Zwischen Palaver und Diskurs. Strukturen öffentlicher Meinungsbildung am Beispiel der deutschen Diskussion zur Abtreibung. Opladen: Westdeutscher Verlag.

Haas, Hannes (2008): Medienkunde. Grundlagen, Strukturen, Perspektiven. Wien: WUV.

Haas, Hannes (2010): Voreilige Nachrufe. Warum Journalismus unverzichtbar bleiben wird. In: Bohrmann, Hans/Toepser-Ziegert, Gabriele (Hrsg.): Krise der Printmedien: Eine Krise des Journalismus? Dortmunder Beiträge zur Zeitungsforschung. Band 64. Berlin: De Gruyter Saur, S. 62-81.

Habermas, Jürgen (2008): Ach, Europa. Frankfurt a. M.: Suhrkamp.

Habermas, Jürgen (1998): Faktizität und Geltung: Beiträge zur Diskurstheorie des Rechts und des demokratischen Rechtsstaats. Frankfurt a. M.: Suhrkamp.

Habermas, Jürgen (1985): Politischer Funktionswandel der Öffentlichkeit. In: Prokop, Dieter (Hrsg.): Medienforschung. Band 1. Konzerne, Macher, Kontrolleure. Frankfurt a. M.: Fischer, S. 325-340.

Habermas, Jürgen (1995): Strukturwandel der Öffentlichkeit. Untersuchungen zu einer Kategorie der bürgerlichen Gesellschaft. Frankfurt a. M.: Suhrkamp.

Heiniger, Martin/Steininger, Christian (2007): Zum Begriff Öffentlichkeit. Eine sprachphilosophische Näherung. In: Medien Journal 31, Nr. 1, S. 4-25.

Hickethier, Knut (2003): Einführung in die Medienwissenschaft. Tübingen: Metzler.

Hickethier, Knut (2000): Forschungsprogramm. In: Hickethier, Knut (Hrsg.): Veränderungen von Öffentlichkeiten. Hamburg. Unveröffentlichter Forschungsbericht, S. 1-52.

Hölscher, Lucian (1978): Öffentlichkeit. In: Brunner, Otto/Conze, Werner/Koselleck, Reinhart (Hrsg.): Geschichtliche Grundbegriffe. Historisches Lexikon zur politisch-sozialen Sprache in Deutschland. Band 4. Stuttgart: Klett-Cotta, S. 413-467.

Hölscher, Lucian (1997): Öffentlichkeit und Geheimnis. Eine begriffsgeschichtliche Untersuchung zur Entstehung der Öffentlichkeit in der frühen Neuzeit. Stuttgart: Klett-Cotta.

Homann, Karl/Suchanek, Andreas (1992): Grenzen der Anwendbarkeit einer ‚Logik des kollektiven Handelns‘. In: Schubert, Klaus (Hrsg.): Leistungen und Grenzen politisch-ökonomischer Theorie. Eine kritische Bestandsaufnahme zu Mancur Olson. Darmstadt: Wissenschaftliche Buchgesellschaft, S. 13-27.

Hummel, Roman (2007): Freiheit der Medien: Die Praxis der Praxis. In: Medien Journal 31, Nr. 2, S. 3-10.

Imhof, Kurt (2003b): Der normative Horizont der Freiheit. „Deliberation" und „Öffentlichkeit". Zwei zentrale Begriffe der Kommunikationswissenschaft. In: Langenbucher, Wolfgang R. (Hrsg.): Die Kommunikationsfreiheit der Gesellschaft. Publizistik. Sonderheft 4, S. 25-57.

Imhof, Kurt (2003a): Öffentlichkeitstheorien. In: Bentele, Günter/Brosius, Hans-Bernd/Jarren, Otfried (Hrsg.): Öffentliche Kommunikation. Handbuch Kommunikations- und Medienwissenschaft. Wiesbaden: Westdeutscher Verlag, S. 193-209.

Imhof, Kurt (2005): Klein geschnitten. Wir wollen nicht wissen, was Öffentlichkeit ist. In: Aviso, Nr. 40, S. 6-7.

Jansen, Stephan A./Priddat, Birger P. (2007): Theorien der öffentlichen Güter: Rekonstruktionen sozialer Konstruktionen. Politik- und wirtschaftswissenschaftliche Korrekturvorschläge. In: Jansen, Stephan A./Priddat, Birger P./Stehr, Nico (Hrsg.): Die Zukunft des Öffentlichen. Multidisziplinäre Perspektiven für eine Öffnung der Diskussion über das Öffentliche. Wiesbaden: VS Verlag, S. 11-48.

Jansen, Stephan A./Priddat, Birger P. (2007a): Einleitung. Zukunft des Öffentlichen. In: Jansen, Stephan A./Priddat, Birger P./Stehr, Nico (Hrsg.): Die Zukunft des Öffentlichen. Multidisziplinäre Perspektiven für eine Öffnung der Diskussion über das Öffentliche. Wiesbaden: VS Verlag, S. 7-9.

Jarren, Otfried (2010): Die Presse in der Wohlfahrtsfalle. Zur institutionellen Krise der Tageszeitungsbranche. In: Bohrmann, Hans/Toepser-Ziegert, Gabriele (Hrsg.): Krise der Printmedien: Eine Krise des Journalismus? Dortmunder Beiträge zur Zeitungsforschung. Band 64. Berlin: De Gruyter Saur, S. 13-31.

Kiefer, Marie Luise (2010): Journalismus und Medien als Institutionen. Konstanz: UVK.

Kiefer, Marie Luise (2003): Medienfunktionen als meritorische Güter. In: Medien Journal 27, Nr. 3, S. 31-46.

Kiefer, Marie Luise (2007): Öffentlichkeit aus konstitutionenökonomischer Perspektive. In: Medien Journal 31, Nr. 1, S. 42-58.

Kiefer, Marie Luise/Steininger, Christian (2014): Medienökonomik. 3. Auflage. München: Oldenburg.

Kröll, Friedhelm (2009): Einblicke. Grundlagen sozialwissenschaftlicher Denkweisen. Wien: Braumüller.

Lobigs, Frank (2007): Gespaltene versus demokratische Öffentlichkeit. Politische Ökonomie der Medien als politische Medienökonomik. In: Steininger, Christian (Hrsg.): Politische Ökonomie der Medien. Theorie und Anwendung. Wien: LIT Verlag, S. 181-208.

Milton, John (2008): Das verlorene Paradies. Werke. Frankfurt a. M.: Zweitausendeins.

Moore, Mark H. (1995): Creating Public Value: Strategic Management in Government. Cambridge, MA: Harvard University Press.

Müller-Doohm, Stefan (1998): Öffentlichkeit und die Ausdifferenzierung des Systems der Kommunikationsmedien. In: Jarren, Otfried/Krotz, Friedrich (Hrsg.): Öffentlichkeit unter Viel-Kanal-Bedingungen. Baden-Baden: Nomos, S. 49-61.

North, Douglass C. (1992): Institutionen, institutioneller Wandel und Wirtschaftsleistung. Tübingen: Mohr.

North, Douglass C./Wallis, John Joseph/Weingast, Barry R. (2006): A Conceptual Framework for Interpreting Recorded Human History. NBER Working Paper No. W12795.

Oevermann, Ulrich (1996): Der Strukturwandel der Öffentlichkeit durch die Selbstinszenierungslogik des Fernsehens. In: Honegger, Claudia/Gabriel, Jürg M./Hirsig, René (Hrsg.): Gesellschaften im Umbau: Identitäten, Konflikte, Differenzen. Zürich: Seismo, S. 197-228.

Pies, Ingo (1996): Theoretische Grundlagen demokratischer Wirtschafts- und Gesellschaftspolitik – Der Beitrag James Buchanans. In: Pies, Ingo/Leschke, Martin (Hrsg.): James Buchanans konstitutionelle Ökonomik. Tübingen: Mohr, S. 1-18.

Prechtl, Peter (2004): Intension/Extension. In: Prechtl, Peter (Hrsg.): Grundbegriffe der analytischen Philosophie. Stuttgart: Metzler, S. 106-108.

Priddat, Birger P. (1996): Die Zeit der Institutionen. Regelverhalten und rational choice. In: Wegner, Gerhard (Hrsg.): Zwischen Evolution und Institution. Neue Ansätze in der ökonomischen Theorie. Marburg: Metropolis, S. 11-34.

Rawls, John (2003): Gerechtigkeit als Fairness. Ein Neuentwurf. Frankfurt a. M.: Suhrkamp.

Rehberg, Karl-Siegbert (2002): Institutionen, Kognition und Symbole – Institutionen als symbolische Verkörperungen. In: Maurer, Andrea/Schmid, Michael (Hrsg.): Neuer Institutionalismus. Frankfurt a. M.: Campus, S. 39-56.

Richter, Rudolf/Furubotn, Eirik (1996): Neue Institutionenökonomik. Eine Einführung und kritische Würdigung. Tübingen: Mohr.

Röpke, Jochen (1970): Wettbewerb, Pressefreiheit und öffentliche Meinung. In: Schmollers Jahrbuch für Wirtschafts- und Sozialwissenschaften 90. Berlin: Dunker & Humblot, S. 171-192.

Salam, Reihan (2001): Habermas vs. Weber on Democracy. In: Critical Review 15, S. 74-108.

Schmoller, Gustav von (1900): Grundriss der Allgemeinen Volkswirtschaftslehre. Leipzig: Duncker & Humblot.

Schnellmann, Regina (2013): Das ökonomische Dilemma der Medienproduktion. Eine institutionentheoretische Betrachtung. Wiesbaden: Springer VS.

Schülein, Johann August/Reitze, Simon (2002): Wissenschaftstheorie für Einsteiger. Wien: Facultas.

Seeßlen, Georg (2015): Vom Elend des Realismus in der Politik. In: TAZ. Am Wochenende. 15./16. August, S. 11.

Somin, Ilya (1998): Voter Ignorance and the Democratic Ideal. In: Critical Review 12, S. 413-458.

Steininger, Christian (2007): Markt und Öffentlichkeit. München: Wilhelm Fink Verlag.

Steininger, Christian/Hummel, Roman (2015): Wissenschaftstheorie der Kommunikationswissenschaft. München: De Gruyter Oldenbourg.

Weischenberg, Siegfried/Malik, Maja/Scholl, Armin (2006): Journalismus in Deutschland 2005. Zentrale Befunde der aktuellen Repräsentativbefragung deutscher Journalisten. In: Media Perspektiven, Nr. 7, S. 346-361.

Weßler, Hartmut (1999): Öffentlichkeit als Prozeß. Deutungsstrukturen und Deutungswandel in der deutschen Drogenberichterstattung. Opladen: Westdeutscher Verlag.

Widmer, Jean (1997): Das Drogenproblem als öffentliches Problem. In: Widmer, Jean/ Boller, Boris/Coray, Renata (Hrsg.): Drogen im Spannungsfeld der Öffentlichkeit. Logik der Medien und Institutionen. Basel: Helbig & Lichtenhahn, S. 9-38.

Entstehung und Wandel der Institutionen Journalismus und Medien

Wolfgang Seufert

1 Das Erklärungspotenzial von Verfassungsökonomik und Evolutionsökonomik für den institutionellen Wandel von Journalismus und Medien

Nachdem Marie Luise Kiefer in den ersten beiden Kapiteln ihres Bandes „Journalismus und Medien als Institutionen" (2010) zunächst begründet, warum beide aus einer sozialwissenschaftlichen Perspektive als Institutionen zu betrachten sind, fragt sie anschließend nach der Ursache von Institutionalisierungsprozessen sowie – vor dem Hintergrund der durch das Internet ausgelösten aktuellen Veränderungen im Medienbereich – nach deren Dauerhaftigkeit, genauer nach den Mechanismen, die zu einem Wandel oder gar dem Verschwinden bestehender Institutionen führen können. Sie hält zwei heterodoxe Theorieansätze der Ökonomie für prinzipiell geeignet, um Antworten auf beide Fragen zu finden – die Verfassungsökonomik als Teil der neuen Institutionenökonomie (NIE) und die Evolutionsökonomik. Deren Erklärungspotenzial soll im Folgenden unter Berücksichtigung empirischer Befunde zur Entwicklung von Medienregulierung und Medienmärkten in Deutschland diskutiert werden.

1.1 Verfassungsökonomik

Die Verfassungsökonomik liefert eine generelle theoretische Erklärung für alle formalen Regelsysteme bzw. Institutionen, d. h. für alle durch Rechtsprechung und Gesetz explizit formulierten Verhaltensvorschriften sowie für die Schaffung von staatlichen Regulierungsorganisationen, die die Einhaltung dieser Vorschriften kontrollieren und Regelverletzungen sanktionieren. Danach etablieren sich in einzelnen gesellschaftlichen Handlungsfeldern immer dann dauerhafte formale Institutionen, wenn die mit einem Regelsystem verbundenen gesellschaftlichen Vorteile in den Augen der Gesellschaftsmitglieder die Nachteile der damit einhergehenden individuellen Handlungsbeschränkungen übersteigen. Der Nutzen des durch das Regelsystem erzeugten Kollektivgutes (z. B. Schutz vor innerer oder äußerer Gewalt oder von Rechtssicherheit bei wirtschaftlichen Transaktionen) muss also für die überwiegende Zahl der Gesellschaftsmitglieder größer sein als die damit verbundenen individuellen Opportunitätskosten (z. B. Steuerzahlungen zur Finanzierung von Polizei, Justiz und Militär, aber auch entgangene Gewinnchancen, wenn gesetzliche Vorschriften Bestechung oder Betrug untersagen). In solchen Fällen wäre zu erwarten, dass alle Gesellschaftsmitglieder in einem hypothetischen „Gesellschaftsvertrag" dieser Form einer freiwilligen Selbstbeschränkung zustimmen würden.

Institutionellen Wandel wird es entsprechend immer dann geben, wenn sich Nutzen und Kosten der Erzeugung eines Kollektivgutes in den Augen der Gesellschaftsmitglieder grundlegend verändern. Entweder infolge einer veränderten Einschätzung über den Bedarf für das Kollektivgut, oder aber auch durch neu hinzugewonnenes (Erfahrungs-)Wissen über den effizientesten Weg zu seiner Bereitstellung. Als institutioneller Wandel ist verfassungsökonomisch damit auch ein Wechsel in der Bereitstellungsform des Kollektivgutes anzusehen – beispielsweise wenn Nachrichten durch Journalisten in staatlich beauftragten privaten Unternehmen mit Gewinnmaximierungsziel anstatt in öffentlichen Non-Profit-Organisationen hergestellt werden würden.

Der existierende formale Regulierungsrahmen für Journalisten und Medienunternehmen reicht von der institutionellen Verankerung der Meinungs- und Medienfreiheiten in den Grundrechten über Vorschriften zur Privilegierung professioneller Journalisten im Presserecht (z. B. durch ein Zeugnisverweigerungsrecht zum Quellenschutz) bis hin zu speziellen Vorschriften für Medienunternehmen (z. B. die Schaffung von öffentlich-rechtlichen, durch einen allgemeinen Beitrag finanzierten Rundfunkanstalten oder von speziellen Konzentrationsvorschriften für Presseverlage im Kartellrecht). Diese formalen Regelsysteme zur Absicherung der Institutionen Journalismus und Medien müssten also über den Nutzen des (oder der) damit erzeugten Kollektivgüter erklärt werden können, sofern dieser die damit verbundenen Kosten übersteigt. Nach Kiefer (2010: 89) wird in den westlichen Demokratien allgemein davon ausgegangen, dass ein solcher Kollektivnutzen durch unabhängige, in die Redaktionen von Medienunternehmen integrierte Journalisten entsteht, weil ihre Arbeit die Voraussetzung für eine „demokratische Öffentlichkeit" ist.

Zu klären wäre damit zum einen, ob nicht auch weitere Leistungsdimensionen des Mediensystems, die in der Publizistik- und Kommunikationswissenschaft diskutiert werden, aus der Sicht der Gesellschaftsmitglieder mit einem Kollektivnutzen verbunden sind. Andererseits wäre aber auch zu überprüfen, inwieweit das in der aktuellen Medienordnung fixierte formale Regelsystem für Journalismus und Medien wirklich als Ergebnis eines hypothetischen „Gesellschaftsvertrags" betrachtet werden kann. Zum einen ist die Einbindung der Gesellschaftsmitglieder in den politischen Entscheidungsprozess über formale Regeln für Journalisten und Medien im Vergleich zu anderen Handlungsfeldern eher gering. Zum anderen existieren medienrechtliche Einzelregelungen, bei denen ein dahinter stehendes Gemeinwohlziel nur schwer zu erkennen ist. Auch Kiefer (2010: 95) greift in ihrer Argumentation auf das Konzept konstitutioneller Präferenzordnungen zurück, wonach es für eine kollektive Entscheidung zur Produktion meritorischer Güter ausreichen kann, wenn die Bürger den damit verbundenen individuellen Handlungsbeschränkungen nicht explizit zustimmen, sondern unter Berücksichtigung ihrer Meta-Präferenz für eine langfristige Sicherung gesellschaftlicher Kooperationsvorteile einem solchen Gesellschaftsvertrag zustimmen könnten.

1.2 Entwicklungsökonomik

Die Entwicklungsökonomik liefert Erklärungsansätze für die zeitliche Dynamik der Herausbildung formeller Institutionen, insbesondere aber auch für die Entwicklungsprozesse der diesen vorgelagerten informellen Institutionen, d. h. für Verhaltenserwartungen und individuelle Handlungsbeschränkungen, die nicht auf Gesetzesvorschriften und staatlichen Kontrollmechanismen beruhen. Hierzu rechnet die neue Institutionenökonomik beispielsweise „Institutionen im Markt" (Erlei et al. 2007: 42) wie unter anderem Unternehmensorganisationen oder Typen der Vertragsgestaltung zwischen Marktpartnern, sowie geschriebene und ungeschriebene „interne Institutionen" (Voigt 2009: 25) wie Konventionen (z. B. journalistische Formate), ethische Normen (z. B. im Pressecodex des Deutschen Presserates) oder formelle private Regeln zur Selbstüberwachung (z. B. Organisationsregeln zur Qualitätssicherung in Redaktionen oder die freiwillige Teilnahme am System der Auflagenkontrolle). Speziell bei Medienunternehmen kann man hierzu auch den Grad der freiwilligen Berücksichtigung von gesellschaftlichen Stakeholder-Interessen in Unternehmensentscheidungen oder das Spektrum branchentypischer Geschäftsmodelle zählen (bei Zeitungen beispielsweise Straßenverkauf, Abonnement oder Gratisangebot mit vollständiger Werbefinanzierung).

Für die Entwicklungsökonomik ist die Herausbildung solcher informeller Regelsysteme und ihre mögliche anschließende Formalisierung nicht das Ergebnis bewusster Entscheidungen nach erfolgter Abwägung von Kollektivnutzen und Kosten der Kollektivgutproduktion, sondern Ergebnis eines Selbstorganisationsprozesses. Er wird durch Innovationen vorangetrieben, so dass es zu einem kontinuierlichen Institutionenwandel kommt. Dieser folgt allerdings im Hinblick auf Entwicklungstempo und -richtung keinem allgemeinen Entwicklungsmuster sondern ist pfadabhängig. Es hängt vom jeweils existierenden Handlungsrahmen aus formalen und informellen Regelsystemen ab, wie groß das mögliche Innovationspotenzial in einem bestimmten Moment des Entwicklungsprozesses ist. Der historische Prozess der Institutionalisierung von Journalismus und Medien in Deutschland unterscheidet sich deshalb auch von den Institutionalisierungsprozessen der meisten anderen Länder.

Ob sich Innovationen durchsetzen, hängt nach dem theoretischen Ansatz der Entwicklungsökonomik immer von den Reaktionen auf innovatives und damit per se regelinkonformes Verhalten einzelner Akteure ab. Wenn eine genügend große Anzahl anderer Akteure das Verhalten akzeptiert, in dem sie das Verhalten imitieren oder das eigene Verhalten daran ausrichten, verändert sich mit der Zeit auch das informelle Regelsystem (als Grundlage allgemeiner Verhaltenserwartungen) sowie schließlich auch das formale Regelsystem eines Handlungsfeldes. Sind die Akzeptanzschwellen allerdings zu hoch, scheitern die Innovationsversuche. Die Entwicklungsökonomik entwickelt damit auch einen eigenen Theorierahmen zur Verbindung der gesellschaftlichen Mikro- und Makroebene. Welche Akteure und Institutionen der gesellschaftlichen Mikro-, Meso- und Makroebene zuzuordnen sind und wie Ebenen übergreifende Interaktionen empirisch analysiert werden können, wird in der Sozialwissenschaft nach wie vor uneinheitlich beantwortet (vgl. Quandt/Scheufele 2011; Seufert 2013: 13).

Oft werden Innovationen mit technischen Neuerungen gleichgesetzt, die dann neue Produkte oder effizientere Produktionsverfahren ermöglichen. Die Entwicklungsökonomik, aber auch kommunikationswissenschaftliche Arbeiten (vgl. Dogruel 2013) fassen den Begriff jedoch sehr viel weiter. Kiefer (2010: 105f.) zeigt anhand einer Aufarbeitung von Literatur zur deutschen Pressegeschichte, dass der Wandel vom Korrespondenzjournalismus zum immer noch vorherrschenden, in Medienunternehmen integrierten redaktionellen Journalismus nicht allein auf technische Innovationen (Rotationsdruck, Nachrichtentechnik bzw. Rundfunktechnik) zurückgeführt werden kann. Gesellschaftliche Innovationen wie die Schulpflicht und das allgemeine Wahlrecht haben ebenfalls dazu beigetragen, weil sich dadurch der Bedarf an Aktualität und Themenbreite einer journalistischen Nachrichtenproduktion ausgeweitet hat, ohne den wiederum eine rentable Massenproduktion durch Medienunternehmen unmöglich gewesen wäre. Kiefer (2010: 114) kritisiert in diesem Zusammenhang mit Recht, dass die Publizistik- und Kommunikationswissenschaft in historischen Analysen zur Entwicklung des Mediensystems häufig allein die Verhaltensänderungen der Anbieter in den Fokus nimmt und die Veränderungen im Nachfrageverhalten der Rezipienten bzw. die Einflüsse auf dieses Verhalten vernachlässigt.

Im Hinblick auf das Erklärungspotenzial der Entwicklungsökonomik für Herausbildung und Wandel vor allem der informellen Regelsysteme in Journalismus und Medien wäre damit zu überprüfen, ob ihre theoretischen Modelle in der Lage sind, solche Prozesse nicht nur ex post zu beschreiben, sondern ob sie auch Grundlage für Tendenzaussagen über künftige Entwicklungen sein können.

2 Inwieweit lässt sich die existierende Medienordnung als Ergebnis eines Gesellschaftsvertrages betrachten?

2.1 Zum Kollektivgutcharakter der Leistungen von Journalismus und Medien

Die Verfassungsökonomik analysiert existierende formale Regelsysteme, um dadurch positives Wissen über deren ökonomische Wirkungen, d. h. über die damit verbundenen Kosten und Nutzengewinne zu generieren. Dies soll politische Entscheidungsträger in die Lage versetzen, für einzelne politische Handlungsfelder jeweils optimale Kombination von Einzelregelungen – auch „institutionelle Arrangements" genannt – zu finden (vgl. Erlei et al. 2007: 418f.; Voigt 2009: 33; Kiefer/Steininger 2014: 4). Der Fokus liegt dabei auf der Analyse von Regelsystemen für höhere Entscheidungsebenen (vgl. Kiefer 2010: 20f.): zum einen institutionelle Arrangements, die den Umfang der Produktion und die Art des Bereitstellungsverfahrens für Kollektivgüter festlegen (Ebene kollektiver Entscheidungen), vor allem aber institutionelle Arrangements, die einen allgemeinen Ordnungsrahmen für alle kollektiven Entscheidungen festschreiben (Ebene konstitutioneller Entscheidungen).

Regelsysteme schaffen immer dann abstrakte Güter mit Kollektivgutcharakter, wenn diese mit einem positiven Nutzengewinn verbunden sind, von dem alle Mitglieder einer Gesellschaft gleichermaßen profitieren. Dies ist der Fall, wenn ein Ausschluss von Einzelmitgliedern entweder nicht möglich ist, beispielsweise beim Schutz vor äußerer Gewalt durch militärische Abschreckung, oder wenn er mit zu hohen Kosten verbunden wäre, beispielsweise eine rechtliche Diskriminierung von Personengruppen nach Hautfarbe oder Geschlecht beim Zugang zu Kollektivgütern. Gerade das zweite Beispiel verdeutlicht aber, dass die Frage, welche formalen Regelungen Kollektivgutcharakter haben (sollen), in einzelnen Gesellschaften zu unterschiedlichen Zeiten ganz unterschiedlich beantwortet wird.

Nach der normativen Grundposition der Verfassungsökonomik führen allein demokratische Willensbildungs- und Entscheidungsprozesse zu einem maximalen gesellschaftlichen Nutzengewinn bzw. zum Erreichen des von den politischen Entscheidungsträgern anzustrebenden Gemeinwohlziels. Dies betrifft sowohl das Verfahren der Interessenaggregation, mit dem sämtliche in der Gesellschaft vorhandenen Interessen in die Entscheidung über das „Was" und „Wieviel" einer Kollekivgutproduktion eingebunden werden, als auch das Verfahren, mit dem die vorhandenen Wissensbestände über den effizientesten Koordinationsmechanismus in der Entscheidung über das „Wie" der Kollektivgutproduktion berücksichtigt werden.

Die Verfassungsökonomik geht davon aus, dass optimale institutionelle Arrangements für Kollektivgüter nur dann zustande kommen, wenn sie auf der Grundlage eines demokratischen öffentlichen Diskurses getroffen werden, zu dem alle Gesellschaftsmitglieder gleiche Zugangschancen haben, und sich Partialinteressen deshalb nicht durchsetzen können. Implizit werden somit von Einzelinteressen unabhängige Massenmedien und die Existenz eines unabhängigen Journalismus vorausgesetzt, da diese solche Diskurse in modernen Gesellschafen erst ermöglichen. Daraus lässt sich nach Kiefer (2010: 89) ein indirekter Kollektivnutzen einer formalen Institutionalisierung von Journalismus und Medien ableiten. Das damit erzeugte abstrakte Kollektivgut kann als „demokratische Öffentlichkeit" bezeichnet werden.

Die Systemtheorie geht davon aus, dass in arbeitsteilig organisierten Gesellschaften unterschiedliche Teilsysteme existieren, in denen Akteure mit einer für das Teilsystem spezifischen Entscheidungslogik Probleme bearbeiten, deren Lösung für die Stabilität der Gesamtgesellschaft erforderlich ist (vgl. u. a. Beck 2012; Bonfadelli 2005; Puppis et al. 2013). Aus dieser Perspektive lässt sich die Schaffung einer „demokratische Öffentlichkeit" auch als Leistung des gesellschaftlichen „Teilsystems Medien" für das „Teilsystem Politik" beschreiben, die hilft dessen Funktionsbeitrag zur Stabilisierung der Gesamtgesellschaft – die Organisation von Entscheidungsprozessen über allgemein verbindliche Regelsysteme – zu verbessern. Ein weiteres Teilsystem wäre das Wirtschaftssystem, dessen Funktionsbeitrag in der Organisation der Produktion und Verteilung von materiellen Gütern liegt, das sozial-kulturelle System, in dem die Aushandlung des Spektrums an gesellschaftlich akzeptablen Lebenszielen und Interaktionsmustern erfolgt, oder das Wissenschaftssystem, das Verfahren zur Vergrößerung des Wissensbestandes der Gesellschaft entwickelt, einschließlich von Kriterien, mit denen relevante von irrelevanten Erkenntnissen zu unterscheiden sind.

Neben den Leistungen des Mediensystems für das Politiksystem werden in der systemtheoretisch argumentierenden Publizistik- und Kommunikationswissenschaft insbesondere Leistungen für das sozial-kulturelle System hervorgehoben. Hierzu zählen Wirkungen von medialer Nachrichtenproduktion aber auch von fiktionalen Medieninhalten auf Sozialisationsprozesse, in denen die einzelnen Gesellschaftsmitglieder ihre Wert- und Normvorstellungen und ihre Identität als Mitglieder sozial-kultureller Gemeinschaften entwickeln. In wertepluralistischen Gesellschaften mit einem großen Spektrum an religiösen, ethnischen, regionalen oder statusspezifischen Identitäten können Medien – sofern sie neben dem politischen Meinungsspektrum auch die in der Gesellschaft vorhandene kulturelle Vielfalt abbilden – dazu beitragen, dass sich trotz dieser Unterschiede eine übergeordnete Gemeinschaftsidentität entwickelt. Der damit verbundene Kollektivnutzen besteht in einem geringeren sozialen Konfliktpotenzial. Die entsprechende Leistung des Mediensystems wird auch unter dem Begriff der „sozialen Integrationsfunktion" diskutiert (vgl. Fuchs 1999; Handel 2000). Ein Regelsystem für Journalismus und Medien, das diese Zielstellung mit einschließt, erzeugt damit zusätzlich ein abstraktes Kollektivgut, das man als „gesellschaftliche Identität" bezeichnen kann.

Der Aspekt einer möglichst breiten Abbildung der vorhandenen kulturellen und regionalen Vielfalt innerhalb eines Landes findet sich auch in den Leistungszielen öffentlicher Medienunternehmen, die sich am Konzept des „public value management" orientieren. Das Konzept fordert eine Einbeziehung der jeweiligen Leistungsempfänger bei der Formulierung von Leistungszielen. Die Aufnahme in Leistungskataloge für öffentliche Medienunternehmen zeigt, dass das Bedürfnis nach einer medialen Darstellung der jeweils eigenen Kultur eine Grundkonstante pluralistischer Gesellschaften ist (vgl. u. a. Collins 2007; Kops 2010).

Auch McQuail (1992: 78) hat in seiner Analyse von Aussagen medienpolitischer Akteure aus den wichtigsten westlichen Demokratien entsprechende medienpolitische Zielstellungen gefunden. Neben den für demokratische Willensbildungs- und Entscheidungsprozesse zentralen Zielsetzungen der Gewährleistung unabhängiger, von staatlicher Einflussnahme geschützten Medien und eines chancengleichen Zugangs aller Interessengruppen zur politischen Öffentlichkeit, sollen Medien in den Augen der politischen Entscheidungsträger auch zur Stabilisierung der sozialen Ordnung beitragen, indem sie Werte und Normen vermitteln und zur Identitätsbildung beitragen. Allerdings ist der geeignete Weg, der zur „sozialen Integration durch Medien" führt, politisch sehr viel umstrittener als die Konstruktion eines geeigneten Regelsystems zu Absicherung einer demokratischen Öffentlichkeit (vgl. Seufert/Gundlach 2012: 57f.).

Dem Mediensystem wird in der Publizistik- und Kommunikationswissenschaft unter dem Begriff „Orientierungsfunktion" auch ein originärer Funktionsbeitrag zur Stabilisierung der Gesellschaft zugeschrieben (vgl. u. a. Beck 2012; Kohring 2004). Danach benötigen die Akteure der einzelnen Teilsysteme für eine erfolgreiche Erarbeitung von Problemlösungen jeweils auch Informationen über die Lösungen der übrigen Teilsysteme. Bei dem in modernen Gesellschaften erreichten Grad an Spezialisierung sei aber eine ausreichende wechselseitige Beobachtung der Teilsysteme nur noch mithilfe von Massenmedien und den im Journalismus entwickelten Kriterien zur Nachrichtenauswahl möglich. Im Hinblick auf einen mit der Institutionalisierung von Journalismus und Medien verbundenen Kollektivnutzen wären insofern auch die Leistungen des Mediensystems für die anderen gesellschaftlichen Teilsysteme zu analysieren.

2.2 Fehlender öffentlicher Diskurs und Einfluss von Partialinteressen bei den kollektiven Entscheidungen über das formale Regelsystem für Journalisten und Medien

Auch wenn sich aus diesen theoretischen Überlegungen und empirischen Befunden ableiten lässt, dass optimale institutionelle Arrangements für Journalismus und Medien mehr als ein abstraktes Kollektivgut erzeugen können, bleibt die Frage offen, ob die existierende Medienordnung selbst auf einem breiten demokratischen Diskurs beruht, in den alle gesellschaftlichen Interessen und Wissensbestände über effiziente Bereitstellungsverfahren einbezogen wurden. Je weniger diese Rückkopplung zwischen politischen Entscheidungsträgern und den Gesellschaftsmitgliedern erfolgt, desto wahrscheinlicher wird es auch, dass einzelne Vorschriften innerhalb des Medienregulierungsrahmens weniger der Sicherung der Leistungsfähigkeit des Mediensystems für die anderen Teilsysteme der Gesellschaft dienen, als der Durchsetzung von Partialinteressen einzelner Interessengruppen. Damit wäre aber nach den Kriterien der Verfassungsökonomik gleichzeitig die Stabilität einer solchen Medienordnung infrage zu stellen.

Bei der von der Verfassungsökonomik geforderten breiten Beteiligung aller Gesellschaftsmitglieder an kollektiven Entscheidungen über die Produktion von Kollektivgütern lassen sich für Deutschland im Fall der Regelsysteme für Journalismus und Medien durchaus Defizite ausmachen. Bei den meisten Willensbildungs- und Entscheidungsprozessen im Politikfeld Medien entscheiden die nach der Verfassung zuständigen politischen Entscheidungsträger ohne einen breiteren öffentlichen Diskurs.

Als ein Grund wird hierfür die für Deutschland spezifische föderale Entscheidungsstruktur gesehen (vgl. Gerlach 2011). Nach der Verfassung liegt die Kulturhoheit und nach den Urteilen des Bundesverfassungsgerichtes damit auch die Regelungskompetenz für Journalismus und Medien bei den Bundesländern. Für bundesweit einheitliche Regelungen sind damit Staatsverträge zwischen allen Bundesländern notwendig. Das aktuell wichtigste Beispiel ist der Rundfunkstaatsvertrag, der seit einigen Jahren auch Vorschriften für redaktionell erstellte Internetangebote enthält, und der regelmäßig novelliert wird, um die Regeln technischen Entwicklungen oder Veränderungen des EU-Rahmenrechtes anzupassen. Die Novellierungen werden zwischen allen Ministerpräsidenten, die in der Regel das gesamte etablierte Parteienspektrum Deutschlands abbilden, ausgehandelt. Dem ausgehandelten Kompromiss müssen dann zwar noch alle Landesparlamente zustimmen, die jeweilige parlamentarische Mehrheit wird dabei ihren Ministerpräsidenten aber fast immer unterstützen. Es existiert damit eine typische „multi-level-governance-Problematik". Hinzu kommt, dass das Aushandlungsverfahren nirgendwo festgelegt ist. Ob und welche Experten außerhalb der eigenen Ministerialbürokratie in die Entscheidungsfindung einbezogen werden, entscheiden die Ministerpräsidenten ad hoc. Man kann auch feststellen, dass sich in Deutschland nur wenige Organisationen der Zivilgesellschaft mit Medienpolitik beschäftigen und wenn ja, dann eher mit Fragen der „Netzpolitik" als mit den klassischen Massenmedien. All dies führt dazu, dass Änderungen des Medienrechts in Deutschland meist nur in einer kleinen Fachöffentlichkeit diskutiert werden.

Auch Expertenkommissionen werden im Vergleich zu anderen Ländern kaum in die Entscheidungsfindung über die Ausgestaltung des Medienrechts einbezogen (vgl. Potschka 2012). Dies gilt selbst bei grundlegenden Fragen über die Notwendigkeit eines institutionellen Wandels aufgrund von veränderten technischen oder wirtschaftlichen Grundlagen für die Medien bzw. den Journalismus. Vergleicht man die Historie der wenigen Kommissionen, die vom Deutschen Bundestag oder von Länderparlamenten zu Medienfragen eingerichtet wurden, dann stellt man fest, dass sich diese oft mehr mit wirtschaftlichen Aspekten der Medienproduktion und weniger mit Fragen der Leistungen des Mediensystems für die Gesellschaft beschäftigt haben. Dies gilt bereits für die ersten Bundestags-Kommissionen („Michelkommission" und „Güntherkommission"), die in den 1960er Jahren mit den wirtschaftlichen Auswirkungen des „neuen Mediums Fernsehen" auf Presse und Film beschäftigt haben, über die im Rahmen der „Kabelpilotprojektbegleitforschung" der 1980er Jahre untersuchten Fragen bis zu den Fragen der Bundestags-Enquete-Kommission „Internet und digitale Gesellschaft", die 2013 ihre Arbeit abgeschlossen hat. Eine Ausnahme bildet die 1995 vom ehemaligen Bundespräsidenten Weizsäcker eingesetzte Kommission, die in einem „Bericht zur Lage des Fernsehens" die publizistischen Folgen der Zulassung privater Rundfunkanbieter bzw. des seit dem existierenden „dualen Rundfunksystems" untersucht hat (vgl. Seufert/Gundlach 2012: 413).

Die Dominanz wirtschaftlicher Fragen in den Expertenkommissionen korrespondiert mit einer Tendenz, sich bei der Ausgestaltung des Medienrechts verstärkt an industriepolitischen Zielen auszurichten und medienpolitische, auf die gesellschaftliche Kollektivguteigenschaften von Medien gerichteten Ziele als nachrangig zu betrachten. Insbesondere bei Konflikten zwischen beiden Zielsystemen besteht eine Gefahr, dass zentrale Regelungen zur Absicherung einer demokratischen Öffentlichkeit – etwa ein medienspezifisches Konzentrationsrecht zur Verhinderung von Meinungsmacht oder die öffentliche Finanzierung von nicht rentablen Medieninhalten, die die inhaltliche Vielfalt des medialen Angebotes erhöhen – zugunsten von Partialinteressen einzelner Medienunternehmen oder Medienbranchen entfallen oder in ihrer Wirksamkeit beschränkt werden. Gewinnorientierte Medienunternehmen haben, wie die Unternehmen aller anderen Branchen, das Ziel, durch rechtliche Regelungen ihre wirtschaftlichen Grundlagen vor neuen Konkurrenten schützen oder sich neue Aktivitätsfelder erschließen zu können. Da Medienunternehmen die Zugangschancen zur demokratischen Öffentlichkeit beeinflussen können, ist es nicht überraschend, wenn politische Entscheidungsträger diesen Partialinteressen gegenüber aufgeschlossener sind als in anderen Fällen. Beispiele sind ein privilegierter Zugang lokaler Zeitungsverlage zum privaten Lokalrundfunk in verschiedenen Bundesländern oder das immer umfangreichere System aus Bundes- und Länderfilmförderungen (vgl. Seufert/Gundlach 2012: 387f.).

Moderne Industriepolitik will Wirtschaftswachstum und Beschäftigtenzuwächse allerdings weniger durch die Erhaltung bestehender Strukturen erreichen, sondern setzt eher auf eine Förderung vermeintlich zukunftsfähiger Wachstumstechnologien oder -branchen (vgl. Seufert/Gundlach 2012: 100f.). Lange Zeit wurde der audiovisuelle Mediensektor als eine solche Wachstumsbranche angesehen. Mittlerweile konzentrieren sich die Förderaktivitäten aber mehr auf die Stimulierung digitaler Internet-Anwendungen in allen Wirtschaftsbereichen. Während über Wege zur Erhaltung der wirtschaftlichen Grundlagen eines unabhängigen Journalismus in Deutschland kaum diskutiert wird, werden Hilfen zur Produktion digitaler Spiele ebenso unter den Begriff „Medienförderung" subsummiert wie innovative digitale IT-Anwendungen in der Gesundheitskommunikation oder im Bauwesen.

Kritisch für einen öffentlichen Diskurs über medienpolitische Fragen ist auch, dass Medien hierbei häufig selbst Interessenpartei sind. Dies wird aktuell insbesondere in der medialen Kommentierung der geänderten Finanzierungsform für den öffentlich-rechtlichen Rundfunk (ein allgemeiner Rundfunkbeitrag statt einer nach der Form der Nutzung differenzierten Rundfunkgebühr) deutlich. Da der öffentlich-rechtliche Rundfunk von Presseunternehmen und privaten Rundfunkunternehmen in erster Linie als wirtschaftliche Konkurrenz betrachtet wird, findet man in der journalistischen Berichterstattung dieser Medien kaum eine differenzierte Auseinandersetzung, die Kosten und Kollektivnutzen der dort produzierten Inhalte miteinander abwägt.

In der Summe folgt daraus, dass die Stabilität der gegenwärtigen Medienordnung eher auf der Rechtsprechung des Bundesverfassungsgerichts beruht als auf einem breiten demokratischen Diskurs über die damit erzeugten Kollektivgüter.

3 Wie dauerhaft sind die wirtschaftlichen Grundlagen für redaktionellen Journalismus und Medienvielfalt?

3.1 Dominante Bereitstellungsform „Markt": Grenzen journalistischer Nachrichtenproduktion durch Werbe- und Rezipientennachfrage

Die aktuelle Form eines redaktionellen, in Medienorganisationen eingebundenen Journalismus finanziert sich seit ihrer Entstehung in den westlichen Demokratien entweder aus Verkaufserlösen der produzierten Nachrichten, oder – bei einigen Medienprodukten sogar überwiegend – aus Werbeerlösen. Letzteres ist möglich, da massenhaft verbreitete mediale Inhalte aus der Sicht von Werbetreibenden schon immer ein nicht nur quantitativ (im Hinblick auf die damit erreichbare Werbekontaktzahl) sondern auch qualitativ (im Hinblick auf die mit Medienrezeption einhergehende hohe Aufmerksamkeit) attraktives Werbeumfeld bieten. Die dominante Bereitstellungsform für das Kollektivgut „demokratische Öffentlichkeit" und andere durch journalistische Nachrichtenproduktion erzeugte Kollektivgüter ist damit der „Markt". Ausnahmen von diesen Formen der Marktfinanzierung sind mit öffentlichen Mitteln finanzierte Rundfunkprogramme sowie teilweise subventionierte lokale Presseunternehmen, wobei diese alternative Form der Bereitstellung weitgehend auf Europa beschränkt ist.

Damit werden sowohl Qualitätsstandards als auch Umfang und Vielfalt des journalistisch erzeugten Gesamtangebotes durch diejenigen wirtschaftlichen Faktoren beschränkt, die dazu führen, dass ein bestimmter journalistischer Output und seine Produktionsweise entweder rentabel oder nicht rentabel sind. Die Begründung für zusätzliche, in öffentlichen Unternehmen produzierte Inhalte sowie für öffentliche Zuschüsse privater Unternehmen, besteht deshalb in der Regel auch darin, dass die Bereitstellungsform „Markt" vor allem bei Fernsehangeboten und in lokalen Nachrichtenräumen keine ausreichende Qualität und Vielfalt hervorbringen kann, um einen gesellschaftlich erwünschten Kollektivnutzen zu erzeugen (vgl. Kops 2010). Die Rentabilität journalistischer Nachrichtenproduktion in privaten Medienunternehmen hängt zum einen von den Personal- und Sachkosten ab, die bei den üblichen Produktionsroutinen für bestimmte Inhaltsformate bzw. die alternativen Distributionsverfahren erforderlich sind. Zum anderen entscheidet darüber die Höhe der bei gegebener Werbe- und Rezipientennachfrage vorhandenen Umsatzpotenziale. Generell lassen sich damit in größeren Märkten mit höherem Umsatzpotenzial qualitativ hochwertigere (z. B. mit höherem Rechercheaufwand verbundene oder aktuellere) journalistische Produkte erzeugen und ein breiteres Themenspektrum abdecken als in kleineren Märkten (vgl. Seufert 2012).

Da die Kosten der Inhaltsproduktion mehr oder weniger fix sind und von der Zahl der Rezipienten eines Medienproduktes kaum beeinflusst werden, haben Medienunternehmen mit einem größeren Publikum niedrigere Stückkosten und entsprechende Wettbewerbsvorteile. Medienmärkte weisen deshalb oft eine hohe wirtschaftliche Konzentrationsrate auf, was zur Gefahr einer einseitigen Beeinflussung der öffentlichen Entscheidungs- und Willensbildungsprozesse durch die jeweils größten auf dem Markt aktiven Medienorganisationen führt.

Diese Marktmechanismen stecken den Handlungsrahmen von Journalisten und Medienunternehmen wesentlich ab. Sie sind deshalb nach den oben diskutierten theoretischen Grundlagen der Entwicklungsökonomik auch für die Herausbildung der gegenwärtigen Formen informeller Institutionalisierung und einen möglichen institutionellen Wandel zentral. Institutioneller Wandel ist zu erwarten, wenn allgemeine und dauerhafte Verhaltensänderungen der beteiligten Akteure eines Handlungsfeldes stattfinden. Im Hinblick auf das Veränderungspotenzial des Internets wären damit zum einen innovative Verhaltensweisen der Anbieter von Nachrichten zu betrachten, beispielsweise die Nutzung neuer Produktions- und Distributionsverfahren auf Basis der Internet-Technologie. Ebenso wichtig sind aber auch Veränderungen im Nachfrageverhalten von Werbungtreibenden und Rezipienten sowie letztlich die Reaktion der Akteure aus Medienpolitik und Medienregulierung auf die Folgen dieser Veränderungen.

3.2 Das Internet und der Bedarf an Werbung in den Medien

Eine Folge des Internets ist aus Sicht der Werbungtreibenden eine enorme Ausweitung ihrer Möglichkeiten, ihre jeweiligen Werbebotschaften zu verbreiten. Sie können diese nun auch in anderen Kommunikationsumfeldern platzieren und sind für ein hohes Aufmerksamkeitsniveau nicht mehr unbedingt auf einen Verbund mit medialen Inhalten angewiesen. Der weit überwiegende Anteil der Internetnutzung entfällt auf die Suche nach Informationsquellen, interpersonale Kommunikation, die in unmittelbarem Zusammenhang mit wirtschaftlichen über das Internet abgewickelten Transaktionen steht, sowie auf soziale Kommunikation in sozialen Netzwerken oder über andere Kommunikationsplattformen. Ein großer Teil der genutzten medialen Inhalte stammt zudem nicht direkt vom jeweiligen Medienunternehmen, sondern wird über News-Aggregatoren und andere Medienplattformen bezogen. Unter den reichweitenstärksten Webseiten finden sich deshalb nur noch wenige Medienseiten mit hohem Bekanntheitsgrad. Hohe Werbeumsätze werden deshalb im Internet überwiegend von Suchmaschinenbetreibern und den Betreibern von Plattformen erzielt, auf die sich die Internetkommunikation konzentriert.

Zudem erhält ein Werbungtreibender bei allen Formen der Internetkommunikation mithilfe von Tracking-Techniken genauere Informationen über die Menschen, die mit seiner Werbebotschaft in Kontakt kommen, als bei der klassischen Medienkommunikation, obwohl diese hierzu eine umfangreiche Medienforschung finanziert. Gleichzeitig hat sich ein Geschäftsmodell für Internetwerbung etabliert, bei dem nicht für potenzielle Werbekontakte (Reichweiten einzelner Medienprodukte) sondern für tatsächlich, durch Klicks der Internetuser nachgewiesene Kontakte („pay per click") gezahlt wird. Dies führt dazu, dass die Werbeerlöse je 1000 Rezipienten im Internet deutlich unter denen aller klassischen Massenmedien liegen.

Schließlich haben Werbetreibende auch die Möglichkeit, ihre Werbeziele mit anderen Kommunikationsformen als dem Einsatz klassischer Werbemittel zu erreichen, beispielsweise durch eine eigene Webseite (vgl. Siegert/Brecheis 2010). Gerade kleine Dienstleistungs- und Einzelhandelsunternehmen mit einem regionalen Kundenstamm setzen verstärkt auf diese Form von Eigenwerbung und reduzieren ihre Werbebudgets.

In der Summe haben diese, durch das Internet ausgelösten Verhaltensänderungen der Werbungtreibenden vor allem bei den Zeitungsverlagen, bei denen immer noch die meisten Berufsjournalisten beschäftigt sind, zu starken Einbrüchen der Werbeerlöse geführt. Diese wären, selbst wenn die Leserzahlen über eine zusätzliche Internetdistribution wieder gesteigert werden könnten, kaum rückgängig zu machen.

3.3 Das Internet und die Rezipientennachfrage nach journalistisch produzierten Nachrichten

Der parallel zur Verbreitung des Internets in vielen Ländern zu beobachtende Rückgang der Leserzahlen von Tageszeitungen verstärkt deren wirtschaftliche Probleme. Ein Teil des Rückgangs erklärt sich mit einem kostenlosen Nachrichtenangebot im Internet. Es stellt sich aber auch die Frage, ob ein Teil der Rezipienten generell auf die Nutzung journalistischer Kernkompetenzen wie die Selektion relevanter Ereignisse und ihre allgemeinverständliche Vermittlung verzichtet, weil durch das Internet alternative Wege zur Informationsbeschaffung verfügbar sind. Die empirischen Befunde zur Internetnutzung zeigen, dass dies für einige Themengebiete der Nachrichtenproduktion durchaus der Fall zu sein scheint. So werden Produktinformationen und andere für Wirtschaftstransaktionen relevante Informationen, Informationen über lokale Veranstaltungen oder Sportereignisse, oder auch Informationen über Krankheiten in großem Umfang direkt von den Webseiten darauf spezialisierter Organisationen oder über themenspezifische Kommunikationsplattformen bezogen. Ein allgemeiner Rückgang des Interesses an aktuellen politischen Informationen lässt sich dagegen nicht feststellen, wenn man die Nutzung von gedruckten und Online-Ausgaben von Zeitungen und die anderer Webangebote mit aktuellen Informationen in ihrer Gesamtheit betrachtet (vgl. u. a. Hasebrink/Schmidt 2013; Mende et al. 2012). Allerdings ist das Politikinteresse in den verschiedenen Statusgruppen der Gesellschaft unterschiedlich ausgeprägt und analog zur Wahlbeteiligung in den ärmeren und bildungsferneren Gruppen besonders niedrig. Die nahezu stabile Auflagenentwicklung bei den Wochenzeitungen zeigt, dass bei den Gruppen mit hohem Politikinteresse auch weiterhin ein zusätzlicher Bedarf an umfassend recherchierten Hintergrundinformationen besteht.

Der Veränderungsdruck auf Zeitungsverlage, aber auch auf andere etablierte Medienunternehmen geht damit eher von den zurückgehenden Werbeerlösen (und im Fall der Tagespresse auch von Verkaufserlösen) aus und weniger von einer generell geringeren Nachfrage nach Nachrichteninhalten. Dennoch hat sich damit die wirtschaftliche Grundlage des redaktionellen Journalismus in den letzten Jahrzehnten erheblich verschlechtert. Dies hat sowohl Folgen für die gegenwärtigen Produktionsroutinen im redaktionellen Journalismus als auch für Umfang und Vielfalt der angebotenen Nachrichten.

Die betroffenen Medienunternehmen können verschiedene Formen der Anpassung wählen: zum einen sind dies Kostensenkungsstrategien, bei denen der Umfang der Nachrichtenproduktion oder die Zahl der angestellten Journalisten reduziert wird bzw. Journalisten durch freie Mitarbeiter oder „Bürgerjournalisten" aus dem Kreis der Leser ersetzt werden. Eine Einstellung von Lokalausgaben oder die Reduzierung der Erscheinungstage für gedruckte Ausgaben sind Beispiele für eine solche Strategie. In Berichterstattungsfeldern wie Sport oder Wirtschaft, in denen oft Daten den Kern der Nachrichtenproduktion ausmachen, kommt es in einigen Fällen sogar zum Einsatz automatisierter Schreibsoftware. Eine andere Möglichkeit sind Diversifikationsstrategien, mit denen zusätzliche Erlösquellen erschlossen oder Stückkostensenkungen durch eine Ausweitung der Leserzahlen realisiert werden sollen. So haben einzelne Zeitungsverlage Regionalzeitungen aus anderen Regionen aufgekauft, um durch Gemeinschaftsredaktionen die Kosten der überregionalen Nachrichtenproduktion zu senken. Ähnliche Zielsetzungen haben crossmediale Strategien, wobei allerdings die Qualität eines bi-, tri- oder multimedialen Journalismus, der gleichzeitig Texte, Audio- und Videoinhalte produziert, umstritten ist. Aktuelle Diversifikationsstrategien von Verlagen umfassen auch Aktivitäten, die gänzlich ohne journalistische Nachrichtenproduktion auskommen, beispielsweise die Vermittlung von Reisen oder anderer Waren oder Dienstleistungen. Hier wird versucht, das durch mediale Produktion aufgebaute Markenvertrauen in andere Geschäftsfelder zu transferieren.

Grundsätzlich wäre auch eine komplette Migration ins Internet mit einem Ersatz wegfallender Werbeerlöse durch höhere Verkaufserlöse denkbar. Allerdings sind Bezahl-Angebote im Bereich aktueller Nachrichten – mit der Ausnahme weniger reichweitenstarker Titel – seit über einem Jahrzehnt wenig erfolgreich. Dabei gilt, dass die Zahlungsbereitschaft umso niedriger ist, je leichter es fällt, die gleichen Informationen bei anderen Anbietern kostenlos zu erhalten. Bei national und international relevanten aktuellen Nachrichten wird dies solange der Fall sein, wie sich einzelne Anbieter dank großer Nutzerzahlen auch ohne Bezahlschranke über Werbung refinanzieren können.

In der Summe tragen die genannten Anpassungsstrategien von Medienunternehmen an zurückgehende Umsätze zu einem im Vergleich zum Vorinternetzeitalter geringeren Umfang vor allem der lokalen Nachrichtenproduktion, einer Absenkung der Qualität des journalistischen Outputs sowie – durch das Ausscheiden von unrentablen Medienunternehmen – zu einer Verstärkung der Angebotskonzentration bei.

Eine Prognose über die künftige Bedeutung der Institutionen Journalismus und Medien lässt sich aus diesen Entwicklungen dennoch nicht ableiten. Denkbar wäre auch, dass die bislang dominante Bereitstellungsform „Markt" von einer Bereitstellungsform abgelöst wird, die den Anteil der öffentlichen Finanzierung erhöht. Allerdings bedürfte dies eines breiteren demokratischen Diskurses über die von Journalismus und Medien erzeugten Kollektivgüter.

Literatur

Beck, Klaus (2012): Das Mediensystem Deutschlands: Strukturen, Märkte, Regulierung. Wiesbaden: Springer VS.

Bonfadelli, Heinz (2005): Was ist Massenkommunikation? Grundbegriffe und Modelle. In: Jarren, Otfried/Bonfadelli, Heinz (Hrsg.): Einführung in die Publizistikwissenschaft. 3. Auflage. Bern/Wien/Stuttgart: UTB, S. 17-45.

Collins, Richard (2007): The BBC and „public value". In: Medien & Kommunikationswissenschaft 55, Nr. 2, S. 164-184.

Dogruel, Leyla (2013): Eine kommunikationswissenschaftliche Konzeption von Medieninnovationen. Begriffsverständnis und theoretische Zugänge. Wiesbaden: Springer VS.

Erlei, Mathias/Leschke, Martin/Sauerland, Dirk (2007): Neue Institutionenökonomik. 2. Auflage. Stuttgart: Schaeffer-Poeschel.

Fuchs, Dieter (1999): Soziale Integration und politische Institutionen in modernen Gesellschaften. In: Friedrichs, Jürgen/Jagodzinski, Wolfgang (Hrsg.): Soziale Integration. Sonderheft der Zeitschrift für Soziologie und Sozialpsychologie. Opladen: Westdeutscher Verlag, S. 147-178.

Gerlach, Frauke (2011): [Media Governance] Moderne Staatlichkeit in Zeiten des Internet. Vom Rundfunkstaatsvertrag zum medienpolitischen Verhandlungssystem. Köln: Kölner Wissenschaftsverlag.

Handel, Ulrike (2000): Die Fragmentierung des Medienpublikums. Bestandsaufnahme und empirische Untersuchung eines Phänomens der Mediennutzung und seiner Determinanten. Wiesbaden: Westdeutscher Verlag.

Hasebrink, Uwe/Schmidt, Jan-Hendrik (2013): Medienübergreifende Informationsrepertoires. Zur Rolle der Mediengattungen und einzelner Angebote für Information und Meinungsbildung. In: Media Perspektiven 29, Nr. 1, S. 2-12.

Kiefer, Marie Luise (2010): Journalismus und Medien als Institutionen. Konstanz: UVK.

Kiefer, Marie Luise/Steininger, Christian (2014): Medienökonomik. Einführung in eine ökonomische Theorie der Medien. 3. Auflage. München: Oldenbourg.

Kohring, Matthias (2004): Vertrauen in Journalismus. Theorie und Empirie. Konstanz: UVK.

Kops, Manfred (2010): Publizistische Vielfalt als Public Value? In: Hardy Gundlach (Hrsg.): Public Value in der Digital- und Internetökonomie. Köln: Herbert van Halem, S. 46-78.

McQuail, Denis (1992): Media Performance: mass communication and the public interest. London: Sage.

Mende, Annett/Oehmichen, Ekkehardt/Schröter, Christian (2012): Medienübergreifende Informationsnutzung und Informationsrepertoires. In: Media Perspektiven 28, Nr. 1, S. 2-17.

Potschka, Christian (2012): Towards a Market in Broadcasting. Communications Policy in the UK and Germany. New York: Palmgrave Macmillan.

Puppis, Manuel/Jarren, Otfried/Künzler, Matthias (2013): Mediensysteme, Institutionen und Medienorganisationen als Forschungsfeld der Publizistik- und Kommunikationswissenschaft. In: Puppis, Manuel/Jarren, Otfried/Künzler, Matthias (Hrsg.): Media Structures and Media Performance / Medienstrukturen und Medienperformanz. Wien: Austrian Academy of Sciences Press (relation n.s., Bd. 4), S. 11-44.

Quandt, Thorsten/Scheufele, Bertram (2011): Die Herausforderung der Modellierung von Mikro-Meso-Makro-Links in der Kommunikationswissenschaft. In: Quandt, Thorsten/Scheufele, Bertram (Hrsg.): Ebenen der Kommunikation Mikro-Meso-Makro-Links in der Kommunikationswissenschaft. Wiesbaden: VS Verlag, S. 9-22.

Seufert, Wolfgang (2012): Auswirkungen des Medienwandels auf die Struktur des marktfinanzierten Medienangebotes. In: Jarren Otfried/Künzler, Matthias/Puppis, Manuel (Hrsg.): Medienwandel oder Medienkrise? Folgen für Medienstrukturen und ihre Entwicklung. Baden-Baden: Nomos, S. 145-164.

Seufert, Wolfgang (2013): Analyse des langfristigen Wandels von Medienstrukturen – theoretische und methodische Herausforderungen. In: Seufert, Wolfgang/Sattelberger, Felix (Hrsg.): Langfristiger Wandel von Medienstrukturen. Theorie, Methoden, Befunde. Baden-Baden: Nomos, S. 7-29.

Seufert, Wolfgang/Gundlach, Hardy (2012): Medienregulierung in Deutschland. Ziele, Konzepte, Maßnahmen. Baden-Baden: Nomos.

Siegert, Gabriele/Brecheis, Dieter (2010): Werbung in der Medien- und Informationsgesellschaft. Eine kommunikationswissenschaftliche Einführung. 2., überarbeitete Auflage. Wiesbaden: VS Verlag.

Voigt, Stefan (2009): Institutionenökonomik. 2. Auflage. Konstanz: W. Fink.

Institution und Organisation

Manuel Puppis

1 Einleitung

Dass Medien mehr sind als technische Kanäle und darüber verbreitete Inhalte, wird in der Publizistik- und Kommunikationswissenschaft inzwischen mehrheitlich anerkannt. Ulrich Saxers (1999) Medienbegriff verdeutlicht, dass Medien auch als Organisationen und Institutionen zu verstehen sind. Doch während sich eine Betrachtung von Medien als Organisationen bereits stärker durchgesetzt hat, werden institutionentheoretische Ansätze immer noch selten auf Medien angewendet.

Ein Kapitel mit dem Titel „Institutionen und Organisationen" hat sich zwangsläufig mit dem Verhältnis der beiden Konstrukte auseinanderzusetzen. Marie Luise Kiefer leistet dies auf Basis der Institutionenökonomik und mit Rückgriff auf Williamson (1981; 1985) und North (2005): „Institutionen stellen die Spielregeln einer Gesellschaft dar, Organisationen sind die wichtigsten Spieler" (Kiefer 2010: 136). Doch bei all ihren Vorzügen bietet die Institutionenökonomik nur eine mögliche Perspektive auf Organisationen und Institutionen. Neben diesem sogenannten Rational Choice Institutionalismus sind weitere Spielarten des Neoinstitutionalismus zu berücksichtigen, auf die Kiefer auch immer wieder rekurriert, so der Historische Institutionalismus und insbesondere der Soziologische Institutionalismus, der sich explizit mit Organisationen befasst (vgl. Hall/Taylor 1996). Zudem wird neuerdings in der Politikwissenschaft ein vierter Neoinstitutionalismus, der Diskursive Institutionalismus, in den wissenschaftlichen Diskurs eingebracht (vgl. Schmidt 2010). Aber nicht nur alternative Institutionentheorien, auch Organisationstheorien, die über Vertragsverhältnisse hinausgehen, bieten sich für eine Analyse von Medien an – die Organisationsforschung offeriert ein ganzes Arsenal sich konkurrierender und gegenseitig ergänzender Theorien (vgl. Scott 2003).

Der vorliegende Beitrag versucht deshalb, das Potenzial weiterer Organisations- und Institutionentheorien für die Erforschung von Medien und Journalismus anzudeuten. Dabei wird ein besonderer Fokus auf die neoinstitutionalistische Organisationstheorie gelegt, die sich, wie noch zu zeigen sein wird, besonders eignet, um das Zusammenspiel von Medienorganisationen und ihren institutionellen Umwelten zu verstehen.

2 Konzepte von Organisation und Institution

2.1 Organisationsbegriff und Organisationstheorien

Die Antwort auf die Frage, was Organisationen sind, hängt von der theoretischen Perspektive ab, die eingenommen wird – denn: die Organisationstheorie gibt es nicht. Sehr allgemein lässt sich formulieren, dass Menschen Organisationen als Systeme von impliziten und expliziten Regeln erleben, die der Koordination von Handlungen zur Erfüllung bestimmter Zwecke dienen (vgl. Scherer 2002: 1). Organisationen sind aber nicht einfach nur Kontexte individuellen Handelns, sondern sie sind selbst Akteure: „We fail to perceive the importance of organizations for our lives if we view them only as contexts – as arrangements influencing the activities of individual actors. Organizations must also be viewed as actors in their own right, as *collective* actors" (Scott 2003: 7/Hervorheb. i.O.).

Auch wenn sich Organisationen zum Teil erheblich unterscheiden (bezüglich Größe, Sektor, strukturellen Charakteristika und Umwelten; vgl. Scott 2003: 11-14), so lassen sich dennoch Eigenschaften ausmachen, die ihnen allen gemeinsam sind. Neben der Unterscheidung in Organisieren (Herstellung von Ordnung), Organisat (Gebilde) und Organisation als Kollektiv (Vergemeinschaftung) (vgl. Türk/Lemke/Bruch 2006: 19ff.), bezieht sich Kiefer in erster Linie auf Türk, der fünf Merkmale von Organisationen unterscheidet: ihren eigenlogischen Gebildecharakter, ihre Ideologisierung als rationale Gebilde, ihre Geschichtlichkeit, ihre spezielle Funktion in der modernen Gesellschaft und ihre gesellschaftspolitische Dimension (vgl. Kiefer 2010: 122f., 125).

Kieser und Walgenbach (2003: 6) betonen als wichtige Elemente von Organisationen hingegen Ziele, Organisationsmitglieder und deren Handlungen sowie formale Organisationsstrukturen und definieren Organisationen als „soziale Gebilde, die dauerhaft ein Ziel verfolgen und eine formale Struktur aufweisen, mit deren Hilfe die Aktivitäten der Mitglieder auf das verfolgte Ziel ausgerichtet werden sollen". Ähnlich nennt Scott (2003) Sozialstruktur, Teilnehmer und Ziele als wichtige Elemente, fügt seiner Aufzählung aber noch Technologie und Organisationsumwelt hinzu. Sozialstruktur meint die „patterned or regularized aspects of the relationships existing among participants in an organization" (Scott 2003: 18), wobei Scott nicht die formalen Strukturen in den Vordergrund stellt, sondern auch informelle Strukturen berücksichtigt. Bei den Organisationsteilnehmern handelt es sich um jene Individuen, welche einen Beitrag zur Organisation leisten. Organisationsstrategie und -ziele können als Vorstellungen über die Zwecke der Organisation verstanden werden, zu deren Erreichung Struktur und Handlungen der Teilnehmer beitragen sollen. Um die anstehenden Arbeiten zu verrichten und die Ziele zu erreichen, verfügen Organisationen über eine Technologie. Dies ist nicht im wörtlichen Sinne zu verstehen und betrifft nicht nur Produktionsbetriebe, sondern Technologie umfasst auch das Wissen und die Fähigkeiten der Teilnehmer. Schließlich existieren Organisationen in spezifischen Umwelten, von denen sie beeinflusst werden und auf die sie auch einwirken (vgl. Scott 2003: 20-24).

Organisationstheorien – so vielfältig die verschiedenen Ansätze sind – dienen allesamt dazu, Organisationen zu erklären und zu verstehen (vgl. Scherer 2002: 1). Während Kiefer sich bei der Herausarbeitung des Organisationsbegriffs bei einer ganzen Reihe organisationssoziologischer Theorien bedient, gilt ihr Interesse aber augenscheinlich einer Konzeption von Organisationen in der Tradition der Institutionenökonomik. Bevor jedoch auf die damit einhergehenden Beschränkungen eingegangen wird, soll das zur Verfügung stehende Menü an Theorien kurz umrissen werden.

Eine weitverbreitete Einteilung der Fülle an Theorien in Konzeptionen von Organisationen als rationale, natürliche und offene Systeme stammt von Scott (2003). Sein Schichtenmodell der Organisationstheorien ist gekennzeichnet durch einen doppelten Übergang von Modellen rationaler zu Modellen natürlicher Systeme – zuerst Ende der 1930er-/Anfang der 1940er-Jahre, als Organisationen noch als geschlossene Systeme betrachtet wurden; zum zweiten Mal in den 1970er-Jahren, als sich eine Sichtweise auf Organisationen als offene Systeme durchgesetzt hatte (vgl. Scott 2003: 107ff.). Gleichzeitig wird in der Einteilung von Scott nach der Analyseebene zwischen sozialpsychologischen (Mikro), organisationsstrukturellen (Meso) und ökologischen (Makro) Theorien unterschieden.

* *Organisationen als rationale und geschlossene Systeme:* Organisationen sind Instrumente zur Erreichung bestimmter Ziele, die mit maximaler Effizienz verfolgt werden. Organisationen werden verstanden als *„collectives oriented to the pursuit of relatively specific goals and exhibiting relatively highly formalized social structures"* (Scott 2003: 27/

Hervorheb. i.O.). In dieser Tradition stehen Taylors „Scientific Management", Simons „Decision Making" und Fayols „Administrative Theory".

- *Organisationen als natürliche und geschlossene Systeme:* Organisationen sind nicht einfach ein Instrument zur Zielerreichung, sondern der Erhalt der Organisation wird selbst zu einem Ziel. Zudem wird informellen Strukturen mehr Bedeutung zugemessen als formalen Strukturen. Organisationen sind „*collectives whose participants are pursuing multiple interests [...] but who recognize the value of perpetuating the organizations an important resource*" (Scott 2003: 28/Hervorheb. i.O.). Beispiele sind Mayos „Human Relations" oder Barnards „Cooperative Systems".

- *Organisationen als offene Systeme:* Organisationen stehen im Austausch mit ihrer Umwelt und sind Systeme interdependenter Aktivitäten oder „*congeries of interdependent flows and activities linking shifting coalitions of participants embedded in wider material-resource and institutional environments*" (Scott 2003: 29/Hervorheb. i.O.). Zu den *offenen und rationalen Systemmodellen* können unter anderem der Ansatz der „Bounded Rationality" (Begrenzte Rationalität) von March/ Simon, der Transaktionskostenansatz von Williamson oder die Kontingenztheorie (Situativer Ansatz), beispielsweise vertreten von Lawrence und Lorsch, gezählt werden. Die Konzeption von Organisationen als *offene und natürliche Systeme* umfasst Weicks sozialpsychologische Prozesse des Organisierens genauso wie die Populationsökologie von Hannan und Freeman, die Ressourcendependenz von Pfeffer und Salancik und die neoinstitutionalistische Organisationstheorie.

Grundsätzlich lassen sich alle Organisationstheorien auch fruchtbar auf Medienorganisationen anwenden und damit können je unterschiedliche Fragen beantwortet werden (siehe Abschnitt 3.1). Aber nur der Transaktionskostenansatz, die Populationsökologie, der Ansatz der Ressourcendependenz und die neoinstitutionalistische Organisationstheorie sind auf ökologischer Ebene anzusiedeln und fokusieren folglich auf das Verhältnis von Organisation und Umwelt. Institutionen spielen wiederum in Populationsökologie und Ressourcendependenzansatz keine Rolle. Die Populationsökologie erklärt die Angleichung zwischen Organisationen und ihrer Umwelt nicht mit Adaptionsbestrebungen der Organisation, sondern mit evolutionären Selektionsprozessen (vgl. Hannan/Freeman 1977: 929f.), während die Ressourcendependenz davon ausgeht, dass die aus der

Umwelt benötigten Ressourcen eine Organisation potenziell in eine Abhängigkeit versetzt, Organisationen aber adaptionsfähig und strategiefähig sind (vgl. Pfeffer/Salancik 2003 [1978]: 2). Sowohl Transaktionskostenansatz als auch neoinstitutionalistische Organisationstheorie berücksichtigen hingegen – in sehr unterschiedlicher Weise definierte – Institutionen.

- Der von Williamson (1981; 1985) auf Basis älterer institutionenökonomischer Arbeiten entwickelte *Transaktionskostenansatz* fokussiert nicht auf Güter, sondern auf Kosten für Transaktionen und damit nicht auf die technische Produktion, sondern auf Governance-Strukturen. Formal-hierarchische Organisation wird wie der Markt als möglicher Koordinationsmechanismus zur Durchführung von Transaktionen betrachtet. Organisationen werden geschaffen, um Transaktionskosten zu reduzieren und Organisationsstrukturen entwickeln sich in Abhängigkeit der durchgeführten Transaktionen (vgl. auch Scott 2003: 112f.).
- Vertreterinnen und Vertreter der *neoinstitutionalistischen Organisationstheorie* gehen von einem starken Umwelteinfluss auf Organisationen aus. Organisationen passen sich an für selbstverständlich (‚taken-for-granted‘) befundene institutionelle Anforderungen an und erhalten so Legitimität. Strategischem Verhalten sind deshalb enge Grenzen gesetzt. Von anderen organisationstheoretischen Ansätzen unterscheidet sich die Theorie insbesondere durch die Betonung sozial konstruierter Überzeugungen und Regeln anstelle rationaler Effizienzkriterien (vgl. Scott 2003: 119f.).

Kiefers Einschätzung, dass es sich bei Williamsons Ansatz um „die am stärksten ausgearbeitete institutionenökonomische Theorie der Organisation" (Kiefer 2010: 135) handelt, kann vorbehaltlos zugestimmt werden. Der Ansatz hat unbestreitbar Vorteile, wenn es darum geht, unterschiedliche Governance-Strukturen (also Arrangements zur Kontrolle opportunistischen Verhaltens) zu analysieren und zu beurteilen, für welche Transaktionen Hierarchie (Organisation) Vorteile gegenüber dem Markt aufweist. Allerdings ist die heuristische Idee, Organisationsprobleme als Vertragsprobleme zu konzeptualisieren auch eine starke Engführung des Organisationsbegriffs. Zudem beurteilt der Ansatz die funktionalen Äquivalente Organisation und Markt rein unter dem Aspekt der Minimierung von Transaktionskosten und damit unter Effizienzgesichtspunkten. Auch wenn die Theorie zwischen einzelwirtschaftlicher und gesellschaftlicher Effizienz sowie zwischen der Entstehung von Organisationen und dem Endzustand unterscheidet (vgl. Kiefer 2010: 134f.), so ist dennoch zu hinterfra-

gen, wie effizient die Gründung von Organisationen und die Implementierung bestimmter Strukturen und Prozesse tatsächlich sind. Genau hier
setzt die neoinstitutionalistische Organisationstheorie an und leistet einen
Beitrag zur Erklärung organisationaler Phänomene, welche sich nicht mit
dem interessengeleiteten Handeln rationaler Akteure erklären lassen (siehe
Abschnitt 2.3).

2.2 Institutionenbegriff und Neoinstitutionalismus

Wenn das Verhältnis von Institution und Organisation interessiert, kann
sich eine Begriffsklärung nicht auf Organisationen beschränken. Vielmehr
gilt es, sich auch mit dem zugrunde liegenden Institutionenbegriff zu be-
fassen. Aber genauso wie es nicht *die* Organisationstheorie gibt, gibt es
auch nicht *den* Neoinstitutionalismus. In mehreren wissenschaftlichen
Disziplinen kam es ab den 1970er-Jahren zu einer erneuten Beschäftigung
mit Institutionen. Innerhalb des Neoinstitutionalismus werden traditionell
drei Richtungen unterschieden, die Hall und Taylor (1996) als Rational
Choice Institutionalismus, Historischer Institutionalismus und Soziologischer Institutionalismus bezeichnen (siehe auch Immergut 1998; Koelble
1995; Reich 2000). In der neueren Literatur wird der Diskursive Institutionalismus als vierter Neoinstitutionalismus vorgeschlagen (vgl. Schmidt
2010). Der Institutionenbegriff der vier Neoinstitutionalismen könnte
nicht unterschiedlicher sein.

- Der *Rational Choice Institutionalismus*, dem auch die Agenturtheorie
  und der Transaktionskostenansatz zuzurechnen sind, nimmt erstens an,
  dass Individuen rationale Nutzenmaximierer sind, die fixe Präferenzen
  haben und strategisch handeln, um diese Ziele zu erreichen. Die rationalen Akteure handeln dabei unter Bedingungen der Interdependenz.
  Die zweite Annahme lautet, dass das Handeln der Akteure durch Institutionen, verstanden als Spielregeln oder Anreizstrukturen, beeinflusst
  wird. Drittens werden Institutionen als das Resultat bewusster Gestaltung betrachtet. Diese Sichtweise auf die Herausbildung von Institutionen kann als funktionalistisch und intentionalistisch kritisiert werden
  (vgl. Gilardi 2004: 69f.; Hall/Taylor 1996: 939, 944f.; Koelble 1995:
  232; Immergut 1998: 12; Mayntz/Scharpf 1995: 41).
- Der *Historische Institutionalismus* geht zwar wie der Rational Choice
  Institutionalismus davon aus, dass Individuen versuchen rational zu

handeln, verweist aber darauf, dass eine Reihe struktureller und institutioneller Faktoren jenseits jeden individuellen Einflusses liegen. Erstens werden Machtfragen und insbesondere Machtasymmetrien thematisiert. Zweitens betont dieser Ansatz die Bedeutung von Pfadabhängigkeiten und unintendierten Konsequenzen. Drittens bemühen sich Vertreter des Historischen Institutionalismus um eine Integration anderer Erklärungsansätze, so etwa der Rolle von Ideen (vgl. Hall/Taylor 1996: 938, 941f.; Immergut 1998: 16).

• Der *Soziologische Institutionalismus* fasst den Begriff der Institution weiter, indem nicht nur ihre regulative und normative Dimension, sondern auch ihre kulturell-kognitive Dimension thematisiert wird. Damit stellen Institutionen die kognitive Vorlage für Interpretation und Handeln von Individuen dar, welche in eine Welt der Institutionen eingebettet sind. Im Soziologischen Institutionalismus wird entsprechend auch die Vorstellung rationaler Akteure abgelehnt. Strukturen und Prozesse moderner Organisationen würden nicht einfach adaptiert, weil sie besonders effizient sind. Vielmehr handle es sich um kulturspezifische Praktiken, welche die Legitimität der Organisation erhöhen sollen (vgl. Hall/Taylor 1996: 948f.; Immergut 1998: 15; Koelble 1995: 237). Dies ist der Institutionalismus der neoinstitutionalistischen Organisationstheorie.

• Der *Diskursive Institutionalismus* fokussiert stärker als die drei anderen Ansätze auf die Bedeutung von Ideen. Dabei wird zwischen dem substanziellen Inhalt von Ideen und den interaktiven Prozessen der Übertragung und des Austausches von Ideen durch Diskurse unterschieden. Es handelt sich insofern um einen institutionellen Ansatz, als dass es nicht nur um die Kommunikation von Ideen geht, sondern auch um den Kontext, in welchem Ideen via Diskurse kommuniziert werden. Institutionen werden aber nicht als externe Handlungseinschränkungen verstanden. Vielmehr seien Institutionen „simultaneously constraining structures and enabling constructs of meaning, which are internal to ‚sentient' (thinking and speaking) agents" (Schmidt 2010: 4). Der Diskursive Institutionalismus sei besonders geeignet zur Erklärung institutionellen Wandels, da nicht nur deren Erschaffung und Erhaltung durch „background ideational abilities", sondern auch die kritische Kommunikation über diese Institutionen mit dem Ziel einer Veränderung durch „foreground discursive abilities" konzipiert wird (vgl. Schmidt 2008; 2010).

Wiederum lässt sich festhalten, dass sämtliche neoinstitutionalistischen Ansätze sich auch auf das Verhältnis von Institutionen und Medienorganisationen anwenden ließen (siehe Abschnitt 3.1). Jedoch spielen Organisationen nur im Rational Choice Institutionalismus (im engen Verständnis der Institutionenökonomik) und insbesondere im Soziologischen Institutionalismus als genuine Organisationstheorie eine Rolle. Das Zusammenspiel von Institution und Organisation in der Perspektive des Rational Choice Institutionalismus wurde von Kiefer (2010) in überzeugender Weise analysiert. Im Folgenden soll deshalb nur der Soziologische Institutionalismus umrissen werden, um so die Unterschiede der beiden Sichtweisen aufzuzeigen.

2.3 Neoinstitutionalistische Organisationstheorie

Wie bereits dargestellt, schlägt die neoinstitutionalistische Organisationstheorie[1] ein besonderes Verständnis von Organisationen und Institutionen vor.

Anders als in den meisten Organisationstheorien, welche Organisationen als Mittel zur effizienten Zielerreichung betrachten, wird ein Bild gezeichnet von Organisationen als „elaborierte, ritualisierte und manchmal modegetriebenen Ansammlungen rationalisierter Mythen, die aus der Umwelt der Organisation stammen" (Walgenbach/Meyer 2008: 18). Damit kann die Theorie als Bruch mit Vorstellungen von rational handelnden Akteuren verstanden werden. Das Verständnis von Institution basiert auf der Wissenssoziologie von Berger und Luckmann (1967). Soziale Realität wird konstruiert, indem „subjective meanings *become* objective facticities" (Berger/Luckmann 1967: 18/Hervorheb. i.O.). Menschen produzieren eine Welt, die sie als objektiv und extern, d. h. nicht durch Menschen produziert, erleben. Durch Externalisierung und Objektivierung wird soziale Realität geschaffen; durch Internalisierung wirkt diese Realität dann auf Menschen zurück und erhält subjektive Bedeutung. Diese Produktion und Aufrechterhaltung einer sozialen Ordnung wird als Institutionalisierung verstanden (vgl. Berger/Luckmann 1967: 52). In der neoinstitutionalistischen Organisationstheorie werden Institutionen folglich als selbstverständlich, objektiv und extern betrachtet, wodurch sie eine große Durch-

---

1 Für eine ausführliche Darstellung siehe Puppis (2009).

dringungskraft besitzen. Zu einer Konkretisierung des Institutionenbegriffs hat die weitverbreitete Unterscheidung dreier Säulen von Institutionen von Scott (2001: 49) beigetragen. Er betont damit, dass alle Institutionen sowohl aus kulturell-kognitiven, aus normativen als auch aus regulativen Elementen bestehen:

- Die *kulturell-kognitive Säule* betont den Einfluss der Wirklichkeits-
  wahrnehmung auf das Handeln von Akteuren. Organisationen handeln
  in Übereinstimmung mit Institutionen, weil Handlungsalternativen un-
  vorstellbar sind und bekannte Routinen als die natürliche Art und Weise, eine Aufgabe zu erledigen, betrachtet werden, also als selbstverständlich oder ‚taken-for-granted' (vgl. Scott 2001: 57).
- Die *normative Säule* von Institutionen beeinflusst Handlungen über
  Normen und Werte. Organisationen befolgen diese Normen und Werte
  aufgrund einer moralischen Verpflichtung. "Unlike externally enforced
  rules and laws, norms are internalized by participants; behavior is
  guided by a sense of what is appropriate, by one's social obligations to
  others, by a commitment to common values" (Scott 2003: 136).
- Die *regulative Säule* schließlich beeinflusst Handlungen durch explizit
  formulierte Regeln, deren Einhaltung mittels Sanktionen erzwungen
  werden kann. "A stable system of rules, either formal or informal,
  backed by surveillance and sanctioning power, is one prevailing view
  of institutions" (Scott 2001: 54).

Institutionen werden in der Umwelt von Organisationen verortet. DiMaggio und Powell (1991) sprechen in diesem Zusammenhang von organisationalen Feldern:

> „By *organizational field* we mean those organizations that, in the aggregate,
> constitute a recognized area of institutional life: key suppliers, resource and
> product consumers, regulatory agencies, and other organizations that produce
> similar services or products" (DiMaggio/Powell 1991: 64f./Hervorheb. i.O.).

Konkret bedeutet dies, dass die institutionelle Umwelt aus miteinander in
Beziehung stehenden Organisationen besteht, etwa Konkurrenten, Zuliefe-
rern oder Regulierungsbehörden.

Es wird davon ausgegangen, dass institutionelle Umwelten Auswirkungen auf Organisationen haben. Rationalitätsmythen (vgl. Meyer/Rowan
1991), also als rational erachtete institutionelle Anforderungen in der Umwelt der Organisation, die vorgeben, wie Organisationen zu funktionieren
haben, bedingen eine entsprechende Anpassung formaler organisationaler
Strukturen und Prozesse (vgl. Meyer/Rowan 1991: 45; Scott 2003: 120;

Walgenbach 2002: 323f.). Die Aufnahme institutioneller Elemente in die formale Struktur verdeutlicht die Rationalität der Organisation und verschafft ihr so *Legitimität*: Die Organisation erhält Anerkennung dafür, dass sie (vermeintlich) rational organisiert ist und rational agiert (vgl. Meyer/Rowan 1991: 41). Dies bedeutet letztlich, dass das Überleben und der Erfolg von Organisationen nicht nur von ihrer Effizienz, sondern eben auch von ihrer Legitimität abhängen. Legitimität wird dabei verstanden als "generalized perception or assumption that the actions of an entity are desirable, proper, or appropriate within some socially constructed system of norms, values, beliefs, and definitions" (Suchman 1995: 574). Die Zuschreibung von Legitimität hängt also von der Wahrnehmung ab, ob das Handeln von Organisationen den institutionellen Anforderungen entspricht.

Durch die Anpassung an institutionelle Anforderungen infolge des Strebens von Organisationen nach Legitimität werden sich Organisationen in einem Feld *isomorph* (vgl. DiMaggio/Powell 1991: 66; Meyer/Rowan 1991: 47). Hat sich ein organisationales Feld konstituiert, so entstehen starke Angleichungsprozesse zwischen den einzelnen Organisationen, die in einer strukturellen und prozeduralen Homogenität münden. DiMaggio und Powell (1991: 67-73) unterscheiden mit Zwang, Imitation und normativem Druck drei Mechanismen, die institutionelle Isomorphie auslösen und mit den drei Säulen von Institutionen korrespondieren:

- Isomorphie durch *Imitation* bezeichnet die Orientierung an anderen Organisationen im gleichen Feld und erfolgt in Situationen hoher Unsicherheit. Organisationen nehmen sich dann für die Gestaltung ihrer Strukturen und Prozesse ein Beispiel an als besonders erfolgreich oder legitim wahrgenommenen Organisationen.
- Isomorphie durch *normativen Druck* ist vor allem dem Einfluss von Professionen geschuldet. Diese definieren die Art und Weise, wie bestimmte Organisationen zu funktionieren haben, und wirken damit normbildend.
- Isomorphie durch *Zwang* ist das Resultat von Druck, den andere Organisationen oder Erwartungen in der Gesellschaft ausüben. Eine Organisation ist also in einer bestimmten Abhängigkeit und sieht sich gezwungen, ihre Struktur anzupassen.

Zudem sind Organisationen nicht nur mit Legitimitätsanforderungen ihrer institutionellen Umwelt konfrontiert, sondern auch mit Effizienzanforderungen ihrer technischen Umwelt (vgl. Scott/Meyer 1991).

Lange Zeit hat sich die neoinstitutionalistische Organisationstheorie in erster Linie Umwelteinflüssen auf Organisationen gewidmet. Das Handeln von Organisationen dagegen wurde vernachlässigt. Doch Organisationen haben verschiedene Möglichkeiten, auf ihre Umwelt zu reagieren: Sie können den Anforderungen substanziell oder symbolisch entsprechen oder die Anforderungen gar zu verändern suchen. Während in den klassischen Beiträgen erst ein kleiner Ausschnitt möglicher Reaktionen skizziert wird, hat insbesondere Oliver (1991: 152-158) sich dem strategischen Handeln von Organisationen gewidmet und unterscheidet fünf strategische Reaktionsmöglichkeiten:

- *Duldung* meint die Umsetzung institutioneller Anforderungen entweder, weil diese ‚taken-for-granted‘ sind, andere Organisationen imitiert werden oder Anforderungen bewusst und strategisch befolgt werden.
- *Kompromiss* bedeutet, dass Anforderungen entweder ausbalanciert werden, teilweise übernommen werden oder die Organisation mit ihren Stakeholdern verhandelt.
- *Vermeidung* stellt den Versuch dar, durch Verschleierung, Entkoppelung von formaler Struktur und internen Handlungen oder durch die Änderung von Zielen und Aktivitäten Anforderungen nicht entsprechen zu müssen.
- *Trotz* beinhaltet öffentlichen Widerstand gegen institutionelle Erwartungen, die von der Organisation abgelehnt werden.
- *Manipulation* stellt die aktivste Reaktion dar, indem versucht wird, einflussreiche Akteure einzubinden oder Kontrolle über diese zu erlangen.

Die Berücksichtigung organisationaler Reaktionen erlaubt aber nicht nur die Berücksichtigung von Interessen, sondern tritt auch einer Behandlung des Verhältnisses zwischen Umwelt und Organisation als Einbahnstraße entgegen: Organisationen nehmen auf den Prozess der Institutionalisierung sowohl strategisch als auch unintendiert Einfluss. Dabei schaffen und verändern sie institutionelle Anforderungen (vgl. Barley/Tolbert 1997: 95f.; Ortmann/Sydow/Türk 2000: 30f.; Ortmann/Zimmer 2001: 333; Walgenbach 2002: 351f.).

Die neoinstitutionalistische Organisationstheorie bedarf folglich einer Ergänzung um die zweite Hälfte des wechselseitigen rekursiven Verhältnisses zwischen Organisation und Umwelt, um das Handeln von Organisationen angemessen berücksichtigen zu können. Giddens' *Strukturationstheorie* (1986) erlaubt, das Verhältnis von institutionellen Umwelten und organisationalem Handeln rekursiv zu fassen und die Dualität von Institutionen zu betonen, indem sie zugleich als Medium und Produkt von Handeln betrachtet werden (vgl. Barley/Tolbert 1997; Ortmann/Sydow/ Windeler 2000; Ortmann/Zimmer 2001; Walgenbach/Meyer 2008). Mit der neoinstitutionalistischen Organisationstheorie kann folglich nicht nur der Einfluss von Institutionen auf Organisationen analysiert werden, sondern auch die (strategischen) Reaktionen von Organisationen lassen sich untersuchen.

Die Annahme, dass Organisationen beim Umgang mit institutionellen Erwartungen strategisch ihre Interessen verfolgen, riskiert allerdings, die Besonderheiten von Institutionen aus den Augen zu verlieren. Institutionen haben dann nicht mehr die Qualität objektivierter und externalisierter Gegebenheiten, die nicht hinterfragt werden können und selbstverständlich sind. Zwei Aspekte gilt es deshalb zu berücksichtigen. Erstens kann nicht auf alle institutionellen Elemente strategisch reagiert werden. Eine strategische Einflussnahme auf Selbstverständlichkeitsannahmen dürfte sich den Möglichkeiten von Organisationen entziehen; doch die normative und regulative Säule von Institutionen können durch strategische Institutionalisierung oder *rekursive Regulierung* beeinflusst werden (vgl. Ortmann/Sydow/Türk 2000: 31; Ortmann/Sydow/Windeler 2000: 327; Ortmann/Zimmer 2001: 312; Zimmer/Ortmann 2001: 48). Zweitens muss bedacht werden, dass Akteure sowie deren Interessen und Strategien nicht unabhängig von Institutionen existieren. Vielmehr stellen Institutionen den Kontext interessengeleiteten strategischen Handelns dar, womit die strategischen Reaktionen, die den Organisationen in bestimmten Situationen zur Verfügung stehen, selbst institutionell geprägt sind.

3 Medien als Organisationen

3.1 Medienorganisationen in Organisations- und Institutionentheorien

„Was lässt sich aus den hier dargestellten theoretischen Positionen für Medien als Organisationen ableiten?" (Kiefer 2010: 137) Diese Frage wird im Folgenden erstens unter Bezugnahme auf die Unterscheidung Scotts (2003) in Theorien, die Organisationen als rationale, natürliche oder offene Systeme verstehen und zweitens mit Bezug auf verschiedene Formen des Neoinstitutionalismus (vgl. Hall/Taylor 1996) diskutiert.

Theorien, die Organisationen als rationale, natürliche oder offene Systeme begreifen, implizieren sehr unterschiedliche Blickweisen auf Medien:

- Werden Organisationen als *rationale Systeme* konzipiert, so bedeutet dies für eine Analyse von Medienorganisationen, dass ihre Ziele und die formale Struktur als Mittel zur effizienten Zielerreichung im Zentrum stehen.
- Ein Verständnis von Organisationen als *natürliche Systeme* bedeutet, dass Medienorganisationen mit Blick auf ihre informellen Strukturen und ihr Überleben als übergeordnetes Ziel analysiert werden.
- Der Blick auf Organisationen als *offene Systeme* schließlich betont die Bedeutung der Umwelten von Medienorganisationen. Dies bedeutet, dass Medienorganisationen in bestimmte technische und institutionelle Umwelten eingebettet sind sowie dass Interdependenzen mit diesen Umwelten bestehen.

Tabelle 1: Organisationstheorien und Medienorganisationen

Organisationen als	Anwendung auf Medienorganisationen
rationale Systeme	Fokussierung auf spezifische Ziele und auf formale Strukturen von Medienorganisationen
natürliche Systeme	Fokussierung auf das Überleben von Medienorganisationen als Ziel und auf ihre informellen Strukturen
offene Systeme	Fokussierung auf die Einbettung von Medienorganisationen in Umwelten

Auch die verschiedenen Formen des Neoinstitutionalismus erlauben sehr unterschiedliche Sichtweisen auf Medienorganisationen:

- In der Sichtweise des *Rational Choice Institutionalismus* sind Medienorganisationen bei hoher Spezifität die geeignetere Governance-Form als der Markt, da Transaktionen hierarchisch kontrolliert werden können (vgl. Kiefer 2010: 133). Gleichzeitig lassen sich die Entstehung von Regulierungsbehörden und die Regulierung von Medienorganisationen als Agenturprobleme fassen.
- Mit dem *Historischen Institutionalismus* wird auf den Stellenwert von Pfadabhängigkeiten für die Entwicklung von Mediensystemen, die Entstehung von Medienorganisationen sowie deren Regulierung verwiesen.
- Der *Soziologische Institutionalismus* fokussiert auf das Verhältnis von Medienorganisationen und ihre institutionellen Umwelten. Die Diffusi-

on von als rational erachteten Organisationsformen wird durch Selbst-verständlichkeitsannahmen und Legitimitätsüberlegungen erklärt.

- Im Verständnis des *Diskursiven Institutionalismus* dienen Medien nicht nur der Kommunikation von Ideen, sondern sie sind ein Kontext, in welchem Diskurse stattfinden. Entsprechend ist ihr Beitrag zum Wandel von Institutionen von Interesse.

Tabelle 2: Neoinstitutionalismen und Medienorganisationen

Theorie	Anwendung auf Medienorganisationen
Rational Choice Institutionalismus	Gründung von Medienorganisationen zur Reduktion von Transaktionskosten; Regulierung von Medien-organisationen als Agenturproblem
Historischer Institutionalismus	Entstehung von Mediensystemen, -organisationen und -regulierung als Resultat eines pfadabhängigen Prozesses
Soziologischer Institutionalismus	Diffusion von Organisationsformen aufgrund von Selbstverständlichkeitsannahmen und Legitimitäts-überlegungen
Diskursiver Institutionalismus	Bedeutung von Medien für die Kommunikation von Ideen, als Kontext von Diskursen und für institutio-nellen Wandel

Trotz der vielfältigen Möglichkeiten, organisations- und institutionentheo-retische Ansätze auf Medien und Journalismus anzuwenden, sind erst in jüngster Zeit verstärkte Forschungsaktivitäten festzustellen (für einen Überblick vgl. Puppis/Jarren/Künzler 2013; Bannerman/Haggart 2015).

Der folgende Abschnitt konzentriert sich darauf, im Sinne eines For-schungsüberblicks aufzuzeigen, welchen Stellenwert Organisationstheori-en in der Medienorganisationsforschung bislang haben.

3.2 Ebenen der Medienorganisationsforschung

Organisationstheoretische Fragestellungen können dreigeteilt werden in Perspektiven betreffend Organisation und Individuum, Funktionsweise von Organisationen sowie Organisation und Gesellschaft (vgl. Hirsch 1977: 17f.; Kiefer 2010: 137f.; Scott 2003).

- Auf der Mikroebene wird auf das Verhältnis von Medienorganisation und Individuen fokussiert.

- Auf der Mesoebene werden Medienorganisationen insgesamt und das interne Verhältnis zwischen der Medienorganisation als Ganzes und dem Journalismus thematisiert.
- Auf der Makroebene interessiert das Verhältnis von Medienorganisation und Gesellschaft.

Die *Mikroebene* stand lange Zeit im Zentrum der publizistik- und kommunikationswissenschaftlichen Beschäftigung mit Medien(-Organisationen), da im Fach eine stark sozialpsychologisch geprägte Forschungstradition vorherrschte (vgl. Jarren 2003: 14; Jarren/Meier 2002: 137): „Mass communication research traditionally has focused on the individual creator/ worker and his or her occupational experience." (Hirsch 1977: 17f.) Dies mag mit ein Grund sein, weshalb Kiefer in ihrem Buch auf eine eingehendere Auseinandersetzung mit dem Verhältnis von Organisation und Individuum am Beispiel von Medienorganisationen verzichtete. Doch für die Medienorganisationsforschung ist diese Ebene ebenfalls relevant, sind hier doch die klassischen Studien der Journalismusforschung zu Gatekeeping und sozialer Kontrolle in Redaktionen zu verorten. Und in diesen spielen Organisationen ebenfalls eine Rolle. Auch wenn David Manning Whites (1950) Gatekeeping-Studie zu Beginn mit starkem Fokus auf subjektive Faktoren der Nachrichtenauswahl gelesen wurde, zeigen die Resultate – ebenso wie spätere Forschung – durchaus auch organisationale Einflussfaktoren auf (vgl. Hirsch 1977: 22f.). Und Waren Breeds (1955) Untersuchung der beruflichen Sozialisation von Journalisten unterstreicht eindrücklich, wie Belohnungen und politische Präferenzen von Medieneigentümern als eine Form sozialer Kontrolle wirken. Doch auch wenn diese berufssoziologischen Studien zu Gatekeeping oder beruflicher Sozialisation die Bedeutung einer Organisationsperspektive andeuten, so interessieren sie sich für Medienorganisationen, in denen Journalistinnen und Journalisten tätig sind, nur am Rande und nehmen diese als gegeben hin.

Eine stärkere Beschäftigung mit Medienorganisationen auf der *Mesoebene* tut also Not, denn „news is both an individual product and an organizational product" (Becker/Vlad 2009: 59).[2] Von besonderer Bedeutung

---

2 Für eine Übersicht englischsprachiger Forschung siehe Shoemaker/Reese (2014), Becker/Vlad (2009) und Hirsch (1977). Auch in der deutschsprachigen Publizistik- und Kommunikationswissenschaft findet vor allem seit den 1990er-Jahren eine verstärkte Auseinandersetzung mit der Meso-Ebene statt (vgl. zusammenfassend Puppis/Jarren/Künzler 2013).

für Forschung auf der Mesoebene ist die von Tunstall (1971) eingeführte Unterscheidung zwischen Medienorganisationen und journalistischen Organisationen (news organizations), die Altmeppen (2006) in jüngerer Zeit zum Ausgangspunkt seiner Arbeit gemacht hat. Damit wird verdeutlicht, dass Redaktionen und Medienorganisationen, in denen diese angesiedelt sind, nach unterschiedlichen Logiken funktionieren und dass Medienorganisationen aus mehr als ‚nur' aus Redaktionen bestehen (vgl. Becker/Vlad 2009: 60). Auch Kiefer (2010: 146f.) geht auf die Widersprüche und Konflikte zwischen Medien als Arbeitsorganisationen und Journalismus ein.

Großen Raum hat auf der Mesoebene die Erforschung von journalistischen Routinen (news routines) eingenommen. Solche Routinen, welche erstmals von Tuchman (1973) auf journalistische Organisationen angewendet wurden, können als „patterned, routinized, repeated practices and forms that media workers use to do their jobs" (Shoemaker/Reese 1996: 61) definiert werden. Routinen dienen der Standardisierung der Nachrichtenproduktion, um so mit der Unvorhersehbarkeit der Ereignisse umgehen zu können (vgl. Tuchman 1973: 111). Prägend war für die Forschung auch die Beschäftigung mit Einschränkungen der journalistischen Arbeit, so durch Organisationsstrukturen (vgl. Sigal 1973) oder durch ‚news policies' (vgl. Soloski 1989). Insbesondere Regeln in Form von ‚news policies' verdienen mehr Aufmerksamkeit, nehmen doch Journalistinnen und Journalisten nur geringe Einflüsse auf ihre Arbeit wahr, was „auch als Ergebnis einer perfekt, weil reibungsarm durchorganisierten Leitungsstruktur" (Kiefer 2010: 149) interpretiert werden kann. Gemäß Soloski (1989) dienen solche Regeln in Ergänzung zu professionellen journalistischen Normen der Kontrolle der redaktionellen Mitarbeiter: „News organizations rely on the interplay of news professionalism and news policies to control the behavior of journalists" (Soloski 1989: 208). Nur so lasse sich die zur Bewältigung der unvorhersehbaren Umwelt nötige Autonomie der Redaktion mit den kommerziellen Zielen der Medienorganisation in Einklang bringen. Damit zeigt Soloski, dass es zwischen der – wie er es nennt – Ideologie des Kapitalismus und der Ideologie der Professionalität keinen Widerspruch gibt: „Although journalists do not set out to report the news so that the existing politico-economic system is maintained, their professional norms end up producing stories that implicitly support the existing order" (Soloski 1989: 225). Dennoch bedürfe es zusätzlicher intraorganisationaler Regeln, da transorganisationale professionelle Normen Journalistinnen und Journalisten zu viele Freiheitsgrade lassen und damit Handlungen gegen die Interessen der Medienorganisation nicht ausgeschlossen werden können. Diese ‚news policies' werden aber nicht als Einschränkung wahrgenommen, solange damit keine professionellen Normen verletzt werden.

Der Verweis auf Normen jenseits einzelner Medienorganisationen und Redaktionen verdeutlicht bereits, dass auch eine Beschäftigung mit der *Makroebene* sinnvoll ist. Schon früh hat Hirsch (1977) auf die Bedeutung einer organisationsübergreifenden Perspektive auf Medien hingewiesen, die sowohl interorganisationale als auch institutionelle Aspekte umfasst:

> „Interorganizational and institutional analysis both call attention to the single mass media organization as but one of many competitors, suppliers, distributors, and regulators which shape, and are shaped by, a broader and complex industry system. This larger system also constitutes an important social institution, that is, a large-scale organizational complex which collectively performs an important function for the surrounding society. Mass media do this by collectively producing and disseminating the symbolic content of myths, fantasy, and hard information to entire populations" (Hirsch 1977: 27f.).

Organisationstheorien, die Organisationen als offene Systeme verstehen und sich damit für das Verhältnis von Organisationen und Umwelt interessieren, werden auch teilweise für die Untersuchung von Medienorganisationen herangezogen.

Die Institutionenökonomik findet zur Analyse von Medien und Journalismus bisher kaum Anwendung. Ausnahmen im deutschsprachigen Raum sind die Arbeiten von Kiefer (2010) und Steininger (2002). Im englischen Sprachraum hat Saundry (1998) den Transaktionskostenansatz auf die britische Fernsehindustrie angewendet. Er kommt zum Schluss, dass sich zwar Organisationsstrukturen so gut erklären lassen, die komplexe horizontale und vertikale Integration des Sektors sich aber nur ungenügend fassen lässt. Lowrey und Woo (2010) nutzen die Theorie zur Analyse der Entscheidungen von Redaktionsmanagern.

Auch die Populationsökologie wurde bisher eher selten für Untersuchungen von Medienorganisationen herangezogen. Dimmick (2003) etwa wendet die Theorie der Nische an, um zu erklären, wie Populationen von Medienorganisationen miteinander um dieselben Ressourcen im Wettbewerb stehen und koexistieren. Auch Li (2001) wendet die Nischentheorie an, um den Wettbewerb von Nachrichtenmedien in Taiwan zu untersuchen. Und Weber (2012) nutzt den Ansatz der „community ecology" um zu zeigen, wie traditionelle Massenmedien von Hyperlinks zu neu in den Markt eintretenden Internetfirmen profitieren.

Schon früh hat Joe Turow (1990) den Ansatz der Ressourcendependenz für eine Analyse von Medienorganisationen herangezogen. Stearns, Hoffman und Heide (1987) untersuchen für die USA, wie sich Fernsehstationen durch Anpassungen an ihre Umwelt – in diesem Fall durch interorganisationale Verbindungen – vor Ressourcenknappheit schützen können; Altmeppen, Lantzsch und Will (2007) widmen sich dem Handel mit Fernsehformaten. Ein zentrales Thema innerhalb des Ansatzes ist, wie Unternehmen die Zusammensetzung ihres Aufsichtsrates (Board of Directors) nutzen, um mit der Abhängigkeit von externen Ressourcen umzugehen. Han (1988) kann zeigen, welche Rolle ,interlocking directorships' mit Werbefirmen, Finanzinstitutionen und Wettbewerbern spielen, während Simmons (2012) in ihrer Studie nachweist, dass Ernennungen in den Aufsichtsrat als Reaktion auf einen erhöhten Finanzbedarf und zur Sicherung von Wissensbeständen, nicht aber zur Bewältigung von Medienkonzentration genutzt werden.

Aber insbesondere die neoinstitutionalistische Organisationstheorie erfreut sich in der Publizistik- und Kommunikationswissenschaft zunehmender Beliebtheit. Dies mag auch daran liegen, dass die Grundannahmen der Theorie für eine Beschäftigung mit Medienorganisationen gut geeignet erscheinen. Erstens lassen die Medien an den Grundannahmen der meisten Organisationstheorien zweifeln: „Wenn überhaupt, steht Organisation [...] allenfalls für einzelwirtschaftliche Effizienz" (Kiefer 2010: 145). Diese Effizienzvorstellung kann, muss aber nicht gesellschaftliche Effizienz (,guten Journalismus') umfassen. Doch selbst die einzelwirtschaftliche Effizienz von Medienorganisationen ist fraglich (vgl. Kiefer 2010: 146). Angesichts dieses Befundes verwundert die plötzliche Popularität der Theorie nicht. Anders als beispielsweise in der Institutionenökonomik geht es in der neoinstitutionalistischen Organisationstheorie nicht vorrangig um Effizienz, sondern um Legitimität. Dadurch, dass sowohl institutionelle als auch technische Umwelten berücksichtigt werden, worauf auch Kiefer (2010: 128) explizit verweist, kann die Theorie dem Doppelcharakter von Medien als Wirtschafts- und Kulturgut gerecht werden. Ähnlich wie für Schulen oder Kirchen kann für Medien von starken institutionellen und schwächeren technischen Umwelten ausgegangen werden. Zweitens ist das Konzept des organisationalen Felds fruchtbar für eine Betrachtung von Medien. So ist das Feldkonzept kompatibel mit Definitionen von Mediensystemen als Gefüge von Medienorganisationen und mit diesen in Beziehung stehenden Akteuren. Aber auch Kiefers (2010: 129f.) Vorschlag, ein Organisationsfeld um die Institution Journalismus zu bestimmen, das aus

Medienorganisationen, Nachrichtenagenturen, medientechnischen Organisationen und Regulierungsbehörden gebildet wird, basiert auf der neoinstitutionalistischen Organisationstheorie. Und drittens machen der breite Institutionenbegriff, der Selbstverständlichkeitsannahmen, Normen und Zwang vereint, sowie die vielfältigen Reaktionsmöglichkeiten von Organisationen auf institutionelle Einflüsse, die in der Theorie angelegt sind, eine Anwendung auf Medienorganisationen interessant und herausfordernd.

Organisationsforscherinnen und -forscher in neoinstitutionalistischer Tradition haben sich nur selten für den Mediensektor interessiert. Eine Ausnahme stellt die Studie von Leblebici et al. (1991) dar. Die Autoren widmen sich in ihrer historischen Analyse dem institutionellen Wandel der US-amerikanischen Radioindustrie und wie sich dadurch das organisationale Feld verändert hat. Dabei zeigen sie auf, dass Randanbieter zentral waren für die Übernahme neuer Praktiken, die sich schließlich institutionalisierten. Greve (1996) greift auf die Populationsökologie, die neoinstitutionalistische Organisationstheorie und den Ansatz des Herdenverhaltens zurück, um aufzuzeigen, wie Radiosender sich für eine bestimmte Marktposition entscheiden. Dabei kommt er zum Schluss, dass mimetisches Verhalten sowohl zu Isomorphismus als auch zu Polymorphismus führen kann.

In der Publizistik- und Kommunikationswissenschaft wurde die neoinstitutionalistische Organisationstheorie hingegen erst Ende der 1990er-Jahre ‚entdeckt‘, zuerst in der Journalismusforschung. Benson (1999; 2004; 2006) diskutiert mit Rückgriff auf das Konzept organisationaler Felder die Vorzüge der Feldtheorie für die Medienforschung. Ausgehend vom Befund, dass Nachrichten über verschiedene Medien hinweg sehr homogen sind (vgl. Ryfe 2006b), befasste sich eine Special Issue von „Political Communication" (Ryfe 2006a) dann eingehend mit Anwendungen der Theorie auf Redaktionen. Darin wurde argumentiert, dass journalistische Routinen im organisationalen Feld des Journalismus zu Selbstverständlichkeitsannahmen wurden (vgl. Sparrow 2006; Cook 2006; ähnlich auch Lowrey 2009). Die Debatte wurde in einer Special Issue von „Journalism Studies" (Ryfe/Blach-Ørsten 2011) weitergeführt.

Auch die Regulierung von Medienorganisationen lässt sich mit der neoinstitutionalistischen Organisationstheorie besser verstehen (vgl. Puppis 2013). Medienregulierung besteht als Teil der institutionellen Umwelt nicht nur aus Zwang, sondern besitzt auch eine normative und eine kulturell-kognitive Dimension. „In short, law is much like other elements of organizations' institutional environments: not an explicit, authoritative and coercive system of material constraints, but an ambiguous, contested, and constitutive system of cultural understandings" (Suchman/Edelman 1996: 938). Medienorganisationen halten sich nicht alleine deshalb an (Selbst-)Regulierung, weil ein Fehlverhalten bestraft werden kann (vgl. Edelman/Suchman 1997; Gunningham/Rees 1997). Erstens befolgen Organisationen Regulierung auch aufgrund normativen Drucks, d. h., sie internalisieren Werte und Verhaltenserwartungen. Zweitens handeln Organisationen regelkonform, weil bestimmte Handlungen als selbstverständlich gelten, Handlungsalternativen schlicht undenkbar sind und weil die Handlungsmöglichkeiten von Organisationen institutionell geprägt sind. Weiter kann auch untersucht werden, wie Medienorganisationen rekursiv auf Regulierung und die Wahrnehmung ihrer Legitimität Einfluss zu nehmen versuchen (vgl. Ortmann/Sydow/Windeler 2000; Ortmann/Zimmer 2001; Zimmer 2001).

Abbildung 1: Regulierung als Teil der institutionellen Umwelt

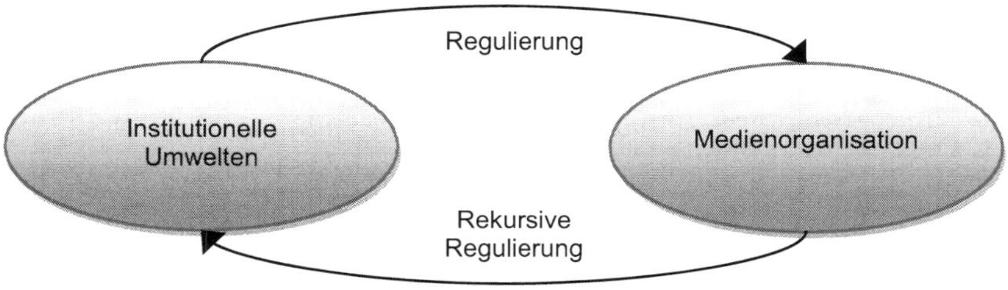

Quelle: Puppis (2009: 136)

Nun wird die Legitimität von Organisationen maßgeblich durch Kommunikation konstruiert (vgl. Black 2008). Medienorganisationen verfügen über ihre journalistischen Produkte über weitaus umfangreichere Kommunikationsmöglichkeiten als andere Organisationen. Mit Blick auf die Eigeninteressen von Medienorganisationen in der Medienpolitik (vgl. Puppis 2010: 43; 2015) kann ein Einfluss auf die Berichterstattung erwartet werden.

> „The media are in an ideal position to control the public perception, or lack thereof, of any possible debate regarding the control and structure of the media. The media have shown two basic responses to efforts to challenge their legitimacy. First, they simply ignore the issues or provide it minimal cover-

age. [...] Second, the [...] media distort the issues to suit their own purposes" (McChesney 2008: 349f.).

Dadurch, dass über Medienregulierung nicht berichtet wird oder Regulierung als inkompatibel mit der Medienfreiheit dargestellt wird, kann neue Regulierung diskreditiert, von der politischen Agenda ferngehalten und damit letztlich verhindert werden. In Zusammenhang mit diesem ‚zweiten Gesicht' der Macht (vgl. Bachrach/Baratz 1962) ist von ‚media policy bias' respektive ‚media policy silence' (vgl. Freedman 2010; Page 1996) die Rede. Mit Verweis auf ‚institutionelle Unternehmer' spricht auch Kiefer von den Möglichkeiten der Medienorganisationen als Spieler, auf institutionelle Spielregeln interessenbezogen Einfluss zu nehmen. Langfristig könne dies zur Zerstörung der Institution journalistische Medien führen, „um sich so neue und erweiterte Handlungs- und Geschäftsmöglichkeiten zu eröffnen" (Kiefer 2010: 160).

Aber auch in anderen Forschungsfeldern der Publizistik- und Kommunikationswissenschaft wird die neoinstitutionalistische Organisationstheorie unterdessen fruchtbar eingesetzt, seien es nun Studien zur politischen Kommunikation und Medialisierung von Parteien (vgl. Donges 2006; 2008), zu Selbstregulierung durch Presseräte (vgl. Puppis 2009), zur Diffusion von Medienpolitik (vgl. Radaelli 2000) oder zu PR und Organisationskommunikation (vgl. Lammers/Barbour 2006; Sandhu 2012).

4 Konklusion

Eine Auseinandersetzung mit Kiefers Arbeiten und eine eingehende Beschäftigung mit Organisations- und Institutionentheorien verdeutlicht, dass ‚institutions matter' und ‚organizations matter' (vgl. Kiefer 2010: 214f.). Letztlich ist es nicht möglich, die Produktion, Distribution und Konsumption (journalistischer) Medieninhalte zu verstehen, ohne sich mit dem Handeln in und von Medienorganisationen und Redaktionen sowie dem Einfluss von Institutionen auf diese zu beschäftigen. Dies lässt sich unabhängig davon konstatieren, ob wie von Kiefer vorgeschlagen, Journalismus als Institution konzipiert wird, innerhalb dessen institutionellem Rahmen sich Medienorganisationen bewegen und den Medienorganisationen als Ressource ökonomisch nutzen (vgl. Kiefer 2010: 213).

Vieles spricht dafür, Journalismus als Institution zu begreifen, die auf Medienorganisationen einwirkt. Eine institutionenökonomische Fundierung in der Tradition des Rational Choice Institutionalismus stellt hierfür aber nur eine Möglichkeit dar. Wie der Beitrag aufzuzeigen versucht, bietet die Vielzahl verschiedener Ansätze einen reichen Fundus, der nur darauf wartet, auf Medien und Journalismus angewendet zu werden. Der Historische und der Diskursive Institutionalismus wurden wie viele Organisationstheorien nur kurz gestreift. Angesichts der Tatsache, dass Kiefer (2010: 7) vor allem mit institutionentheoretischen Ansätzen aus der Soziologie und der Ökonomie gearbeitet hat, lag der Fokus hier insbesondere auf dem Soziologischen Institutionalismus, der die Institutionenökonomik bereichern kann.

Allerdings darf nicht vergessen werden, dass Transaktionskostenansatz und neoinstitutionalistische Organisationstheorie auf zwei völlig verschiedenen Verständnissen von Institutionen und Organisationen basieren. Definiert die Institutionenökonomik Institutionen als Anreizstrukturen und Spielregeln, bringt die neoinstitutionalistische Organisationstheorie mit der Betonung von Selbstverständlichkeitsannahmen, Normen und Zwang einen sehr viel breiteren Institutionenbegriff in die Diskussion ein. Und während Organisationen in der Institutionenökonomik ein rationales Mittel zur Minimierung von Transaktionskosten darstellen, sind sie im Soziologischen Institutionalismus bestrebt, durch die Anpassung an Rationalitätsmythen ihre eigene Legitimität zu sichern. Entsprechend unterschiedlich ist auch der Blick auf das Verhältnis von Journalismus als Institution und journalistischen Medienorganisationen. Kommensurabel sind die beiden Ansätze nur bedingt, etwa bezüglich der Vorstellung, dass Organisationen durch ihr Handeln innerhalb institutioneller Rahmenbedingungen diese sowohl strategisch als auch unintendiert verändern können (vgl. Kiefer 2010: 216). Transaktionskostenansatz und neoinstitutionalistische Organisationstheorie bieten konkurrierende, sich im besten Falle gegenseitig befruchtende Sichtweisen, die beide unser Verständnis von Medienorganisationen und von Medien und Journalismus als Institutionen bereichern.

Dass sich der Rational Choice Institutionalismus in der Publizistik- und Kommunikationswissenschaft bislang dennoch nicht stärker etabliert hat, dürfte auch daran liegen, dass die Medienökonomie (jedenfalls jenseits betriebswirtschaftlicher Ansätze) als Teildisziplin des Faches nur geringe Aufmerksamkeit findet (vgl. Kiefer/Steininger 2014: 41) und die Institutionenökonomik darin nur eine Nische darstellt. Mit ‚Journalismus und Medien als Institutionen‘ ist aber ein wichtiger Grundstein gelegt. Unterstützt durch die verstärkte Aufmerksamkeit für neoinstitutionalistische Ansätze in der internationalen ‚scientific community‘ des Faches, stehen die Chancen für einen ‚institutional turn' auch in der Publizistik- und Kommunikationswissenschaft besser denn je.

Literatur

Altmeppen, Klaus-Dieter (2006): Journalismus und Medien als Organisation. Leistungen, Strukturen und Management. Wiesbaden: VS Verlag.

Altmeppen, Klaus-Dieter/Lantzsch, Katja/Will, Andreas (2007): Flowing Networks in the Entertainment Business: Organizing International TV Format Trade. In: International Journal on Media Management 9, Nr. 3, S. 94-104.

Bachrach, Peter/Baratz, Morton S. (1962): Two Faces of Power. In: The American Political Science Review 56, Nr. 4, S. 947-952.

Bannerman, Sara/Haggart, Blayne (2015): Historical Institutionalism in Communication Studies. In: Communication Theory 25, Nr. 1, S. 1-22.

Barley, Stephen R./Tolbert, Pamela S. (1997): Institutionalization and Structuration: Studying the Links between Action and Institution. In: Organization Studies 18, Nr. 1, S. 93-117.

Becker, Lee B./Vlad, Tudor (2009): News Organizations and Routines. In: Wahl-Jorgensen, Karin/Hanitzsch, Thomas (Hrsg.): The Handbook of Journalism Studies. New York: Routledge, S. 59-72.

Benson, Rodney (2004): Bringing the Sociology of Media Back In. In: Political Communication 21, Nr. 3, S. 275-292.

Benson, Rodney (1999): Field Theory in Comparative Context: A New Paradigm for Media Studies. In: Theory and Society 28, Nr. 3, S. 463-498.

Benson, Rodney (2006): News Media as a „Journalistic Field": What Bourdieu Adds to New Institutionalism, and Vice Versa. In: Political Communication 23, Nr. 2, S. 187-202.

Berger, Peter L./Luckmann, Thomas (1967): The Social Construction of Reality. A Treatise in the Sociology of Knowledge. New York: Anchor Books.

Black, Julia (2008): Constructing and contesting legitimacy and accountability in polycentric regulatory regimes. In: Regulation & Governance 2, Nr. 2, S. 137-164.

Breed, Warren (1955): Social Control in the Newsroom: A Functional Analysis. In: Social Forces 33, Nr. 4, S. 326-335.

Cook, Timothy E. (2006): The News Media as a Political Institution: Looking Backward and Looking Forward. In: Political Communication 23, Nr. 2, S. 159-171.

DiMaggio, Paul J./Powell, Walter W. (1991): The Iron Cage Revisited: Institutional Isomorphism and Collective Rationality in Organization Fields. In: Powell, Walter W./DiMaggio, Paul J. (Hrsg.): The new Institutionalism in Organizational Analysis. Chicago/London: University of Chicago Press, S. 63-82 (zuerst in: American Sociological Review 48, Nr. 2, S. 147-160).

Dimmick, John W. (2003): Media Competition and Coexistence. The Theory of the Niche. Mahwah: Lawrence Erlbaum.

Donges, Patrick (2008): Medialisierung politischer Organisationen. Parteien in der Mediengesellschaft. Wiesbaden: VS.

Donges, Patrick (2006): Medien als Institutionen und ihre Auswirkungen auf Organisationen. Perspektiven des soziologischen Neo-Institutionalismus für die Kommunikationswissenschaft. In: Medien & Kommunikationswissenschaft 54, Nr. 4, S. 563-578.

Edelman, Lauren B./Suchman, Mark C. (1997): The Legal Environments of Organizations. In: Annual Review of Sociology 23, S. 479-515.

Freedman, Des (2010): Media Policy Silences: The Hidden Face of Communications Decision Making. In: The International Journal of Press/Politics 15, Nr. 3, S. 344-361.

Giddens, Anthony (1986): The Constitution of Society. Outline of the Theory of Structuration. Cambridge: Polity Press.

Gilardi, Fabrizio (2004): Institutional Change in Regulatory Policies: Regulation Through Independent Agencies and the Three New Institutionalisms. In: Jordana, Jacint/Levi-Faur, David (Hrsg.): The Politics of Regulation: Institutions and Regulatory Reform in the Age of Governance. Cheltenham/Northampton: Edward Elgar, S. 67-89.

Greve, Henrich R. (1996): Patterns of Competition: The Diffusion of a Market Position in Radio Broadcasting. In: Administrative Science Quarterly 41, Nr. 1, S. 29-60.

Gunningham, Neil/Rees, Joseph (1997): Industry Self-Regulation: An Institutional Perspective. In: Law & Policy 19, Nr. 4, S. 363-414.

Hall, Peter A./Taylor, Rosemary C.R. (1996): Political Science and the Three New Institutionalisms. In: Political Studies 44, Nr. 5, S. 936-957.

Han, Kyun-Tae (1988): Composition of board of directors of major media corporations. In: Journal of Media Economics 1, Nr. 2, S. 85-100.

Hannan, Michael T./Freeman, John (1977): The Population Ecology of Organizations. In: The American Journal of Sociology 82, Nr. 5, S. 929-964.

Hirsch, Paul M. (1977): Occupational, Organizational, and Institutional Models in Mass Media Research: Toward an Integrated Framework. In: Hirsch, Paul M./ Miller, Peter V./Kline, F. Gerald (Hrsg.): Strategies for Communication Research. Beverly Hills/London: Sage, S. 13-42.

Immergut, Ellen M. (1998): The Theoretical Core of the New Institutionalism. In: Politics & Society 26, Nr. 1, S. 5-34.

Jarren, Otfried (2003): Institutionelle Rahmenbedingungen und Organisationen der öffentlichen Kommunikation. In: Bentele, Günter/Brosius, Hans-Bernd/Jarren, Otfried (Hrsg.): Öffentliche Kommunikation. Handbuch Kommunikations- und Medienwissenschaft. Wiesbaden: Westdeutscher Verlag, S. 13-27.

Jarren, Otfried/Meier, Werner A. (2002): Mediensysteme und Medienorganisationen als Rahmenbedingungen für den Journalismus. In: Jarren, Otfried/Weßler, Hartmut (Hrsg.): Journalismus – Medien – Öffentlichkeit. Eine Einführung. Wiesbaden: Westdeutscher Verlag, S. 99-163.

Kiefer, Marie Luise (2010): Journalismus und Medien als Institutionen. Konstanz: UVK.

Kiefer, Marie Luise/Steininger, Christian (2014): Medienökonomik. 3. Auflage. München: Oldenbourg.

Kieser, Alfred/Walgenbach, Peter (2003): Organisation. 4., überarbeitete und erweiterte Auflage. Stuttgart: Schäffer-Poeschel.

Koelble, Thomas A. (1995): The New Institutionalism in Political Science and Sociology. In: Comparative Politics 27, Nr. 2, S. 231-243.

Lammers, John C./Barbour, Joshua B. (2006): An Institutional Theory of Organizational Communication. In: Communication Theory 16, Nr. 3, S. 356-377.

Leblebici, Huseyin/Salancik, Gerald R./Copay, Anne/King, Tom (1991): Institutional Change and the Transformation of Interorganizational Fields: An Organizational History of the U.S. Radio Broadcasting Industry. In: Administrative Science Quarterly 36, Nr. 3, S. 333-363.

Li, Shu-Chu Sarrina (2001): New Media and Market Competition: A Niche Analysis of Television News, Electronic News, and Newspaper News in Taiwan. In: Journal of Broadcasting & Electronic Media 45, Nr. 2, S. 259-276.

Lowrey, Wilson (2009): Institutional Roadblocks. Assessing Journalism's Response to Changing Audiences. In: Papacharissi, Zizi (Hrsg.): Journalism and Citizenship: New Agendas in Communication. New York: Routledge, S. 44-67.

Lowrey, Wilson/Woo, Chang Wan (2010): The News Organization in Uncertain Times: Business or Institution? In: Journalism & Mass Communication Quarterly 87, Nr. 1, S. 41-61.

Mayntz, Renate/Scharpf, Fritz W. (1995): Der Ansatz des akteurzentrierten Institutionalismus. In: Mayntz, Renate/Scharpf, Fritz W. (Hrsg.): Gesellschaftliche Selbstregelung und politische Steuerung. Frankfurt a. M./New York: Campus (Schriften des Max-Planck-Instituts für Gesellschaftsforschung Köln, Bd. 23), S. 39-72.

McChesney, Robert W. (2008): The Political Economy of the Media. Enduring Issues, Emerging Dilemmas. New York: Monthly Review Press.

Meyer, John W./Rowan, Brian (1991): Institutionalized Organizations: Formal Structure as Myth and Ceremony. In: Powell, Walter W./DiMaggio, Paul J. (Hrsg.): The new Institutionalism in Organizational Analysis. Chicago/London: University of Chicago Press, S. 41-62 (zuerst in: American Journal of Sociology 83, Nr. 2, S. 340-363).

North, Douglass C. (2005): Understanding the Process of Economic Change. Princeton: Princeton University Press.

Oliver, Christine (1991): Strategic Responses to Institutional Processes. In: The Academy of Management Review 16, Nr. 1, S. 145-179.

Ortmann, Günther/Sydow, Jörg/Türk, Klaus (2000): Organisation, Strukturation, Gesellschaft. Die Rückkehr der Gesellschaft in die Organisationstheorie. In: Ortmann, Günther/Sydow, Jürg/Türk, Klaus (Hrsg.): Theorien der Organisation. Opladen: Westdeutscher Verlag, S. 15-34.

Ortmann, Günther/Sydow, Jörg/Windeler, Arnold (2000): Organisation als reflexive Strukturation. In: Ortmann, Günther/Sydow, Jürg/Türk, Klaus (Hrsg.): Theorien der Organisation. Opladen: Westdeutscher Verlag, S. 315-354.

Ortmann, Günther/Zimmer, Marco (2001): Strategisches Management, Recht und Politik. In: Ortmann, Günther/Sydow, Jörg (Hrsg.): Strategie und Strukturation. Strategisches Management von Unternehmen, Netzwerken und Konzernen. Wiesbaden: Gabler, S. 301-349.

Page, Benjamin I. (1996): The Mass Media as Political Actors. In: PS: Political Science and Politics 29, Nr. 1, S. 20-24.

Pfeffer, Jeffrey/Salancik, Gerald R. (2003 [1978]): The External Control of Organizations. A Resource Dependence Perspective. Stanford: Stanford Business Books.

Puppis, Manuel (2010): Einführung in die Medienpolitik. 2., überarbeitete Auflage. Konstanz: UVK.

Puppis, Manuel (2013): Medienregulierung als Institution und Organisation. In: Künzler, Matthias/Oehmer, Franziska/Puppis, Manuel/Wassmer, Christian (Hrsg.): Medien als Institutionen und Organisationen. Institutionalistische Ansätze in der Publizistik- und Kommunikationswissenschaft. Baden-Baden: Nomos (Medienstrukturen, Bd. 2), S. 175-190.

Puppis, Manuel (2009): Organisationen der Medienselbstregulierung. Europäische Presseräte im Vergleich. Köln: Halem.

Puppis, Manuel (2015): Political Media Regulation. In: Mazzoleni, Gianpietro (Hrsg.): The International Encyclopedia of Political Communication. Oxford/Malden: Wiley-Blackwell (im Erscheinen).

Puppis, Manuel/Jarren, Otfried/Künzler, Matthias (2013): Mediensysteme, Institutionen und Medienorganisationen als Forschungsfeld der Publizistik- und Kommunikationswissenschaft. In: Puppis, Manuel/Künzler, Matthias/Jarren, Otfried (Hrsg.): Media Structures and Media Performance / Medienstrukturen und Medienperformanz. Wien: Austrian Academy of Sciences Press (relation n.s., Bd. 4), S. 11-44.

Radaelli, Claudio M. (2000): Policy Transfer in the European Union: Institutional Isomorphism as a Source of Legitimacy. In: Governance 13, Nr. 1, S. 25-43.

Reich, Simon (2000): The Four Faces of Institutionalism: Public Policy and a Pluralistic Perspective. In: Governance: An International Journal of Policy and Administration 13, Nr. 4, S. 501-522.

Ryfe, David Michael (2006b): Guest Editor's Introduction: New Institutionalism and the News. In: Political Communication 23, Nr. 2, S. 135-144.

Ryfe, David Michael (Hrsg.) (2006a): New Institutionalism and the News [Special Issue]. Political Communication 23, Nr. 2.

Ryfe, David Michael/Blach-Ørsten, Mark (Hrsg.) (2011): Journalism as an Institution [Special Issue]. Journalism Studies 12, Nr. 1.

Sandhu, Swaran (2012): Public Relations und Legitimität. Der Beitrag des organisationalen Neo-Institutionalismus für die PR-Forschung. Wiesbaden: Springer VS.

Saundry, Richard (1998): The Limits of Flexibility: the Case of UK Television. In: British Journal of Management 9, Nr. 2, S. 151-162.

Saxer, Ulrich (1999): Der Forschungsgegenstand der Medienwissenschaft. In: Leonhard, Joachim-Felix/Ludwig, Hans-Werner/Schwarze, Dietrich/Straßner, Erich (Hrsg.): Medienwissenschaft. Ein Handbuch zur Entwicklung der Medien und Kommunikationsformen. 1. Teilband. Berlin/New York: de Gruyter (Handbücher zur Sprach- und Kommunikationswissenschaft, Bd. 15.1), S. 1-14.

Scherer, Andreas Georg (2002): Kritik der Organisation oder Organisation der Kritik? – Wissenschaftstheoretische Bemerkungen zum kritischen Umgang mit Organisationstheorien. In: Kieser, Alfred (Hrsg.): Organisationstheorie. 5., unveränderte Auflage. Stuttgart: Kohlhammer, S. 1-37.

Schmidt, Vivien A. (2008): Discursive Institutionalism: The Explanatory Power of Ideas and Discourse. In: Annual Review of Political Science 11, S. 303-326.

Schmidt, Vivien A. (2010): Taking ideas and discourse seriously: explaining change through discursive institutionalism as the fourth 'new institutionalism'. In: European Political Science Review 2, Nr. 1, S. 1-25.

Scott, W. Richard (2001): Institutions and Organizations. 2. Auflage. Thousand Oaks/London/New Delhi: Sage.

Scott, W. Richard (2003): Organizations. Rational, Natural, and Open Systems. 5. Auflage. Upper Saddle River, NJ: Prentice Hall.

Scott, W. Richard/Meyer, John W. (1991): The Organization of Societal Sectors: Propositions and Early Evidence. In: Powell, Walter W./DiMaggio, Paul J. (Hrsg.): The new Institutionalism in Organizational Analysis. Chicago/London: University of Chicago Press, S. 108-140 (zuerst in: Meyer/Scott (1983): Organizational Environments: Ritual and Rationality).

Shoemaker, Pamela J./Reese, Stephen D. (2014): Mediating the Message in the 21st Century. A Media Sociology Perspective. New York/Abingdon: Routledge.

Sigal, Leon V. (1973): Reporters and Officials: The Organization and Politics of Newsmaking. Lexington: DC Heath.

Simmons, Charlene (2012): Will You Be on Our Board of Directors? We Need Help: Media Corporations, Environmental Change, and Resource Dependency Theory. In: Journalism & Mass Communication Quarterly 89, Nr. 1, S. 55-72.

Soloski, John (1989): News Reporting and Professionalism. Some Constraints on the Reporting of the News. In: Media, Culture & Society 11, Nr. 2, S. 207-228.

Sparrow, Bartholomew H. (2006): A Research Agenda for an Institutional Media. In: Political Communication 23, Nr. 2, S. 145-157.

Stearns, Timothy M./Hoffman, Alan N./Heide, Jan B. (1987): Performance of Commercial Television Stations as an Outcome of Interorganizational Linkages and Environmental Conditions. In: Academy of Management Journal 30, Nr. 1, S. 71-90.

Steininger, Christian (2002): Medienmärkte, Medienwettbewerb, Medienunternehmen. Die ökonomischen Institutionen des deutschen dualen Rundfunksystems aus Sicht der Akteure. München: Reinhard Fischer.

Suchman, Mark C. (1995): Managing Legitimacy: Strategic and Institutional Approaches. In: The Academy of Management Review 20, Nr. 3, S. 571-610.

Suchman, Mark C./Edelman, Lauren B. (1996): Legal Rational Myths: The New Institutionalism and the Law and Society Tradition. In: Law & Social Inquiry 21, Nr. 4, S. 903-941.

Tuchman, Gaye (1973): Making News by Doing Work: Routinizing the Unexpected. In: American Journal of Sociology 79, Nr. 1, S. 110-131.

Tunstall, Jeremy (1971): Journalists at Work. Beverly Hills: Sage.

Türk, Klaus/Lemke, Thomas/Bruch, Michael (2006): Organisation in der modernen Gesellschaft. Eine historische Einführung. 2. Auflage. Wiesbaden: VS.

Turow, Joseph (1990): Media industries, media consequences: Rethinking mass communication. In: Anderson, James A. (Hrsg.): Communication Yearbook 13. New York: Routledge, S. 478-501.

Walgenbach, Peter (2002): Institutionalistische Ansätze in der Organisationstheorie. In: Kieser, Alfred (Hrsg.): Organisationstheorie. 5., unveränderte Auflage. Stuttgart: Kohlhammer, S. 319-353.

Walgenbach, Peter/Meyer, Renate E. (2008): Neoinstitutionalistische Organisationstheorie. Stuttgart: Kohlhammer.

Weber, Matthew S. (2012): Newspapers and the Long-Term Implications of Hyperlinking. In: Journal of Computer-Mediated Communication 17, Nr. 2, S. 187-201.

White, David Manning (1950): The „Gate Keeper": A Case Study in the Selection of News. In: Journalism Quarterly 27, Nr. 4, S. 383-390.

Williamson, Oliver E. (1985): The Economic Institutions of Capitalism. New York: Free Press.

Williamson, Oliver E. (1981): The Economics of Organization: The Transaction Cost Approach. In: American Journal of Sociology 87, Nr. 3, S. 548-577.

Zimmer, Marco (2001): Wege rekursiver Regulation – Eine Aufgabe des strategischen Managements. In: Ortmann, Günther/Sydow, Jörg (Hrsg.): Strategie und Strukturation. Strategisches Management von Unternehmen, Netzwerken und Konzernen. Wiesbaden: Gabler, S. 377-418.

Zimmer, Marco/Ortmann, Günther (2001): Strategisches Management, strukturationstheoretisch betrachtet. In: Ortmann, Günther/Sydow, Jörg (Hrsg.): Strategie und Strukturation. Strategisches Management von Unternehmen, Netzwerken und Konzernen. Wiesbaden: Gabler, S. 27-55.

Teil II:
Wie argumentiert, konstituiert und sichert man autonome
Institutionen in einer Gesellschaft?

A Zur Frage und ihrer Stimmigkeit

Kiefer revisited: Wie argumentiert, konstituiert und sichert man autonome Institutionen in Gesellschaften?

Regina Schnellmann

1 Einleitung

Institutionenökonomik betrachtet das Wirtschaftsgeschehen nicht als isolierten gesellschaftlichen Bereich, dessen institutionelle Rahmenbedingungen außer Acht gelassen werden können, sondern versucht, Gesamtzusammenhänge von politischen, soziologischen und ökonomischen Faktoren zu erklären. Will man die Frage nach Argumentation, Konstitution und Sicherung autonomer Institutionen in demokratischen Gesellschaften beantworten und dabei auf Marie Luise Kiefer rekurrieren, empfiehlt sich die Endogenisierung gesellschaftlicher Institutionen in die ökonomische Analyse, weil Institutionen aufgrund ihrer Legitimität und der Zuschreibung einer kollektiv akzeptierten Leitidee die Macht haben, individuelle Zielstrebungen zugunsten kollektiver Interessenlagen einzugrenzen und zu verändern. Dem Journalismus als Institution obliegt die Beschreibung der aktuellen gesellschaftlichen Wirklichkeit, um die Freiheits- und Entscheidungsfähigkeit des Bürgers als Demos der Demokratie sicherzustellen. Journalismus und mit ihm journalistische Medien als Institutionen haben die Funktion, die für eine demokratische Gesellschaft unerlässliche Demokratiefähigkeit der Bürger als kollektives Gut zu sichern. Journalismus ist damit auch Produzent kollektiver, meritorischer Güter (vgl. Kiefer 2010). In einer demokratischen Gesellschaft sind Institutionen als Regelsystem, kollektiv akzeptierte Werte und Leitvorstellungen für ein gedeihliches Zusammenleben der Bürger unerlässlich.

2 Zum Begriff der Institution

Institutionen sind kollektiv akzeptierte Werte und Leitvorstellungen, umfangreiche verhaltenssteuernde Regelsysteme, deren Hauptzweck die Reduktion von Unsicherheit und Komplexität sowie die Schaffung von Richtlinien für Interaktionen und Kooperationen ist, d. h. Ziel ist eine

Handlungskoordination trotz begrenzter Rationalität der Individuen/Organisationen und trotz Unsicherheit im Handeln (vgl. Kiefer 2010: 13). Institutionen schränken Handlungsmöglichkeiten und Entscheidungsalternativen ein, ermöglichen die Ausbildung von Routinen, liefern Beurteilungsmaßstäbe für Verhalten, begünstigen sozial erwünschtes Verhalten, eine gemeinsame Weltsicht und dadurch Verständigung (vgl. Kiefer 2010: 27, Schnellmann 2013: 74-79). Regeländerungen erhöhen die Unsicherheit der Akteure und verringern die Stabilität der wechselseitigen Erwartungen (vgl. Kiefer 2010: 21).

Institutionen bilden die Grundlage sozial sanktionierbarer Erwartungen. Sie „regulieren und koordinieren ja nicht nur Erwartungen und Verhalten der Individuen, etablieren und beeinflussen Präferenzen, sie gelten in der Institutionenökonomik generell als Mechanismen der Realitätserfahrung und Weltaneignung" (vgl. Kiefer 2010: 211). Institutioneller Wandel sowie „die Genese und Erosion institutioneller Erwartungsstrukturen ereignen sich [...] vor dem Hintergrund anderer Erwartungsstrukturen" (Kiefer 2010: 84).

2.1 Legitimität von Institutionen

Ihre Legitimität beziehen Institutionen aus einer allgemeinen Zustimmungsfähigkeit (was in demokratischen Gesellschaften nicht gleich Einstimmigkeit bedeutet, Kiefer 2007: 50), einer zugeschriebenen Leitidee im Sinne eines objektiv unterstellten Sinns (Konsens) (vgl. Kiefer 2010: 25, 86; Kiefer/Steininger 2014: 76; Kiefer 2007: 48). Konsensfähigkeit gründet auf das Bewusstsein um ein gemeinsames, komplexes Problem bzw. dessen Lösung oder Entschärfung sowie auf die Notwendigkeit von Regeln und deren Gültigkeit (vgl. Kiefer 2010: 86; Kiefer 2007: 48). Das zentrale Argument für die Vollziehung von Institutionen im Sinne von fundamentalen Regeln in einer Gesellschaft ist der „Schleier der Unsicherheit". Unsicherheit herrscht im Hinblick darauf, wie diese Regeln auf lange Sicht individuelle Interessen tangieren werden. „Dieses Nichtwissen jedes Einzelnen über seine post-konstitutionelle Position in der Gesellschaft ermöglicht konzeptuell die freiwillige Zustimmung aller zu solchen Regeln und Grundsätzen für das gesellschaftliche Zusammenleben, von deren Geltung sich jeder wenigstens ex ante einen (Netto-)Vorteil verspricht." (Kiefer 2007: 47f.) Damit kann das Problem rationaler Ignoranz, das aufgrund motivationaler und kognitiver Wissensgrenzen der Individuen entsteht, abgeschwächt werden (vgl. Kiefer 2007: 51).

Probleme entstehen einerseits durch fundamentale Wissensgrenzen der Individuen andererseits aufgrund gesellschaftlicher Kooperationserfordernisse und sozialer Dilemmastrukturen (vgl. Kiefer 2010: 210). In sozialen Dilemmata wird deutlich, dass nicht-intendierte Effekte intentionalen Handelns negativ auf Individuen zurückwirken können – konfligierende Handlungsinteressen konstituieren ein gemeinsames Regelinteresse. Kollektive Selbstschädigung ist das Ergebnis individuell rationalen Verhaltens bei gegebenen Anreizen. Veränderte Anreize könnten zu wechselseitiger Besserstellung führen, von der alle profitierten und der sie folglich zustimmen können (vgl. Kiefer 2007: 49). Erreicht wird diese Übereinstimmung über konstitutionelle Diskurse, die nur in der Öffentlichkeit vorstellbar sind. Entscheidend dafür sind die Meinungen zu Regelinteressen (im Gegensatz zu Meinungen über Handlungsinteressen), welche die entscheidende öffentliche Meinung bilden (vgl. Kiefer 2007: 54). „Gemeinschaftsbildung durch Diskurs ist eine notwendige Voraussetzung, um konsensuale Regellösungen zu finden." (Kiefer 2007: 56)

In modernen Gesellschaften lässt sich Konsens über gemeinsame Regelinteressen und Problemlösungen oft nicht mehr aus (fehlenden) Werten ableiten, sondern aus gemeinsamen und konfligierenden Interessen und der damit verbundenen Möglichkeit, durch ein kluges Management sozialer Dilemmata zu einer wechselseitigen Besserstellung aller Bürger beizutragen (Modell sozialer Dilemmata) (vgl. Kiefer 2007: 49). Damit liegen die Gründe für die Entstehung von Institutionen einerseits in motivationalen, im Selbstinteresse der Individuen liegenden Gründen und andererseits an Grenzen kognitiver Fähigkeiten der Individuen und damit verbunden Unsicherheit als Grunderfahrung des Menschen (vgl. Kiefer 2010: 82). Institutionen können ungeplant entstehen bzw. sich weitgehend unintendiert wandeln (Evolutionsökonomik). Im Vordergrund stehen Selbstorganisation, Lernprozesse, Habituation. Andererseits entstehen Institutionen geplant (Verfassungsökonomik). Zentral ist dabei das Konstrukt des hypothetischen Gesellschaftsvertrags, der auf Konsens der Gesellschaftsmitglieder gründet (vgl. Kiefer 2010: 214). Funktionalität und Legitimität von Institutionen müssen im Hinblick auf das Spannungsverhältnis/Zusammenspiel Mensch und Institution immer wieder geprüft werden. Als zentraler Faktor gilt dabei Habituation (vgl. Kiefer 2010: 29).

Kommunikation und ein gemeinsamer sozialer und kultureller Hinter-grund (Informations- und Wissenstransfer) sind Voraussetzung für das Entstehen und Bestehen von Institutionen (vgl. Kiefer 2010: 84).

2.2 Gliederung von Institutionen

Institutionen können hierarchisch gegliedert werden, deren Gestaltungs-spielraum nimmt entlang dieser Hierarchie von oben nach unten zu: „Fun-damentale Institutionen stehen an der Spitze und bilden den Rahmen für die abgeleiteten oder sekundären Institutionen der 1., 2. bis n-ten Stufe. Fundamentale Regel- und Normensysteme werden als Ergebnis langwieri-ger gesellschaftlicher Evolutionsprozesse erklärt und sie gelten als dem menschlichen Gestaltungsvermögen nicht zugänglich, also rational nicht planbar." (Kiefer/Steininger 2014: 77) Institutionen höherer Ordnung be-schränken den Entwicklungs- und Gestaltungsraum von Institutionen nied-rigerer Ordnung. Damit erscheint eine Abhängigkeit der Medienordnung von der gesellschaftlichen Ordnung plausibel (vgl. Kiefer 2010: 71). Auch in einem hierarchisch geordneten Institutionengefüge „spielen Anpas-sungs- und Veränderungsgeschwindigkeiten von Institutionen eine Rolle" (Kiefer 2010: 101).

2.3 Institutionen und die Produktion von kollektiven und meritorischen Gütern

Institutionen ermöglichen die Produktion kollektiver sowie meritorischer Güter. Als kollektives Gut gilt auch, Freiheits- und Entscheidungsfähig-keit der Bürger einer Demokratie (Demokratiefähigkeit) zu ermöglichen, mittels Beschreibung aktueller, gesellschaftlicher Wirklichkeit (Journalis-mus). Institutionen (oder der Staat) greifen in Produktion und Konsum von meritorischen Gütern ein, weil diese aufgrund der primären Orientie-rung der Individuen an den Konsumentenpräferenzen (anstelle konstitutio-neller Präferenzen) ansonsten nicht ausreichend bereitgestellt werden (vgl. Kiefer 2010: 90; Kiefer/Steininger 2014: 76). Eingeschränkte Konsumen-tensouveränität und in Folge Nachfragemängel aufgrund gutspezifischer Besonderheiten und fehlerhafte Entscheidungsverfahren lassen den Ein-griff von Institutionen in den Produktions- und Konsumprozess notwendig erscheinen (vgl. Kiefer 2010: 93). „Mit der Annahme eines hypothetischen

Eingriffsbedarfs zur Lösung eines Koordinationsproblems ist verfassungs-ökonomisch nicht nur eine individualistische [...] sondern auch eine gene-ralisierbare Begründung meritorischer Bedürfnisse und entsprechender Eingriffe möglich, weil diese auf Zustimmung aller Vertragspartner beru-hend gewertet werden können." (Kiefer 2010: 96)

Entsprechend dem Paradigma der Selbstorganisation entstehen Institu-tionen durch Verhaltensregelmäßigkeit und dadurch erzeugte Einstellun-gen und Erwartungen: Alle Individuen erzeugen einen Konformitätsdruck, der zu Ordnung zwingt und damit zu erwartbarer, von individuellem Ver-halten unabhängiger Verhaltensregelmäßigkeit führt. Interaktionen auf der Mikroebene bringen demnach Ordnungsstrukturen auf der Makroebene hervor, aus einer unstrukturierten wird eine strukturierte Situation (vgl. Kiefer 2010: 99f.). Handlungen und Strukturen verändern sich mit unter-schiedlicher Geschwindigkeit, der Mikroebene wird eine schnellere Eigen-zeit zugewiesen als der Makroebene. Handeln und Struktur konstituieren sich fortlaufend wechselseitig und Präferenzsysteme, Institutionen und Verhaltensweisen werden als variabel betrachtet (vgl. Kiefer 2010: 102f.).

2.4 Institutionenwandel

Institutioneller Wandel beruht vor allem auf institutioneller Instabilität. Schwerwiegende Konflikte sind in einem konstitutionellen System nicht dauerhaft vorstellbar (vgl. Schnellmann 2013: 111f.). Individuelle und kollektive Akteure werden von Institutionen nicht nur geprägt, Akteure nutzen Institutionen auch als Ressource zur Verfolgung von Eigeninteres-sen sowie zur Veränderung der Institutionen durch strategisches Verhal-ten. Institutionen können durch regelkonformes bzw. durch institutionen-widriges strategisches Verhalten der Akteure ebenso geändert werden wie durch unspektakuläre, unmerkliche Unterwanderung einer Institution (vgl. Kiefer 2010: 154f.; Hannerer/Steininger 2009: 31f.).

> „Bei diesen Entwicklungen wird mit den Mitteln der Institution gegen den Geist, die Leitidee oder Statusfunktion der Institution agiert, diese routinisiert strategisch unterlaufen, wenn man die Statusfunktion als gesellschaftsbezogen begreift, als primär orientiert an der Ermöglichung des Zusammenlebens der Individuen einer Gesellschaft oder [...] der Ermöglichung und Sicherung von Bürgersouveränität in der Demokratie dienend und nicht ausschließlich dem Individuum selbst und seinen individuellen Interessen und privaten Alltags-problemen [...]." (Kiefer 2010: 155f.; vgl. Schnellmann 2012: 110ff.)

Institutionen gehören zum gemeinsamen Wissen der Gesellschaft (vgl. Kiefer 2010: 27). (Theorie-)Wissen ist auch für die Herausbildung konstitutioneller (am Gemeinwohl orientierter) Präferenzen und das Treffen von fundierten Entscheidungen von großer Bedeutung. Um das bereitgestellte Wissen für individuelle Entscheidungen nutzen zu können bzw. für dessen Verbreitung spielen journalistische Medien eine zentrale Rolle (vgl. Kiefer 2010: 90; Kiefer 2007: 51). In den Blick geraten Bedingungen, Formen und Inhalte der Aufmerksamkeitsgenerierung in der öffentlichen bzw. Medienkommunikation, um das zur Problemlösung (konsensuale Regeln) unbedingt erforderliche Theoriewissen ausreichend in den Kommunikationsprozess einfließen zu lassen und zu präsentieren. Fraglich ist im Hinblick darauf die Funktionstüchtigkeit privat organisierter, werbe(teil)finanzierter Medienunternehmen, die am Markt effizient und rentabel agieren müssen (vgl. Kiefer 2007: 55; Kiefer 1997). Konflikte zwischen „individualistischem Bereitstellungsmotiv" der privat organisierten Medienunternehmen und den gesellschaftlichen Leistungserwartungen meritorischen Charakters an das Mediensystem sind immanent (vgl. Kiefer 1997: 60). Kiefer (1998) zeigt diese vor allem anhand der spezifischen kulturellen bzw. Medien-Produktionsbedingungen auf: stagnierende oder unterproportional wachsende Produktivität, hoher Anteil an Fixkosten, Innovationszwang, der Gutcharakteristik (Erfahrungs-, Vertrauensgüter, keine ex ante Nutzenbewertung, Unsicherheit der Nachfrage etc.), welche Strategien der Risikominimierung zur Folge haben. Diese Produktionsstrategien dienen allerdings nicht der konsensualen Entscheidungsfindung der Bürger (Volkssouveränität).

3 Journalismus als Institution

Journalismus ist, wie alle Institutionen, über ein Regelsystem konstituiert und gilt als „zentrales Leistungssystem einer funktional differenzierten Gesellschaft", als zentrale institutionelle Struktur von Öffentlichkeit in Demokratien, die zur Information, Kritik, Kontrolle, Bildung und Erziehung beiträgt und damit Öffentlichkeit bzw. Demokratie erst potenziell funktionsfähig macht (vgl. Kiefer 2010: 38, 47; Kiefer 2011: 7). Journalismus ist ein „kollektiv akzeptiertes Mittel der Reduktion von gesellschaftlicher Komplexität, das Entscheiden und Handeln und letztlich Kooperation der Individuen" in einem differenzierten, komplexen, arbeitsteiligen und pluralistischen Gemeinwesen ermöglichen soll (vgl. Kiefer 2010: 41). Damit sind öffentliche Meinungsbildung, Information, Orientierung, Lernen bzw. das Ermöglichen gesellschaftlicher Selbstverständigungs- und Konsensprozesse über kollektive Belange durch Reduktion strategischer Unsicherheit die zentralen Funktionen von Journalismus, die für den Bereich Öffentlichkeit als Raum zwischen Politik und Gesellschaft funktional sind (vgl. Kiefer 2010: 42, 46, 70; Kiefer 2011: 9). Diese Interdependenz, die gesellschaftliche Kooperation ermöglichende, spezifische Selektivität ist konstitutiv für die Institution Journalismus (vgl. Kiefer 2011: 9). Der normative Kern der journalistischen Funktion ist die Sicherung der Volkssouveränität, deren Voraussetzung Öffentlichkeit ist. Damit ist die Institution Journalismus auch Produzentin meritorischer Güter (vgl. Kiefer 2010: 49, 68, 219; Kiefer 2011: 9). Der Prozess der öffentlichen Meinungsbildung (im Sinne von Formulierung und Durchsetzung kollektiv verbindlicher Entscheidungen) ist Voraussetzung für Öffentlichkeit als zentrale demokratietheoretische Kategorie, die nicht nur als Sphäre der Legitimationsbeschaffung im weitesten Sinn gilt, sondern besonders als Sphäre der Evaluierung und Durchsetzung von Regelinteressen der Gesellschaft, ihrer Subsysteme und individuellen Mitglieder (vgl. Kiefer 2010: 44ff., 76). Marie Luise Kiefer plädiert primär für eine öffentliche Finanzierung (nicht im Sinne von Steuergeldern, sondern als Sicherstellung und Organisation von marktunabhängiger Finanzierung) von Journalismus (nicht der Medien), dessen Voraussetzung eine Überführung des Journalismus in eine Profession ist, inklusive einer Bestimmung wer zur Profession gehört und einer sozialen Schließung (vgl. Kiefer 2011: 10ff., 17). Voraussetzung für eine Selbstorganisation des Journalismus (als Alternative zu Privatisierung und staatlicher Regulierung) gelten klar definierte Grenzen, ein allgemein gültiges Regelsystem, internes Monitoringsystem, internes Sanktionssystem bei Regelverstößen, freiwillige Kooperation, Konfliktlösungsmechanismen sowie die Anerkennung des Selbstorganisationsrechts durch den Staat (vgl. Kiefer 2011: 13). Öffentliche Förderung setzt nicht an der Qualität der Produkte an, sondern an der formalisierten Professionszugehörigkeit des Personals (vgl. Kiefer 2011: 15). „Journalismus muss öffentlich finanziert werden, weil seine Leistungen als libertarian commons allen Gesellschaftsmitgliedern in ihrer Rolle als Bürger offenstehen und in einer Demokratie ohne finanzielle Barrieren offenstehen müssen. Journalismus als gesellschaftliche Institution erfordert ja beides, die Produktion und die Rezeption seiner Dienstleistungen, nur dann kann die institutionelle Funktion erfüllt werden." (Kiefer 2011: 16)

Eine mögliche Gefährdung der Institution Journalismus sieht Kiefer im mangelnden Schutz vor Einflussnahmen aus dem institutionellen Feld der Wirtschaft auf das journalistische Feld in Form von privatwirtschaftlich organisierten Medienunternehmen, die das „institutionell-organisatorische Arrangement mit Blick auf die journalistische Statusfunktion zunehmend ineffizient werden lässt" (vgl. Kiefer 2010: 217). Die Institution Journalismus muss in ihrer Repräsentation sichtbar und unterscheidbar bleiben, um diese Gefährdung einzudämmen. Kiefer nennt die Rückbesinnung auf die innere Pressefreiheit (vgl. Kiefer 2010: 218).

4 Journalistische Medien als Institution

Journalistische Medien sind die wichtigste aktuelle Informationsquelle, zentrales Forum für Meinungsäußerung und Meinungsverbreitung und wichtigster Faktor der öffentlichen Meinungsbildung (vgl. Kiefer 2010: 37). Medien sind ein „zentrales Organisationsgerüst", in dessen Rahmen sich journalistische Arbeit vollzieht (vgl. Kiefer 2011:19). Sie sind unverzichtbar, solange sie dem Journalismus die benötigte Öffentlichkeit schaffen (vgl. Kiefer 2011: 10). Journalistische Medien erlangen Institutionencharakter über ihre Verbindung mit dem Journalismus und die dadurch mögliche, für Demokratien relevante Herstellung von Öffentlichkeit (vgl. Kiefer 2010: 68). Journalismus gilt damit als die demokratietheoretisch fundamentale Institution (vgl. Kiefer 2011: 5f.). Öffentlich-rechtlicher Rundfunk gilt als „formale Repräsentation" der Institution Journalismus und wird damit sowohl den autonomen Institutionen zugeordnet als auch als gesellschaftlich konsentierte Organisationsform begründet. Damit geht eine besondere Verantwortung für die Erhaltung des normativen Kerns von Journalismus einher (vgl. Kiefer 2010: 214; Schnellmann 2013: 104ff.).

Die Beziehung zwischen journalistischen Medien und Rezipienten gilt als Prinzipal-Agent-Beziehung bzw. Delegationsverhältnis, in dem der Bürger die zeit- und kostenaufwändige Aufgabe der Informationsbeschaffung zwecks qualifizierter Entscheidungen als Souverän an die eigens dafür geschaffene Institution delegiert. Das Individuum akzeptiert, „dass die Informations- und Bereitstellungsentscheidungen des fachmännischen Agenten mi seinen […] Präferenzen nicht immer übereinstimmen" (Kiefer 2010: 94).

Institutionen vermitteln in modernen Gesellschaften gegenseitiges Vertrauen (vgl. Kiefer 2010, S. 83). Der journalistische Akteur ist sozialer Agent für die Bürger. Dieser institutionalisierte Agentenstatus ist die Basis für Vertrauen in das journalistische Handeln und für dessen Legitimation (vgl. Kiefer 2011: 9). Unterstellt man eine tiefe Verknüpfung von Institutionen und Systemvertrauen, „dann bleibt ein Wandlungs- oder gar De-Institutionalisierungsprozess journalistischer Medien [...] nicht ohne Auswirkungen auf dieses für Demokratien zentrale Systemvertrauen: das Vertrauen in den Journalismus als Voraussetzung für das Vertrauen durch Journalismus in die Demokratie könnte ernsthaft zu schwinden drohen." (Kiefer 2010: 207)

5 Fazit

Die Frage, warum gesellschaftliche Institutionen wie z. B. der Journalismus entstehen, verweist auf komplexe, durch fundamentale Wissensgrenzen und daraus resultierende Unsicherheit sowie gesellschaftliche Kooperationserfordernisse und soziale Dilemmastrukturen entstehende Problemstellungen, die durch aufkommende Institutionen bewältigt werden sollen bzw. zumindest so weit entschärft werden sollen, dass Menschen in Gesellschaft zusammenleben können. Institutionen sind über ein Regelsystem konstituiert (vgl. Kiefer 2010: 210). Zentral zur Sicherung der ebenfalls über ein Regelsystem konstituierten Institution Journalismus ist deren Unterscheidbarkeit sowie die Ermöglichung von Volkssouveränität als normativer Kern der Statusfunktion. „Denn eine Demokratie ist auf freiheitsfähige Bürger angewiesen [...]. Die verfassungsökonomische Begründung von Medienmeritorik lässt sich so vertiefen. Zustimmungsfähigkeit aller Bürger zur Sicherung ihrer Freiheitsfähigkeit durch geeignete Institutionen kann nicht nur plausibel vorausgesetzt werden, dieser Konsens ist vielmehr auch die Basis der Statusfunktion und damit des institutionellen Charakters von Journalismus und journalistischen Medien." (Kiefer 2010: 218f.)

Literatur

Hannerer, Regina/Steininger, Christian (2009): Die Bertelsmann Stiftung im Institutionengefüge. Medienpolitik aus Sicht des ökonomischen Institutionalismus. Baden-Baden: Nomos.

Kiefer, Marie Luise (1998): Die ökonomischen Zwangsjacken der Kultur. Wirtschaftliche Bedingungen der Kulturproduktion und -distribution durch Massenmedien. In: Saxer, Ulrich (Hrsg.): Medien- und Kulturkommunikation. Publizistik, Sonderheft 1998 (2). Opladen: Westdeutscher Verlag, S. 97-114.

Kiefer, Marie Luise (2011): Die schwierige Finanzierung des Journalismus. In: Medien & Kommunikationswissenschaft 59, Nr. 1, S. 5-22.

Kiefer, Marie Luise (1997): Ein Votum für eine publizistikwissenschaftlich orientierte Medienökonomie. In: Publizistik 42, Nr. 1, S. 54-61.

Kiefer, Marie Luise (2010): Journalismus und Medien als Institutionen. Konstanz: UVK.

Kiefer, Marie Luise (2007): Öffentlichkeit aus konstitutionenökonomischer Perspektive. In: Medien Journal 27, Nr. 1. S. 42-58.

Kiefer, Marie Luise/Steininger, Christian (2014): Medienökonomik. München: Oldenbourg.

Schnellmann, Regina (2012): Die österreichische Fernsehproduktion aus institutionenökonomischer Sicht. In: Steininger, Christian/Woelke, Jens (Hrsg.): Fernsehen in Österreich 2011/2012. Konstanz/München: UVK, S. 103-133.

Schnellmann, Regina (2013): Das ökonomische Dilemma der Medienproduktion. Eine institutionentheoretische Betrachtung. Wiesbaden: Springer VS.

Wie argumentiert, konstituiert und sichert man autonome Institutionen in einer Gesellschaft?

Patrick Donges

Marie Luise Kiefer hat sich in mehreren Arbeiten mit dem Begriff der Institution auseinandergesetzt und dabei begründet, warum sowohl der Journalismus als auch die Medien als Institutionen aufgefasst werden können (vgl. Kiefer 2010: 36-42, 2011: 7-10, Kiefer/Steininger 2014: 75-124). Ihr Verständnis von Institutionen ist dabei recht spezifisch und stützt sich auf Searle (2005: 19) ab, der vier Anforderungen an Institutionen stellt. Um als Institution zu gelten,

- muss ein soziales Phänomen durch konstitutive Regeln definiert sein,
- müssen diese Regeln Statusfunktionen festlegen, die tatsächlich kollektiv anerkannt und akzeptiert werden,
- diese Statusfunktionen lassen sich nur durch kollektive Zuweisung und Akzeptanz erfüllen oder beruhen auf beobachterunabhängigen Eigenschaften,
- ist mit den Statusfunktionen anerkannte und kollektiv akzeptierte deontische Macht verbunden, die sich nach Searle (2005: 10) in Schutzrechten, Verpflichtungen, Anforderungen, Zertifikaten u. ä. manifestiert (vgl. Kiefer 2010: 36; Searle 2005: 19).

Kiefers Verständnis von Institutionen ist damit wesentlich anspruchsvoller als andere aus der Institutionenökonomik – man denke allein an die einfache und doch folgenreiche Definition von North (1990: 3): „Institutions are the rules of the game in a society or, more formally, are the humanly devised constraints that shape human interaction." Im Unterschied zu diesem betonen Kiefer und Searle gerade die Rolle der konstitutiven Regeln. Diese machen nicht einfach Aussagen über die Eigenschaften eines Phänomens (wie sog. regulative Regeln), sondern sie definieren seine Natur. Damit ermöglichen sie Akteuren Handlungsmöglichkeiten und verleihen diesen Handlungen gesellschaftsweit Sinn (vgl. Giddens 1995: 70; Scott 1994: 61). Erst solche konstitutiven Regeln machen aus einer Anruferin, die am Telefon eine Frage stellt, eine recherchierende Journalistin, die beispielsweise gegenüber staatlichen Stellen auch ein Recht auf eine Auskunft hat. Dieses konstitutive Element institutioneller Regeln wird sonst eher im soziologischen Institutionalismus betont als im sog. Rational-Choice-Institutionalismus der Ökonomik (vgl. Koelble 1995).

Die zweite Besonderheit des Institutionenbegriffs von Kiefer und Searle ist die Bedeutung der Statusfunktionen, die Institutionen begründen. Funktionalistische bzw. systemtheoretische Arbeiten begründen eine solche Funktion meist recht allgemein, etwa „aktuell Informationen zur öffentlichen Kommunikation auszuwählen und zu vermitteln" (Blöbaum 2013: 141). Bei Kiefer sind die Festlegungen der Statusfunktion wesentlich normativer. Für sie „übernimmt und sichert [Journalismus als Institution] die Informations-, die kommunikativen Vermittlungs- und Rückkopplungsprozesse zwischen Bürger, Parlament und demokratischem Staat"; der normative und von der Gesellschaft auch anerkannte Kern der Statusfunktion des Journalismus sei damit letztlich „die Gewährleistung des für Demokratien zentralen Prinzips der Volkssouveränität" (Kiefer 2010: 211).

Auf Basis einer solchen Funktionszuweisung setzt sich Kiefer dann an anderer Stelle (2011) für eine gesellschaftliche Finanzierung des Journalismus – und nicht der Medien! – ein. Dabei sucht sie den häufig beschworenen „dritten Weg zwischen Markt und Staat" (Kiefer 2011: 19). Eine gesellschaftliche Finanzierung des Journalismus sei möglich und notwendig, sofern sich dieser stärker als bisher professionalisiere und selbst organisiere. Kiefer greift dabei auf die Theorie der Commons von Ostrom (1999) zurück. Eine Professionalisierung des Journalismus bedeutet dabei die klare Definition seiner Grenzen, die Vereinbarung von Arrangements für kollektive Regelungen, das Monitoring des Verhaltens der Professionsangehörigen, wie auch Sanktionssysteme und Mechanismen zur Konfliktlösung (vgl. Kiefer 2011: 13). Kiefers Vorschläge zur zukünftigen Finanzierung des Journalismus sind sowohl auf heftige Kritik gestoßen (vgl. Ruß-Mohl 2011; Stöber 2011), aber auch aufgegriffen und weiter entwickelt worden (vgl. Weichert 2013).

Die mir von den Herausgebern dieser Festschrift gestellte Frage lautet nun: „Wie argumentiert, konstituiert und sichert man autonome Institutionen in einer Gesellschaft?" Als gelernter Sozialwissenschaftler und Vertreter eines soziologischen Verständnisses von Institutionen setze ich zunächst den Rotstift an und streiche das Wort „autonom". Institutionelle Regeln können nicht „autonom" von der Gesellschaft sein, in der sie existieren. Regeln sind ein Ausdruck der gesellschaftlichen Konstellationen, in denen sie entstanden sind, und sie wandeln sich zumeist auch mit diesen. Danach macht der Rotstift einen Kreis um das Wort „man" und schreibt

„wer ist ‚man'?" darüber. Die Argumentation von Institutionen ist ein rein wissenschaftliches Problem, an ihrer Konstitution sind Akteure aus verschiedenen Teilen der Gesellschaft beteiligt. Auch das Wort „sichert" bekommt einen Kreis und ein Fragezeichen. Sie werden von verschiedenen Akteuren bearbeitet, wie der Begriff des „institutional work" innerhalb des Institutionalismus verdeutlicht, gesichert werden können sie wohl nicht.

Zur Argumentation: In einem eher soziologischen als ökonomischen Verständnis von Institutionen können diese wie folgt definiert werden: „Institutions are symbolic and behavioral systems containing representational, constitutive and normative rules together with regulatory mechanisms that define a common meaning system and give rise to distinctive actors and action routines." (Scott 1994: 68) Die Überschneidung zu Kiefers Institutionenbegriff ist vor allem Scotts Verweis auf die konstitutiven Regeln, die Bedeutungssysteme definieren. Das ist auch die Funktion von Institutionen: Handeln zu ermöglichen, ihm Sinn zu verleihen und damit sowohl das Handeln wie auch die Gesellschaft insgesamt zu stabilisieren (vgl. auch Scott 2001: 48). Weitere normative Anforderungen sind an den Begriff der Institution und seine Funktion erst einmal nicht zu stellen, er ist in seiner ökonomischen wie auch seiner soziologischen Variante wertfreier, als es im Alltagsgebrauch scheint.

Otfried Jarren hat sich in einem jüngst (2015) erschienenen Essay kritisch mit systemtheoretischen und institutionalistischen Beschreibungen des Journalismus befasst. Im Kern lautet seine Kritik, dass wir eine Art Kern meinen, wenn wir von „dem Journalismus" sprechen: Nachrichtensendungen des öffentlichen Fernsehens, Qualitätszeitungen, politische Leitmedien etc. Auf diesen Kern fokussiert auch Kiefer, wenn sie der Institution des Journalismus die Statusfunktion zuweist, „die Informations-, die kommunikativen Vermittlungs- und Rückkopplungsprozesse zwischen Bürger, Parlament und demokratischem Staat" zu sichern (vgl. ebenda). Aber gilt das auch für die sog. Regenbogenpresse? Für Fox News? Russia Today? Jarren ist zuzustimmen, dass systemtheoretische und institutionalistische Beschreibungen des Journalismus es sich mitunter gerne bequem machen, indem sie sich auf die genannten Kerne des Journalismus konzentrieren, und weniger auf die Peripherie, wo institutionelle Logiken mit anderen in Konflikt geraten, Akteure und ihre Handlungen nicht immer eindeutig zuordenbar sind, kurz: „wo es wehtut". Gerade hier aber müssen sich unsere Beschreibungen des Journalismus bewähren. Das tun sie auch: Sowohl die Regenbogenpresse, Fox News als auch Russia Today beziehen sich in dem, was sie tun, auf institutionalisierte Regeln des Journalismus, und dieser Bezug ist auch wichtig, um von der Gesellschaft als journalistisch identifiziert zu werden und entsprechende Privilegien nutzen zu können. Mit der Beschreibung von Journalismus als Institution ist noch keine Wertaussage verbunden.

Zur Konstitution und Sicherung: Institutionen werden durch das Handeln von Akteuren und ihre gesellschaftliche Akzeptanz reproduziert. Dabei gibt es in modernen, funktional differenzierten Gesellschaften auch keinen Akteur, der Institutionen herstellen könnte. Uwe Schimank hat Institutionen daher einmal treffend als etwas „analytisch Sperriges in der Mitte" zwischen handelnden Akteuren und handlungsprägenden Strukturen bezeichnet:

> „Institutionen sind also auf der einen Seite als dem Zugriff der Akteure entrückte, zwar von ihnen geschaffene, aber sie dann durch strukturellen Zwang beherrschende und so zur gesellschaftlichen Ordnungswahrung beitragende Gegebenheiten angesehen worden. Auf der anderen Seite hat man Institutionen aber auch immer wieder als nur scheinbar starre und reglementierende, in Wirklichkeit hingegen von den Akteuren situativ modifizierbare, aushandelbare und sogar gänzlich ignorierbare Größe dargestellt." (Schimank 2000: 245f.)

Im soziologischen Institutionalismus haben sich drei Forschungslinien etabliert, die das Verhältnis von Akteuren und Institutionen differenzierter fassen möchten und die mit Fredriksson, Pallas und Wehmeier (2013) als „institutional logics", „translation" und „institutional work" bezeichnet werden können. Die erste Forschungslinie greift einen bereits älteren Gedanken von Scott (1991: 167) auf: „It is strongly implied that there is not one but many institutional environments and that some would-be sources of rationalized myths may be in competition if not conflict." In dieser Forschungslinie geht es darum, wie verschiedene und möglicherweise sogar widersprüchliche institutionelle Logiken individuelles oder organisatorisches Handeln prägen und wie Akteure auf diese Komplexität reagieren (vgl. u. a. Greenwood et al. 2011; Thornton/Ocasio 2008). In der zweiten Forschungslinie geht es darum, wie institutionelle Regeln in organisationales Handeln übersetzt werden, beispielsweise durch Erzählungen, auf die Akteure zurückgreifen. Diese Forschungslinie verbindet den Institutionalismus mit dem Organizing Ansatz von Weick et al. und seinem Verweis auf die hohe Bedeutung von „sensemaking" und „narration" in Organisationen (vgl. Weick/Browning 1986; Weick/Sutcliffe/Obstfeld 2005). Institutionelle Regeln wie jene des Journalismus müssen auch kommuniziert werden und „Sinn machen", sie brauchen zu ihrer Begründung

Geschichten (vgl. auch Lammers 2011). Die dritte Forschungslinie, „institutional work", betrachtet all jene „practices of individual and collective actors aimed at creating, maintaining, and disrupting institutions" (Lawrence/Suddaby/Leca 2010: 52; vgl. auch Lawrence/Leca/Zilber 2013). Auch am Journalismus als Institution „arbeiten" Akteure aus unterschiedlichen Teilbereichen der Gesellschaft, versuchen, Regeln zu setzen, beizubehalten oder loszuwerden. Dieses „institutional work" wird im Fall des Journalismus dadurch komplexer, als der Journalismus eben keine Profession ist (so auch Jarren 2015: 116f.) und es damit weder einen zentralen Akteur (wie etwa eine Standesorganisation) noch einen zentralen Ort für die Aushandlung entsprechender Anstrengungen gibt. Gleichwohl findet „institutional work" statt, aber eben durch sehr viele Akteure an sehr verschiedenen Orten.

Journalismus als Institution kann daher aus meiner Sicht nicht „gesichert" werden. Er verändert sich mit der Gesellschaft, in der er existiert. Je mehr sich die Gesellschaft ausdifferenziert, desto mehr wird dies auch der Journalismus tun. Dabei werden die Bereiche zunehmen, in denen institutionelle Logiken in Konflikt miteinander geraten.

Literatur

Blöbaum, Bernd (2013): Journalismus. In: Bentele, Günter/Brosius, Hans-Bernd/Jarren, Otfried (Hrsg.): Lexikon Kommunikations- und Medienwissenschaft. 2., überarb. und erw. Auflage. Wiesbaden: VS, S. 141-142.

Fredriksson, Magnus/Pallas, Josef/Wehmeier, Stefan (2013): Public relations and neo-institutional theory. In: Public Relations Inquiry 2, Nr. 2, S. 183-203.

Giddens, Anthony (1995): Die Konstitution der Gesellschaft. Grundzüge einer Theorie der Strukturierung. Frankfurt a. M./New York: Campus.

Greenwood, Royston/Raynard, Mia/Kodeih, Farah/Micelotta, Evelyn R./Lounsbury, Michael (2011): Institutional Complexity and Organizational Responses. In: The Academy of Management Annals 5, Nr. 1, S. 317-371.

Jarren, Otfried (2015): Journalismus – unverzichtbar?! In: Publizistik 60, Nr. 2, S. 113-122.

Kiefer, Marie Luise (2011): Die schwierige Finanzierung des Journalismus. In: Medien & Kommunikationswissenschaft 59, Nr. 1, S. 5-22.

Kiefer, Marie Luise (2010): Journalismus und Medien als Institutionen. Konstanz: UVK.

Kiefer, Marie Luise/Steininger, Christian (2014): Medienökonomik. München: Oldenbourg.

Koelble, Thomas A. (1995): The New Institutionalism in Political Science and Sociology. In: Comparative Politics 27, Nr. 2, S. 231-243.

Lammers, John C. (2011): How Institutions Communicate: Institutional Messages, Institutional Logics, and Organizational Communication. In: Management Communication Quarterly 25, Nr. 1, S. 154-182.

Lawrence, Thomas B./Leca, Bernard/Zilber, Tammar B. (2013): Institutional Work: Current Research, New Directions and Overlooked Issues. In: Organization Studies 34, Nr. 8, S. 1023-1033.

Lawrence, Thomas/Suddaby, Roy/Leca, Bernard (2010): Institutional Work: Refocusing Institutional Studies of Organization. In: Journal of Management Inquiry 20, Nr. 1, S. 52-58.

North, Douglass (1990): Institutions, Institutional Change and Economic Performance. Cambridge u. a.: Cambridge University Press.

Ostrom, Elinor (1999): Die Verfassung der Allmende. Jenseits von Staat und Markt. Tübingen: Mohr Siebeck.

Ruß-Mohl, Stephan (2011): Der dritte Weg – eine Sackgasse in Zeiten der Medienkonvergenz. Replik auf den Beitrag von Marie Luise Kiefer in M&K 1/2011. In: Medien und Kommunikationswissenschaft 59, Nr. 3, S. 401-414.

Schimank, Uwe (2000): Theorien gesellschaftlicher Differenzierung. 2. Auflage. Opladen: Leske+Budrich.

Scott, W. Richard (1994): Institutions and Organizations Toward a Theoretical Synthesis. In: Scott, W. Richard/Meyer, John W. (Hrsg.): Institutional Environments and Organizations. Structural Complexity and Individualism. Thousand Oaks/London/New Delhi: Sage, S. 55-80.

Scott, W. Richard (2001): Institutions and Organizations. 2. Auflage. Thousand Oaks u. a.: Sage.

Scott, W. Richard (1991): Unpacking Institutional Arguments. In: DiMaggio, Paul J./Powell, Walter W. (Hrsg.): The New Institutionalism in Organizational Analysis. Chicago/London: University of Chicago Press, S. 164-182.

Searle, John R. (2005): What is an institution? In: Journal of Institutional Economics 1, Nr. 1, S. 1-22.

Stöber, Rudolf (2011): Eine gefährliche Finanzierung des Journalismus. Replik auf den Beitrag von Marie Luise Kiefer in M&K 1/2011. In: Medien & Kommunikationswissenschaft 59, Nr. 3, S. 415-419.

Thornton, Patricia H./Ocasio, William (2008): Institutional logics. In: Greenwood, Royston/Oliver, Christine/Sahlin, Kerstin/Suddaby, Roy (Hrsg.): The Sage Handbook of Organizational Institutionalism. London: Sage, S. 99-128.

Weichert, Stephan (2013): Der dritte Weg. Warum wir stiftungsfinanzierte Medien brauchen. In: Kramp, Leif/Novy, Leonard/Ballwieser, Dennis/Wenzlaff, Karsten (Hrsg.): Journalismus in der digitalen Moderne. Wiesbaden: VS, S. 213-231.

Weick, Karl E./Browning, Larry D. (1986): Argument and Narration in Organizational Communication. In: Journal of Management 12, Nr. 2, S. 243-259.

Weick, Karl E./Sutcliffe, Kathleen M./Obstfeld, David (2005): Organizing and the Process of Sensemaking. In: Organization Science 16, Nr. 4, S. 409-421.

B Rahmenbedingungen von Medien und Journalismus

Wie argumentiert, konstituiert und sichert man autonome Institutionen in einer Gesellschaft?
Die Regulierungsperspektive

Wolfgang Schulz

In einem weiten Verständnis umfasst der Institutionenbegriff vieles, vom Händeschütteln bis zur Europäischen Zentralbank. Für die Kommunikationsforschung hat sich ein Institutionenbegriff als hilfreich erwiesen, der als zentrale Kriterien ein System von verhaltenssteuernden Regeln erfordert, die für längere Zeit für einen größeren Kreis von Menschen gelten (vgl. Kiefer 2011: 8 unter Bezug auf Göbel 2002: 3). Dies impliziert Strukturen mit einer gewissen Persistenz. Die hier gegenständliche Frage „Wie argumentiert, konstituiert und sichert man autonome Institutionen in einer Gesellschaft?" kommt eher prozedural daher und liegt so eher quer dazu, jedenfalls auf den ersten Blick. Darauf wird zurückzukommen sein.

Die Frage nach institutionellen Gefügen der öffentlichen Kommunikation macht normative und analytisch-deskriptive Perspektiven wechselseitig anschlussfähig. Die normative Perspektive etwa des Bundesverfassungsgerichtes koppelt den Schutz massenmedialer Vermittlung an Funktionsleistungen (BVerfGE 20, 162 (175) – *Spiegel*; vgl. Schulz 2015: 90-95). Weil und soweit bestimmte Funktionen für öffentliche Kommunikation erfüllt werden, wird verfassungsrechtlich besonderer Schutz gewährt. Im Falle der Printmedien spricht das Gericht sogar selbst vom Schutz des „Instituts freie Presse" (BVerfGE 20, 162 (175) – *Spiegel*; 25, 256 (268) – *Blinkfüer*; 50, 234 (240) – *Gerichtspresse*). Damit ist gemeint, dass der Staat bei seinem Handeln nicht nur im Medienrecht, sondern auch etwa im Steuer- oder Arbeitsrecht, die Bedeutung freier Presse für die öffentliche Kommunikation im Blick behalten muss.

Interessant ist dabei, dass es nicht auf die Leistungen des Journalismus abstellt, das Gericht bleibt, auch wenn der Institutionen-Begriff verwendet wird, auf der Ebene einer historisch vorgefundenen Verfasstheit („Presse"). Dies bringt für den juristischen Diskurs das Risiko von Verkürzungen mit sich. Denn es geht nicht um den Schutz der Verlage, sondern die Sicherung von Leistungen, die journalistisch-redaktionelle Angebote erfüllen. Insofern ist Kiefer (2011: 7-10) erhellend, wenn Journalismus (nicht Medien, nicht Verlage) als Institution angesehen und zentral als durch Verhaltensregeln gesteuertes Handlungssystem gefasst wird. Die Frage der nachhaltigen finanziellen Stabilisierung dieser Institution wird dann konsequent auch nicht (jedenfalls nicht zwingend) als Förderung der ökonomischen Organisationen diskutiert. Es gibt keine Pressekrise, sondern ein Problem der stabilen Finanzierung der Institution Journalismus.

Die Konzeption von Journalismus als Institution stellt sich radikal einer im anglo-amerikanischen Diskurs verbreiteten Position entgegen, die als Journalisten ansieht, wer etwas zur öffentlichen Debatte beizutragen hat. Mit jenem Verständnis fehlt es Juristen an anschlussfähigen Beschreibungen; Medienrecht hat keinen festen Gegenstand.

Und nicht nur in dieser Hinsicht schließt sich die Perspektive von Kiefer mit einer rechtswissenschaftlichen kurz. Auch ihr Petitum für eine publizistikwissenschaftlich orientierte Medienökonomie (vgl. Kiefer 1997: 59ff.) wird in der Rechtswissenschaft breite Unterstützung finden. Bis heute weiß kein Jurist so recht, was „vorherrschende Meinungsmacht" ist, auch wenn das Gesetz vorschreibt, sie zu verhindern. Dies liegt zu großen Teilen daran, dass es an einer überzeugenden Konzeption von „publizistischem Wettbewerb" mangelt und so zuweilen unreflektiert Paradigmen des ökonomischen Wettbewerbs übernommen werden (etwa dass es eine Schwelle des Marktanteils gibt, bei der dieser Wettbewerb seine Funktion nicht mehr erfüllt, die Akteure dann nicht mehr autonom erscheinen). Angesichts dieser Forschungslücken nimmt es nicht Wunder, dass neue Phänomene wie Online-Intermediäre nicht adäquat erfasst werden können. Schade, dass der Beitrag von Kiefer bei der Wissenschaftsförderung wenig bedacht wurde.

Operativ ist Recht – und damit auch Politik, die mit rechtlichen Instrumenten steuern will – auf funktionsbezogene Differenzierungen angewiesen. Wie Journalismus als Institution von anderem abzugrenzen ist, wird damit zur zentralen Herausforderung. Hier fällt in Texten von Kiefer auch ein im juristischen Diskurs aus historischen Gründen verbreitetes Tabu: Eine Regulierung des Berufszugangs erscheint als Voraussetzung, eine öffentliche Finanzierung von Journalismus zu organisieren (vgl. Kiefer 2011: 14f.). Diese Regulierung wird als kollegiale Selbstorganisation konzipiert, was den an der Staatsferne der Medien interessierten Verfassungsrechtler erleichtert aufatmen lässt. Hat man eine klare Differenzierung, eröffnen sich Möglichkeiten etwa einer steuerlich privilegierten Werbung in journalistischen Angeboten, die in der medienpolitischen Debatte noch nicht ausreichend berücksichtigt werden.

Diese durchaus radikalen Vorschläge rechtfertigt Kiefer einfach und überzeugend: Wenn der Journalismus einer Gesellschaft im Wandel sei, dann sei es auch legitim, neue Vorstellungen von seiner gesellschaftlichen Organisation zu entwickeln (vgl. Kiefer 2011: 15 unter Bezug auf Rühl 2004: 128f.). Dies ist dann auch eine Antwort auf die hier gestellte Frage, wie man autonome Institutionen in einer Gesellschaft argumentiert, konstituiert und sichert. Erforderlich ist dazu jedenfalls eine beständige Analyse von Funktionen und Funktionswandel, in diesem Fall in der öffentlichen Kommunikation. Kiefer macht deutlich, dass Institutionalisierung nicht nur in evolutionsökonomischer, sondern auch in verfassungsökonomischer Sicht als beständige Prozesse zu begreifen sind – Erwartungsstrukturen verfestigen sich vor dem Hintergrund anderer Erwartungsstrukturen (vgl. Kiefer 2010: 84).

Dass an Institutionen wegen ihrer längerfristigen Orientierung an Handlungsregeln Erwartungen folgenreich adressiert werden können, kann man für Institutionalisierungen auch strategisch nutzen. Wenn ich an eine Suchmaschine die Erwartung habe, dass sie versucht zu antizipieren, was ich gerade wissen möchte, kann man Enttäuschungen dieser Erwartung benennen. Dies wiederum kann dazu beitragen, dass sich Handlungsregeln entwickeln und sich Intermediäre als neue Institutionen der öffentlichen Kommunikation etablieren, nicht als Ersatz für Journalismus als Institution, sondern mit einer eigenständigen gesellschaftlichen Funktion.

Die Texte von Kiefer haben nichts von ihrer Bedeutung verloren; im Gegenteil, die wissenschaftliche und die politische Diskussion bedürfen dieser Art des Denkens mehr denn je.

Literatur

Göbel, Elisabeth (2002): Neue Institutionenökonomik. Konzeption und betriebswirtschaftliche Anwendungen. Stuttgart: Lucius & Lucius.

Kiefer, Marie Luise (2011): Die schwierige Finanzierung des Journalismus. In: Medien & Kommunikationswissenschaft 59, Nr. 1, S. 5-22.

Kiefer, Marie Luise (1997): Ein Votum für eine publizistikwissenschaftlich orientierte Medienökonomie. In: Publizistik: Vierteljahreshefte für Kommunikationsforschung 42, Nr. 1, S. 54-61.

Kiefer, Marie Luise (2010): Journalismus und Medien als Institutionen. Konstanz: UVK.

Rühl, Manfred (2004): Theorie des Journalismus. In: Burkart, Roland/Walter Hömberg (Hrsg.): Kommunikationstheorien. Ein Textbuch zur Einführung. 3. Auflage. Wien: new academic press, S. 117-140.

Schulz, Wolfgang (2015): Soziale Ordnung und Kommunikationsstrukturen: Die normative Perspektive. In: Altmeppen, Klaus-Dieter/Donges, Patrick/Künzler, Matthias/Puppis, Manuel/Röttger, Ulrike/Wessler, Hartmut (Hrsg.): Soziale Ordnung durch Kommunikation? Baden-Baden: Nomos, S. 89-103.

Die Re-Institutionalisierung des Journalismus durch die digitalen Konglomerate

Klaus-Dieter Altmeppen

Vorsicht bei unkonventionellen Ideen in der Kommunikationswissenschaft! Deren Autoren sollten nicht gegen die Lehrmeinungen herrschender Ökonomen argumentieren (vgl. Ruß-Mohl 2011: 401). Schlimmer noch, sie laufen Gefahr, als gefährliche Demokratiefeinde geschmäht zu werden (vgl. Ruß-Mohl 2011: 403; Stöber 2011: 418). So die – zugespitzte – Quintessenz der Repliken von Stephan Ruß-Mohl und Rudolf Stöber auf Marie Luise Kiefers Vorschlag zu einer Neuordnung der Finanzierung des Journalismus (vgl. Kiefer 2011, 2011a).

Doch die Argumente der Kritiker – sie werfen Kiefer fragwürdige Prämissen und widersprüchliche Argumente vor – fallen auf sie selbst zurück. Nur als Beispiel: Stöber (2011: 417) hält die Trennung von Medien und Journalismus für praxisfern, behauptet aber zwei Seiten zuvor, dass „eine Demokratie, die sich auf die Kommunikation in sozialen Netzwerken stützt, auch ohne den medialen Journalismus lebendig bleiben" kann. Das aber ist nichts anderes als die Trennung von Journalismus und Medien. Und die arabische Rebellion ist wohl kaum ein Argument dafür, dass es auch ohne medialen Journalismus geht.

Kiefer hat immerhin etwas geleistet, was selten ist in der Kommunikationswissenschaft. Sie hat ein Modell erarbeitet zur Sicherung von Journalismus und zeigt damit, wie argumentiert werden kann, um autonome Institutionen in einer Gesellschaft zu konstituieren und zu sichern. Diesen Argumenten muss niemand folgen. Es erscheint aber sinnvoller, eine weiterführende Auseinandersetzung anzuschließen, statt die immer alten Abwehrmechanismen zu aktivieren. Mittlerweile nämlich, nur vier Jahre nach den Veröffentlichungen von Kiefer, Ruß-Mohl und Stöber, haben die digitalen Konglomerate Alphabet und Facebook mit diversen Aktionen mal kurz klar gemacht, wie hoch ihr Interesse an der Aussagenproduktion des Journalismus und wie gering ihr Interesse an den institutionellen Ordnungen des Journalismus ist, deren Schutz Kiefer gefordert und den Ruß-Mohl und Stöber vehement abgelehnt haben. Es zeigt sich in den aktuellen postdemokratischen Zeiten, in denen die treibenden Kräfte politischer Entscheidungen auf ökonomischen Interessen beruhen (vgl. Ritzi 2013: 19), dass die Autonomie des Journalismus mit den alten Argumenten, mit denjenigen aus Zeiten einer einheitlichen Medienindustrie, nicht zu sichern ist.

1 Die Verführungen der Welt in potenzieller Reichweite

Schütz und Luckmann (1988: 63ff.) haben die räumliche Aufschichtung der Welt danach unterteilt, dass es Welt in aktueller Reichweite gibt, sie ist der unmittelbaren Erfahrung zugänglich; und es gibt Welt in potenzieller Reichweite. Dazu gehört die „Welt, die nie in meiner Reichweite war, die aber in sie gebracht werden kann" (Schütz/Luckmann 1988: 66). Dieses System räumlicher Gliederungen erstreckt sich über die Schichten der Sozialwelt und ist zentral für die sozialen Beziehungen, namentlich für die Differenzierungen von Intimität und Anonymität, Fremdheit und Vertrautheit sowie Nähe und Distanz (vgl. Schütz/Luckmann 1988: 68).

In Reichweite gebracht wird Welt durch Mobilität, vor allem aber durch die Berichterstattung des Journalismus. Je größer der Anteil der Wirklichkeitserfahrung durch Welt in potenzieller Reichweite ist, umso größer ist die Abhängigkeit von den Narrativen Dritter, die Abhängigkeit also von den Wirklichkeitskonstruktionen derjenigen Institutionen, die als Welterzähler auftreten. Das waren und sind immer noch in erster Linie Journalistinnen und Journalisten. Doch es sind nicht mehr in erster Linie die traditionellen Medien Fernsehen, Hörfunk, Zeitung und Zeitschrift, die diesen Journalismus distribuieren. Kamen zunächst Onlinemedien dazu, die den ersten sichtbaren Wirkungseffekt digitaler Mediendistribution markierten, weil nicht mehr nur im Hintergrund, bei der Speicherung und Bearbeitung, digital gearbeitet wurde oder weil bestehende Distributionskanäle wie Radio und Fernsehen Inhalte digital verbreiteten, sondern weil ein neuer digitaler Distributionskanal dazustieß.

Jetzt, etwa 20 Jahre später, beeinflussen die Narrationen der Inhaltedistributoren stärker als je zuvor, was die Menschen denken und meinen und wie sie handeln. Zugleich werden die Differenzierungen der Lebenswelt durch das Eindringen der sogenannten Social Media in alle Praktiken der Lebenswelt neu sortiert. Die Distributoren, die digitalen Konglomerate, die neue Formen von Zugängen zu Inhalten organisieren, greifen zugleich tief in die Aufschichtungen der sozialen Beziehungen ein. Ihre Plattformen verbinden Intimität und Anonymität, Fremdheit und Vertrautheit, Nähe und Distanz. Da die digitalen Konglomerate zeitgleich die öffentlichen Arenen beherrschen, avancieren sie zu Apparaten mit enormem Potenzial zu digitalen Verführungen, wie die rasant kletternden Nutzerzahlen zeigen. Diese Verführungskraft ist eine Besonderheit der Angebote der digitalen Konglomerate, die über diejenige des Rundfunks, denen eine Wirkungsvermutung unterstellt wird (Aktualität, Breitenwirkung, Suggestivkraft) (vgl. Schulz/Dreyer/Hagemeier 2011: 28), weit hinausgeht.

Die darin liegenden Beeinflussungen sind ganz gewiss keine Auswirkungen eines unsichtbaren Marktes, sie folgen dem geplanten, gewollten Handeln der Akteure der digitalen Industrie. Die digitalen Konglomerate entwerfen Strategien, um die Konkurrenz zu beherrschen. Strategien sind Pläne für Institutionalisierungen. Mit Marktstrategien wollen Medienunternehmen die Regeln von Angebot und Nachfrage ändern. Springers Digitalisierungsstrategie hinterlässt Spuren auf den Märkten, verändert die dortigen Regeln und Ressourcen; Facebooks Instant Articles verändern tiefgreifend die bisherigen Regeln der Gatekeeper in der Gesellschaft; Googles Digital News-Initiative zwingt Medienunternehmen zur Coopetition. Schon in den alten Medienmärkten haben die ökonomischen Akteure mit ihren Strategien und ihrem wirtschaftlichen Handeln den Journalismus zu Veränderungen veranlasst. Mit den digitalen Konglomeraten verschärfen sich die Existenzbedingungen des Journalismus signifikant. Die institutionelle Heimat des Journalismus in den traditionellen Medien, die seine Inhalte distribuieren, geht teilweise verloren, seine Selbstverständnisse erodieren aufgrund der Praktiken der digitalen Konglomerate. Lange Zeit waren Konglomerate, stark diversifizierte Mischkonzerne mit unterschiedlichen Wertschöpfungsketten und verschachtelten Beteiligungskonstruktionen aus der Mode. Spätestens seit Google im Sommer 2015 zu einer Unit im neuen Konzern Alphabet wurde, seit Facebook Warenhandel betreiben will, sind diese Unternehmen wieder Konglomerate, markt- und gesellschaftsbeherrschende Kraken wie GE oder Siemens – nur dass es sich nicht um Elektrizität dreht, sondern um Digitalität. Dieser Mechanismus ist eine allumfassende und allmächtige Technologie (vgl. Kiefer 2003), die anders als andere wie etwa Elektrizität als Suchtmaschine und Verführungsapparat wirkt. Elektrizität konnte als unpersönliche Technologie nicht in die Wirkzone eindringen, in der Handeln, Emotionen, soziale Verbindungen eine wesentliche Rolle spielen.

2 Die neuen Ordnungen: Von ethischen und Verantwortungsaspekten entkleidete Aussagendistribution

Die digitalen Konglomerate wie Facebook und Alphabet mit ihren Konzerntöchtern (Google, Youtube, Instagram) erhöhen den Druck auf die alten Medienorganisationen, deren Geschäftsmodelle für die Distribution von Inhalten ins Wanken geraten (vgl. Altmeppen 2014). Dabei sind es nicht die Standards des Journalismus, die die Internetkonzerne interessieren. Als Distributionsgiganten sind sie an Mechanismen interessiert, mit deren Hilfe Massenpublikum durch Inhalte generiert werden kann. Das ist schlicht und einfach die Werbung. Die Massen sollen dann, so viel wird langsam aber sicher deutlich, die Inhalte, die Produkte und den Vertrieb selbst organisieren und übernehmen. Nichts anderes passiert bei Uber, AirBnB, Amazon und Facebook. Das Massenpublikum, durch Bankgeschäfte, Reisebuchungen und Einkäufe schon an die digitale Arbeit gewöhnt (durch Typiken institutionalisiert, vgl. Altmeppen 2012), übernimmt mehr und mehr Arbeitsvorgänge, die bislang den Unternehmen und ihren Mitarbeitern vorbehalten waren. Dieses Prinzip der Industrie 4.0 soll nun auch für die journalistische Berichterstattung eingeführt werden. Was von der Kommunikationswissenschaft enthusiastisch als Rückkehr des Publikums gefeiert wird, ist aus unternehmerischer und betriebswirtschaftlicher Sicht nichts anderes als die Auslagerung von (kostenintensiver) Arbeit an die Konsumenten. Warum soll das Publikum nicht die Inhalte liefern, wenn es doch die Zeit und das Interesse dafür aufbringen will?

Diese Re-Institutionalisierung des Journalismus in Form eines Outsourcings und einer Externalisierung der Kosten sind extreme Folgen der industriellen Digitalisierung, die schon dort, in der Industrie, zu Auswirkungen führen, die kritisch beurteilt werden (vgl. Pfeiffer 2015). Weit kritischer sind diese Formen der Erwirtschaftung volkswirtschaftlicher Leistungen zu betrachten, wenn es sich um demokratiesensible Bereiche wie den Journalismus handelt. Übersehen wird gerne, dass Uber, AirBnB, Amazon und Facebook mit der Selbstorganisation der Wertschöpfungskette, mit der Verlagerung von produktiven oder distributiven Tätigkeiten auch die Verantwortung auf die Konsumenten abwälzen. Wo der Uber-Fahrer für die Versicherung selbst zuständig ist, übernimmt der, euphemistisch Prosument genannte, frühere Rezipient die ethische Last dessen, was er zur Berichterstattung beiträgt. Die digitalen Konglomerate verabschieden sich nicht aus der Verantwortung, sie haben sie nie auch nur ansatzweise akzeptiert.

Dieser Prozess der Re-Institutionalisierung des Journalismus ist in den Strategien, in den Plänen ablesbar. Die Politik steht den Ereignissen nicht nur hilflos gegenüber, mit Instrumenten wie TTIPP unterstützt sie die konzerngetriebenen Re-Institutionalisierungen der Gesellschaft und ihrer sozialen, kommunikativen und kulturellen Praktiken.

Die digitalen Konglomerate definieren die Regeln für Journalismus neu, indem sie sich diejenigen Segmente des Journalismus einverleiben, die Profite bringen. Sie treiben damit die traditionellen Medienunternehmen ebenfalls dazu, die weniger profitablen journalistischen Felder abzubauen oder sie in die Richtung dessen umzubauen (zu re-institutionalisieren), was profitabel ist (vgl. Kiefer 2010).

Die digitalen Konglomerate fragen niemanden, ob ihr Vorgehen und seine Folgen gesellschaftlich akzeptabel und demokratisch wünschenswert sind. Sie scheren sich keinen Deut um zentrale Institutionen des Journalismus, die nicht in ihre Strategien passen. Journalistische Berichterstattung, die Funktionen wie Kritik und Kontrolle oder anwaltschaftlichen Journalismus erfüllen will, Nachrichtenwerte wie gesellschaftspolitische Relevanz von Ereignissen statt massenwirksamer Seichtnachrichten, gehört zu den Teilen institutioneller Ordnungen des Journalismus, die hinten runter fallen.

Und diesen institutionellen Ordnungen geht es noch weiter an den Kragen. Es gibt keine einzige Institution, die den digitalen Konglomeraten auferlegen könnte, auch die nicht monetarisierbaren Standards des Journalismus zu fördern. Wer wollte Facebook auffordern, journalistische Ethikkriterien anzuerkennen, wer sollte Google vorrechnen, welche gesellschaftliche Verantwortung verbunden ist mit dem Anspruch, Journalismus zu betreiben? Wer verpflichtet die digitalen Konglomerate dazu, überorganisational gültige Ethikrichtlinien zu akzeptieren, die verhindern, dass Karikaturen mit sexuellem Inhalt nicht á priori, Äusserungen mit rassistischen Inhalten aber sehr wohl gelöscht werden? Bislang geschieht dies genau anders herum, weil Facebook nur seine eigenen Regeln akzeptiert.

Angesichts dieser ungehemmten und ungebremsten Re-Institutionalisierung des Journalismus durch die digitalen Konglomerate erscheint die Kritik von Ruß-Mohl und Stöber kleinkariert. Nicht nur gibt es in der Kommunikationswissenschaft kaum konkrete Vorschläge und Konzepte zur Sicherung zentraler institutioneller journalistischer Ordnungen. Vor allem geht die Gefahr für diese Ordnungen nicht von Vorschlägen aus der Wissenschaft aus. Die demokratiegefährdenden Umbauten der institutionellen Fundamente des Journalismus werden von unkontrollierten und unkontrol-

lierbaren digitalen Konglomeraten betrieben. Ihnen ist das soziale demokratische System mit seinen freiheitssichernden und wettbewerbsbe-
schränkenden Institutionen ein Dorn im Auge.

Da trifft es sich gut, wenn diese Konglomerate auf journalistische Felder treffen, die weithin unreguliert sind und für die es viele Beschützer
dieser Regulationsfreiheiten gibt. Freiheiten, die es den Konglomeraten
einfach machen, die Macht über die und in den öffentlichen Arenen zu
übernehmen. Da trifft es sich gut, wenn zugleich auch die wenigen Kritiker der Gesellschaftsverhältnisse, die die Konglomerate anstreben, mund-
tot gemacht werden können, denn: Im Lichte der Einbettung des Journalismus in die Strategien der digitalen Konglomerate wären Kiefers Vorschläge, wären sie schon umgesetzt, ein institutioneller Schutz gewesen vor den
Eingriffen der Konglomerate in die Autonomie des Journalismus. Jetzt dagegen steuert die Gesellschaft auf eine Situation zu, in der die digitalen
Konglomerate ihre Eigeninteressen unkontrolliert kommunizieren können,
denn sie schaffen nicht nur die distributiven Plattformen dafür, sondern sie
kontrollieren sie auch bis hin zu dem Grad, an dem sie darüber entscheiden, ob die Arenen geöffnet oder geschlossen werden. Die neuen Gatekeeper sind eben nicht institutionell an journalistische Standards gebunden
und keinen gesellschaftlichen Erwartungen verpflichtet. Sie können unge-
stört Agenda Building betreiben in den von ihnen geschaffenen und kon-
trollierten Arenen.

Die Frage nach den Mechanismen institutioneller Sicherung des Journalismus, wie ihn die Journalismusforschung weltweit bislang definiert, wird
künftig nicht mehr beantwortet werden können, ohne dieses neue Akteurs-
spektrum nachhaltig einzubeziehen. Schon bislang hat die Kommunikationswissenschaft sich einseitig auf Leit- und Elitemedien konzentriert und
etwa Lokal- und Regionalmedien vernachlässigt. Wenn Journalismus als
unverzichtbar angesehen wird (was durchaus schon bezweifelt wird) (vgl.
Jarren 2015), dann sollte sich niemand diese Arroganz beim anstehenden
Strukturwandel leisten.

Sollen Institutionen weiter bestehen und sich fortentwickeln können, erfordert dies Arbeit und Engagement der Akteure an den Institutionen. Institutionen, in die die Akteure nichts investieren, sondern deren Ressourcen permanent nur aussaugen, bluten aus. Dies ist bei den traditionellen
Medien schon zu beobachten, sie werden von innen heraus ausgehöhlt.
Die Besetzung der Aufsichtsgremien beim öffentlich-rechtlichen Rundfunk wird von Politikern und öffentlich-rechtlichen Medienmanagern gefeiert, obwohl es nichts zu feiern gibt. Sogenannte Alpha-Journalisten wie

Thomas Gottschalk oder Frank Plasberg schaffen sich innerhalb der Institution öffentlich-rechtlicher Rundfunk und mit dessen ausgezeichneter Entlohnung eine hohe Reputation und ein wirkträchtiges Image, um mit diesem Image auf dem freien Markt der Vorträge und Galamoderationen ein zweites Mal abzuzocken. Intendanten und andere Vorgesetzte finden daran nichts anstößig. Dass auf diese Weise die gesellschaftliche Unterstützung für die Institution öffentlich-rechtlicher Rundfunk ausgehöhlt wird, interessiert die Medienmanager allenfalls peripher.

Bei den Printmedien sieht es nicht besser aus. Investitionen in Qualität sind bei den meisten Printmedien Fehlanzeige. Die Konkurrenz durch die digitalen Konglomerate wird nur solange wettbewerblich gesehen, bis die Konglomerate Angebote zur Kooperation machen, die dann von den sogenannten Elitemedien gern angenommen werden: Kollaboration mit dem wirtschaftlichen Konkurrenten.

Dabei spielt Journalismus nicht die erste Geige, weil andere Inhalte nachgefragter sind. Auch Geschäftsmodelle sind institutionelle Ordnungen, also Regelwerke der zentralen Produktions- und Leistungssysteme eines Unternehmens. In den Prozess der Wertschöpfung der digitalen Konglomerate wird der Journalismus eingereiht als eine Stufe, deren Berichterstattung als Unikat erst durch die massenhafte Distribution zur Massenkommunikation wird. In der Smart News Factory entscheiden die Nutzer über die Inhalte, die sie rezipieren möchten, ohne dass sie per aufwändiger Markt- und Meinungsforschung gefragt werden müssten, denn die Wearables haben längst alle Daten an die digitalen Konglomerate übertragen, die es braucht, um den individuellen Medienkonsum zu befriedigen (vgl. Pfeiffer 2015: 7).

Geschäftsmodelle rekurrieren vor allem auf die Ziele der jeweiligen Organisation und stellen zugleich ein Regelsystem, eine institutionelle Ordnung dar, die das Handeln der Organisationsmitglieder leitet und Erwartungen an die Organisation strukturiert. Institutionelle Ordnungen wie Geschäftsmodelle legen fest, welcher Sinn die jeweilige Institution prägt. Bei den traditionellen Medienunternehmen wie bei den digitalen Konglomeraten besteht der Sinn darin, Renditen zu erwirtschaften und Profit zu erbringen.

Nun sind Institutionen so etwas wie Spielregeln. Ein Problem liegt in der Dynamik von Institutionen, deren Spielregeln sich ändern können. Veränderte Spielregeln ändern die institutionellen Ordnungen. Google, Facebook und Co. sind neue Spieler im Medienmonopoly. Sie bewirken eine „Strukturierung des Feldes möglicher Handlungen durch Handlungen" (Bruch/Türk 2007), denn sie bilden äußerst machtvolle Konstellationen, deren allein ökonomisches Streben bestehende institutionelle Ordnungen aufweicht, auch diejenigen des Journalismus. Die Ökonomisierung macht sich bei den traditionellen Medien schon seit Jahren durch Rationalisierungen und Kostenreduzierungen bemerkbar und verändert die Regeln des Journalismus. Immerhin aber ereignete sich dies im Feld des Journalismus, also unter der Anerkennung der grundlegenden institutionellen Regeln des Journalismus. Den digitalen Konglomeraten sind diese Regeln komplett egal. Unter ihrer Domination etablieren sie funktionsfremde Praktiken ökonomischer Provenienz, die die institutionellen Ordnungen des Journalismus weiter zersetzen. Für gegenmächtige Positionen sind unkonventionelle Ideen wichtig, um die Autonomie des Journalismus institutionell zu sichern.

Literatur

Altmeppen, Klaus-Dieter (2011): Der Journalismus ist kein Geschäftsmodell – und wird nie eines werden. In: Lobigs, Frank/Nordheim, Gerret von (Hrsg.): Journalismus ist kein Geschäftsmodell. Aktuelle Studien zur Ökonomie und Nicht-Ökonomie des Journalismus. Baden-Baden: Nomos, S. 17-30.

Altmeppen, Klaus-Dieter (2012): Einseitige Tauschgeschäfte: Kriterien der Beschränkung journalistischer Autonomie durch kommerziellen Druck. In: Jarren, Otfried/Künzler, Matthias/Puppis, Manuel (Hrsg.): Medienwandel oder Medienkrise? Folgen für Medienstrukturen und ihre Erforschung. Baden-Baden: Nomos, S. 37-52.

Bruch, Michael/Türk, Klaus (2007): Das Organisationsdispositiv moderner Gesellschaft. In: Altmeppen, Klaus-Dieter/Hanitzsch, Thomas/Schlüter, Carsten (Hrsg.): Journalismustheorie: Next Generation. Soziologische Grundlegung und theoretische Innovation. Wiesbaden: VS Verlag, S. 261-278.

Jarren, Otfried (2015): Journalismus – unverzichtbar? In: Publizistik 60, Nr. 2, S. 113-122.

Kiefer, Marie Luise (2010): Journalismus und Medien als Institutionen. Konstanz: UVK.

Kiefer, Marie Luise (2011): Die schwierige Finanzierung des Journalismus. In: Medien & Kommunikationswissenschaft 59, Nr. 1, S. 5-22.

Kiefer, Marie Luise (2011a): Wider den Steuerungspessimismus. Antwort auf die Repliken von Stephan Ruß-Mohl und Rudolf Stöber. In: Medien & Kommunikationswissenschaft 59, Nr. 3, S. 420-424.

Kiefer, Marie Luise (2003): Medienökonomie und Medientechnik. In: Altmeppen, Klaus-Dieter/Karmasin, Mathias (Hrsg.): Medien und Ökonomie 1 & 2: Soziologie, Kultur, Politik, Philosophie, International, Historie, Technik, Journalistik. Wiesbaden: Westdeutscher Verlag, S. 181-208.

Pfeiffer, Sabine (2015): Industrie 4.0 und die Digitalisierung der Produktion. In: Aus Politik und Zeitgeschichte 65, Nr. 31-32, S. 6-12.

Ritzi, Claudia (2013): Die Postdemokratisierung politischer Öffentlichkeit. Kritik zeitgenössischer Demokratie – theoretische Grundlagen und analytische Perspektiven. Wiesbaden: Springer VS.

Ruß-Mohl, Stephan (2011): Der Dritte Weg – eine Sackgasse in Zeiten der Medienkonvergenz. Replik auf den Beitrag von Marie Luise Kiefer in M&K 1/2011. In: Medien & Kommunikationswissenschaft 59, Nr. 3, S. 401-414.

Schütz, Alfred/Luckmann, Thomas (1988): Strukturen der Lebenswelt. Band 1. 3. Auflage, Frankfurt a. M.: Suhrkamp.

Schulz, Wolfgang/Dreyer, Stephan/Hagemeier, Stefanie (2011): Machtverschiebung in der öffentlichen Kommunikation. Bonn: Friedrich-Ebert-Stiftung.

Stöber, Rudolf (2011): Eine gefährliche Finanzierung des Journalismus. Replik auf den Beitrag von Marie Luise Kiefer in M&K 1/2011. In: Medien & Kommunikationswissenschaft 59, Nr. 3, S. 415-419.

Befreien Digitalisierung und Automatisierung den Journalismus aus der Zwangsjacke der Kulturökonomie?

Matthias Künzler

1 Journalismus in der Krise: Rettung durch Markt oder Staat?

Seit rund 15 Jahren ist die „Medienkrise" diskursiv und materiell in unterschiedlicher Intensität gegenwärtig: Regelmäßig beschäftigen sich Praktiker und Kommunikationswissenschaftler an Tagungen, in Blogbeiträgen und Studien mit der ungewissen Zukunft des Journalismus (vgl. z. B. Mancini 2013; Blum et al. 2011; Jarren et al. 2012). Redaktionen von privaten aber auch öffentlichen Medien sind von Sparprogrammen betroffen. Besonders Zeitungen sehen sich seit Jahren mit einem Rückgang der Werbeerlöse im zweistelligen Prozentbereich konfrontiert. Der Anteil der Onlinewerbung wächst zwar prozentual in ähnlicher Größenordnung, jedoch vermag diese Werbeform die Einnahmeausfälle nicht auszugleichen. Zum einen liegt der Tausenderkontaktpreis im digitalen Bereich massiv tiefer; zum anderen entfällt ein hoher Anteil des wachsenden Onlinewerbemarkts auf nichtjournalistische Medien wie Suchmaschinen, soziale Netzwerke etc. (vgl. die Zahlen für die Schweiz Media Focus 2014: 3).

Auf inhaltlicher Ebene bieten die Onlinemedien ein großes Innovationspotenzial, gleichzeitig aber auch Risiken für den Journalismus: Da alle Nutzer insbesondere in den sozialen Medien die Möglichkeit haben, rasch und ohne weitreichende technische Kenntnisse unterschiedlichste Inhalte für ein potenziell unbegrenztes Publikum zu veröffentlichen, entsteht der Eindruck, dass die Arbeit von Journalistinnen und Journalisten entbehrlich und auch materiell wenig wert ist (vgl. Neuberger/Quandt 2010: 63). Polemisch hat der Medienökonom Robert Picard (2009) diesen Umstand im Blogbeitrag „Why journalists deserve to pay low" dargestellt.

Als Reaktion auf diese Entwicklungen haben Medienunternehmen in den meisten westlichen Ländern tausende von Redaktionsstellen abgebaut, Redaktionen zusammengelegt oder ganz geschlossen (vgl. z. B. Künzler 2013: 222). Die von Marie Luise Kiefer (2010) immer wieder gestellte Kernfrage, wie Gesellschaften Journalismus unter diesen Umständen als autonome Institution noch sichern können, gewinnt durch diese Entwicklung an zusätzlicher Relevanz. Die Einschätzung dieser Frage lässt sich in der Kommunikationswissenschaft und Medienbranche auf eine pessimistische und eine optimistische Sichtweise subsummieren.

Vertreter der pessimistischen Sichtweise wie beispielsweise McChesney und Nichols (2010) glauben nicht, dass die Medienbranche den Journalismus in Zukunft noch über die unsichtbare Hand des freien Markts finanzieren und sichern kann. Die beiden Politökonomen gehen davon aus, dass es dafür alternativer Finanzierungsformen und insbesondere eines breiten Ausbaus der Medienförderung bedarf (vgl. McChesney/Nichols 2010: 109ff.).

Dem widersprechen die Vertreter der optimistischen Sichtweise wie z. B. der Journalismusforscher Stephan Ruß-Mohl. Er analysiert und schildert den Niedergang der traditionellen Medien zwar unbeschönigt. Mit Referenz auf Schumpeter betrachtet er die Medienkrise jedoch als Phase der „kreativen Zerstörung", die Chancen für die Entwicklung neuer, innovativer Angebote und Geschäftsmodelle bietet (vgl. Ruß-Mohl 2009: 32).

Soll die Sicherung des Journalismus demnach weiterhin hauptsächlich der privaten Initiative auf dem Markt überlassen werden oder bedarf es verstärkter Eingriffe von Seiten des Staates?

2 Journalismus im kulturökonomischen Dilemma

Um die Beantwortung dieser Frage nicht ausschließlich von ordnungspolitischen Wertvorstellungen abhängig zu machen, bedarf es eines neuen Blicks auf die Situation des Journalismus im Onlinezeitalter. Eine solche innovative Betrachtungsweise hat meines Erachtens Marie Luise Kiefer mit ihrem Beitrag zur Kulturökonomie vor bald zwei Dekaden vorgelegt. Völlig zu Unrecht sind ihre Erkenntnisse in die Diskussion um die Medien(finanzierungs)krise bisher kaum eingeflossen.

In ihrem bereits 1998 veröffentlichten Aufsatz „Die ökonomischen Zwangsjacken der Kultur" greift Marie Luise Kiefer die von verschiedenen Autoren gewonnenen Erkenntnisse zur Kulturökonomie auf. Ausgangspunkt deren Studien war die Frage nach der Ursache für die „ständigen und stetig zunehmenden finanziellen Schwierigkeiten der darstellenden Künste" (Kiefer 1998: 98). In ihren Analysen kamen die Kulturökonomen zum Schluss, dass die Finanzierungsprobleme dieses Sektors dem Umstand geschuldet sind, dass der Kulturbereich im Wesentlichen auf einer menschlichen, „durch Technik und Kapital nicht oder kaum substituierbarer Arbeitsleistung" beruht. Beispiel zur Illustration dieses Problems ist die Aufführung eines Schubert-Quartetts von 45 Minuten Dauer: Es „erfordert insgesamt drei Mann-Stunden, daran hat sich seit Schuberts Zeiten nichts geändert, und weder Technik noch Kapital können die dafür erforderliche menschliche Arbeit ersetzen" (Kiefer 1998: 98).

Anders verhält es sich bei den sogenannt produktiven Sektoren der Wirtschaft: Kontinuierliche Technisierung und Kapital generieren einen Produktivitätszuwachs, der es erlaubt, steigende Löhne bei sinkenden Arbeitszeiten zu bezahlen. Dank der Technisierung bleibt der Lohnkostenanteil an den gesamten Produktionskosten gleich oder geht gar zurück. Anders verhält es sich bei künstlerischen Produktionen: Dort lässt sich die menschliche Arbeitskraft durch Technik und Kapital kaum substituieren. Die Teuerung führt gar dazu, dass der künstlerische Sektor im Vergleich zu den anderen Sektoren der Privatwirtschaft teurer wird, da die Künstler an der allgemeinen Lohn- und Einkommensentwicklung teilnehmen müssen, um nicht vollständig zu verarmen (vgl. Kiefer 1998: 98).

Kiefer (1998: 98) argumentiert plausibel, dass sich dieses „ökonomische Dilemma" auf alle Bereiche übertragen lässt, wo sich menschliche Arbeitsleistung, künstlerisches Können und Kreativität nicht durch Technik und Kapital ersetzen lassen – was u. a. auch auf die Medienproduktion zutrifft. Damit stellen die wirtschaftlichen Schwierigkeiten der darstellenden Künste kein vorübergehendes Krisenphänomen, sondern ein strukturelles Problem dar, welches der Kunst- und Kulturproduktion inhärent ist.

3 Technisierung der Produktion journalistischer Inhalte

Dieses ökonomische Dilemma wäre damit ein Grund, der pessimistischen Sichtweise auf die Zukunft der Medien rechtzugeben und die Aufrechterhaltung des Journalismus noch stärker als bisher zur öffentlichen Aufgabe zu machen – es sei denn, das ökonomische Dilemma ließe sich im Medienbereich durch Technikeinsatz bei der Produktion der Inhalte auflösen.

Tatsächlich besteht dafür Hoffnung. Bereits zu Beginn der 1990er-Jahre erlaubte die Digitalisierung den Einsatz von Musikcomputern und von kleineren und leichteren Kameras. Dadurch ließen sich bei der Produktion von audiovisuellen Inhalten Einsparungen realisieren, etwa indem eine „Videojournalistin" bzw. ein „Videojournalist" ein Dreierteam ersetzte. Die konsequente Umsetzung dieses Konzepts erlaubte gar den Aufbau neuer, zumeist lokal-regionaler Privatsender, die mit veränderten Arbeitsabläufen, neuen Präsentationsformen und einer deutlich tieferen Kostenbasis als herkömmliche Sender operieren konnten (vgl. Künzler 2012: 67f.; Wintsch 2006: 417-422; zu den Auswirkungen auf den gesamten Journalismus Altmeppen/Arnold 2013: 58).

In jüngster Zeit hat die Technik in diesem Bereich einen weiteren größeren Entwicklungsschritt gemacht. Sie erlaubt die Einführung flexibler und kostengünstiger Studiotechnik für Newsrooms zur konvergenten Produktion von Print-, Online-, Radio- und Fernsehinhalten. Ein Beispiel für die Implementierung solcher neuer Technologien ist der dieses Jahr eröffnete Newsroom des schweizerischen, regionalen Medienhauses ‚somedia‘. Die Verantwortlichen schätzen das Sparpotenzial gegenüber herkömmlicher Studiotechnik auf rund fünf Millionen Schweizer Franken ein (vgl. Lebrument 2015: 6f.). Der nächste Schritt dürfte der Einsatz von herkömmlicher Konsumerelektronik im professionellen Journalismus sein. Bereits werden beispielsweise beim öffentlichen Deutschschweizer Fernsehen SRF einzelne Beiträge der Hauptnachrichtensendung ‚Tagesschau‘ mit dem iPhone produziert (vgl. zumMedium 2015).

Die kostengünstigere Studiotechnik erlaubt Einsparung beim Personal und bietet gleichzeitig vielfältige Funktionen für die konvergente Produktion von Medieninhalten. Damit sinken die Markteintrittsbarrieren, was den Aufbau neuer Medienangebote und/oder Medienunternehmen tendenziell begünstigen dürfte. Das „ökonomische Dilemma" des Medien- und Kulturbereichs, wonach sich menschliche Arbeitsleistung nicht durch Technik und Kapital ersetzen lässt, wird dadurch aber noch nicht überwunden. Gerade wenn qualitativ hochwertige, konvergente Inhalte unter Einbezug unterschiedlicher Medienformen produziert werden, führt die Schaffung konvergenter Newsrooms tendenziell zu keinen Einsparungen (vgl. García-Avilés et al. 2014: 573f., 578).

Hier ruhen die Hoffnungen auf dem Einsatz neuer Softwaretechnik. Google bewirbt sein „News Lab"-Programm mit den Worten „[…] we believe the best innovations in media come when journalists and technologists work together" (Google 2015). Diesem Credo folgen spezialisierte Unternehmen, die „Roboterjournalismus" bzw. „automated journalism" ermöglichen. Bereits bieten mehrere Firmen Software an, die auf Grundlage bestehender Daten automatisierte Fußball- und Finanzberichte erstellen; zu den Kunden zählen renommierte deutsche Medienunternehmen (vgl. meedia 2015; NDR 2015; für die USA vgl. Lobe 2015).

Der Geschäftsführer einer solchen auf Computerlinguistik spezialisierten Firma ist denn auch davon überzeugt, dass bereits in einigen Jahren nicht mehr unterschieden werden kann, ob Texte vom Computer generiert oder von einem Menschen geschrieben werden. Datenjournalismus werde ohnehin „das Ressort von Computern sein" (Siebert 2014). Der gewonnene Produktivitätszuwachs durch Rationalisierung erlaube es, dass Journalisten Freiraum wieder erlangen würden, den sie in hintergründigen „Qualitätsjournalismus" und in „Meinungsartikel" investieren könnten (vgl. Siebert 2014).

4 Forschungsausblick

Befreien damit Computerspezialisten den Journalismus aus den Zwängen des kulturökonomischen Dilemmas? Führen Digitalisierung und Automatisierung zu neuen Arbeitsprozessen und Geschäftsmodellen?

Eine der ersten empirischen Studien zu diesem Thema zeigt ein differenziertes Bild. Aufgrund einer Beobachtung deutscher Redaktionen kommen Lilienthal et al. (2014: 347) zum Schluss, „dass sich sämtliche beobachteten Handlungsabläufe entlang des journalistischen Produktionsprozesses aufschlüsseln und zu einem Mosaik aus technikgestützten Arbeitsvorgängen summieren lassen, in denen immer wieder Automatisierungstendenzen aufscheinen". Es herrsche tatsächlich eine „Dominanz des Technischen, d.h. das gesamte Handlungsspektrum aller Redakteure ist hochgradig von Technik abhängig – selbst manuelle Tätigkeiten sind oftmals technikgestützt" (Lilienthal et al. 2014: 347f.). Die Intensität der Automatisierung unterscheide sich jedoch: „Während im Social-Media-Bereich immerzu mit halb- und vollautomatischen Verfahren gearbeitet wird, trifft dies auf die journalistische Produktion und Publikation nur bedingt zu. Die Redaktionsplanung und -organisation sind von eher nicht-automatisierten Handlungen geprägt, allerdings wird auch hier konstant mit technologischen Hilfsmitteln operiert." (Lilienthal et al. 2014: 348)

Damit wird deutlich, dass digitale Technologien immer stärker mit allen Arbeitsschritten journalistischer Produktion verzahnt sind. Arbeitsprozesse verändern sich, neue zeit- und ortsungebundene Arbeits- und Qualitätsroutinen werden ermöglicht. Die Fokussierung der Medienunternehmen auf Technisierung und auf neue Geschäftsfelder im Onlinebereich, wie dies große Konzerne wie Springer versuchen, lässt sich im Lichte von Marie Luises Kiefers Ansatz der Kulturökonomie tatsächlich als Erwartung der Unternehmen verstehen, Produktivitätszuwachs durch Technisierung zu ermöglichen und den Journalismus auf eine neue, stabile wirtschaftliche Basis zu stellen.

Für eine Prognose, ob diese Rechnung aufgehen wird, ist es zweifelsohne zu früh. Allerdings ist es der richtige Moment, diese Entwicklung kommunikationswissenschaftlich zu begleiten und zu analysieren. Eine solche Analyse darf jedoch nicht bei reinen betriebswirtschaftlichen Fragen verharren, sondern muss die normative, gesellschaftliche Leistung des Journalismus mitberücksichtigen. Marie Luise Kiefer hat in ihrem Werk „Journalismus und Medien als Institutionen" diesen Aspekt gut begründet: Die Institution Journalismus (was zunächst nicht mit Medienunternehmen gleichzusetzen ist) solle Volkssouveränität ermöglichen, politische Lernprozesse anstoßen, die Aufmerksamkeit der Bürger auf das kollektiv Relevante lenken und zwischen Bürgern und Altersgruppen vermitteln (vgl. Kiefer 2010: 49).

Marie Luise Kiefer bietet mit ihrem kulturökonomischen Ansatz eine relevante Perspektive, mit der sich die neuen Entwicklungen analysieren lassen. Gleichzeitig liefert sie mit ihrem normativen Ansatz von Journalismus als Institution den normativen Maßstab zur Bewertung der neuen, zu analysierenden Entwicklungen. Ihre beiden Perspektiven auf den Journalismus bieten damit ein Spannungsverhältnis, welches erlaubt, wissenschaftlich gehaltvolle und praktisch-gesellschaftlich relevante Fragen zu stellen; beispielsweise folgende:

- Gibt es Redaktionen, die tatsächlich signifikante Produktivitätssteigerungen durch den Einsatz neuer Technologien erzielen?
- Falls ja: Führt dieser Ausbruch aus dem Dilemma der Kulturökonomie tatsächlich auch zu publizistischem Wettbewerb und zu publizistischer Vielfalt?
- Erlaubt der Einsatz neuer Technologien (z. B. konvergente Newsroomorganisation, Roboterjournalismus) die Aufrechterhaltung eines Journalismus, der sich an den oben genannten Normen orientiert?
- Oder führt die Überformung journalistischer Handlungsweisen (Lilienthal et al. 2014) zu einer Erosion normativer journalistischer Werte?
- Investieren Medienunternehmen den durch Technisierung gewonnenen Produktivitätszuwachs tatsächlich in menschliche Redakteure, die sich auf investigative Recherchen, Quellenprüfung, Kommentierung etc. fokussieren können?
- Oder wird der Produktivitätszuwachs zum Erzielen betriebswirtschaftlicher Gewinne verwendet und der Journalismus verkommt zu einer

floskel-, statistikgetriebenen Berichterstattung, die in Form von Stan-
dardtexten, -grafiken, -(Bewegt-)Bildern daherkommt?

Die empirische Erforschung solcher und weiterer Fragen, zu denen das
Oeuvre von Marie Luise Kiefer anregt, vermag Antworten auf die Frage
zu liefern, ob sich der Journalismus in Richtung der pessimistischen oder
optimistischen Prognose entwickelt. Dies wiederum liefert Hinweise auf
die grundlegende Frage, wie die demokratisch verfasste Gesellschaft die
Institution Journalismus in Zukunft aufrechterhalten kann – ob sie also
diese Aufgabe der unsichtbaren Hand des Markts überlassen kann oder es
doch eines stärkeren Engagements der öffentlichen Hand in diesem Bereich bedarf.

Literatur

Altmeppen, Klaus-Dieter/Arnold, Klaus (2013): Journalistik: Grundlagen eines organisationalen Handlungsfeldes. München: Oldenbourg.

Blum, Roger/Bonfadelli, Heinz/Imhof, Kurt/Jarren, Otfried (Hrsg.) (2011): Krise der
Leuchttürme öffentlicher Kommunikation. Vergangenheit und Zukunft der Qualitätsmedien. Mediensymposium. Wiesbaden: VS Verlag.

García-Avilés, José A./Kaltenbrunner, Andy/Meier, Klaus (2014): Media Convergence
Revisited: Lessons learned on newsroom integration in Austria, Germany and
Spain. In: Journalism Practice 8, Nr. 5, S. 573-584.

Google (2015): News Lab Programs. https://newslab.withgoogle.com/programs
(19.08.2015)

Kiefer, Marie Luise (1998): Die ökonomischen Zwangsjacken der Kultur. Wirtschaftliche Bedingungen der Kulturproduktion und -distribution durch Massenmedien. In:
Saxer, Ulrich (Hrsg.): Medien-Kulturkommunikation. Publizistik Sonderheft 2. Op-
laden/Wiesbaden: Westdeutscher Verlag, S. 97-114.

Kiefer, Marie Luise (2010): Journalismus und Medien als Institutionen. Konstanz:
UVK.

Künzler, Matthias (2012): Die Abschaffung des Monopols: die SRG im Umfeld neuer
Privatradio- und Privatfernsehsender. In: Mäusli, Theo/Steigmeier, Andreas/Vallo-
ton, François (Hrsg.): Radio und Fernsehen in der Schweiz. Geschichte der Schweizerischen Radio- und Fernsehgesellschaft SRG 1983-2011. Baden: hier+jetzt,
S. 41-87.

Künzler, Matthias (2013): Mediensystem Schweiz. Konstanz: UVK.

Lebrument, Silvio (2015): Bericht digezz 2.0. Abschlussbericht des Projektpartners zu-
handen der KTI – Kommission für Technik und Innovation vom 17.04.2015. Chur:
somedia.

Lilienthal, Volker/Weichert, Stephan/Reineck, Dennis/Sehl, Annika/Worm, Silvia (2014): Digitaler Journalismus. Dynamik – Teilhabe – Technik. LfM-Schriftenreihe Medienforschung 74. Berlin: Vistas.

Lobe, Adrian (2015): Nehmen Roboter Journalisten den Job weg? In: FAZ Online, 17.04.2015. http://www.faz.net/aktuell/feuilleton/medien/automatisierter-journalismus-nehmen-roboter-allen-journalisten-den-job-weg-13542074.html (19.08.2015)

Mancini, Paolo (2013): What Scholars Can Learn from the Crisis of Journalism. In: International Journal of Communication 7, S. 127-136.

McChesney, Robert W./Nichols, John (2010): The Death and Life of American Journalism. The Media Revolution That Will Begin the World Again. Philadelphia: Nation Books.

Media Focus (2014): Online-Werbemarkt. Semester Report 2014/02. Expertenschätzungen zur Entwicklung des Online-Werbemarkts in der Schweiz. Zürich: Media Focus. http://www.mediafocus.ch/de/news-presse/werbeforschung/semester-report-online/. (19.08.2015)

Meedia (2015): Automatisierte Fußball-Berichte: FussiFreunde startet mit Roboter-Journalismus. http://meedia.de/2015/04/24/automatisierte-fussball-berichte-fussi-freunde-startet-mit-roboter-journalismus/ (29.08.2015)

NDR (2015): Roboterjournalismus: Zwischen Hype und Flop. In: NDR ZAPP vom 20.05.2015. http://www.ndr.de/nachrichten/netzwelt/Roboterjournalismus-Zwischen-Hype-und-Flop,roboterjournalismus100.html (19.08.2015)

Jarren, Otfried/Puppis, Manuel/Künzler, Matthias (Hrsg.) (2012): Medienwandel oder Medienkrise? Folgen für Medienstrukturen und ihre Erforschung. (Medienstrukturen, Band 1.) Baden-Baden: Nomos, S. 53-76.

Neuberger, Christoph/Quandt, Thorsten (2010): Internet-Journalismus: Vom traditionellen Gatekeeping zum partizipativen Journalismus? In: Schweiger, Wolfgang/ Beck, Klaus (Hrsg.): Handbuch Online-Kommunikation. Wiesbaden: VS Verlag, S. 59-79.

Picard, Robert G. (2009): Why Journalists Deserve Low Pay. In: Unveröffentlichtes Paper, präsentiert am Reuters Institute for the Study of Journalism, University of Oxford am 6. Mai 2009. http://www.robertpicard.net/files/Why_journalists_deserve_low_pay.pdf. (19.08.2015)

Ruß-Mohl, Stephan (2009): Kreative Zerstörung: Niedergang und Neuerfindung des Zeitungsjournalismus in den USA. Konstanz: UVK.

Siebert, Alexander (2014): Roboterjournalismus im Jahre 2020 – Acht Thesen. In: Huffington Post vom 08.08.2014 (aktualisiert am 08.10.2014). http://www.huffingtonpost.de/alexander-siebert/roboterjournalismus-im-jahre-2020---acht-thesen_b_5655061.html (19.08.2015)

Wintsch, Dani (2006): Doing News – Die Fabrikation von Fernsehnachrichten. Eine Ethnografie videojournalistischer Arbeit. Dissertation an der Universität Zürich 2005/2006. Wiesbaden: VS Verlag.

ZumMedium.ch (2015): Videojournalist der SRG setzt iPhone als Kamera ein. http://zummedium.ch/2015/08/03/videojournalist-der-srg-setzt-iphone-als-kamera-ein/ (19.08.2015)

C Wandel, Autonomie, Legitimität und Wettbewerb als institutionalistische Bezugspunkte

Institutionen – woher, wozu, wohin?

Klaus Beck

1 Woher stammen Institutionen?

Manchen Protagonisten der politischen und der medienpolitischen Auseinandersetzung gilt der Markt vielleicht nicht gerade als göttliche aber doch als natürliche Ordnung – für deren Antagonisten handelt es sich wohl eher um Teufelswerk. Marie Luise Kiefer hingegen begreift Märkte konstitutionenökonomisch als „gesellschaftliche Veranstaltung" (Kiefer 2007: 54), die letztlich auf einem Gesellschaftsvertrag beruht: Vertragspartner haben sich – freiwillig – auf einen Satz oder ein System von handlungsleitenden Regeln verständigt, um Unsicherheit zu reduzieren.

Verträge werden ausgehandelt, die Vertragstreue der Vertragspartner gehört zu ihrem institutionellen Kern. Sie beruht zunächst auf der Selbstbindung der Vertragsschließenden; die Befolgung der informellen oder formalisierten Regeln ist aber zudem sanktionsbewehrt. Institutionen üben also Macht aus und bedürfen daher der Begründung und ethischen Legitimation. Die Legitimität der Regel bemisst sich an der allgemeinen Zustimmungsfähigkeit auf der Basis gemeinsamen Wissens sowie geteilter Leit- und Weltbilder. Die individuelle Zustimmung erfolgt – analog dem Rawlschen Gerechtigkeitsparadigma – unter der Annahme, dass Ego mit der Regel auch dann einverstanden bleibt, wenn es in die Position von Alter kommen sollte. Die wechselseitige Typisierung von Handlungen, wie sie in der phänomenologischen Soziologie und im Sozialkonstruktivismus beschrieben werden, erzeugt im Alltag Regelwissen, das Unsicherheit reduziert und meist selbstverständliches Element der Lebenswelt ist. Das Role taking (G. H. Mead) in der Kommunikation schafft erst die Möglichkeit des Konsensus – hier die reflexive Übereinkunft über Regeln. Normative Regeln, vor allem komplexere und ineinander greifende formale Regelsysteme resultieren häufig aus bewusster Setzung. Erst reflexives Regelwissen und Regelbefolgung machen Menschen (oder Organisationen) gerade in solchen formalen Institutionen dann zu „Mitspielern". Das gilt für die Zwei des Schachspiels wie für die Zweiundzwanzig beim Fußball – aber auch weit über die Welt von Sport und Spiel hinaus.

Institutionen erzeugen Erwartungen und Erwartungserwartungen, reduzieren also das, was Luhmann „doppelte Kontingenz" nennt. Aber: Die institutionellen Regeln sind selbst kontingent: Sie sind zwar, so wie sie sind, nicht beliebig, aber sie könnten auch anders ausfallen. Man kann Regeln, wenn sie sich als ungeeignet oder verbesserungswürdig erweisen, also ändern. Dies aber wiederum nur konsensual. Die individuellen Chancen zur Regeländerung folgen einer Hierarchie der Institutionen: Fundamentale Institutionen, etwa die Gesellschaftsordnung, sind individuell gar nicht und kollektiv nur in langfristigen Prozessen gestaltbar. Abgeleitete, sekundäre Institutionen können hingegen leichter verändert werden (vgl. Kiefer/ Steininger 2014: 77ff.).

2 Wozu dienen Institutionen?

„Institutionen strukturieren, begrenzen und ermöglichen nicht nur das Handeln der Individuen in der Gesellschaft, sie schaffen auch Handlungsmotive, die von der jeweiligen Interessenlage des Individuums unabhängig sind." (Kiefer/Steininger 2014: 76) Gleichzeitig mit dem subjektiven Sinn des handelnden Individuums bringen sie also Gemeinsinn hervor, den alle Vertragspartner teilen: Institutionen strukturieren wechselseitig die Erwartungen der Akteure und reduzieren auf diese Weise Verhaltensunsicherheit, sie senken Transaktionskosten für die Informationsbeschaffung und das immer wieder neue situative Aushandeln von Regeln und Problemlösungen. Wie die Sprache und die Medien erleichtern alle Institutionen die Kommunikation und damit die alltägliche Handlungskoordination, kurz: unser gemeinschaftliches und gesellschaftliches Zusammenleben.

Institutionen entlasten nicht nur, sie ordnen und motivieren das Handeln individueller wie kollektiver und korporativer Akteure. Für die Publizistikwissenschaft besonders relevant: Als fundamentale Institution gibt der Journalismus in Kiefers Medienökonomik den Medienorganisationen, ihren Aktionen und Strategien erst Sinn. Organisationen konkretisieren Institutionen, im Idealfall würde beispielsweise die öffentlich-rechtliche Rundfunkorganisationsform der Realisierung der Institution des freien (von wirtschaftlichen und politischen Organisationsinteressen) unabhängigen Journalismus folgen. Ob dies den konkreten „Anstalten" heute noch immer gelingt, ist ebenso eine empirische Frage wie die nach dem Versagen der Institution Markt im Mediensystem.

Institutionen beschreiben nicht nur ontologisch in Seinssätzen die habituellen Regelmäßigkeiten, die Erwartungssicherheit bieten, sie schaffen auch deontologisch Verbindlichkeiten durch Selbstbindung. Regelwerke bestehen aus normativ aufgeladenen Sollenssätzen, sie regulieren Handlungen wertrational und vervollständigen damit zweckrationale individuelle Handlungsmotivationen.

3 Wohin führen Institutionen?

Wohin Institutionen führen, ist eine empirische Frage, die immer wieder neu zu beantworten zu den vordringlichsten Aufgaben der publizistikwissenschaftlichen Medienökonomie zählt.

Eine, vielleicht die zentrale, Institution kapitalistischer Gesellschaften ist zweifellos der Markt, der mittels des Sanktionsmechanismus Wettbewerb der Allokation bzw. Verteilung knapper Ressourcen dienen soll. Ob bzw. in welchem Maße er dies, gerade im Falle der Medien, tatsächlich leistet, ist eine Forschungsfrage. Marie Luise Kiefer wird völlig zu Recht nicht müde zu kritisieren, dass wir hierüber in der Publizistik- und Kommunikationswissenschaft noch immer zu wenig wissen. Dies gilt insbesondere dann, wenn der Maßstab eines fraglichen Marktversagens eben nicht (neo-)klassisch ökonomisch sondern auch publizistikwissenschaftlich, also normativ demokratietheoretisch, fundiert ist. Marie Luise Kiefers Medienökonomik bietet für diese Art der Forschung wichtige Ansatzpunkte, von denen hier drei schlagwortartig hervorgehoben werden sollen: Differenzierung, Dynamik und Diskursivität.

Kiefers Institutionenökonomie erlaubt eine *differenzierte Analyse*: Sie zählt Journalismus zur institutionellen Fundamentalebene, während Medien abgeleitete, sekundäre Institutionen darstellen (vgl. Kiefer 2011: 9f.). Publizistische Medienorganisationen besitzen folglich einen institutionellen Kern, denn die Akteure der Mesoebene des Mediensystems orientieren sich an legitimen Modellen des Handelns. Institutionelle Analysen können wegen der Plastizität des Institutionenbegriffs auf verschiedenen miteinander in Wechselwirkung stehenden sozialen Ebenen durchgeführt werden: die moralischen Normen des individuellen Handelns auf der Mikroebene (z. B. Journalisten), die ethische Reflexion auf der Mesoebene kollektiver oder korporativer, arbeitsteilig organisierter Akteure (z. B. Redaktionen, Verbände), die gesetzlichen Normen und Grundwerte auf der Makroebene der (Medien-)Verfassung gelten dann nicht mehr als irrationale Stör-größen, sondern als Kernbestandteil des Mediensystems (vgl. Beck 2012).

Die institutionenökonomische Perspektive Kiefers eröffnet nicht nur eine nach sozialen Ebenen differenzierte, sondern auch eine *dynamische Sicht*: Institutionen bestehen relativ stabil in der Zeit, unterliegen aber durchaus einem Wandel. Der Blick auf das „Woher" hat gezeigt, dass Institutionen erst einmal entstehen müssen und womöglich auch wieder vergehen. Für Otfried Jarren (1996; 1998) gewinnen die Medien erst in der „Mediengesellschaft" den Status „vollwertiger Institutionen", weil sie sich von den traditionellen Institutionen (politische Öffentlichkeit, Parteien, Kirchen, Gewerkschaften) entkoppelt haben. In der neo-institutionalistischen Forschung ist daher oft nicht nur von Institutionen, sondern treffend vom Prozess der Institutionalisierung von Handeln und Verhalten die Rede (vgl. Hasse/Krücken 2005: 31).

Kiefer begreift nun beispielsweise die Krise des Qualitätsjournalismus aus der Dynamik zwischen der fundamentalen Institution Journalismus und den sekundären Medieninstitutionen, wenn sie diagnostiziert: „Das traditionelle institutionelle Arrangement von Journalismus und Medien ändert sich allerdings gravierend, die gegenseitige Abhängigkeit wird lockerer" (Kiefer 2011: 19). Aufgrund ihrer kapitalistischen Organisationsweise und ihrer werbelastigen Finanzierungsmodelle garantieren Medien nicht länger die Realisierung der institutionellen Werte eines freien und unabhängigen Journalismus. Zu ihrer eigenen Sicherung muss die Institution Journalismus – mithilfe der publizistikwissenschaftlichen Medienökonomie – gewissermaßen Ausschau halten nach anderen, besser geeigneten Formen der Organisation und Institutionalisierung. Der Journalismus steht damit, wie alle Institutionen, im Spannungsfeld zwischen den Polen Institutionalisierung und De-institutionalisierung; sein Bestand ist keineswegs für die Ewigkeit gesichert.

Die Dynamik der Institutionen kann zu folgenreichen Ungleichzeitigkeiten und Widersprüchen zwischen den Ebenen des Mediensystems führen, wie ein Blick in die Transformationsforschung belegt: Andrew K. Milton (1997) und Owen Johnson (1998) konnten beispielsweise zeigen, dass vor allem die institutionellen Kontinuitäten noch lange Zeit einen demokratischen Journalismus in Ost- und Mittelosteuropa verhindert haben, nachdem der organisatorische Wandel der Medien bereits vollzogen war: Die Journalisten verwendeten weiterhin nahezu ausschließlich offizielle Regierungsquellen, boten wenig Erklärungen und Hintergründe, betrieben kaum Eigenrecherche, geschweige denn Investigation. Die Institution der leninistischen Presse prägte nachhaltig das Selbstverständnis der Kommu-nikatoren (und möglicherweise sogar die Erwartungen des Publikums), obwohl die Organisation von Staatssozialismus längst auf Privatwirtschaft umgestellt worden war.

Eine differenzierte und dynamische Analyse der Institutionalisierung und Organisation öffentlicher Kommunikation zeigt also, wie „organisato-rische Arrangements ihre jeweilige institutionelle Einbettung überlagern" (Kiefer 2010: 149), Organisationsformen folglich dysfunktional sein oder werden können, wenn der Maßstab nicht in der Zweckrationalität der Or-ganisation selbst gesucht wird, sondern in „Externalitäten", auf deren Re-levanz oder gar Priorität sich die Gesellschaft verständigt hat. Kiefer schreibt der medialen Kulturproduktion grundlegende Bedeutung für die Sinngebung, das Selbstverständnis und die Integration moderner Gesell-schaften zu, belegt aber, dass die Institution Markt nur unter regulierten Bedingungen mit befriedigendem Ergebnis funktionieren kann (vgl. Kie-fer 1998: 112). Wie genau die Institution Medienmarkt funktioniert, wo ihre Funktionsmängel liegen und wie Medienmärkte zu regulieren sind, setzt Wissen voraus. Die Erzeugung dieses Wissens ist die Aufgabe der publizistikwissenschaftlichen Medienökonomie, die Bereitstellung dieses Wissens für die Öffentlichkeit liegt in der Verantwortung unserer Scienti-fic Community.

Öffentlichkeit, und zwar nicht in ihrer liberalen Fassung, sondern als *Diskurs*, ist der Prozess, durch den ein Regelkonsens in grundlegenden Fragen der gesellschaftlichen Verfassung erreicht werden kann. Liberale Öffentlichkeitsmodelle überzeugen Kiefer hingegen nicht, und zwar nicht obwohl, sondern gerade weil sie von einem Markt der Meinungen ausge-hen, auf dem souveräne Konsumenten agieren. Aber, so der Einwand Kie-fers, Märkte funktionieren über Konkurrenz- und Interessendenken, und nicht über Gemeinschaftsdenken, das notwendig ist, um das Aushandeln von Regeln – die Bildung von Institutionen – zu verstehen (vgl. Kiefer 2007: 45f.). Das Ziel des öffentlichen Diskurses ist die Überführung indi-vidueller Handlungsrationalitäten in kollektive Selbstbindung durch Re-geln, die Interessenkonflikte soweit aufheben oder mildern, dass eine kol-lektive Selbstschädigung verhindert werden kann (vgl. Kiefer 2007: 54ff.). Die Grundlage hierfür besteht in Wissen und Motivation, für beides tragen auch Publizistikwissenschaft und Publizistik Verantwortung.

Klaus Beck

Literatur

Beck, Klaus (2012): Das Mediensystem Deutschlands. Strukturen, Märkte, Regulierung. Wiesbaden: VS.

Hasse, Raimund/Krücken, Georg (2005): Neo-Institutionalismus. Mit einem Vorwort von John Meyer. 2., vollst. überarb. Auflage. Bielefeld: transcript.

Jarren, Otfried (1996): Auf dem Weg in die „Mediengesellschaft"? Medien als Akteure und institutionalisierter Handlungskontext. Theoretische Anmerkungen zum Wandel des intermediären Systems. In: Imhof, Kurt/Schulz, Peter (Hrsg.): Politisches Raisonnement in der Informationsgesellschaft. Zürich: Seismo, S. 79-96.

Jarren, Otfried (1998): Medien, Mediensystem und politische Öffentlichkeit im Wandel. In: Sarcinelli, Ulrich (Hrsg.): Politikvermittlung in der Demokratie. Beiträge zur politischen Kommunikationskultur. Opladen: Westdeutscher Verlag, S. 74-94.

Johnson, Owen W. (1998): The Media and Democracy in Eastern Europe. In: O´Neil, Patrick (Hrsg.): Communicating Democracy: The Media and Political Transitions. Boulder/London: Lynne Rienner, S. 103-124.

Kiefer, Marie Luise (1998): Die ökonomischen Zwangsjacken der Kultur. Wirtschaftliche Bedingungen der Kulturproduktion und -distribution durch Massenmedien. In: Saxer, Ulrich (Hrsg.): Medien-Kulturkommunikation. Sonderheft 2/1998 der Publizistik. Opladen: Westdeutscher Verlag, S. 97-114.

Kiefer, Marie Luise (2011): Die schwierige Finanzierung des Journalismus. In: Medien & Kommunikationswissenschaft 59, Nr. 1, S. 5-22.

Kiefer, Marie Luise (2010): Journalismus und Medien als Institutionen. Konstanz: UVK.

Kiefer, Marie Luise (2007): Öffentlichkeit aus konstitutionenökonomischer Perspektive. In: Medien Journal 31, Nr. 1, S. 42-58.

Kiefer, Marie Luise/Steininger, Christian (2014): Medienökonomik. 3. Aufl. München: Oldenbourg.

Milton, Andrew K. (1997): News Media Reform in Eastern Europe: A Cross-National Comparison. In: O´Neil, Patrick H. (Hrsg.): Post-Communism and the Media in Eastern Europe. London/Portland/Oregon: Frank Cass, S. 7-23.

Zwei Seiten derselben Medaille – die Autonomie des öffentlich-rechtlichen Rundfunks und die öffentliche Finanzierung des professionellen Journalismus

Philip Baugut

Der politische Eingriff in die Autonomie des öffentlich-rechtlichen Rundfunks erfolgte mit Ansage: Öffentlich machte Hessens damaliger Ministerpräsident Roland Koch deutlich, den Unionsblock im Verwaltungsrat nutzen zu wollen, um die Vertragsverlängerung für den damaligen ZDF-Chefredakteur Nikolaus Brender zu verhindern. Es gehe „nicht um die journalistische Integrität von Nikolaus Brender. Wir beurteilen das führende Management eines Fernsehsenders" (Spiegel Online 2009), erklärte Koch, nachdem er erfolgreich klargestellt hatte, wer im öffentlich-rechtlichen Rundfunk nur Kellner sein soll. Seine Begründung impliziert eine Trennung von Journalismus und Medien, wie sie auch Marie Luise Kiefer (z. B. 2011) vornimmt – allerdings institutionentheoretisch fundiert und nicht politstrategisch motiviert. Denn indem sich Koch als Aufsichtsperson einer Organisation inszenierte, deren Rentabilität er im Interesse der Gebührenzahler zu kontrollieren vorgab, sollte seiner freilich den Journalismus tangierenden Intervention die umstrittene Legitimation bescheinigt werden.

Der „Fall Brender" liefert ein Beispiel dafür, wie mit einer politischen Intervention gleich zwei Institutionen in ihrer Autonomie auf eine Weise beeinträchtigt werden, die demokratiepolitische Implikationen haben kann. Denn gerade mit dem Journalismus des öffentlich-rechtlichen Rundfunks, der als korporatives Gebilde selbst eine Institution darstellt, verbindet sich die Erwartung, er möge „mit seinen Wirklichkeitsbeschreibungen die Aufmerksamkeit des Einzelnen als Rezipient auf das kollektiv Relevante und Erforderliche lenken, das in einer von Werbung und PR durchtränkten, vorwiegend Unterhaltungsöffentlichkeit [...] ja keineswegs mehr für jedermann offensichtlich ist, und so die notwendige Informiertheit und die erforderlichen Lernprozesse der Staatsbürger mit Blick auf ihr Gemeinwesen ermöglichen" (Kiefer 2011: 9). Was mit Beschränkungen der Autonomie auf dem Spiel steht, wird deutlich, wenn man Ansprüche an die „Öffentlichkeit des öffentlich-rechtlichen Rundfunks" (Steininger

2005) analysiert und feststellt, dass der öffentlich-rechtliche Rundfunk die besten Voraussetzungen für die Produktion meritorischer, kollektiver, nicht-stereotyper Medieninhalte bietet (vgl. Steininger 2005: 236; Kiefer 1996). Zum Beispiel zeigen aktuelle inhaltsanalytische Befunde aus 16 westlichen Ländern, dass das öffentlich-rechtliche Fernsehen im Vergleich zu privatwirtschaftlichen Medienorganisationen einen höheren Anteil an „hard news" aufweist (vgl. Reinemann/Scherr/Stanyer et al. 2016).

Vor dem Hintergrund dieser institutionellen Bedeutung des öffentlich-rechtlichen Rundfunks erscheint die Empörung über politische Interventionen wie im „Fall Brender", der keineswegs nur ein deutsches Phänomen ist, ebenso folgerichtig, wie die Entscheidung, notfalls den verfassungsrechtlichen Klageweg zu beschreiten. Doch reicht das aus? Was tun, wenn der öffentlich-rechtliche Rundfunk zum Ball intransparenter politischer Farbenspiele wird, weil sich politische Akteure womöglich aus gutem Grund nicht gänzlich aus den öffentlich-rechtlichen Aufsichtsgremien verbannen lassen? Wie soll im Einzelfall exakt definiert werden, wann Politiker eine Grenze überschreiten, wo sie doch zweifellos über eine breite demokratische Legitimation verfügen, Belastungen der Gebührenzahler im Auge haben dürfen und dazu beitragen sollen, dass „Personen mit möglichst unterschiedlichen Perspektiven und Erfahrungshorizonten aus allen Bereichen des Gemeinwesens" (Bundesverfassungsgericht 2014) in den Aufsichtsgremien vertreten sind? Was folgt daraus, wenn sich „die intellektuelle Kritik [...] auf die Tatsache fixiert, dass alle hehren demokratischen Ideale, die mit den Rundfunkräten verbunden waren, an den nüchternen Machtinteressen der Parteien zu Schande wurden" (Langenbucher 2005: 171)?

Eine Klage vor dem Bundesverfassungsgericht war im „Fall Brender" zwar die erfolgreiche Ultima ratio, hat dieses doch als autonome Institution im engeren Sinne für den öffentlichen Rundfunk als semi-autonome Institution (vgl. Franke 1998; Kiefer 2007: 7) gewissermaßen die Notbremse gezogen, indem es den ZDF-Staatsvertrag für verfassungswidrig erklärte und die Politik dazu verpflichtete, den „Anteil staatlicher und staatsnaher Personen im Fernseh- und Verwaltungsrat auf ein Drittel zu begrenzen" (Bundesverfassungsgericht 2014). Doch dass sich damit parteipolitische „Freundeskreise" eliminieren lassen, ist mehr als zu bezweifeln. Vermutlich hat das Bundesverfassungsgericht in seinem Urteil auch deshalb den Gesetzgeber dazu aufgefordert, es müsse „ein Mindestmaß an Transparenz über die Arbeit der Aufsichtsgremien hergestellt werden" (Bundesverfassungsgericht 2014). Habermas bezog bereits im „Strukturwandel der Öffentlichkeit" das Transparenzgebot auf die Medien: „Selbst die politische Publizistik soll, wie alle Institutionen, die in der Öffentlichkeit demonstrativ oder manipulativ einen privilegierten Einfluss ausüben, ihrerseits dem demokratischen Öffentlichkeitsgebot unterstellt werden." (Habermas 1990: 311) Doch es ist nicht auszuschließen, dass dies zur Verlagerung problematischer Einflussversuche in informelle, nicht-öffentliche Zirkel führt, so dass die Öffentlichkeit der Gremiensitzungen zum „Symbol für die durch Transparenz erzeugte Intransparenz" (Luhmann 2000: 285) wird.

Dies zeigt, dass es nicht ausreicht, auf die obersten Verfassungshüter als Hüter der Autonomie des öffentlich-rechtlichen Rundfunks zu vertrauen. Letztlich müssen für ihre Autonomie ausgerechnet jene sorgen, deren Autonomie gefährdet ist. So rief der „Fall Brender" denn auch auf Medienseite Empörung hervor. Doch diese war zwar für medienpolitisch Interessierte unübersehbar, sie hatte aber auch etwas Halbherziges, was nicht verwundert, denn warum sollte der öffentlich-rechtliche Rundfunk ausgerechnet von der privatwirtschaftlichen Konkurrenz Unterstützung erhalten, die beispielsweise im öffentlich-rechtlichen Online-Engagement die „Enteignung der freien Presse" (Hanfeld 2007) sieht. Zu viel Schizophrenie allenthalben: Einerseits bildeten die Journalistenkollegen schnell einen Solidaritätsring um Brender, andererseits war der Fall doch zumindest für deren privatwirtschaftlich organisierte Arbeitgeber ein wunderbares Exempel, die öffentlich-rechtliche Konkurrenz zu diskreditieren. „Die übertriebene Staatsskepsis im Fall Brender", kommentierte das Springer-Blatt Die Welt (Fuhr 2009), während der Vorstandsvorsitzende (Döpfner 2009) dieses Verlagshauses in „Bild" einen „Totalschaden im ZDF" kommen sah und Kochs Partei davor warnte, sie sehe „nicht gut aus, wenn sie all das riskiert und dabei die Trennung von Staat und Medien in einer Weise aufweicht, die sich in einer Demokratie nicht gehört". Auch FAZ-Herausgeber Schirrmacher (2009) kommentierte: „Die Debatte um die journalistische Autonomie findet nicht im abstrakten Raum statt. Sie findet statt in einer gesellschaftlichen Krise, in der der Staat systemrelevante Institutionen unter seine Kontrolle bringt und weiter bringen wird." Doch ist eine solche Solidarität auch bei weniger gravierenden Eingriffen in die Autonomie des öffentlich-rechtlichen Rundfunks zu erwarten?

Kiefers (2011) Unterscheidung von Journalismus und Medien, verbunden mit der Betonung, dass der Journalismus „die fundamentalere Institution" (ebenda: 9) darstellt, erscheint hier insofern wegweisend, als man von Journalisten umso mehr eine crossmediale solidarische Skandalisierung politischer Eingriffe in ihre Autonomie erwarten kann, je stärker sie sich als Profession verstehen und sich als solche stärker der Öffentlichkeit als medienunternehmerischen Interessen verpflichtet sehen. Es wäre vermessen, dies von Journalisten zu erwarten, die zwei Herren – Gott und dem Mammon – dienen sollen (vgl. Kiefer 1999: 705). In diesem Zwiespalt kann nur in Extremfällen eine Öffentlichkeit entstehen, die als Kontrollinstanz fungiert und so Eingriffe in die Autonomie des Rundfunks entweder präventiv verhindert oder zumindest eine öffentliche Debatte darüber in Gang setzt.

Auch deshalb erscheint es notwendig, die Frage zu diskutieren, wie sich Journalismus finanziert. Zwar mag man einwenden, dass gerade mit der öffentlichen Finanzierung politischen Akteuren Interventionsmöglichkeiten eröffnet werden, gleichwohl verfügt ein professionalisierter, an Reputation gewinnender Journalismus über mehr Ressourcen und Freiräume, sich dagegen zur Wehr zu setzen. „Autonomie ist das professionssoziologische Stichwort." (Kiefer 2011: 13) Die Hände sind den medienpolitischen Interventionisten gerade dann gebunden, wenn die öffentliche Förderung nicht an der Qualität der Produkte, sondern an der Professionszugehörigkeit ansetzt und Organe der journalistischen Kollegialorganisation über die Verteilung von Mitteln entscheiden (ebenda: 15).

Entwickelt sich auf journalistischer Seite eine solche Kultur der Autonomie, hat sie womöglich auch Rückwirkungen auf den öffentlich-rechtlichen Rundfunk, indem sie die Identität der Kollegen und ihre Abwehrkraft gegenüber politischen Vereinnahmungsversuchen stärkt. Dann kann der Journalismus als Institution fungieren, die einen Beitrag zur Sicherung der Autonomie des öffentlich-rechtlichen Rundfunks leistet. Umgekehrt könnten dann auch die Journalisten des öffentlich-rechtlichen Rundfunks wachsame Beobachter politischer Einflussversuche auf privatwirtschaftlich organisierte Medien werden. Beides erscheint dringlich: Laut einer aktuelleren Allensbach-Umfrage sehen zwar über 90 Prozent der Journalisten in Deutschland die Pressefreiheit grundsätzlich als verwirklicht an, gleichwohl hat fast jeder zweite Journalist den Eindruck, Beschränkungen der Freiheit der Berichterstattung hätten in den letzten Jahren zugenommen, die Mehrheit der Journalisten hat bereits persönlich Eingriffe in die Pressefreiheit erlebt (vgl. IfD Allensbach 2014: 5). Was läge hier näher, als die Voraussetzung zu schaffen, dass sich eine – keineswegs unkritische, aber zumindest eine von privatwirtschaftlichen Überlegungen befreite – Solidarität unter Journalisten im Fall von Eingriffen in ihre Autonomie herausbildet? Etabliert sich eine solche Kultur der autonomen Selbstbeobachtung und Selbstregulierung, wird schließlich auch jenes Legitimationsproblem gelöst, das um die Frage kreist, wer denn die Kontrolleure kontrolliert.

Paradoxerweise kann auch die Politik gerade dadurch an Autonomie gewinnen, dass sie jene der Medien schützt, können diese doch mit zunehmender Autonomie „dem Kurzzeitrhythmus der Politik eine Langfristorientierung entgegensetzen, so die langfristigen Vorteile der gesellschaftlichen Kooperation gegenüber kurzfristigem und zügellosem Anspruchsdenken und -druck der ‚rentensuchenden Gesellschaft' sichern und dadurch die Demokratie stabilisieren" (Kiefer 2007: 7). Dass Medienlogik und politische Logik beispielsweise im Rahmen politischer Verhandlungen inkompatibel sein können, hat die Forschung gezeigt (z. B. Baugut/ Grundler 2009; Marcinkowski 2005) – und damit einen Hinweis darauf geliefert, dass die Politik an Autonomie gewinnt, wenn sie sich weniger den durch Digitalisierung und Ökonomisierung des Mediensystems beschleunigten Kurzzeitrhythmen unterwirft. Diese würden ohne öffentlich-rechtlichen Stabilitätsanker vermutlich zu einer stärkeren medialen Durchdringung der Politik führen. Vor diesem Hintergrund kann man Kiefers Engagement für den öffentlich-rechtlichen Rundfunk und ihren umstrittenen Vorschlag zur öffentlichen Finanzierung des professionellen Journalismus als zwei Seiten derselben Medaille betrachten. Auf dieser Medaille steht „Autonomie" – nicht nur die der Medienakteure, sondern auch die der Politik.

Literatur

Baugut, Philip/Grundler, Maria-Theresa (2009): Politische (Nicht-)Öffentlichkeit in der Mediendemokratie. Eine Analyse der Beziehungen zwischen Politikern und Journalisten in Berlin. Baden-Baden: Nomos.

Bundesverfassungsgericht (2014): Normenkontrollanträge gegen den ZDF-Staatsvertrag überwiegend erfolgreich. Pressemitteilung Nr. 26/2014 vom 25. März 2014. https://www.bundesverfassungsgericht.de/SharedDocs/Pressemitteilungen/DE/ 2014/bvg14-026.html (07.06.2015).

Döpfner, Matthias (2009): Der Fall Nikolaus Brender – Totalschaden beim ZDF? http://www.bild.de/politik/2009/totalschaden-beim-zdf-10135894.bild.html (07.06.2015).

Franke, Siegfried F. (1998): Autonome Institutionen und die Grenzen ihrer demokratischen Legitimation. In: Grözinger, Gerd/Panther, Stephan (Hrsg.): Konstitutionelle Politische Ökonomie. Marburg: Metropolis, S. 89-130.

Fuhr, Eckhard (2009): Die übertriebene Staatsskepsis im Fall Brender. http://www.welt.de/fernsehen/article5292635/Die-uebertriebene-Staatsskepsis-im-Fall-Brender.html (07.06.2015).

Habermas, Jürgen (1990): Strukturwandel der Öffentlichkeit. Untersuchungen zu einer Kategorie der bürgerlichen Gesellschaft. 16. Auflage. Frankfurt a. M.: Suhrkamp.

Hanfeld, Michael (2007): Die Enteignung der freien Presse. http://www.faz.net/aktuell/feuilleton/debatten/internet-die-enteignung-der-freien-presse-1434001.html (07.06.2015).

IfD Allensbach (2014): Pressefreiheit in Deutschland – Journalisten sehen die Pressefreiheit in Deutschland grundsätzlich gut verwirklicht; viele berichten aber auch von Versuchen, die Berichterstattung zu beeinflussen. http://www.ifd-allensbach.de/uploads/tx_reportsndocs/PD_2014_10.pdf (07.06.2015).

Kiefer, Marie Luise (2011): Die schwierige Finanzierung des Journalismus. In: Medien & Kommunikationswissenschaft 59, Nr. 1, S. 5-22.

Kiefer, Marie Luise (2007): Öffentlich-rechtlicher Rundfunk als autonome Institution. Versuch einer konstitutionenökonomischen Begründung. Unveröffentlichtes Manuskript. München.

Kiefer, Marie Luise (1999): Privatisierung und Kommerzialisierung der Medienwirtschaft als zeitgeschichtlicher Prozess. In: Wilke, Jürgen (Hrsg.): Massenmedien und Zeitgeschichte. Konstanz: UVK, S. 705-717.

Kiefer, Marie Luise (1996): Unverzichtbar oder überflüssig? Öffentlich-rechtlicher Rundfunk in der Multimedia-Welt. In: Rundfunk und Fernsehen 44, Nr. 1, S. 7-26.

Langenbucher, Wolfgang R. (2005): Der Rundfunk der Gesellschaft – Ein Rückblick nach vorne auf die Institution seiner Kontrolle In: Ridder, Christa-Maria/Langenbucher, Wolfgang R./Saxer, Ulrich/Steininger, Christian (Hrsg.): Bausteine einer Theorie des öffentlich-rechtlichen Rundfunks. Wiesbaden: VS, S. 162-176.

Luhmann, Niklas (2000): Die Politik der Gesellschaft. Frankfurt a. M.: Suhrkamp.

Marcinkowski, Frank (2005): Die „Medialisierbarkeit" politischer Institutionen. In: Rössler, Patrick/Krotz, Friedrich (Hrsg.): Mythen der Mediengesellschaft – The Media Society and its Myths. Konstanz: UVK, S. 341-369.

Reinemann, C./Scherr, S./Stanyer, J. et al. (2016): Cross-Conceptual Architecture of News. In: de Vreese, C./Esser, F./Hopmann, D. (Hrsg.): Where's the Good News? Comparing Political Online and Offline Journalism in 16 Countries. London/New York: Routledge (im Erscheinen).

Schirrmacher, Frank (2009). Der Fall Brender – Angriff auf das ZDF. http://www.faz.net/der-fall-brender-angriff-auf-das-zdf-1919746.html (07.06.2015).

Spiegel Online (2009): Entscheidung des Verwaltungsrats: ZDF-Chefredakteur Brender muss gehen. http://www.spiegel.de/kultur/gesellschaft/entscheidung-des-verwaltungsrats-zdf-chefredakteur-brender-muss-gehen-a-663847.html (07.06.2015).

Steininger, Christian (2005): Zur Öffentlichkeit des öffentlich-rechtlichen Rundfunks. In: Ridder, Christa-Maria/Langenbucher, Wolfgang R./Saxer, Ulrich/Steininger, Christian (Hrsg.): Bausteine einer Theorie des öffentlich-rechtlichen Rundfunks. Wiesbaden: VS, S. 223-251.

Institutionenwandel und Legitimation in Zeiten der neoliberalen Digitalisierung

Swaran Sandhu

Am Ende seines Kommentars zur Griechenland-Krise schreibt Jürgen Habermas (2015) pointiert: „Zur postdemokratischen Einschläferung der Öffentlichkeit trägt auch der Gestaltwandel der Presse zu einem betreuenden Journalismus bei, der sich Arm in Arm mit der politischen Klasse um das Wohlbefinden von Kunden kümmert." Fast zeitgleich diskutiert „Die Zeit" den Vertrauensverlust in den Journalismus. Demnach haben 60 Prozent der Befragten weniger bis gar kein Vertrauen in den Journalismus (vgl. Hamann 2015). Ebenfalls in dieser Woche kündigte Apple an, Redakteure für die eigene „News"-App einzustellen, um Inhalte zu kuratieren. Diese Anwendung stellt einen persönlichen Nachrichtenfluss unabhängig von den Inhalteproduzenten zur Verfügung (vgl. Apple 2015). Der Grimme Online-Award ging an Correc!v, einem spendenfinanzierten Recherchebüro, für seine investigative Berichterstattung über den Absturz des Flugs MH-17[1]. Diese Vignette zeigt die Grenzverschiebungen des Journalismus aus kritischer, rezipientenorientierter und technologisch-ökonomischer Perspektive.

Kann man – nein, muss man! – vor diesem Hintergrund für eine autonome Institution des Journalismus argumentieren? Journalismus lässt sich aus der Perspektive Marie Luise Kiefers (2010, 2011) als konstitutive Institution demokratischer Gesellschaften verstehen. Seine Kernfunktion ist es, Öffentlichkeit herzustellen, um die gesellschaftliche Selbstbeobachtung, Meinungsbildung und Integration zu ermöglichen. Doch wie ist dies in Zeiten der zunehmenden Entflechtung bzw. Entdifferenzierung journalistischer Inhalte durch Ökonomisierung, Skandalisierung und Digitalisierung möglich?

Obwohl Medienorganisationen und Journalismus ursächlich zusammenhängen, hält Kiefer eine analytische Trennung zwischen beiden not-

---

[1] http://www.grimme-institut.de,   http://www.grimme-institut.de/html/index.php?id=2014&no_cache=1#c14410 (01.09.2015).

wendig, denn der Journalismus ist „die fundamentalere Institution, die das institutionelle Regelsystem und das institutionelle Feld bestimmt, in dem sich journalistische Medien bewegen" (Kiefer 2011: 9f.; grundlegend zur Trennung von Medien und Journalismus auf Organisationsebene auch Altmeppen 2006). Die organisatorische Ausprägung dieser Institution lässt sich als „intermediäre institutionalisierte Medienorganisationen" (Jarren 2008: 334) bezeichnen. „Autonome Institutionen" verkörpern in Anlehnung an Kiefer (2010: 161) die Repräsentation jener Leitidee, die außerhalb der Judikative und der demokratischen Kontrolle liegt, aber mit weitreichenden Kompetenzen in das öffentliche und private Leben eingreift (wesentlich breiter fasst Abruyten 2009 das Konzept). Die Diskussion über diese Leitidee wird in der Medienökonomie vor allem unter dem Schlagwort „public value" (vgl. Gundlach 2011; Gonser 2013 zur Übersicht) geführt. Nach dem Zweiten Weltkrieg entstand ein europäischer Common Sense, der demokratietheoretische Ziele wie etwa Meinungsbildung nicht dem freien Spiel der Marktkräfte überließ, sondern Medien – insbesondere den Rundfunk – als „kulturelle Institutionen, als Kulturgut und Kulturfaktor begreift" (Kiefer/Steiniger 2014: 14). Die BBC gilt hier als häufig zitiertes Vorbild (vgl. Collins 2007). Doch Institutionen sind keineswegs stabil und unveränderlich. Die Kardinalfrage der institutionellen Theorie – egal welcher Ausprägung – ist das Paradox des institutionellen Wandels: Institutionen können als hinreichend stabile Regelsysteme gelten, die entlang einer sie legitimierenden Leitidee gesellschaftliche Handlungen ermöglichen, diese aber auch sanktionieren (vgl. Kiefer 2010: 24ff.).

Bleiben wir zunächst bei der Leitidee, nämlich der konstitutiven Funktion des Journalismus für eine Demokratie. Langenbucher (2013: 12) stellt die Schlüsselfrage, nämlich „welche infrastrukturellen Bedingungen für die Qualität eines autonomen Journalismus notwendig sind". Und hier verändern sich die Spielregeln gerade. Die bisherige wohlfahrtstaatliche Logik wurde im Laufe der Zeit zunehmend durch ein neoliberales Wirtschafts- und Gesellschaftsmodell verdrängt. Die disruptive Digitalisierung hat nicht nur die Wertschöpfungslogiken von Hotels oder dem Taxigewerbe ausgehebelt, sondern transformiert auch den Journalismus. Diese Entwicklungen zeichnen sich in Ländern mit höherer Internetaffinität bereits deutlicher ab. In einem nur wenig beachteten Beitrag geht Schulz (2015) auf die Deinstitutionalisierung des Journalismus durch Aggregatoren wie Facebook ein. Obwohl die meisten Studien eine bislang relativ stabile Nachrichtennutzung der massenmedialen Quellen wie TV oder Radio zeigen, gewinnt gerade für jüngere Mediennutzer unter 24 Jahren das Smartphone und damit die Nutzung von Aggregatoren einen zentralen Stellenwert (vgl. Hölig/Hasebrink 2014). Bislang halten die etablierten Medienmarken noch gut im Wettbewerb mit und konnten ihre Reputation auch in den digitalen Raum übertragen (vgl. van Eimeren 2015). Allerdings wird in Zukunft verstärkt ein Wettbewerb um Plattformen stattfinden. Im Kern – so Schulz (2015) weiter – findet eine Entbündelung von Inhalten und Medium statt, d. h. auch die digitalen Inhalte des Qualitätsjournalismus finden sich auf Facebook, sofern sie eine kritische Reichweite erreichen sollen. Und dort gelten die institutionellen Logiken der sozialen Medien (vgl. van Dijk/Poell 2013: 5ff.), nämlich Programmierbarkeit, Popularität, Konnektivität und Verdatung. Selbst wenn eine Art „öffentlich-rechtliche" Alternative zu Google oder Facebook entwickelt werden würde: der Sog der Reichweite der etablierten Plattformen würde die Inhalte auch auf diese Kommunikationsinfrastruktur spülen.

Institutionen leben von ihrer Legitimität. Im Idealfall werden sie als Hintergrundüberzeugung nicht in Frage gestellt. In ihrer Diskussion des Institutionenbegriffs bezieht sich Kiefer (2010: 32ff.) auf Searle. Er arbeitet heraus, dass Institutionen „auf der Basis von Anerkennung" (2011: 126) überleben. Diese Anerkennung basiert auf der kollektiven Intentionalität und ist keineswegs selbstverständlich. Gerade aus diesem Grund nehmen Auszeichnungen, Evaluationen, Rankings und Ratings im Gewand der Qualitätssicherung in Bereichen wie dem öffentlich-rechtlichen Rundfunk zu (vgl. Troxler/Süssenbacher/Karmasin 2011: 138f.). Doch diese symbolischen Maßnahmen sind nur ein Nebeneffekt des neoliberalen Effizienzgedankens. Tatsächlich muss sich der Journalismus als Institution durch seine inhaltliche Arbeit legitimieren: Erscheinungsform und Format sind dabei nebensächlich und werden sich im Zuge der Digitalisierung auch weiter ändern. Zur Steigerung journalistischer Qualität gehören Transparenz über die Arbeitsprozesse und die Teilhabe des Publikums, auch wenn dies bei vielen Journalisten noch ein Lernprozess ist (vgl. Lilienthal et al. 2015: 39). Journalismus als Institution lässt sich nicht mehr in klassische Organisationsformen pressen, sondern wird heterogener und differenzierter werden (vgl. Jarren 2015). Bereits Berger und Luckmann (1977: 137) wiesen darauf hin: „Legitimationsexperten können als Theoretiker des Status quo und als revolutionäre Ideologen operieren." Institutionen lassen sich also nicht von außen stützen oder absichern, sondern nur durch eine kollektiv geteilte Überzeugung auf Dauer stellen. Und dazu braucht es Revolutionäre innerhalb des Journalismus aber auch eine anspruchsvolle Ausbildung jenseits der Markteffizienz.

Literatur

Abrutyn, Seth (2009): Toward a General Theory of Institutional Autonomy. In: Sociological Theory 27, Nr. 4, S. 449-465.

Altmeppen, Klaus-Dieter (2006): Journalismus und Medien als Organisationen. Wiesbaden: VS.

Apple (2015): Apple Announces News App for iPhone & iPad. Online unter: https://www.apple.com/pr/library/2015/06/08Apple-Announces-News-App-for-iPhone-iPad.html (30.06.2015).

Berger, Peter L./Luckmann, Thomas (1977): Die gesellschaftliche Konstruktion der Wirklichkeit. Frankfurt a. M.: Fischer.

Collins, Richard (2007): The BBC and „public value". In: Medien & Kommunikationswissenschaft 55, Nr. 2, S. 164-184.

Gonser, Nicole (Hrsg.) (2013): Die multimediale Zukunft des Qualitätsjournalismus. Public Value und die Aufgaben von Medien. Wiesbaden: VS.

Gundlach, Hardy (Hrsg.) (2011): Public Value in der Digital- und Internetökonomie. Köln: von Halem.

Habermas, Jürgen (2015): Habermas: Warum Merkels Griechenland-Politik ein Fehler ist. In: Süddeutsche Zeitung, vom 22. Juni 2015. Online: http://www.sueddeutsche.de/wirtschaft/europa-sand-im-getriebe-1.2532119, (01.09.2015).

Hamann, Götz (2015): Wer vertraut uns noch? Die Zeit Nr. 26, Online: www.zeit.de/2015/26/journalismus-medienkritik-luegenpresse-vertrauen-ukraine-krise (30.06.2015).

Hölig, Sascha/Hasebrink, Uwe (2014): Nachrichtennutzung im Wandel: Neue Plattformen, Endgeräte und Zugänge. In: Media Perspektiven, Nr. 11, S. 530-538.

Jarren, Otfried (2015): Journalismus – unverzichtbar?! In: Publizistik 60, Nr. 2, S. 113-122.

Jarren, Otfried (2008): Massenmedien als Intermediäre. Zur anhaltenden Relevanz der Massenmedien für die öffentliche Kommunikation. In: Medien & Kommunikationswissenschaft 56, Nr. 3-4, S. 329-346.

Kiefer, Marie Luise (2011): Die schwierige Finanzierung des Journalismus. In: Medien & Kommunikationswissenschaft 60, Nr. 1, S. 5-22.

Kiefer, Marie Luise (2010): Journalismus und Medien als Institutionen. Konstanz: UVK.

Kiefer, Marie Luise/Steiniger, Christian (2014): Medienökonomie. 3. Auflage. München: Oldenbourg.

Langenbucher, Wolfgang R. (2013): Öffentliche Medien oder: Die Infrastrukturen gesellschaftlicher Kommunikation – ein Vorwort. In: Gonser, Nicole (Hrsg.): Die multimediale Zukunft des Qualitätsjournalismus. Public Value und die Aufgaben von Medien. Wiesbaden: Springer VS, S. 7-13.

Lilienthal, Volker et al. (2015): Digitaler Journalismus: Dynamisierung, Technisierung, Dialogisierung. In: Media Perspektiven, Nr. 1, S. 30-40.

Searle, John R. (2011): Die Konstruktion der gesellschaftlichen Wirklichkeit. Frankfurt a. M.: Suhrkamp.

Schulz, Stefan (2015): Was Facebook will? Die De-Institutionalisierung des Journalismus. Online unter: http://sozialtheoristen.de/2015/05/13/was-facebook-will-die-de-institutionalisierung-des-journalismus (01.09.2015).

Troxler, Regula/Süssenbacher, Daniela/Karmasin, Matthias (2011): Public-Value-Management als Antwort auf die Legitimationskrise und Chance für neue Strategien der Mehrwertgewinnung. In: Gundlach, Hardy (Hrsg.): Public Value in der Digital- und Internetökonomie. Köln: von Halem, S. 121-143.

van Dijck, José/Poell, Thomas (2013): Understanding Social Media Logic. In: Media and Communication 1, Nr. 1, S. 2-14.

van Eimeren, Birgit (2015): Nachrichtenrezeption im Internet. In: Media Perspektiven, Nr. 1, S. 2-7.

Medien, Aufmerksamkeit, Werbung, Wettbewerb in Ökonomie und Politik

Birger P. Priddat

1 Einleitung

Private Medien finanzieren sich über (ökonomische) Werbung. In klassischer Interpretation fallen dabei beim Konsumenten keine Kosten an. Die Funktion der Werbung ist eine Dienstleistung für die konkurrenten Aktivitäten der *Wirtschaft*: Sie bieten Foren für die Selbstdarstellung von Unternehmen. Diese Leistung können Medien nur vollbringen durch ihr Potenzial, Aufmerksamkeit für Beliebiges zu mobilisieren, das nicht in der Qualität der ökonomischen Werbung verankert ist, sondern in ihrer Leistung. Die Leistung, die Medien vornehmlich für ihre *Rezipienten* erbringen und die ihnen Aufmerksamkeit beschert, ist Selektion und Darstellung von Inhalten. Darstellung von Politik durch Medien ist immer Fremddarstellung. Medien sind keine reinen Mittler politischer Selbstdarstellung. Sie funktionieren anders als Zwischenhändler von Waren. Wenn Medien also als Foren ökonomischer Selbstdarstellung der wirtschaftlichen Konkurrenz dienen, dienen sie durch die politische Fremddarstellung zwar einem politischen Wettbewerb, aber einem Wettbewerb eigener Art. Wie ist das Verhältnis politischer zu ökonomischer Konkurrenz einzuschätzen?

2 Politischer und Ökonomischer Wettbewerb

Ökonomischer Wettbewerb wird klassisch über Produktqualitäten und -preise geführt, auch in der Zeit; das ist der effektive und effiziente Einsatz von Technologie (Wissen) in Produkten und Produktionsprozessen. Daraus ergeben sich zwei Arten von Innovation: Produkt- und Prozessinnovation. Entscheidend sind (1) Produktion oder Zukauf von Wissen und (2) die Selektion des einzusetzenden Wissens. In der Medienökonomie wird ökonomischer Wettbewerb über die verbreitete Wertbelegung des Produktes geführt. Es geht darum, Aufmerksamkeit und Interpretation des

Konsumenten für das Produkt zu beeinflussen. Aufmerksamkeit wird über die Nutzung von Medien erreicht.

Politischer Wettbewerb wird klassisch über Qualität und Kosten kollektiv bindender Entscheidungen geführt. Dazu gehören Entscheidungen über Institutionen und über öffentliche Güter (die Güter selbst sind nicht das Produkt der Politik, sondern nur die Entscheidung für sie). Qualität misst sich – ökonomisch gesprochen – an Wählerpräferenzen. Die Kosten der Politik, die die Wähler zu tragen haben, umfassen auch bürokratische Dimensionen der Umsetzung von Entscheidungen (auch Durchsetzung: Umverteilungswirkung?). Innovationen zielen entsprechend auf Inhalte von Entscheidungen und auf die Kosten von deren Umsetzung. Entscheidend hierbei sind wieder Generation und Selektion von Wissen. In der Mediendemokratie wird politischer Wettbewerb über die Inszenierung von politischen Positionierungen, die Aufmerksamkeit und Interpretation des Wählers für die jeweiligen Meinungen von Politikern/Parteien beeinflussen sollen, in den Medien geführt. Auch hier wird Aufmerksamkeit über die Nutzung von Medien erreicht, *aber nur soweit die Inszenierung an Medienregeln angepasst ist.*

Die Medien leiten die Aufmerksamkeit, die sie bei ihren Adressaten (Wähler, Konsumenten) genießen, an Politik und Wirtschaft weiter. Das geschieht, was die Wirtschaft angeht, direkt und im Falle der Politik vermittelt.

Ökonomische Werbung ist von politischer zu unterscheiden. *Ökonomische Werbung* wird explizit ausgewiesen, als externe und unkommentierte Information jenseits der redaktionellen Verantwortung und damit vom eigentlichen Produkt des Mediums geschieden. Daher muss der Konsument dafür nicht zahlen; er wendet aber seine Aufmerksamkeit für die Werbung auf (Konsumentenleistung). Medien, die ausschließlich ökonomische Werbung beinhalten, sind kostenlos. *Politische Werbung* wird nicht direkt übertragen, sondern vermittelt, als Bericht und Kommentar (Fremddarstellung) über politische Werbung (Selbstdarstellung). Mediale Vermittlung ist ein eigenes Produkt (und zwar ein ökonomisches). Die Rezipienten (Wähler) zahlen für diese Darstellung von politischer Werbung und widmen ihr ihre Aufmerksamkeit. Die Leistungen des Mediums umfassen: (1) Selektion und (2) Fremddarstellung politischer Kommunikation. Selektion ist ein Mittel, die eigene (knappe) Aufmerksamkeit effizienter einzusetzen (und damit eine geldwerte Leistung). Selektion umfasst sowohl die Auswahl bestimmter Themen und Äußerungen dazu, als auch die Zusammenstellung bestimmter Äußerungen als Inszenierung von politischer Konfrontation.

Zwischen Politik und Wählern besteht kein direkter Kontakt. Der (politische) Grenznutzen von direkten Wählerkontakten dürfte für sich genommen vernachlässigbar gering sein; angesichts des Selektionsproblems der Wähler übrigens für beide Seiten. Solche Veranstaltungen lassen sich vor allem medial ausbeuten: als Nachrichten über Bürgernähe.

Politiker liefern ihre Selbstdarstellung in Form politischer Themen und entsprechender Entscheidungsvorschläge als Rohmaterial für mediale Vermittlung. Sie haben ein Interesse, ihre Darstellung mediengerechter Vorselektion zu unterwerfen (Nachrichtenwert). Da Nachrichten nicht knapp sind, stellt das keine politische Leistung zugunsten der Medien dar. (Das Wissen, das die Medien für ihr Produkt einsetzen, wird nicht politisch geliefert.) Zahlungen erfolgen trotz des Leistungsüberschusses der Medien im Verhältnis zur Politik aber nicht, um den für die Glaubwürdigkeit notwendigen Eindruck der neutralen Berichterstattung und Kommentierung nicht zu zerstören, an dem beide Parteien interessiert sind. Medien können Nachrichtenknappheit verhindern, indem sie ihr Potenzial zu „investigativem" Journalismus als Drohmittel gegen die Politik einsetzen.

Politische Kommunikation findet auch dezentral zwischen Wählern statt, ist dadurch aber nicht unabhängig von medialer Vermittlung. *Denn sie findet im Wesentlichen als Kommunikation über medial vermittelte politische Themen statt.*

3 Konkurrenz

Was die Mobilisierung von Aufmerksamkeit angeht, haben Medien und Politik ein gleichgerichtetes Interesse; im Gegensatz zu den Medien sind Politiker aber sehr wohl an der Verteilung dieser Aufmerksamkeit und seiner Bewertung (positiv, negativ) interessiert. Politiker konkurrieren um die Aufmerksamkeit der Medien, nicht umgekehrt. Den Medien ist es egal, welcher Politiker mit welchem Thema wessen Aufmerksamkeit erregt und ob sich diese Aufmerksamkeit in Fürsprache oder Ablehnung entlädt. Was bekommen also die Medien von der Politik dafür, dass sie ihr ihre Aufmerksamkeit widmen? Sie bekommen Material, das, wenn es medial aufbereitet wird, Wählerinteressen bedient, und sich dadurch ökonomisch ausbeuten lässt. Das Material selbst ist nicht knapp – wenn es knapp wäre, würden die Medien um die Gunst der Politiker konkurrieren und hätten einen Anreiz, bestimmte Politiker möglichst gut darzustellen, um sich deren Aufmerksamkeit zu sichern. *Die Neutralität der Medien wird also durch den Überschuss an politischen Äußerungen garantiert.* Dieser Überschuss schafft Selektions- und Beobachtungskosten politischer Kommunikation, die die Medien aufzuwenden haben.

Angesichts der Konkurrenz um mediale Aufmerksamkeit und um drohende Themenschaffung vonseiten der Medien zu verhindern, antizipieren Politiker die Selektionskriterien und den Nachrichtenbedarf der Medien und ersparen ihnen so Kosten. *Das sind Leistungen (im Grunde: verdeckte Zahlungen) von der Politik an die Medien, für die ihnen zuteil werdende Aufmerksamkeit.* Diese Form der Leistung an die Medien wird aber nicht als neutralitätsgefährdend eingestuft, da sie unter Konkurrenzbedingungen entrichtet wird.

Medien konkurrieren untereinander um die Aufmerksamkeit des Wählers, der auch Konsument ist, und um die Aufmerksamkeit der Wirtschaft. Medien müssen aber anders, als über den Inhalt der Nachrichten werben (ansprechende Darstellung, Inszenierung und gute Selektion).

Tabelle 1: Schemen der Konkurrenz

Politik:	• Politiker konkurrieren untereinander um Aufmerksamkeit der Medien. • Medien konkurrieren untereinander um die Aufmerksamkeit der Wähler. • Medien sind politische Beobachter um kommentierende Berichterstatter.
Wirtschaft:	• Medien konkurrieren um die Aufmerksamkeit der Konsumenten und die Aufmerksamkeit der Wirtschaft. • Unternehmen konkurrieren um die Aufmerksamkeit der Konsumenten. • Medien sind Zwischenhändler.

Die Medien selbst haben ein allgemeines Interesse an der Aufrechterhaltung politischen Wettbewerbs, da dieser kommunikativ über die Erzeugung von Aufmerksamkeit für politische Themen und Lösungsvorschläge ausgetragen wird. Diese Aufmerksamkeit kommt aber zuerst und unabhängig vom Ausgang des politischen Spiels den Medien zugute. Als Selektoren öffentlicher Kommunikation befinden sich die Medien damit in einer erheblichen Machtposition gegenüber den politischen Akteuren, die um deren Aufmerksamkeit buhlen.

Die Kommunikationswissenschaft betont die *Gatekeeper*-Funktion der Massenmedien, die über selektive Berichterstattung den Inhalt der politischen Kommunikation (mindestens mit-)bestimmen. Ausschlaggebend für die Selektion der Massenmedien sind die Aufmerksamkeitspotenziale der Inhalte, die sie an Politiker weiterreichen können. Die Massenmedien selbst können keine Macht erlangen (ihre ökonomische Zielgröße ist Gewinn), sind aber politisch *einflussreiche* Akteure, da ihre Berichterstattung die Wahlchancen von Politikern mitbestimmt. Der Zugang zu diesen Medien bzw. deren Aufmerksamkeit, wird damit wiederum zu einer wesentlichen Einflussressource politischer Akteure, die sie kommunikativ erlangen und einsetzen können.

Diese Macht zugunsten bestimmter Akteure auszunutzen liefe aber dem Interesse der Medien an der Aufrechterhaltung des Konkurrenzspiels selbst entgegen. Die öffentliche Aufmerksamkeit für dieses Spiel beuten Medienunternehmen ökonomisch und nicht politisch aus: über Erlöse für ihre Publikationen und über Werbeerlöse, die von eben diesem Aufmerksamkeitspotenzial abhängen. Das ökonomische Spiel, an dem die Medien selbst teilnehmen, und das politische, das die Medien vermitteln, sind demnach in spezifischer Weise verschränkt. Aus diesem Grund lassen sich Medien als effiziente *Enforcer* des Spiels politischer Akteure qualifizieren.

4 Aufmerksamkeit als Steuerungspotenzial

Aufmerksamkeit konstituiert Steuerungspotenzial (Macht) aufseiten desjenigen, dem sie gilt, und verlangt nach Gegenleistung. Die Gegenleistung ist nicht Zahlung. Denn Aufmerksamkeit selbst ist – ökonomisch – Zahlungsbereitschaft. Ökonomische Macht über Aufmerksamkeit ist das Potenzial, die Nachfrage zu steuern. *Politisch* ist Aufmerksamkeit ein Steuerungspotenzial von Wahlverhalten; es spannt sich über das gesamte Netz der Aufmerksamkeiten: von der Politik über die Medien bis zum Wähler. Die Aufmerksamkeitsbeziehung von Politiker und Wähler ist über diese Kaskade stets indirekt, vermittelt. *Ökonomisch* existiert diese Kaskade nicht: Um die direkte Aufmerksamkeit des Konsumenten buhlen gleichermaßen Medien und Unternehmen, ohne Vermittler. Medien sind Zwischenhändler von Aufmerksamkeit, greifen aber nicht in die übrige Leistungserstellung ein.

Medien können also politisch steuern und ökonomisch Steuerung verstärken. Für beides verwenden sie ihr Potenzial, Aufmerksamkeit zu mobilisieren. Besteht also ein Trade-off zwischen der ökonomischen und der politischen Verwendung dieses Potenzials? Nein, denn erstens unterliegt Aufmerksamkeit nicht der Konsumrivalität, sie ist Sozialkapital. Zweitens steuern Medien nicht, weil sie kein politisches Interesse hegen, sondern als Unternehmen ein ökonomisches. Medien generieren, was politische Werbung und ökonomische Werbung für andere angeht, Steuerungspotenzial, nicht Steuerung. Sie verwerten dieses Potenzial ökonomisch, indem sie die politisch erzeugte Aufmerksamkeit für ökonomische Zwecke verwenden: (1) über Zahlungen des Wählers (Zeitungen, Gebühren bei öffentlich-rechtlichen Medien) und v. a. (2) über Zahlungen von Unternehmen für Werbung.

In eigener Sache steuern Medien allerdings schon wie jedes andere Unternehmen, soweit es ihre ökonomische Leistungen betrifft, die selektive Berichterstattung über Politik und Unterhaltung (Nachfragesteuerung).

Warum nutzen Medien aber ihr Steuerungspotenzial nicht politisch, um dann von der Politik alimentiert zu werden? Das tun sie in Gesellschaften, die – über die Medien – auf die Neutralität von Medien wert legen nicht, um ihre Glaubwürdigkeit nicht aufs Spiel zu setzen.

Medien sind kraft ihrer Position im Brennpunkt der Interessen von politischen Akteuren und Wählern in der stärksten politischen Machtposition; sie würden aber in einer funktionierenden Demokratie genau diese Macht aufs Spiel setzen, wenn sie sie selbst ausübten.

5 Medien als Hybride aus Institutionen und Organisationen

Wir müssen diese erste Annäherung aber präzisieren und ergänzen. Dass Medien der politischen Kommunikation Restriktionen auferlegen, sie also in bestimmte Bahnen lenken, deutet auf eine institutionelle Funktion. Wenn Medien Regeln zur Verfügung stellen, an die sich politische Kommunikation halten muss, um vermittelt zu werden, liefern sie Institutionen, die zwei Aspekte bedienen:

- Soweit diese Regeln darauf abzielen, die Aufmerksamkeit der Wähler zu wecken, sind Politiker- und Medieninteressen hier gleichgerichtet.

Überwindung dieser Regeln von politischer Seite kann dann nur heißen, ihnen auch unter Inkaufnahme von Kosten zu folgen.

- Gleichzeitig bestimmen diese Regeln die Form des politischen Wettbewerbs um die Aufmerksamkeit der Medien, die sich letztlich in der Wählergunst niederschlägt. „Regelüberwindung" heißt hier, geschickt mit ihnen zu arbeiten, um sich mehr Aufmerksamkeit zu sichern als der politische Gegner. Es gibt keine politische Analogie zu ökonomischen Anreizen, Wettbewerbsordnungen durch Kartellbildung oder Ähnliches zu unterlaufen.

Es ist zwecklos, diese Regeln gegen den Widerstand der Medien angesichts deren *Gatekeeper*-Funktion unterlaufen zu wollen. Dies zeigt auf die zweite Funktion der Medien in diesem Zusammenhang: Als Organisationen sorgen die Medien für die Durchsetzung der institutionellen Regeln, und zwar aus ökonomischen Interessen. Sie sind also gleichzeitig Produzenten von Institutionen, die politischen Wettbewerb regieren, *und deren Third party enforcer*, soweit es eine aufwendige Leistung der Politik darstellt, diese Regeln zu befriedigen.

Zwischen Politik und Medien dienen diese institutionellen Beschränkungen also einem Koordinationsspiel zur kooperativen Maximierung der Wähleraufmerksamkeit; zwischen Politikern der politischen Profilierung vor den Medien. Sofern beide Parteien, Medien und Politik, davon profitieren, fällt die Durchsetzung der Regeln leicht, liegt aber letztlich in der Macht der Medien. Denn nur sie erfüllen das Kriterium des effizienten Third party enforcers: Sie profitieren von einem funktionierenden politischen Wettbewerb *unabhängig von seinem Ergebnis*. Und dies erfordert selektive Berichterstattung als originär medialer (Vor-)Leistung zur effizienten Allokation der Wähleraufmerksamkeit.

6 Zwischendurch: zur Ökonomisierung der Medien

Die Rede von der sogenannten Ökonomisierung der Medien, die wohl eine zunehmende Dominanz ökonomischer Kriterien der Berichterstattung über politische behauptet, bedeutet vor diesem Hintergrund, dass Aufmerksamkeit zunehmend über Unterhaltung, statt über Politik erregt wird. Es ist auch möglich, Tendenzen zu erkennen, die politische Berichterstattung selbst mit Unterhaltung zu kombinieren bzw. anzureichern. Das kann aber nur in Grenzen im Interesse der Politik liegen, die in direkter Konkurrenz zur Unterhaltungsindustrie nicht bestehen kann. Zudem dürfte das die politische Glaubwürdigkeit sowohl der betreffenden Medien als auch der Politiker verringern. Daher werden Medien, die die Unterhaltungskomponente in ihrer politischen Berichterstattung überdehnen, ihr Geschäft mit der politischen Berichterstattung beschädigen.

7 Politik, Medien, Institutionen

7.1 Parlamentarische Institutionen

Interaktionen zwischen Politikern sind regelmäßig Kommunikationen über kollektiv bindende Entscheidungen. Die Regeln des Parlamentarismus legen fest, (1) dass und wie über Entscheidungen zu kommunizieren ist und (2) wie sie zu treffen sind.

Eine institutionentheoretische Analyse dieser Regeln muss sich eine Besonderheit politischer Regeln vergegenwärtigen, die in der Wirtschaft keine Analogie findet: Lassen sich die Entscheidungsregeln noch unter Effizienzgesichtspunkten interpretieren, sind Kommunikationsregeln nicht darunter zu erfassen.

Institutionelle Regeln über entscheidungsvorbereitende Diskussionen im Parlament sind keine Instanzen zur Beschleunigung oder Koordination von Interaktionen.

Entscheidungen fallen meist über Mehrheitsentscheidungen; die Mehrheit aber hält regelmäßig die jeweilige Regierung. Was die Effizienz des Entscheidungsprozesses angeht, wäre also jede Diskussion über Entscheidungen überflüssig. *Die parlamentarischen Regeln zur Diskussion über Gesetzesvorlagen erzwingen also politische Kommunikation ungeachtet der Tatsache, dass das Abstimmungsergebnis bei herrschender Parteidisziplin schon vor der Diskussion feststeht.* Die Regierung, die die Entscheidungen vorhersehbar trifft, wird so gezwungen, diese zu erläutern und zu begründen und setzt sich damit möglichen Angriffen aus Opposition und Medien aus, die, wenn sie treffen, zur Reallokation der öffentlichen Aufmerksamkeit und Zustimmung führen.

Institutionen der politischen Kommunikation (vor der Entscheidung) dienen also nicht der Koordination zwischen Politikern, sondern der gegenseitigen Verdrängung aus dem öffentlichen Interesse und der öffentlichen Zustimmung. Sie regieren ein Null-Summen-Spiel. Genau diese Institutionen zur Erzwingung politischer Kommunikation (Auseinandersetzung) *ohne vorgegebene Richtung* konstituieren das Spiel um die Aufmerksamkeit der Medien, nicht um deren Zustimmung. Zustimmung oder Ablehnung erfährt die Politik durch die Wähler, nachdem ihre Aufmerksamkeit durch die Medien aktiviert wurde.

7.2 Regeln der Medien

Bis hierhin können wir von der politischen Semantik abstrahieren und uns auf politische Kommunikation als Form beschränken. Unter welchen Umständen können aber Inhalte von Entscheidungen und deren Begründungen die Strukturen dessen beeinflussen, was wir als politische Kommunikation nachzeichnen? Dann, wenn das Medienrecht betroffen ist oder wenn die Regeln des Parlamentarismus verändert werden.

Das Medienrecht soll die Unabhängigkeit der Medien gewährleisten. Das ist eine politische Entscheidung, die den eigenen Entscheidungsspielraum einengt, indem sie den Medien in der politischen Kommunikation, wie beschrieben, eine mächtigere Position zuweist, als den Politikern selbst. *Es handelt sich hier also um konstitutionelle Regeln, ebenso wie diejenigen des Parlamentarismus, unabhängig davon, ob sie in der Verfassung oder in einfachen Gesetzen festgeschrieben sind.* Sie lassen sich (analog zur Brennan/Buchananschen Begründung konstitutioneller Regeln) über die Unsicherheit der politischen Akteure erklären, ob sie in Zukunft in der Regierung oder der Opposition sein werden. Unabhängige Medien stärken die Opposition genauso wie jene parlamentarischen Institutionen, die politische Kommunikation unabhängig von den Stimmenverhältnissen (der Entscheidungsmacht) erzwingen.

Der Umstand lässt sich als eine besondere Form der Gewaltenteilung interpretieren. Die Medien erhalten ein institutionell abgesichertes Machtpotenzial, das sie nicht für sich nutzen können, sondern um das zu nutzen sich aber die Politik, regierungs- wie oppositionsseitig, permanent bewerben muss.

D Sicherung der institutionellen Struktur Journalismus

Was das Publikum nicht kennt, liest es nicht. Die redaktionelle Linie als institutionalisierte Regel zwischen Kommunikator und Rezipient

Franziska Oehmer

1 Einführung und Zielstellung

Mitte Februar 2015 verkündete Roger Köppel, Chefredakteur und Verleger des Schweizer Wochenmagazins DIE WELTWOCHE, in den kommenden Parlamentswahlen für die rechtskonservative Schweizer Volkspartei (SVP) zu kandidieren. Seinen journalistischen Aktivitäten würde er dabei weiterhin nachgehen. Befürchtungen um eine schwindende Leserschaft, die eine so offensichtliche Parteinahme nicht goutieren würde, wurden kaum artikuliert. Der Grund hierfür: Das Blatt galt bereits vor der Kandidatur seines Chefredakteurs als „Kampfblatt der SVP"[1]. Spekuliert wurde sogar, ob Roger Köppels „Einstieg in die Politik ein langfristiges Engagement ist, das in einer Führungsrolle innerhalb der Partei mündet – oder ob es sich dabei nur um einen *Publicity-Stunt für seine Zeitschrift* handelt" (Grob 2015). Eine Abkehr der Leser von der WELTWOCHE sei daher nicht zu erwarten. Denn sie können darauf vertrauen, dass sich mit der Kandidatur des Chefredakteurs nichts am inhaltlichen Profil der Wochenzeitung und damit am zentralen Motiv ihrer Nutzungsentscheidung verändern wird.

Journalismus, so scheint dieses Beispiel deutlich zu machen, sollte um fortbestehen zu können, vor allem eines berücksichtigen: den Erwartungen der Leser an die Auswahl der Inhalte und Perspektiven gerecht werden. Was der Leser kennt und schätzt, wird er – zumindest langfristig betrachtet – auch weiterhin nachfragen.

Ausgehend von Kiefers umfassenden und grundlegenden Beiträgen zur institutionellen Perspektive des Journalismus soll dieser Befund nachfolgend plausibilisiert werden. Dafür werden Kiefers Grundannahmen zum

---

1 vgl. u. a. Benini, Franceso: „Eine gewisse Tragik", NZZ 30.10.2011, http://www.nzz.ch/ei-ne-gewisse-trag-i-k--1.13159638 (19.11.2015).

Journalismus als Institution zunächst kurz skizziert und anschließend genutzt, um das Eingangsbeispiel theoretisch zu fassen. Abschließend werden daraus induktiv Annahmen zur Bedeutung der redaktionellen Linie als eines der verhaltenssteuernden Regelsets der Institution Journalismus formuliert.

2 Journalismus als Institution

Institutionen können als dauerhaftes Set von Regeln und Routinen gefasst werden, das maßgeblich bestimmt, welches Handeln in sozialen Beziehungen und Interaktionen als angemessen gelten kann (vgl. u. a. Donges 2013: 88; Kiefer 2013: 120; Beiträge in diesem Band). Dabei können regulierende (zwanghafte, handlungsbegrenzende), normative (verpflichtende) sowie kulturell-kognitive Regeln unterschieden werden (vgl. Scott 2001; Donges 2013). Aufbauend auf diesem Verständnis lässt sich auch der Journalismus als ein durch Verhaltensregeln gesteuertes Handlungssystem zwischen Kommunikator und Rezipient begreifen, das öffentliche Kommunikation für einen großen Kreis von Menschen entsprechend normativer Zielvorstellungen herstellen soll (vgl. Kiefer 2011: 8). Verhaltensleitende Regeln für die Journalisten sind dabei die spezifischen Selektions- und Präsentationslogiken. Dazu zählen u. a. auch die publizistische Linie respektive das journalistische Selbstverständnis einer Redaktion (vgl. Donges 2013: 88), das sich in der Auswahl und Perspektive der berichteten Ereignisse niederschlägt und durch soziale und organisationale Kontrollmechanismen gesichert wird. Dabei orientiert sich jedoch die Ereignisdarstellung generell an der intersubjektiv erfahrbaren Ereignisrealität, nicht an Fiktionen oder Ideologien (vgl. Kiefer 2011: 8). Dass diese redaktionellen Beobachtungs-, Selektions- und Kommentierungsprogramme die journalistische Arbeit in hohem Maße beeinflussen zeigte bspw. eine Befragung Schweizer Journalisten: Nach den eigenen Wertvorstellungen und den Arbeiten der Kollegen innerhalb der Redaktionen, benennen die befragten Journalisten das publizistische Selbstverständnis der Redaktion als zentrale Einflussgröße auf ihre Arbeit (vgl. Wyss/Keel 2010: 246). Die redaktionelle Linie prägt jedoch nicht nur das Verhalten der Journalisten, sondern auch die Kauf- respektive Rezeptionsentscheidung des Publikums, das mit der redaktionellen Ausrichtung eines Mediums i. d. R. bewusst oder unbewusst vertraut ist (vgl. Jarren/Vogel 2011: 23): Gelesen, gehört oder geschaut werden vor allem solche journalistischen Angebote, von denen man eine Aufbereitung entlang der eigenen Einstellungen und mit Fokus auf die präferierten Themen und Akteure erwartet (vgl. hierzu Forschungen zur Selektionsforschung und kognitiven Dissonanz: Knobloch-Westerwick 2007).

3 Redaktionelle Linie der WELTWOCHE

Die WELTWOCHE lässt sich dem Typ der Gesinnungspresse zuordnen, die „seit dem Kauf durch Roger Köppel 2006, der auch das Amt des Chefredaktors innehat, eine rechtsbürgerliche, SVP-nahe Redaktionslinie" (vgl. Künzler 2013: 170) pflegt. Die Wochenzeitung verfügt, nach Angaben auf dem eigenen Factsheet für Werbekunden[2], über eine Auflage von rund 58.000 Exemplaren, von denen rund 80 Prozent über Abonnement vertrieben werden. Wie man ihrer Selbstdarstellung entnehmen kann, generiert sie sich als ein Medium, das sich „wagt auch brisante Themen aufzugreifen, an die sich andere Zeitungen noch nicht herantrauen". Sie gibt, so heißt es weiter, „Gegensteuer zum Mainstream, nicht aus Rechthaberei, sondern weil sie sich um echte Meinungsvielfalt in einer oft eintönigen Medienlandschaft bemüht"[3]. Sie machte in der Vergangenheit u. a. auf mit Titeln wie „Die Roma kommen. Raubzüge in die Schweiz" (5. April 2012), „Gewalt von links. Und die Behörden schauen zu" (27. Januar 2011) „Terror und Islam" (14. Januar 2015) oder „Asyl für einen Mörder" (27. Mai 2015). Die Leser der WELTWOCHE kennen in der Regel diese Ausrichtung der Zeitung und wenden sich ihr gezielt zu, um Inhalte rezipieren zu können, die ihren eigenen Sichtweisen und Präferenzen entsprechen. Zudem wird die WELTWOCHE auch von Personen gelesen, deren Positionen der Leitlinie entgegenstehen. Das Motiv ist hier daher nicht die Suche nach konsonanten Informationen, sondern die Auseinandersetzung mit den Positionen und Themen des – zugespitzt formuliert – politischen Gegners. Beide Rezipientengruppen haben jedoch eines gemeinsam: Sie erwarten eine konservativ und rechtsbürgerliche Grundhaltung, die sich in der Auswahl und Präsentation der Themen und zu Wort kommenden Akteure in der Berichterstattung widerspiegelt. So ist auch die sehr verhaltene Kritik an der politischen Kandidatur des Chefredakteurs nachvollzieh-

---

2 http://www.weltwoche.ch/fileadmin/doc/pdf/2015/Factsheet_2015_d.pdf (19.11.2015)
3 http://www.weltwoche.ch/ueber-uns/publizistische-leitlinien.html (19.11.2015)

bar: Mit dem politischen Engagement des Journalisten Roger Köppel wird den Erwartungen an die WELTWOCHE nicht wider-, sondern entsprochen.

4 Fazit: Redaktionelle Linie als verhaltenssteuerndes Regelset

Journalisten und Rezipienten orientieren sich bei der Nachrichtenherstellung respektive -nutzung an Regeln und Routinen. Die redaktionelle Linie oder das redaktionelle Selbstverständnis ist dabei eines der relevanten Regelsets. Dabei kann als redaktionelle Linie nicht nur die Präferenz für bestimmte politische Positionen und Werte verstanden werden, wie am Beispiel der WELTWOCHE deutlich wird, sondern auch der Entscheid zur weitgehenden politischen Neutralität oder Perspektiven- und Themenvielfalt oder der Fokus auf regionale sowie lokale Themen. In diesen Fällen erwarten die Leser dann keine offensichtliche Parteinahme, sondern eine heterogene Berichterstattung, die verschiedene Perspektiven oder vor allem Ereignisse im lokalen Bereich berücksichtigt. Rezipienten wissen zumeist bewusst oder unbewusst um diese Regeln der journalistischen Arbeit des jeweiligen Mediums. Dementsprechend haben sie auch eine bestimmte Erwartung an die Berichterstattung. Diese Erwartung prägt den Kauf- und Leseentscheid. Journalisten wiederum kennen die Erwartungen der Leser und orientieren sich in ihrer Arbeit daran. Es handelt sich also um einen reziproken und dynamischen Prozess. Als abschließende These und Antwort auf die Frage, wie der Journalismus als Institution gesichert werden kann, lässt sich resümierend auf die Erwartungskonformität verweisen: Wird Journalismus den Erwartungen der Rezipienten gerecht, so wird dies in der Folge mit einem erneuten positiven Kauf- und Rezeptionsentscheid belohnt. Redaktionelle Linien liefern dabei das zu Grunde liegende verhaltenssteuernde Regelset auf Kommunikatoren- und Rezipientenseite.

Literatur

Donges, Patrick (2013): Klassische Medien als Institutionen. In: Künzler, Matthias (Hrsg.): Medien als Institutionen und Organisationen. Institutionalistische Ansätze in der Publizistik- und Kommunikationswissenschaft. Band 2. Baden-Baden: Nomos, S. 87-96.

Grob, Ronnie (2015): „Die Gegenposition zum Mainstream ist immer richtig". Online verfügbar unter http://medienwoche.ch/2015/02/28/die-gegenposition-zum-main-stream-ist-immer-richtig/ (19.11.2015).

Jarren, Otfried/Vogel, Martina (2011): „Leitmedien" als Qualitätsmedien. Theoretisches Konzept und Indikatoren 1. In: Blum, Roger/Bonfadelli, Heinz/Imhof, Kurt/ Jarren, Otfried (Hrsg.): Krise der Leuchttürme öffentlicher Kommunikation. Vergangenheit und Zukunft der Qualitätsmedien. 1. Auflage. Wiesbaden: VS, S. 17-29.

Kiefer, Marie Luise (2011): Die schwierige Finanzierung des Journalismus. In: Medien und Kommunikationswissenschaft 59, Nr. 1, S. 5-22.

Kiefer, Marie Luise (2013): Journalismus und Medien als Institutionen – systemtheoretisch betrachtet. In: Künzler, Matthias (Hrsg.): Medien als Institutionen und Organisationen. Institutionalistische Ansätze in der Publizistik- und Kommunikationswissenschaft. Band 2. Baden-Baden: Nomos, S. 117-131.

Knobloch-Westerwick, Silvia (2007): Kognitive Dissonanz „Revisited". In: Publizistik 52, Nr. 1, S. 51-62.

Künzler, Matthias (2013): Mediensystem Schweiz. Konstanz: UVK.

Scott, W. Richard (2001): Institutions and organizations. 2. Auflage. Thousand Oaks: Sage.

Wyss, Vinzenz/Keel, Guido (2010): Schweizer Journalismuskulturen im sprachregionalen Vergleich: Eine quantitative Längsschnittuntersuchung zu Strukturmerkmalen und Einstellungen. In: Hepp, Andreas/Höhn, Marco/Wimmer, Jeffrey (Hrsg.): Medienkultur im Wandel. 1. Auflage. Konstanz: UVK, S. 245–260.

Institutionelle Ordnung durch Qualitätsmanagement sichern

Vinzenz Wyss

„Steuerungsoptimismus ist auch eine demokratische Tugend." Diesen von Hoffmann-Riem (2003: 37) stammenden Merksatz ruft Marie Luise Kiefer (2011b: 423) ihren Kritikern entgegen, die das von ihr skizzierte Konzept zu einer kollektiven Finanzierung des Journalismus und einer Selbstorganisation qua Profession als Skandalon empfinden. Es geht um die wesentliche Frage, wie die in einer Demokratie unverzichtbare institutionelle Struktur Journalismus langfristig gesichert und wie diese mit dem Ziel der Stärkung ihrer professionellen Autonomie gefördert werden kann. Dazu hat Kiefer (2011a) in dem vielbeachteten Aufsatz „Die schwierige Finanzierung des Journalismus" einen durchaus provozierenden Lösungsansatz vorgelegt. Im Rahmen von Professionsbildungs- und Selbstorganisationsprozessen und mit Hilfe des Staates in der Rolle des Ermöglichers sollen Voraussetzungen geschaffen werden, welche die autonome Leistungsfähigkeit des Journalismus als institutionell verfasster gesellschaftlicher Dienstleister fördern sollen.

Um es gleich vorweg zu nehmen: Ich habe mich vom Kieferschen Steuerungsoptimismus anstecken und mich von ihrem skizzierten Modell zum Weiterdenken inspirieren lassen; auch wenn ich ihre Hoffnung auf die Durchsetzungskraft einer wie auch immer zustande kommenden, selbstorganisierten journalistischen Profession nicht teile. Vielmehr steht für mich das Steuerungspotenzial über eine direkte Förderung von journalistischen Organisationen mit anerkanntem Qualitätssicherungssystem im Vordergrund. Auch die Institution Journalismus ist elementar auf einen organisationalen Rahmen angewiesen. Oder wie es Jarren (2010: 22) ausdrückt: „Journalismus bedarf, um erkannt, anerkannt und ‚verkäuflich' zu sein, der Organisation."

Vom Kieferschen Konzept inspiriert treibt mich die Frage an, warum das von ihr vorgeschlagene und in der Nachfolgediskussion sehr umstrittene, auf einzelne Journalisten bezogene „Approbationsverfahren" nicht viel effizienter auf förderungswürdige journalistische Organisationen bzw. Redaktionen angewendet werden kann. Ein Gedanke, den ich durchaus Kiefer verdanke und welchen sie selbst in der letzten Fußnote ihres Buches

„Journalismus und Medien als Institutionen" (2010: 221) anklingen lässt. Dort verweist sie auf meine eigenen Arbeiten zu einer strukturationstheoretisch abgeleiteten Bedeutung des redaktionellen Qualitätsmanagements (Wyss 2002) und erwägt zumindest, dass das Ausbalancieren „der ja nicht unbedingt deckungsgleichen Interessen von Redaktion und kaufmännischer Geschäftsführung der Medienorganisation im Sinne der journalistischen Qualitätssicherung" durch Qualitätsmanagementkonzepte zu lösen versucht werden könne.

Diese Beachtung der Grande Dame der deutschen Medienökonomie schmeichelt und verpflichtet zugleich. Ich möchte deshalb an dieser Stelle diesen Gedanken der Steuerung über die Anerkennung von förderungswürdigen journalistischen Organisationen mit funktionalem Qualitätsmanagementsystem weiter ausführen. Dabei greife ich auf Arbeiten zurück, in denen ich – inspiriert von Kiefer – die Idee der Journalismusförderung über die Anerkennung von journalistischen Organisationen mit nachweisbaren Strukturen der Qualitätssicherung bereits ausgeführt habe (vgl. Wyss 2012). Angeregt durch Kiefer (2010: 221), welche feststellt, dass „durch ein ‚Approbationsverfahren' [der Professionsangehörigen, Anm. des Verf.] journalistische Qualitätsansprüche formuliert, formalisiert und legitimiert und deren Einhaltung durch interne, darauf verpflichtete Experten gewährleistet" wären; ein Approbationsverfahren, welches meines Erachtens genauso auch auf die Redaktion oder auf ein journalistisches Kollektiv angewendet werden könnte und eben bei den Strukturen der internen Qualitätssicherung in journalistischen Organisationen ansetzen müsste. Davon aber später mehr.

In meiner Argumentation verzichte ich darauf, die von Kiefer (2010: 47) vertretene These zu wiederholen, dass Journalismus als „die zentrale institutionelle Struktur von Öffentlichkeit in Demokratien" aufgefasst werden kann. Diese Konzeption von Journalismus scheint mir auch aus der Perspektive der Journalismusforschung weitgehend anschlussfähig zu sein; sie soll hier denn auch unwidersprochen bleiben. Dies gilt auch für die dem Journalismus (noch) zugewiesene Statusfunktion: „Journalismus als Institution soll, wenn auch prozedural und kommunikativ verflüssigt, auch unter den Bedingungen der modernen Massendemokratie Volkssouveränität ermöglichen und sichern. Das ist der normative Kern seiner Statusfunktion." (Kiefer 2010: 49; vgl. auch Kiefer 2011a: 9) Ich möchte an dieser Stelle vielmehr auf die Möglichkeiten der Sicherung dieser Statusfunktion und damit auf das vorgeschlagene Modell der Journalismusförderung fokussieren. Dies auch in der Annahme, dass sich demokratierelevanter Journalismus nicht selbst finanzieren kann; so war die Geldbeschaffung für den Journalismus immer schon Teil des Geschäfts der Medien (vgl. auch Altmeppen 2014: 20).

Auf der Suche nach neuen Formen der Journalismusförderung halte ich die von Kiefer vorgenommene Unterscheidung von Journalismus und Medien für zentral. Denn es ist die institutionelle Struktur des Journalismus und es sind nicht die Medienorganisationen bzw. Unternehmen, welche „Öffentlichkeit in den modernen Massendemokratien potentiell funktionsfähig macht" (Kiefer 2010: 47). So fällt die Unterscheidung von Medien und Journalismus auch der Journalismusforschung auf fruchtbaren Boden (vgl. Altmeppen 2008). Geht man also mit Kiefer (2011a: 10) vor dem Hintergrund einer institutionentheoretischen Perspektive davon aus, dass Journalismus und nicht die Medien die zentrale, förderungswürdige Institution darstellt, so muss eine wie auch immer organisierte Förderung und damit auch die (öffentliche oder öffentlich organisierte) Finanzierung beim Journalismus und nicht bei den Medien ansetzen. Damit stellt sich aber zugleich die Frage nach der Formalisierung des Journalismus, weil jegliches journalismuspolitische Handeln mit dem Ziel der finanziellen Förderung auch eine Form sozialer Organisation des Journalismus voraussetzt.

Für Kiefer liegt ein gangbarer Weg in der Schaffung einer neuen formalen Organisation qua Professionalisierung und Selbstorganisation, die durch den Staat anerkannt und entsprechend approbiert wird: „Der Gesellschaft, die auf diese Institution [Journalismus] nicht verzichten will, bleibt angesichts der gebotenen Staatsferne einerseits und den Überwucherungsgefahren durch ökonomische Rationalität bei Einbettung in die Privatwirtschaft andererseits wenig anderes übrig, als auf Erhalt durch Selbstorganisation zu bauen." (Kiefer 2011a: 14) Kiefer (2011a: 19) schwebt als Lösungsansatz – als dritter Weg zwischen Markt und Staat – die Herausbildung einer sozialen Organisation des Journalismus als autonome Kollegialorganisation vor. Angelpunkt ist dabei die „Selbstorganisation eines professionellen, seiner gesellschaftlichen Aufgabe und Verantwortung bewussten Journalismus" qua Professionsbildung. Dabei wird davon ausgegangen, dass „der Staat eine Neuorganisation des Journalismus einschließlich seiner Finanzierung ermöglichen muss". Die staatlich ermöglichte und organisierte Finanzierung von Journalismus wäre dann an zu bestimmende Bedingungen zu knüpfen, wobei Kiefer (2011a: 15) auch dazu Vorschläge unterbreitet. Wesentliche Voraussetzung wäre ein Approbationsverfahren, welchem „definierte, transparente und allgemeingültige Zugangsbedingungen zum Beruf des Journalismus" zugrundeliegen müssten (Kiefer 2011b: 422): „Jeder, der diese Bedingungen erfüllt […], kann als Journalist arbeiten und wird, wenn er auch faktisch diesen Beruf ausübt, finanziell unterstützt." (ebenda)

Just an diesem Punkt hat die von Kiefer vorgelegte „erste und entsprechend grobe Skizze" bei ihren Kritikern reichlich Kopfschütteln ausgelöst. So bezeichnet Rudolf Stöber (2011: 418) geschlossene Berufszugänge oder approbierte Ausbildungswege als „geradezu demokratiegefährdend" oder Stephan Ruß-Mohl (2011: 406) befürchtet durch eine „staatlich erzwungene professionelle Selbstorganisation von Journalisten" eine verstärkte Arroganz und Abgehobenheit der Zunft.

Tatsächlich bleibt trotz inspirierender Vorschläge der noch zu gestaltende Prozess der Professionsbildung und der autonomen Selbstorganisation des Journalismus als eine Voraussetzung seiner kollektiven Finanzierung vage und es kommt Skepsis auf, ob der Journalismus überhaupt als Profession aufgefasst werden kann. So spricht Kepplinger (2011: 229) dem Journalismus aufgrund theoretischer Überlegungen und empirischer Befunde eine solche Position ab. Dazu gehörte die Anwendung „spezialisierter Kenntnisse, die auf einer theoretischen Grundlage beruhen und in einer systematischen Ausbildung erworben wurden, deren Beherrschung in einem speziellen Test geprüft wird und damit den Berufseintritt regelt". Des Weiteren sollen Professionsangehörige über eine berufsständische Organisation verfügen, der Standesethik verpflichtet sein, eine große persönliche Verantwortlichkeit besitzen, über eine relative Autonomie verfügen und ihren Beruf im Dienste allgemein anerkannter gesellschaftlicher Werte ausüben (ebenda).

Auch weitere Überlegungen lassen Zweifel aufkommen, ob die Hoffnung auf die Profession gerechtfertigt ist. So stimmen doch die in der Medienwissenschaft beschriebenen Trends der Deprofessionalisierung, der Entdifferenzierung oder der Hybridisierung des Journalismus eher ernüchternd. Aber auch die zunehmende Überschreibung journalistischer Praktiken durch eine ökonomische Logik drohen Professionalisierungscharakteristika aufzulösen, was beispielsweise in einem zweifelhaften Bewusstsein des Journalismus als ökonomischem Instrument oder in der Vermischung von redaktionellen Inhalten und Anzeigen zum Ausdruck kommt. Schließlich: Was nützt die „Regulierung des Berufszugangs zur Sicherung funktionsnotwendiger Qualifikationen" (Kiefer 2010: 220), wenn das ausgebildete Personal in der Praxis auf prekäre Arbeitsbedingungen stößt?

So stellt Kiefer (2010: 217) denn selbst auch fest, dass „Journalismus […] nicht nur eine unterschätzte, weil von Medienorganisationen in der öffentlichen Wahrnehmung weitgehend überlagerte Institution [ist], er scheint auch eine gefährdete Institution zu sein". Die primär ökonomisch ausgerichtete Medienorganisation ist ja auch der Ort, wo eine Überlagerung der journalistischen durch eine ökonomische Logik wahrscheinlich wird. Oder mit Altmeppen (2014: 22) formuliert: „Schrittweise weben sich zuerst Spuren, dann Entscheidungsmuster der ökonomischen Logik in die institutionelle journalistische Struktur ein." Es ist also zu befürchten, dass die „institutionell geprägten Habitusformen, die Logiken und Mechanismen des journalistischen Feldes und alles in allem zum Schluss auch der Sinnbezug der journalistischen Akteure hinsichtlich des Journalismus als zentralem Ort für Öffentlichkeit in Demokratien […] nicht resistent" sind „gegen die ökonomischen Logiken".

Es besteht ja wohl kein Zweifel, dass Medienorganisationen wohl auch in mittelfristiger Zukunft das dominante Organisationsgerüst für den Journalismus bleiben werden. Es wird also weiterhin kommerzielle Medienunternehmen geben, für die Journalismus die zentrale Ressource darstellt, die sie – als „ökonomische Zwangsjacken" – zu nutzen versuchen. Solange Journalismus an die Kontexte der Medien als Wirtschaftsorganisationen gebunden ist, bestimmen deren Entscheidungen über Strukturen und Ressourcen auch über das journalistische Handeln in den Redaktionen, was letztlich zu einer „Entmeritorisierung" führen kann (Kiefer 1998: 709).

Wenn also – mit Kiefer (2010: 213) gesprochen – „Journalismus in der modernen Massendemokratie und Organisationsgesellschaft organisationale Strukturen" benötigt, „um seinen Institutionenstatus erhalten zu können" und wenn „aus institutionenökonomischer Sicht […] Organisationen ein zentraler Faktor der Konkretisierung von Institutionen" sind (ebenda: 212), dann sollte die Journalismusförderung auch dort ansetzen, wo sich funktionsfremde Logiken über entsprechende organisationale Machtstrukturen einzunisten drohen. Dieser Ort ist nun mal die Medienorganisation bzw. ihre Redaktionsorganisation.

Tatsächlich hat ja Kiefer (2011a: 15) selbst auch die Redaktion im Blickfeld, wenn sie in ihrem Konzept zur öffentlichen Finanzierung von Journalismus an „Redaktionen, Redaktionsbüros und vergleichbare Einheiten" denkt, „die mit Blick auf die Inhaltsproduktion ausschließlich und autonom von Journalisten geleitet werden". Im gleichen Atemzug hält sie aber dennoch fest, dass „die Förderung grundsätzlich auch bei dem einzelnen Professionsmitglied ansetzen" könnte (ebenda). Hier wird aber in Abweichung zu Kiefer argumentiert, dass es eben gerade die Redaktionsorganisation sein muss, welche im Hinblick auf eine Förderung mit Anforderungen konfrontiert wird, welche letztlich dazu dienen sollen, eine organisationale Verantwortungskultur über nachweisbare Strukturen des Qualitätsmanagements zu etablieren. Es ist dabei sekundär, ob Journalismus im herkömmlichen Arrangement an Medien oder an andere Organisationsformen (Redaktionen, Redaktionsbüros oder vergleichbare Einrichtungen, offline oder online) gekoppelt ist.

Damit eine journalistische Organisation eine Antwort auf die eingeforderte Verantwortlichkeit geben kann, setzt voraus, dass diese eine Verantwortungskultur aufbaut, an der man die Autonomie, Verantwortlichkeit und Leistungsfähigkeit dieser Organisation erst messen kann. Mit Verantwortungskultur meine ich in erster Linie Formen der transparenten Selbstbindung – etwa in Codes of Conduct, Ethik-Kodizes oder Accountability-Systeme sowie Formen des Qualitätsmanagements (vgl. Jarren 2007: 141; Wyss 2012); also transparent – in Leitbildern gegen innen und außen – kommunizierte Antworten auf die Frage, wie die Organisation sich zu ihrer Umwelt verhält, welche Organisationsziele und moralischen Orientierungen das Handeln der Organisation bestimmen und wie die Organisation sichert, dass sie die von ihr erwarteten Leistungen erbringt. Unverzichtbar ist dabei die Garantie der „inneren Pressefreiheit", also ein spezifisches inneres Ordnungsgefüge mit einer organisationalen Trennung von Management und Redaktion bzw. von Medium und Journalismus, von welcher man sich ein unabhängiges Operieren der Redaktion von systemfremden Rationalitäten (beispielsweise von einer politischen oder von einer ökonomischen) erhofft.

Wie auch immer eine vielfältige, öffentliche Finanzierung journalistischer Organisationen ausgestaltet sein sollte und unabhängig davon, welcher Kanäle sie sich bei der Schaffung von journalistischer Öffentlichkeit bedienen: Es werden immer Entscheidungsgrundlagen und Kriterien benötigt, die eine Förderungswürdigkeit nachvollziehbar machen und denen eine förderungswürdige Organisation zu genügen hat. Hier wird dafür plädiert, bei der Festlegung von Kriterien die Existenz eines Qualitätsmanagementsystems in den Anforderungskatalog aufzunehmen.

Dabei gibt es bereits Erfahrungen mit diesem medienregulatorischen Ansatz (vgl. dazu weitere Ausführungen bei Wyss 2012). Bereits heute kommen in der Schweiz viele private Radio- und Fernsehveranstalter in den Genuss von Gebührengeldern, deren Vergaben an einen Leistungsauftrag gekoppelt sind. Es ist nicht auszuschließen, dass das Schweizer Modell auch im naheliegenden Ausland bei der Suche nach alternativen medienregulatorischen Ansätzen Inspirationsquelle ist. Durch Evaluationen wird regelmäßig abgeklärt, inwiefern in geförderten Redaktionen Strukturen der Qualitätssicherung etabliert sind. Gefragt wird etwa danach, ob die zu fördernden Organisationen publizistische Qualitätsziele intern wie extern kommunizieren und sich so öffentlich selbst verpflichten. Greifen entsprechende Regeln und Verfahren der Qualitätssicherung? Bestehen organisationale Strukturen, Planungs- und Kontrollsysteme, welche die Produktion der journalistischen Qualität sichern und die journalistischen Leistungen systematisch evaluieren? Selbstverständlich könnten dabei auch Anforderungen an das Personal gestellt werden; etwa dass dieses über bestimmte professionelle Qualifikationen verfügen muss, womit auch dem Anliegen von Kiefer hinsichtlich eines Professionalisierungsschubs Rechnung getragen würde.

Welchen Anforderungen ein Qualitätsmanagementsystem zu genügen hat, müsste verhandelt werden. Angesichts der gebotenen Staatsferne und im Sinne der Selbstorganisation käme der Branche wie etwa den Journalisten- und Verlegerverbänden, aber auch Vertreterinnen der Medienpolitik, Medienrechtlern und der Kommunikations- und Medienwissenschaft die Rolle zu, zusammen entsprechende Kriterien zu definieren. Es ist davon auszugehen, dass ernsthaft implementierte Formen des Qualitätsmanagements das Potenzial haben, journalistische Organisationen stärker auf transparente Qualitätsziele, auf Formen der (ethischen und professionellen) Selbstbindung sowie auf redaktionelle Sicherungsprozesse zu verpflichten. Dabei wäre – in theoretischer Hinsicht – darauf zu achten, dass sich die im Qualitätsmanagement in Anschlag gebrachten Ziele und Normen auf die institutionelle Ordnung des Journalismus beziehen und die organisationalen Strukturen der Qualitätssicherung sich an diesem Orientierungshorizont ausrichten. Letztlich soll ein funktionales Qualitätsmanagement dazu dienen, die institutionelle Ordnung des Journalismus in der Redaktion zu sichern.

Es ist durchaus denkbar, dass die Medienpolitik im Sinne der Koregulierung mit dem Ziel der Etablierung einer Verantwortungskultur und unter Nachdruck zivilgesellschaftlicher Akteure die Medienbranche dazu auffordert, „medienspezifische Regelungen für ein publizistisches Qualitätsmanagement, für die Etablierung professioneller Berufsstandards etc. zu formulieren und branchenintern als verpflichtend umzusetzen (z.B. Zertifizierungsorganisationen)" (Jarren 2007: 151). Bis dahin ist es aber ein weiter Weg und es bleibt zu hoffen, dass der Kiefersche Steuerungsoptimismus dafür ausreicht, ihren interessanten Ansatz in theoretischer, empirischer und praktischer Hinsicht weiterzuführen. Und – wer weiß – vielleicht wird ja dann aus dem Gedanken der Journalismusförderung über den Nachweis eines redaktionellen Qualitätsmanagements mehr als eine Fußnote ☺.

Literatur

Altmeppen, Klaus-Dieter (2014): Der Journalismus ist kein Geschäftsmodell – und er wird nie eines werden. In: Lobigs, Frank/von Nordheim, Gerret (Hrsg.): Journalismus ist kein Geschäftsmodell. Aktuelle Studien zur Ökonomie und Nicht-Ökonomie des Journalismus. Baden-Baden: Nomos, S. 17-29.

Altmeppen, Klaus Dieter (2008): Diffuse Geschäftsgrundlagen. Die schwierige Beziehung von Journalismus und Medien. In: Pörksen, Bernhard/Loosen, Wiebke/Scholl, Armin (Hrsg.): Paradoxien des Journalismus. Theorie – Empirie – Praxis. Wiesbaden: VS, S. 81-99.

Hoffmann-Riem, Wolfgang (2003): Mediendemokratie zwischen normativer Vision und normativem Albtraum. In: Donsbach, Wolfgang/Jandura, Olaf (Hrsg.): Chancen und Gefahren der Mediendemokratie. Schriftenreihe der Deutschen Gesellschaft für Publizistik- und Kommunikationswissenschaft, Bd. 30. Konstanz: UVK, S. 28-39.

Jarren, Otfried (2010): Die Presse in der Wohlfahrtsfalle. Zur institutionellen Krise der Tageszeitungsbranche. In: Bohrmann, Hans/Toepser-Ziegert, Gabriele (Hrsg.): Krise der Printmedien: Eine Krise des Journalismus? Dortmunder Beiträge zur Zeitungsforschung. Band 64. Berlin: De Gruyter Saur, S. 13-31.

Jarren, Otfried (2007): Die Regulierung der öffentlichen Kommunikation. Medienpolitik zwischen Government und Governance. In: Zeitschrift für Literaturwissenschaft und Linguistik 37, Nr. 146, S. 131-153.

Kepplinger, Hans Mathias (2011): Journalismus als Beruf. Wiesbaden: VS.

Kiefer, Marie Luise (1998): Die ökonomischen Zwangsjacken der Kultur. Wirtschaftliche Bedingungen der Kulturproduktion und -distribution durch Massenmedien. In: Saxer, Ulrich (Hrsg.): Medien-Kulturkommunikation. Sonderheft 2 der Publizistik. Opladen: Westdeutscher Verlag, S. 705-717.

Kiefer, Marie Luise (2011a): Die schwierige Finanzierung des Journalismus. In: Medien & Kommunikationswissenschaft 59, Nr. 1, S. 5-22.

Kiefer, Marie Luise (2010): Journalismus und Medien als Institutionen. Konstanz: UVK.

Kiefer, Marie Luise (2011b): Wider den Steuerungspessimismus. Antwort auf die Replik von Stephan Ruß-Mohl und Rudolf Stöber. In: Medien & Kommunikationswissenschaft 59, Nr. 3, S. 420-424.

Ruß-Mohl, Stephan (2011): Der Dritte Weg – eine Sackgasse in Zeiten der Medienkonvergenz. Replik auf den Beitrag von Marie Luise Kiefer in M&K 1/2011. In: Medien & Kommunikationswissenschaft 59, Nr. 3, S. 401-414.

Stöber, Rudolf (2011): Eine gefährliche Finanzierung des Journalismus. Replik auf den Beitrag von Marie Luise Kiefer in M&K 1/2011. In: Medien & Kommunikationswissenschaft 59, Nr. 3, S. 415-419.

Wyss, Vinzenz (2012): Die Krise des professionellen Journalismus aus der Sicht des Qualitätsmanagements. In: Meier, Werner/Bonfadelli, Heinz/Trappel, Josef (Hrsg.): Gehen in den Leuchttürmen die Lichter aus? Was aus den Schweizer Leitmedien wird. Zürich/Münster: LIT Verlag, S. 255-276.

Wyss, Vinzenz (2002): Redaktionelles Qualitätsmanagement. Ziele, Normen, Ressourcen. Konstanz: UVK.

Schriftenverzeichnis von Marie Luise Kiefer

Regina Schnellmann

Herausgeberschaft von Buchreihen und Zeitschriften

Redaktionsleitung der Zeitschrift „Media Perspektiven", Frankfurt a. M. (1970-1992)

Mitherausgeberin der Reihe „Schriftenreihe Media Perspektiven", Frankfurt a. M.: Metzner/Baden-Baden: Nomos (Bd. 3-12, 1984-1992)

Literatur

2014

Kiefer, Marie Luise / Steininger, Christian: Medienökonomik. 3. überarbeitete und ergänzte Auflage. München: Oldenbourg.

2013

Kiefer, Marie Luise (2013): Journalismus und Medien als Institutionen – systemtheoretisch betrachtet. In: Künzler, Matthias / Oehmer, Franziska / Puppis, Manuel / Wassmer, Christian (Hrsg.): Medien als Institutionen und Organisationen. Institutionalistische Ansätze in der Publizistik- und Kommunikationswissenschaft. Baden-Baden: Nomos, S. 117-131

Kiefer, Marie Luise (2013): Ein Leben nach der Wissenschaft. In: Studies in Communication Sciences, 13. Jg., Nr. 1, S. 93-94

2011

Kiefer, Marie Luise (2011): Die schwierige Finanzierung des Journalismus. In: Medien & Kommunikationswissenschaft, 59. Jg., Nr. 1, S. 5-22

Kiefer, Marie Luise (2011): Wider den Steuerungspessimismus: Antwort auf die Repliken von Stephan Ruß-Mohl und Rudolf Stöber. In: Medien & Kommunikationswissenschaft, 59. Jg., Nr. 3, S. 420-424

2010

Kiefer, Marie Luise (2010): Journalismus und Medien als Institutionen. Konstanz: UVK.

2007

Kiefer, Marie Luise (2007): Gerechte Medien. Wohlfahrts-, verfassungsökonomische und gerechtigkeitstheoretische Inputs für eine Begründung von Medienfunktionen. In: Steininger, Christian (Hrsg.): Politische Ökonomie der Medien. Theorie und Anwendung. Wien/Berlin: LIT, S. 93-114

Kiefer, Marie Luise (2007): Öffentlichkeit aus konstitutionenökonomischer Perspektive. In: Medien Journal, 27. Jg., Nr. 1, S. 42-58

2005

Kiefer, Marie Luise (2005): Medienökonomik. Einführung in eine ökonomische Theorie der Medien. 2. überarbeitete und ergänzte Auflage. München: Oldenbourg.

Kiefer, Marie Luise (2005): Ökonomisierung der Medienbranche – Herausforderung für die Publizistikwissenschaft und die Medienpolitik. In: Schade, Edzard (Hrsg.): Publizistikwissenschaft und öffentliche Kommunikation. Beiträge zur Reflexion der Fachgeschichte. Konstanz: UVK, S. 191-208

Kiefer, Marie Luise (2005): Rezension: Insa Sjurts (Hrsg.): Strategische Optionen in der Medienkrise. Print – Fernsehen – Neue Medien. In: Publizistik, 50. Jg., Nr. 3, S. 373-374

2004

Kiefer, Marie Luise (2004): 20 Jahre privater Rundfunk. Versuch einer Bestandsaufnahme aus medienökonomischer Perspektive. In: Media Perspektiven, Nr. 12, S. 558-568

Kiefer, Marie Luise (2004): Medien und neuer Kapitalismus. In: Siegert, Gabriele / Lobigs, Frank (Hrsg.): Zwischen Marktversagen und Medienvielfalt. Medienmärkte im Fokus neuer medienökonomischer Anwendungen. Baden-Baden: Nomos, S. 169-183

Kiefer, Marie Luise (2004): Der Fernsehmarkt in Deutschland – Turbulenzen und Umbrüche. In: Aus Politik und Zeitgeschichte. Beilage zur Wochenzeitung Das Parlament B12-13, S. 14-21

2003

Kiefer, Marie Luise (2003): Medienökonomie und Medientechnik. In: Altmeppen, Klaus-Dieter / Karmasin, Matthias (Hrsg.): Medien und Ökonomie. Band 1/2: Grundlagen der Medienökonomie: Soziologie, Kultur, Politik, Philosophie, International, Geschichte, Technik, Journalistik. Wiesbaden: Westdeutscher Verlag, S. 181-208

Kiefer, Marie Luise (2003): Medienfunktionen als meritorische Güter. In: Medien Journal, 27. Jg., Nr. 3, S. 31-46

Kiefer, Marie Luise (2003): Entwicklung der Mediennutzung und des Nutzungsverhaltens im Bereich der aktuellen Medien. In: Wirtz, Bernd W. (Hrsg.): Handbuch Medien- und Multimediamanagement. 1. Auflage. Wiesbaden: Gabler, S. 31-63

2002

Kiefer, Marie Luise (2002): Kirch-Insolvenz: Ende einer ökonomischen Vision? Zu den medienökonomischen Ursachen und den medienpolitischen Konsequenzen. In: Media Perspektiven, Nr. 10, S. 491-500

Kiefer, Marie Luise (2002): Medienökonomie als publizistikwissenschaftliche Teildisziplin in Anlehnung an Konzepte der Neuen Politischen Ökonomie. In: Siegert, Gabriele (Hrsg.): Medienökonomie in der Kommunikationswissenschaft. Bedeutung, Grundfragen und Entwicklungsperspektiven. Manfred Knoche zum 60. Geburtstag. Münster: LIT, S. 91-100

2001

Kiefer, Marie Luise (2001): Medienökonomik. Einführung in eine ökonomische Theorie der Medien. München: Oldenbourg.

Kiefer, Marie Luise (2001): Fernsehprogrammforschung – medienökonomisch betrachtet. In: Marcinkowski, Frank (Hrsg.): Die Politik der Massenmedien. Heribert Schatz zum 65. Geburtstag. Köln: Herbert von Halem Verlag, S. 181-204

2000

Kiefer, Marie Luise (2000): Unverzichtbar oder überflüssig? Öffentlich-rechtlicher Rundfunk in der Multimedia-Welt. In: Langenbucher, Wolfgang (Hrsg.): Elektronische Medien, Gesellschaft und Demokratie. Wien: Braumüller, S. 153-172

Kiefer, Marie Luise (2000): Das überforderte Individuum als Nutzer in der Informationsgesellschaft. In: Mahle, Walter A. (Hrsg.): Orientierung in der Informationsgesellschaft. Konstanz: UVK, S. 103-112

1999

Kiefer, Marie Luise (1999): Das Rundfunkpublikum als Bürger und Kunde. In: Schwarzkopf, Dietrich (Hrsg.): Rundfunkpolitik in Deutschland. Wettbewerb und Öffentlichkeit. Band 2. München: Deutscher Taschenbuch-Verlag, S. 701-744

Kiefer, Marie Luise (1999): Privatisierung und Kommerzialisierung der Medienwirtschaft als zeitgeschichtlicher Prozeß. In: Wilke, Jürgen: Massenmedien und Zeitgeschichte. Schriftenreihe der Deutschen Gesellschaft für Publizistik- und Kommunikationswissenschaft. Konstanz: UVK, S. 705-717

Kiefer, Marie Luise (1999): Hörfunk- und Fernsehnutzung. In: Wilke, Jürgen (Hrsg.): Mediengeschichte der Bundesrepublik Deutschland. Bonn: Böhlau, S. 426-446

Kiefer, Marie Luise (1999): Wie betreibt man wissenschaftliche Langzeitforschung? Eine Replik auf die Kritik von Lauf/Peiser. In: Rundfunk und Fernsehen, 47. Jg., Nr. 2, S. 243-256

Kiefer, Marie Luise (1999): Tendenzen und Wandlungen in der Presse-, Hörfunk- und Fernsehrezeption seit 1964. In: Klingler, Walter / Roters, Gunnar / Gerhards, Maria (Hrsg.): Medienrezeption seit 1945: Forschungsbilanz und Forschungsperspektiven. Baden-Baden: Nomos, S. 93-106

1998

Kiefer, Marie Luise (1998): Die ökonomischen Zwangsjacken der Kultur. Wirtschaftliche Bedingungen der Kulturproduktion und -distribution durch Massenmedien. In: Saxer, Ulrich (Hrsg.): Medien-Kulturkommunikation. Sonderheft 2/1998 der Publizistik. Opladen: Westdeutscher Verlag, S. 97-114

Kiefer, Marie Luise (1998): Medienkultur als Nachfrageproblem? In: Duchkowitsch, Wolfgang / Hausjell, Fritz / Hömberg, Walter / Kutsch, Arnulf / Neverla, Irene (Hrsg.): Journalismus als Kultur. Analysen und Essays. Opladen/Wiesbaden: Westdeutscher Verlag, S. 227-240

Kiefer, Marie Luise (1998): Ein Unikat der Rezeptionsforschung. Langzeitstudie Massenkommunikation zur Mediennutzung und Medienbewertung. In: Klingler, Walter / Roters, Gunnar / Zöllner, Oliver (Hrsg.): Fernsehforschung in Deutschland: Themen – Akteure – Methoden. 2 Teilbände. Band 1. Baden-Baden: Nomos, S. 17-29

Kiefer, Marie Luise (1998): Massenkommunikation 1995. Ergebnisse der siebten Welle der Langzeitstudie zur Mediennutzung und Medienbewertung. In: Klingler, Walter / Dichanz, Horst (Hrsg.): Handbuch Medien: Medienforschung: Konzepte, Themen, Ergebnisse. Bonn: Bundeszentrale für Politische Bildung, S. 89-101

Kiefer, Marie Luise (1998): Entspannung statt Politik. Fernsehen als Quelle politischer Information seit der Dualisierung. In: Das Bulletin, 15. Jg., Nr. 1, S. 12-13, 22

1997

Kiefer, Marie Luise (1997): Ein Votum für eine publizistikwissenschaftlich orientierte Medienökonomie. In: Publizistik, 42. Jg., Nr. 1, S. 54-61

Kiefer, Marie Luise (1997): Privatisierung – cui bono? In: Medien Journal, 21. Jg., Nr. 2, S. 4-13

Kiefer, Marie Luise (1997): Das Publikum als Kunde. Programmleistung und Programmfinanzierung. In: ARD/ZDF-Arbeitsgruppe Marketing (Hrsg.): Was Sie über Rundfunk wissen sollten. Materialien zum Verständnis eines Mediums. Berlin: Vistas, S. 189-229

Kiefer, Marie Luise (1997): Hörfunk: Dauergast zur Information und Unterhaltung. Sonderauswertungen zur Langzeitstudie Massenkommunikation. In: Media Perspektiven, Nr. 11, S. 612-618

Kiefer, Marie Luise (1997): Politische Ökonomie der Medien. Koreferat. In: Bonfadelli, Heinz / Rathgeb, Jürgen (Hrsg.): Publizistikwissenschaftliche Basistheorien und ihre Praxistauglichkeit. Zürich: Universität Zürich, S. 185-194

Berg, Klaus / Kiefer, Marie Luise (Hrsg.) (1997): Massenkommunikation V. Eine Langzeitstudie zur Mediennutzung und Medienbewertung 1964-1995. Band 14 der Schriftenreihe Media Perspektiven. Baden-Baden: Nomos.

Berens, Harald / Kiefer, Marie Luise / Meder, Arne (1997): Spezialisierung der Mediennutzung im dualen Rundfunksystem. Sonderauswertungen zur Langzeitstudie Massenkommunikation. In: Media Perspektiven, Nr. 2, S. 80-91

1996

Kiefer, Marie Luise (1996): Unverzichtbar oder überflüssig? Öffentlich-rechtlicher Rundfunk in der Multimedia-Welt. In: Rundfunk und Fernsehen, 44. Jg., Nr. 1, S. 7-26

Kiefer, Marie Luise (1996): Das duale Rundfunksystem – wirtschaftstheoretisch betrachtet. In: Hömberg, Walter / Pürer, Heinz (Hrsg.): Medien-Transformation. Zehn Jahre dualer Rundfunk in Deutschland. Konstanz: UVK, S. 81-97

Kiefer, Marie Luise (1996): Massenkommunikation 1995. Ergebnisse der siebten Welle der Langzeitstudie zur Mediennutzung und Medienbewertung. In: Media Perspektiven, Nr. 5, S. 234-248

Kiefer, Marie Luise (1996): Schwindende Chancen für anspruchsvolle Medien? Langzeitstudie Massenkommunikation: Generationenspezifisch veränderte Mediennutzung. In: Media Perspektiven, Nr. 11, S. 589-597

Kiefer, Marie Luise (1996): Mediennutzung in der Bundesrepublik. In: Hans-Bredow-Institut für Medienforschung an der Universität Hamburg (Hrsg.): Internationales Handbuch für Hörfunk und Fernsehen: 1996/97. Baden-Baden/Hamburg: Nomos, S. A159-A172

Kehm, Peter / Kiefer, Marie Luise (1996): Grund-Versorgung. Öffentlich-rechtlicher Rundfunk – überflüssig oder unverzichtbar? Wiesbaden: ZFP.

1995

Kiefer, Marie Luise (1995): Konzentrationskontrolle: Bemessungskriterien auf dem Prüfstand. Mechanismen der Medienkonzentration ökonomisch betrachtet. In: Media Perspektiven, Nr. 2, S. 58-68

Kiefer, Marie Luise (1995): Wettbewerbsverständnis im Stoiber/Biedenkopf-Papier – hilfreich für die Rundfunkvielfalt? Anmerkungen zu den 16 Thesen zur ARD. In: Media Perspektiven, Nr. 3, S. 109-114

Kiefer, Marie Luise (1995): Massenkommunikation 1995. In: Media Perspektiven, Nr. 5, S. 234-248

1994

Kiefer, Marie Luise (1994): Annäherungen an den Nomos des dualen Rundfunksystems. Zwischenbilanz. In: Bentele, Günter / Hesse, Kurt R. (Hrsg.): Publizistik in der Gesellschaft. Festschrift für Manfred Rühl. Journalismus Band 35. Konstanz: Universitätsverlag, S. 75-108

Kiefer, Marie Luise (1994): Optionen: nein – Handlungsmöglichkeiten: ja. Der öffentlich-rechtliche Rundfunk im dualen System. In: Holgersson, Silke / Jarren, Otfried / Schatz, Heribert (Hrsg.): Dualer Rundfunk in Deutschland. Beiträge zu einer Theorie der Rundfunkentwicklung. Jahrbuch 1994 der Arbeitskreise „Politik und Kommunikation" der DVPW und DGPuK. Münster/Hamburg: LIT, S. 129-146

Kiefer, Marie Luise (1994): Wettbewerb im dualen Rundfunksystem? Betrachtungen aus wirtschaftswissenschaftlicher Sicht. In: Media Perspektiven, Nr. 9, S. 430-438

Kiefer, Marie Luise (1994): Die Dominanz des Ökonomischen. Kann der öffentlich-rechtliche Rundfunk überleben? In: epd / Kirche und Rundfunk, Nr. 63 vom 13. August 1994, S. 3-9

Kiefer, Marie Luise (1994): Mediennutzung in der Bundesrepublik. In: Hans-Bredow-Institut für Medienforschung an der Universität Hamburg (Hrsg.): Internationales Handbuch für Rundfunk und Fernsehen 1994/95. Baden-Baden/Hamburg: Nomos, S. A116-A131

Kiefer, Marie Luise (1994): Neoliberales Aufbegehren. Dem öffentlich-rechtlichen Rundfunk brechen die Werbeeinnahmen weg. Vor allem das ZDF steckt tief in den roten Zahlen. Soll die Mainzer Anstalt privatisiert werden? Eine Analyse. In: Die Zeit Nr. 46 vom 11. November 1994.

1993

Kiefer, Marie Luise (1993): Gebührenindexierung und neue Modelle für Werbelimits. Zur funktionsgerechten Finanzierung des öffentlich-rechtlichen Rundfunks. In: Media Perspektiven, Nr. 2, S. 46-55

Kiefer, Marie Luise (1993): Fernsehen: Kultur vs. Kommerz. Der allmähliche Wandel eines Mediums vom Kultur- zum Wirtschaftsfaktor. In: Bonfadelli, Heinz / Meier, Werner A. (Hrsg.): Krieg, Aids, Katastrophen. Gegenwartsprobleme als Herausforderung der Publizistikwissenschaft. Konstanz: Universitätsverlag, S. 15-42

1992

Kiefer, Marie Luise (1992): Entwicklungstrends der Mediennutzung als Orientierungshilfe für aktuelle Planungsfragen. In: Media Perspektiven, Nr. 3, S. 188-198

Kiefer, Marie Luise (1992): Partikularinteressen als Leitlinie: Zu den rundfunkpolitischen Vorstellungen des VPRT. In: Media Perspektiven, Nr. 10, S. 614-623

Kiefer, Marie Luise (1992): Mediennutzung in der Bundesrepublik. In: Hans-Bredow-Institut für Medienforschung an der Universität Hamburg (Hrsg.): Internationales Handbuch für Hörfunk und Fernsehen 1992/93. Baden-Baden/Hamburg: Nomos, S. A109-A124

Kiefer, Marie Luise (1992): Mediennutzung in der Bundesrepublik Deutschland. In: Bayerische Landeszentrale für neue Medien (Hrsg.): BLM-Rundfunkkongreß 1991. Mehr Freizeit, mehr Angebot, mehr Fernsehen? Programme und Nutzungsverhalten im Wandel. Dokumentation. München: Fischer, S. 16-24

Kiefer, Marie Luise (1992): Mediennutzungsverhalten: Mediennutzung von Ost- und Westdeutschen im Vergleich. In: Bertelsmann-Briefe, Nr. 127, S. 24-26

Kiefer, Marie Luise (1992): Mediennutzung in der Bundesrepublik Deutschland. In: Kreile, Reinhold (Hrsg.): Medientage München 1991. Dokumentation. Benediktbeuren: Rieß, S. 271-278

Berg, Klaus / Kiefer, Marie Luise (Hrsg.) (1992): Massenkommunikation IV. Eine Langzeitstudie zur Mediennutzung und Medienbewertung 1964-1990. Band 12 der Schriftenreihe Media Perspektiven. Baden-Baden: Nomos.

1991

Kiefer, Marie Luise (1991): Massenkommunikation 1990. In: Media Perspektiven, Nr. 4, S. 244-261

Kiefer, Marie Luise (1991): Mediennutzung in der Bundesrepublik Deutschland unter den Bedingungen eines erweiterten Programmangebots der elektronischen Medien. In: Hans-Bredow-Institut für Medienforschung an der Universität Hamburg (Hrsg.): Internationales Handbuch für Rundfunk und Fernsehen 1990/91. Baden-Baden/Hamburg: Nomos, S. A133-A147

Bernward, Frank / Kiefer, Marie Luise (1991): Programmauftrag und Zuschauerverhalten – Versuch einer Bilanz der Studie „Kultur und Medien". In: Media Perspektiven, Nr. 6, S. 386-399

1990

Kiefer, Marie Luise (1990): Europa – ist das kulturelle Fernsehdilemma programmiert? In: Media Perspektiven, Nr. 10, S. 609-620

Kiefer, Marie Luise (1990): Audiovisuelle Medienprodukte: national, international, transnational. In: Mahle, Walter A. (Hrsg.): Medien in Deutschland. Nationale und internationale Perspektiven. München: Ölschläger, S. 67-72

Kiefer, Marie Luise (1990): Massenkommunikation 1964 bis 1985. Trendanalyse zur Mediennutzung und Medienbewertung. In: Kunczik, Michael / Weber, Uwe (Hrsg.): Fernsehen. Aspekte eines Mediums. Köln/Wien: Böhlau, S. 62-80.

1989

Kiefer, Marie Luise (1989): Medienkomplementarität und Medienkonkurrenz. Notizen zum weitgehend ungeklärten „Wettbewerbsverhältnis" der Medien. In: Kaase, Max / Schulz, Winfried (Hrsg.): Massenkommunikation. Theorien, Methoden, Befunde. Kölner Zeitschrift für Soziologie und Sozialpsychologie. Sonderheft 30/1989. Opladen: Westdeutscher Verlag, S. 337-350

1988

Kiefer, Marie Luise (1988): Blick zurück nach vorn. Bestandsaufnahme zur Kommunikationsforschung anläßlich der 10. Sommatie-Tagung vom 13.-15.4.1988 in Veldhoven. In: Media Perspektiven, Nr. 5, S. 275-278

Kiefer, Marie Luise (1988): Freizeitsozialisation und Fernsehen. In: Publizistik, 33. Jg., Nr. 2-3, S. 264-276

Kiefer, Marie Luise (1988): Mediennutzung im Wandel. In: Mahle, Walter A. (Hrsg.): Medienangebot und Mediennutzung: Entwicklungstendenzen im entstehenden dualen Rundfunksystem. Berlin: Wiss.-Verlag Spiess, S. 107-115

1987

Berg, Klaus / Kiefer, Marie Luise (Hrsg.) (1987): Massenkommunikation III. Eine Langzeitstudie zur Mediennutzung und Medienbewertung 1964-1985. Band 9 der Schriftenreihe Media Perspektiven. Frankfurt a. M./Berlin: Metzner.

Kiefer, Marie Luise (1987): Massenkommunikation 1964 bis 1985. Trendanalyse zur Mediennutzung und Medienbewertung. In: Media Perspektiven, Nr. 3, S. 137-148

Kiefer, Marie Luise (1987): Der Werbemarkt 1986. 17 Mrd. DM für die Medien – Papier als dominanter Werbeträger. In: Media Perspektiven, Nr. 6, S. 375-380

Kiefer, Marie Luise (1987): Vielseher und Vielhörer – Profile zweier Mediennutzergruppen. Daten aus der Studie „Massenkommunikation" 1974-1980-1985. In: Media Perspektiven, Nr. 11, S. 677-692

1986

Kiefer, Marie Luise (1986): Media Perspektiven. In: Fischer, Heinz-Dietrich (Hrsg.): Fachzeitschriften zur Publizistik und Kommunikation: Bestandsaufnahme und exemplarische Porträts. Remagen: Rommerskirchen, S. 71-84

Kiefer, Marie Luise (1986): Meinungsträger für den öffentlich-rechtlichen Rundfunk. Media Perspektiven – eine Zeitschrift der ARW. In: ARD Jahrbuch 1986. Hamburg: Hans-Bredow-Institut, S. 85-91

1985

Kiefer, Marie Luise (1985): Medienmultis im Kampf um Programme und Startplätze. Rupert Murdoch und das Big Business der Kommunikationsindustrie. In: Prokop, Dieter (Hrsg.): Medienforschung. Band 1. Konzerne, Macher, Kontrolleure. Frankfurt a. M.: Fischer, S. 26-31

Kiefer, Marie Luise (1985): Konsumentensouveränität versus Öffentliche Aufgabe. Thesen zum „Wettbewerb" privatwirtschaftlich-kommerziellen und öffentlichrechtlichen Rundfunks. In: Media Perspektiven, Nr. 1, S. 15-23

Kiefer, Marie Luise (1985): Fernsehen im Überfluß? Die Werbewirtschaft zeigt sich reserviert. In: Media Perspektiven, Nr. 2, S. 94-98

Kiefer, Marie Luise (1985): Rundfunk im Wandel – aber wohin? Erste Tagung des Fribourger Arbeitskreises für die Ökonomie des Rundfunks. In: Media Perspektiven, Nr. 5, S. 351-354

Kiefer, Marie Luise (1985): USA: Konjunktur für Wahrsager und Wundermittel. Oder: Die allgemeine Verunsicherung auf dem Markt der elektronischen Medien. In: Media Perspektiven, Nr. 9, S. 677-686

Kiefer, Marie Luise (1985): Wie vielfältig ist die Presse eigentlich wirklich? Versuch einer Bestandsaufnahme aus aktuellem Anlaß. In: Media Perspektiven, Nr. 10, S. 727-733

Kiefer, Marie Luise (1985): Die Hamburg-Media-City-Show. Der InterMedia Congress als repräsentativer Auftakt in die Medienzukunft. In: Media Perspektiven, Nr. 12, S. 871-873

Kiefer, Marie Luise (1985): Homogenisierung und Differenzierung kommunikativer Verhaltensmuster. In: Saxer, Ulrich (Hrsg.): Gleichheit oder Ungleichheit durch Massenmedien? Homogenisierung – Differenzierung der Gesellschaft durch Massenkommunikation. Schriftenreihe der Deutschen Gesellschaft für Publizistik- und Kommunikationswissenschaft. München: Ölschläger, S. 171-181

1984

Kiefer, Marie Luise (1984): Mehr Fernsehprogramme – nein danke? Anmerkungen zur Mediennutzung Jugendlicher und junger Erwachsener. In: Bildung und Erziehung, 37. Jg., Nr. 3, S. 305-315

Kiefer, Marie Luise (1984): Medienmultis im Kampf um Programme und Startplätze: Rupert Murdoch und das Big Business der Kommunikationsindustrie. In: Media Perspektiven, Nr. 2, S. 120-122

Kiefer, Marie Luise (1984): Kabelpilotprojekt Berlin ohne Berliner Zeitungsverleger. In: Media Perspektiven, Nr. 4, S. 259-263

Kiefer, Marie Luise (1984): Rundfunk im Umbruch: Eine Tagung zur finanziellen und wirtschaftlichen Situation der öffentlich-rechtlichen Rundfunkanstalten. In: Media Perspektiven, Nr. 4, S. 273-278

Kiefer, Marie Luise (1984): Fernsehen und Presse – aus der Sicht eines amerikanischen Werbefachmannes. In: Media Perspektiven, Nr. 7, S. 521-527

Kiefer, Marie Luise (1984): „Der Wunsch nach verkabelter Freiheit" – wessen Wunsch? Zu einer Studie des Instituts für Demoskopie Allensbach. In: Media Perspektiven, Nr. 10, S. 756-757

Kiefer, Marie Luise (1984): Zeitungssterben vorprogrammiert. Anmerkungen zu einer Untersuchung von Eberhard Witte und Joachim Senn. In: Media Perspektiven, Nr. 10, S. 758-761

1983

Kiefer, Marie Luise (1983): Kabelfernsehen: die wirtschaftliche Lebensfähigkeit in Europa muß erst bewiesen werden. Zur Financial-Times-Konferenz: Cable Television and Satellite Broadcasting, London 26./27. Januar 1983. In: Media Perspektiven, Nr. 2, S. 90-93

Kiefer, Marie Luise (1983): Enquete-Kommission: Arbeitsdokumentation, aber keine Empfehlungen. In: Media Perspektiven, Nr. 4, S. 277-278

Kiefer, Marie Luise (1983): Zielgruppen – Wer, Wie, Wo? In: Media Perspektiven, Nr. 9, S. 601-609

Kiefer, Marie Luise (1983): Neue Medien – neue Werbung? In: NDR (Hrsg.): Medienreport. Überlegungen zur Medienzukunft. Hamburg: Norddeutscher Rundfunk, S. 79-89

Kiefer, Marie Luise (1983): Homogenisierung oder Differenzierung der Gesellschaft durch Massenkommunikation? Workshop am 7./8. Oktober 1983 in Zürich. In: Media Perspektiven, Nr. 10, S. 719-721

Kiefer, Marie Luise (1983): Neue Medien – Probleme und Perspektiven für die USA. In: NDR (Hrsg.): Medienreport. Überlegungen zur Medienzukunft. Hamburg: Norddeutscher Rundfunk, S. 20-32

Kiefer, Marie Luise (1983): Medienpolitik für Medienverweigerer? In: Rühl, Manfred / Stuiber, Heinz-Werner (Hrsg.): Kommunikationspolitik in Forschung und Anwendung. Düsseldorf: Droste, S. 151-164

1982

Berg, Klaus / Kiefer, Marie Luise (Hrsg.) (1982): Massenkommunikation II. Eine Langzeitstudie zur Mediennutzung und Medienbewertung 1964-1980. Band 2 der Schriftenreihe Media Perspektiven. Frankfurt a. M.: Metzner.

Kiefer, Marie Luise (1982): Neue Medientechnologien als Bedrohung bestehender Strukturen. Auf- und Umbruchstimmung in der amerikanischen Fernsehindustrie. In: Media Perspektiven, Nr. 8, S. 509-517

1981

Kiefer, Marie Luise (1981): Öffentliche Aufgabe oder Geschäft? Zur BDZV-Beteiligung am Luxemburger Satellitenprojekt. In: Media Perspektiven, Nr. 3, S. 169-173

Kiefer, Marie Luise (1981): Massenkommunikation 1964 bis 1980. Trendanalyse zur Mediennutzung und Medienbewertung. In: Media Perspektiven, Nr. 4, S. 261-286

Kiefer, Marie Luise (1981): Werbung im öffentlich-rechtlichen Rundfunk. In: Media Perspektiven, Nr. 4, S. 328-332

Kiefer, Marie Luise (1981): Wettbewerb im Rundfunk durch Pay-TV? Anmerkungen zum Sondergutachten der Monopolkommission. In: Media Perspektiven, Nr. 12, S. 821-826

Berg, Klaus / Kiefer, Marie Luise (Hrsg.) (1981): Kinder – Medien – Werbung: ein Literatur- und Forschungsbericht. Frankfurt a.M.: Metzner.

1980

Kiefer, Marie Luise (1980): Der vermarktete Zuschauer. In: Thomas, Michael Wolf (Hrsg.): Ein anderer Rundfunk – eine andere Republik oder die Enteignung des Bürgers. Berlin/Bonn: J. H. W. Dietz Nachf., S. 71-82

Kiefer, Marie Luise (1980): Mündig nur für den Konsum? In: Thomas, Michael Wolf (Hrsg.): Ein anderer Rundfunk – eine andere Republik. Oder die Enteignung des Bürgers. Berlin/Bonn: J. H. W. Dietz Nachf., S. 132-139

Kiefer, Marie Luise (1980): Franzosen nehmen fernsehfrei. Zuschauerschwund bei TF1 und A2. In: Media Perspektiven, Nr. 2, S. 85-87

Kiefer, Marie Luise (1980): Wachstumsmarkt Werbung. Sieben Milliarden für die klassischen Medien im Werbejahr 1979. In: Media Perspektiven, Nr. 2, S. 95-98

Kiefer, Marie Luise (1980): Kurskorrektur der britischen Rundfunkpolitik? Die Vorstellungen der Regierung Thatcher zum 4. Fernsehkanal. In: Media Perspektiven, Nr. 6, S. 380-384

Kiefer, Marie Luise / Gericke, Gerhard (1980): Überfluß aus dem Weltraum? Zwei Tagungen über Satellitenkommunikation. In: Media Perspektiven, Nr. 11, S. 713-718

1979

Kiefer, Marie Luise (1979): Rundfunk nach britischem Vorbild – eine Alternative? Zur Diskussion eines dualen Rundfunksystems. In: Media Perspektiven, Nr. 1, S. 1-14

Kiefer, Marie Luise (1979): Gewalt im Fernsehprogramm. BBC überarbeitet Richtlinienpapier. In: Media Perspektiven, Nr. 7, S. 475-478

Kiefer, Marie Luise (1979): Die Aufwendungen ausgewählter Haushalte für Massenmedien und andere Freizeitgüter. In: Media Perspektiven, Nr. 8, S. 558-559

Kiefer, Marie Luise (1979): Vielzahl bedeutet nicht Vielfalt. Zur Frage der Programmvielfalt im kommerziellen Rundfunk. In: Media Perspektiven, Nr. 10, S. 673-681

Berg, Klaus / Kiefer, Marie Luise (1979 / 1982): Das Verhältnis des Rundfunks zu Presse und Film. In: Aufermann, Jörg / Scharf, Wilfried / Schlie, Ott (Hrsg.): Fernsehen und Hörfunk für die Demokratie. Ein Handbuch über den Rundfunk in der Bundesrepublik Deutschland. Opladen: Westdeutscher Verlag. 1979 (1. Auflage), 1982 (2. Auflage), S. 172-187

1978

Kiefer, Marie Luise (1978): Tageszeitungen sind Nachrichtenmedien. Ergebnisse einer US-weiten Zeitungsanalyse. In: Media Perspektiven, Nr. 1, S. 20-24

Kiefer, Marie Luise (1978): US-Network-Fernsehen: Boom mit Krisenzeichen. In: Media Perspektiven, Nr. 2, S. 65-74

Kiefer, Marie Luise (1978): Das Geldbudget der privaten Haushalte für Massenmedien. In: Media Perspektiven, Nr. 2, S. 102-105

Kiefer, Marie Luise (1978): Überregionaler Werbemarkt 1977 – stabil in der Wirtschaftsflaute. In: Media Perspektiven, Nr. 2, S. 105-109

Kiefer, Marie Luise (1978): Erfahrungen zur Akzeptanz von Kabel-Diensten. Untersuchungsergebnisse aus Japan, USA und England. In: Media Perspektiven, Nr. 6, S. 439-445

Kiefer, Marie Luise (1978): Fernsehen im Meinungsbild der US-Bevölkerung. Ergebnisse der kontinuierlichen Roper-Umfragen. In: Media Perspektiven, Nr. 7, S. 498-501

Kiefer, Marie Luise (1978): Kommunikationsverhalten und Buch. Eine Medienvergleichsstudie über Position und Funktionen des Buchs. In: Media Perspektiven, Nr. 9, S. 609-631

Kiefer, Marie Luise (1978): Tageszeitung und Fernsehen im Prozeß politischer Meinungsbildung. Eine US-Studie zu den Senatswahlen 1974. In: Media Perspektiven, Nr. 9, S. 632-636

Kiefer, Marie Luise (1978): Fernsehserie Roots – wenig erfolgreich im Abbau rassischer Vorurteile. In: Media Perspektiven, Nr. 9, S. 637-641

Berg, Klaus / Kiefer, Marie Luise (Hrsg.) (1978): Massenkommunikation. Eine Langzeitstudie zur Mediennutzung und Medienbewertung. Mainz: v. Hase & Köhler.

1977

Kiefer, Marie Luise (1977): Wieviel Aufmerksamkeit für welches Medium? In: Bertelsmann Briefe, Heft 92, Oktober, S. 6-13

Kiefer, Marie Luise (1977): Wieviel Aufmerksamkeit für welches Medium? In: Zeitungs-Verlag und Zeitschriften-Verlag (ZV+ZV), 74. Jg., Nr. 51/52, S. 2202-2207

Kiefer, Marie Luise (1977): Rundfunkjournalisten als Wahlhelfer? Zur Diskussion über die Wahlniederlage von CDU/CSU und ihre möglichen Ursachen. In: Media Perspektiven, Nr. 1, S. 1-10

Kiefer, Marie Luise (1977): Werbung 1976 – ein Boomjahr für die Zeitschriften. Die Entwicklung der überregionalen Werbung in den klassischen Medien. In: Media Perspektiven, Nr. 2, S. 77-82

Kiefer, Marie Luise (1977): USA: Lokale Medien-Monopole verringern Informationsangebot. Diskussion über Entflechtung Rundfunk/Zeitung hält an. In: Media Perspektiven, Nr. 3, S. 125-130

Kiefer, Marie Luise (1977): Werbefunk – das Medium des schlechten Gewissens? ARW veranstaltet ersten Werbefunk-Treff. In: Media Perspektiven, Nr. 5, S. 243-248

Kiefer, Marie Luise (1977): Werbegesamtkosten 1975 auf 27,7 Milliarden DM geschätzt. Zur Ermittlung der Werbeaufwendungen in der Bundesrepublik. In: Media Perspektiven, Nr. 5, S. 249-252

Kiefer, Marie Luise (1977): Konzentration und schlechte Ertragslage. Royal Commission on the Press veröffentlicht Schlußbericht. In: Media Perspektiven, Nr. 9, S. 526-532

Kiefer, Marie Luise (1977): Konkurrenz keine Garantie für Programmqualität. Bilanz der ersten drei Jahre ORTF-Nachfolge. In: Media Perspektiven, Nr. 12, S. 700-706

1976

Kiefer, Marie Luise (1976): Pay-TV – Ein taugliches Modell auch für die Bundesrepublik? In: Media Perspektiven, Nr. 5, S. 216-227

Kiefer, Marie Luise (1976): Frankreich: Das Pressekarussell dreht sich – die Konzentration wächst. In: Media Perspektiven, Nr. 7, S. 325-329

Kiefer, Marie Luise (1976): Public Radio in den USA – Dornröschenschlaf beendet? Erfolg nach 50 Jahren Stagnation. In: Media Perspektiven, Nr. 8, S. 371-378

Kiefer, Marie Luise (1976): Vom Konkurrenten zum Benefiz der Zeitungsverleger? Anzeigenblätter werden standesgemäß. In: Media Perspektiven, Nr. 12, S. 579-588

1975

Kiefer, Marie Luise (1975): Konditionen und Modalitäten der Rundfunk- und Fernsehwerbung in Europa. In: Zeitungs-Verlag und Zeitschriften-Verlag (ZV+ZV), 72. Jg, Nr. 51-52, S. 1814-1817

Kiefer, Marie Luise (1975): Rundfunkgebühr und Zeitungspreise keine Konkurrenz. Rundfunkgebührenerhöhung 1974 ohne Einfluß auf Zeitungsbezug. In: Media Perspektiven, Nr. 2, S. 49-56

Kiefer, Marie Luise (1975): Gewinne für die Zeitungen. Die Bruttowerbeaufwendungen in den klassischen Medien 1974. In: Media Perspektiven, Nr. 2, S. 57-60

Kiefer, Marie Luise (1975): BDZV legt Zahlen zur wirtschaftlichen Lage der Presse vor. In: Media Perspektiven, Nr. 3, S. 103-109

Kiefer, Marie Luise (1975): Presse contra Fernsehen. Streit der ungleichen Brüder zum Schaden der Werbung. In: Media Perspektiven, Nr. 4, S. 152-155

Kiefer, Marie Luise (1975): Massenkommunikation 1964-1974. Trendanalyse zur Nutzung und Rolle der tagesaktuellen Medien (I). In: Media Perspektiven, Nr. 5, S. 185-198

Kiefer, Marie Luise (1975): Massenkommunikation 1964-1974. Trendanalyse zur Nutzung der tagesaktuellen Medien als Träger politischer Information (II). In: Media Perspektiven, Nr. 6, S. 259-273

Kiefer, Marie Luise (1975): Massenkommunikation 1964-1974 (III). Der Informationsprozeß – Bindung an die Medien und ihre Angebote. In: Media Perspektiven, Nr. 7, S. 313-328

Kiefer, Marie Luise (1975): Massenkommunikation 1964-1974 (IV). Das Image der Medien. In: Media Perspektiven, Nr. 9, S. 413-424

Kiefer, Marie Luise (1975): Massenkommunikation 1964-1974 (Schluß). Zusammenfassung der wichtigsten Ergebnisse. In: Media Perspektiven, Nr. 10, S. 457-466

1974

Kiefer, Marie Luise (1974): Das Geldbudget privater Haushalte für Massenmedien. In: Zeitungs-Verlag und Zeitschriften-Verlag (ZV+ZV), 71. Jg., Nr. 39+40, S. 1168-1169

Kiefer, Marie Luise (1974): Werbung in der Bundesrepublik – Ende des Booms? Niedrigste Wachstumsrate der Markenartikelwerbung seit 20 Jahren. In: Media Perspektiven, Nr. 2, S. 45-52

Kiefer, Marie Luise (1974): Das Geldbudget der privaten Haushalte für Massenmedien – Mehr als die Hälfte für Druckmedien. In: Media Perspektiven, Nr. 2, S. 53-55

Kiefer, Marie Luise (1974): Freizeitbeschäftigung Lesen bleibt interessant – Zeitunglesen dominiert, Buchlektüre rückläufig. Eine Ifak-Untersuchung über den deutschen Buchmarkt. In: Media Perspektiven, Nr. 5, S. 216-222

Kiefer, Marie Luise (1974): Partnersuche auf solider Wirtschaftsbasis. Zum Geschäftsbericht der Axel Springer Verlag AG. In: Media Perspektiven, Nr. 7, S. 297-303

Kiefer, Marie Luise (1974): Rundfunkwerbung in Europa. In: Media Perspektiven, Nr. 8, S. 370-378

Kiefer, Marie Luise (1974): Großbritannien: Labour diktiert Organisation und Finanzierung der Massenmedien. In: Media Perspektiven, Nr. 9, S. 417-422

Kiefer, Marie Luise (1974): Sport im Fernsehen – Favorit des Zuschauers? In: Media Perspektiven, Nr. 9, S. 427-433

Kiefer, Marie Luise (1974): Verbrauchermeinungen über Werbung. In: Media Perspektiven, Nr. 10, S. 508-513

Kiefer, Marie Luise (1974): Werbung in der Diskussion. Hamburger Werbekongreß – ein Signal für Veränderungen? In: Media Perspektiven, Nr. 11, S. 531-535

Kiefer, Marie Luise (1974): Fernsehen und Familie. Eine Infratest-Studie zur Kinderfernsehforschung. In: Media Perspektiven, Nr. 12, S. 603-612

1973

Kiefer, Marie Luise (1973): Die Medien und ihr Publikum. Zu Ergebnissen der Massenkommunikationsforschung. Berlin: Rias.

Kiefer, Marie Luise (1973): Politische Sendungen im Fernsehen. Angebot, Interesse und Nutzung – eine Infratest-Analyse. In: Media Perspektiven, Nr. 2, S. 53-64

Kiefer, Marie Luise (1973): Die Entwicklung der Werbeaufwendungen 1972. Neues Zahlenmaterial des ZAW. In: Media Perspektiven, Nr. 3, S. 107-111

Kiefer, Marie Luise (1973): Quiz und Show im Fernsehen. Eine Infratest-Analyse ausgewählter Unterhaltungssparten. In: Media Perspektiven, Nr. 3, S. 117-122

Kiefer, Marie Luise (1973): USA: Regionalzeitungen gegenüber Funk und Fernsehen erfolgreich behauptet. Ein Erfahrungsbericht der Regionalpresse. In: Media Perspektiven, Nr. 4, S. 163-167

Kiefer, Marie Luise (1973): Wofür interessiert sich der Bundesbürger? Eine Emnid-Untersuchung zum Angebot der Massenmedien. In: Media Perspektiven, Nr. 4, S. 178-183

Kiefer, Marie Luise (1973): Werbung in der Sowjetunion. In: Media Perspektiven, Nr. 5, S. 204-207

Kiefer, Marie Luise (1973): Medienpolitik fordert Differenzierung. Gummersbacher Akademiegespräch mit Parteivertretern. In: Media Perspektiven, Nr. 6, S. 245-248

Kiefer, Marie Luise (1973): Frankreich: 7 Versuchsstädte für Kabelfernsehen. In: Media Perspektiven, Nr. 8, S. 263-270

Kiefer, Marie Luise (1973): Kabelfernsehen in EG-Ländern: gebremstes Wachstum. Eine Studie im Auftrag der Europäischen Gemeinschaft. In: Media Perspektiven, Nr. 8, S. 270-272

Kiefer, Marie Luise (1973): Vorinformation über das Fernsehprogramm. Wachsende Nutzung der Informationsmöglichkeiten. In: Media Perspektiven, Nr. 8, S. 280-285

Kiefer, Marie Luise (1973): Zum Mangel an Daten über die wirtschaftliche Situation der Tagespresse. In: Media Perspektiven, Nr. 10, S. 494-498

Kiefer, Marie Luise (1973): Massenmedien ohne Zukunft? Eine amerikanische Analyse zum gesamtwirtschaftlichen Status der Massenmedien. In: Media Perspektiven, Nr. 11, S. 517-525

Kiefer, Marie Luise (1973): Werbung in Italien. In: Media Perspektiven, Nr. 11, S. 529-535

Kiefer, Marie Luise (1973): Fernsehen in Deutschland – ein preiswertes Vergnügen. Gebührenhöhe und Programmangebot im internationalen Vergleich. In: Media Perspektiven, Nr. 12, S. 569-578

Kiefer, Marie Luise (1973): Erhöhung der Rundfunkgebühr ohne Einfluß auf Zeitungsbezug. Ergebnisse zweier Untersuchungen in der Schweiz und in Österreich. In: Media Perspektiven, Nr. 12, S. 579-586

1972

Kiefer, Marie Luise (1972): Massenkommunikation 1970 (II). Die Reichweite der Massenmedien als Träger politischer Information 1964 und 1970. In: Media Perspektiven, Nr. 2, S. 57-66

Kiefer, Marie Luise (1972): Der Werbemarkt 1971. In: Media Perspektiven, Nr. 2, S. 71-76

Kiefer, Marie Luise (1972): Massenkommunikation 1970 (III). Bindung an die Massenmedien und ihr publizistisches Angebot 1964 und 1970. In: Media Perspektiven, Nr. 4, S. 147-156

Kiefer, Marie Luise (1972): Die Preisentwicklung der Güter und Dienstleistungen für Bildung und Unterhaltung in der BRD 1962-1971. In: Media Perspektiven, Nr. 4, S. 165-172

Kiefer, Marie Luise (1972): Massenkommunikation 1970 (IV). Einstellungen zu den Massenmedien und ihrem publizistischen Angebot 1964 und 1970. Der Informationsprozeß. In: Media Perspektiven, Nr. 5, S. 221-233

Kiefer, Marie Luise (1972): Massenkommunikation 1970 (Schluß). Zusammenfassung der wichtigsten Ergebnisse. In: Media Perspektiven, Nr. 6, S. 259-266

Kiefer, Marie Luise (1972): Media-Forschung in der BRD. Die kontinuierliche Fernseh-Forschung durch Infratest und Infratam. In: Media Perspektiven, Nr. 6, S. 269-277

Kiefer, Marie Luise (1972): Stadt-Illustrierte – Bauers Vorstoß auf den lokalen Werbemarkt startet im September. In: Media Perspektiven, Nr. 7, S. 307-314

Kiefer, Marie Luise (1972): Mediaforschung in der Bundesrepublik Deutschland. Die ZAW-Werbefunkhöreranalyse. In: Media Perspektiven, Nr. 8, S. 359-365

Kiefer, Marie Luise (1972): Gebremstes Wachstum auf dem Werbemarkt. Die Halbjahresergebnisse 1972. In: Media Perspektiven, Nr. 8, S. 365-371

Kiefer, Marie Luise (1972): Rundfunkpolitische Struktur Großbritanniens in der Diskussion. Untersuchungsausschuß legt Bericht über die Independent Broadcasting Authoritiy vor. In: Media Perspektiven, Nr. 11, S. 483-491

1971

Kiefer, Marie Luise (1971): Freizeit und Massenmedien. Von der arbeits- zur freizeitorientierten Gesellschaft. In: Zeitungs-Verlag und Zeitschriften-Verlag (ZV+ZV), 68. Jg., Nr. 42, S. 1978-1984

Kiefer, Marie Luise (1971): Fernsehforschung in Japan. NHK Research Institute mit umfangreichen Forschungsprogrammen – die Medien und ihr Publikum heute. In: Media Perspektiven, Nr. 1, S. 1-10

Kiefer, Marie Luise (1971): USA: Sinkende Beachtungswerte für die Fernseh-Werbung. Kein Vorsprung mehr gegenüber anderen Werbeträgern. In: Media Perspektiven, Nr. 1, S. 12-15

Kiefer, Marie Luise (1971): Expandierender Werbemarkt 1970. Gesamtaufwand für Markenartikelwerbung 3,7 Mrd. DM. In: Media Perspektiven, Nr. 2+3, S. 49-53

Kiefer, Marie Luise (1971): Großbritannien: BBC bleibt im Lokalrundfunk. Errichtung von 60 kommerziellen Hörfunkstationen vorgesehen. In: Media Perspektiven, Nr. 4, S. 77-83

Kiefer, Marie Luise (1971): Freizeit und Massenmedien. Von der arbeits- zur freizeitorientierten Gesellschaft. In: Media Perspektiven, Nr. 4, S. 83-96

Kiefer, Marie Luise (1971): Die amerikanische Rundfunkindustrie 1971. Wirtschaftliche Daten – programmliche Aspekte – Kontroverse um das Kinderfernsehen. In: Media Perspektiven, Nr. 6, S. 167-177

Kiefer, Marie Luise (1971): Massenkommunikation 1970. Vergleichende Analyse der Nutzung des massenmedialen Kommunikationsangebots und der Einstellungen zu den Medien 1964 und 1970. In: Media Perspektiven, Nr. 9, S. 245-257

Kiefer, Marie Luise (1971): Möglichkeiten eines lokalen Rundfunks in der BRD. Überlegungen zur wirtschaftlichen Lebensfähigkeit und publizistischen Nützlichkeit. In: Media Perspektiven, Nr. 11, S. 313-324

Kiefer, Marie Luise (1971): Servicewellen und Tageszeitungen. In: Media Perspektiven, Nr. 12, S. 377-382

Kiefer, Marie Luise (1971): Die Resonanz von Fernsehkampagnen gegen das Rauchen. Eine amerikanische Untersuchung. In: Media Perspektiven, Nr. 12, S. 398-400

1970

Kiefer, Marie Luise (1970): Wettbewerb und Partnerschaft der Massenmedien. In: Media Perspektiven, Nr. 136, S. 2-13

Kiefer, Marie Luise (1970): Das Publikum der Massenmedien. Reichweiten- und Struktur-Analyse nach relevanten sozialen Merkmalen. In: Media Perspektiven, Nr. 136, S. 14-19

Kiefer, Marie Luise (1970): Positive Entwicklung der Werbeaufwendungen hält an. Hoher Zuwachs bei Publikumszeitschriften, leichter Rückgang bei Zeitungen. In: Media Perspektiven, Nr. 139, S. 1-7

Kiefer, Marie Luise (1970): CATV – amerikanische Hoffnung auf ein besseres Fernsehen? In: Media Perspektiven, Nr. 140, S. 1-13

Kiefer, Marie Luise (1970): Optimistische Zukunftserwartungen der amerikanischen Kinobesitzer. In: Media Perspektiven, Nr. 141, S. 4-6

Kiefer, Marie Luise (1970): Die „Autofahrer-Welle" – publizistische und werbewirtschaftliche Gefahr für die Zeitungspresse? In: Media Perspektiven, Nr. 142, S. 1-13

Kiefer, Marie Luise (1970): ITA erlaubt erstmals Teilfusion von Programmgesellschaften. Erzwingen finanzielle Schwierigkeiten die Revision des ITV-Konzeptes? In: Media Perspektiven, Nr. 142, S. 14-15

Kiefer, Marie Luise (1970): Wir stellen vor: Nippon Hoso Kyokai (NHK) 1970. Profil der japanischen Rundfunkgesellschaft in Zahlen. In: Media Perspektiven, Nr. 143, S. 13-16

Kiefer, Marie Luise (1970): Werbeaufwand im ersten Halbjahr 1970 weiter gestiegen. Expandierende Anzeigenwerbung – Stagnation der Fernsehwerbung. In: Media Perspektiven, Nr. 144, S. 8-10

Kiefer, Marie Luise (1970): Kabelfernsehen in den USA – Perspektiven aber noch kein Konzept. In: Media Perspektiven, Nr. 145, S. 10-13

Kiefer, Marie Luise (1970): USA: Verschärfte Richtlinien gegen lokale Rundfunkmonopole. In: Media Perspektiven, Nr. 146, S. 14-17

Kiefer, Marie Luise (1970): USA: Neue FCC-Richtlinien gegen Medienkonzentration. In: Media Perspektiven, Nr. 147, S. 5-9

Autorenverzeichnis

Klaus-Dieter Altmeppen, Prof. Dr., studierte Neueste Geschichte, Publizistik- und Politikwissenschaft. Professor am Studiengang Journalistik der Katholischen Universität Eichstätt-Ingolstadt. Arbeitsschwerpunkte: Verantwortungskommunikation, Journalismusforschung, Medienmanagement, Medienorganisation und -ökonomie, Unterhaltungsbeschaffung und -produktion.

Philip Baugut, Mag., studierte Kommunikationswissenschaft und Politikwissenschaft an den Universitäten München und Salzburg. Wissenschaftlicher Mitarbeiter am Lehrstuhl für Politische Kommunikation des Instituts für Kommunikationswissenschaft und Medienforschung der Ludwig-Maximilians-Universität München. Arbeitsschwerpunkte: Politische Kommunikation, Journalismus, Medienpolitik.

Klaus Beck, Prof. Dr., studierte Publizistik und Theaterwissenschaft, Professor für Publizistik- und Kommunikationswissenschaft mit dem Schwerpunkt Kommunikationspolitik/Medienökonomie. Arbeitsschwerpunkte: Ökonomie, Politik und Ethik der Medien, Medientheorie und Mediensystem.

Patrick Donges, Prof. Dr., studierte Politikwissenschaft und Journalistik. Professor für Kommunikationswissenschaft am Institut für Politik- und Kommunikationswissenschaft der Ernst-Moritz-Arndt-Universität Greifswald. Arbeitsschwerpunkte: Politische Kommunikation, Organisationskommunikation, Medienstrukturen und Medienpolitik, Theorien der Kommunikationswissenschaft.

Otfried Jarren, Prof. Dr., studierte Publizistikwissenschaft, Politikwissenschaft, Soziologie und Volkskunde. Ordinarius am IPMZ – Institut für Publizistikwissenschaft und Medienforschung der Universität Zürich und Prorektor Geistes- und Sozialwissenschaften der Universität Zürich. Arbeitsschwerpunkte: Medienpolitik, Politische Kommunikation, Medien und gesellschaftlicher Wandel, Mediensysteme und Medienstrukturen.

Matthias Künzler, Prof. Dr., arbeitet als Forschungsleiter des Themenbereichs Medienkonvergenz am IMP – Institut für Multimedia Production an der Hochschule für Technik und Wirtschaft – HTW Chur. Arbeitsschwerpunkte: Medienkonvergenz, Mediensystem Schweiz im internationalen Vergleich, Medienpolitik, Medienwandel.

Christoph Neuberger, Prof. Dr., studierte Publizistik, Politikwissenschaft, Soziologie und Philosophie. Professor für Kommunikationswissenschaft mit Schwerpunkt „Medienwandel" am Institut für Kommunikationswissenschaft und Medienforschung an der Ludwig-Maximilians-Universität München. Arbeitsschwerpunkte: Journalismus, Medienqualität, Medienwandel, Öffentlichkeit und Journalismus im Internet, Online-Engagement von Presse und Rundfunk, Suchmaschinen, partizipative Formate.

Franziska Oehmer, Dr., studierte Publizistik- und Kommunikationswissenschaft, Politikwissenschaft und Neuere deutsche Literatur. Oberassistentin am DCM – Departement für Kommunikationswissenschaft und Medienforschung der Universität Fribourg. Arbeitsschwerpunkte: Politische Kommunikation, Medieninhaltsforschung, Medialisierungsforschung.

Birger P. Priddat, Prof. Dr., studierte in Hamburg Volkswirtschaft und Philosophie. Lehrstuhl für Volkswirtschaft und Philosophie Universität Witten/Herdecke. Mitbegründer der Zeppelin Universität Friedrichshafen. Diverse fellowships und Gastprofessuren. Arbeitsschwerpunkte: Institutionenökonomie, Wirtschaftsphilosophie, Theoriengeschichte der Ökonomie.

Manuel Puppis, Prof. Dr., studierte Publizistikwissenschaft, Politikwissenschaft sowie Sozial- und Wirtschaftsgeschichte. Associate Professor für Mediensysteme und Medienstrukturen am DCM – Departement für Kommunikationswissenschaft und Medienforschung an der Universität Fribourg. Arbeitsschwerpunkte: Medienpolitik und Medienregulierung, Politische Kommunikation, Vergleich von Mediensystemen, Qualitative Methoden und Organisationstheorie.

Swaran Sandhu, Prof. Dr., studierte Kommunikationswissenschaft und Soziologie. Professor für Unternehmenskommunikation mit Schwerpunkt Public Relations an der Hochschule der Medien Stuttgart. Arbeitsschwerpunkte: PR-Forschung, Neo-Institutionalismus, Netzwerkgesellschaft.

Uwe Schimank, Prof. Dr., studierte Soziologie. Professor für Soziologie am Institut für Soziologie / SOCIUM der Universität Bremen. Arbeitsschwerpunkte: Soziologische Theorie, besonders Theorien der modernen

Gesellschaft, Organisationssoziologie, Wissenschafts- und Hochschulforschung.

Wolfgang Seufert, Prof. Dr. phil., studierte Volkswirtschaftslehre und Publizistikwissenschaft an der Freien Universität Berlin. Professor für Kommunikationswissenschaft mit dem Schwerpunkt Ökonomie und Organisation der Medien am Institut für Kommunikationswissenschaft der Friedrich-Schiller-Universität Jena. Arbeitsschwerpunkte: Medienökonomie, Medienregulierung, Strukturwandel der Medienwirtschaft.

Regina Schnellmann, Mag. Dr., studierte Publizistik- und Kommunikationswissenschaft an der Paris Lodron Universität Salzburg und an der Universität Fribourg, Arbeitsschwerpunkte: Unternehmenskommunikation mit Schwerpunkt PR, ökonomischer und soziologischer Institutionalismus.

Wolfgang Schulz, Prof. Dr., studierte Rechtswissenschaft und Journalistik. Professor für „Medienrecht und Öffentliches Recht einschließlich ihrer theoretischen Grundlagen" an der Fakultät für Rechtswissenschaft der Universität Hamburg. Seit 2001 Mitglied des Direktoriums am Hans-Bredow-Institut für Medienforschung in Hamburg sowie seit 2012 als Direktor des Alexander von Humboldt Instituts für Internet und Gesellschaft in Berlin berufen. Arbeitsschwerpunkte: Kommunikationsfreiheiten und deren rechtsphilosophische Grundlagen, rechtliche Regulierung in Bezug auf Medieninhalte, Fragen des Rechts neuer Kommunikationsmedien und der Rechtsgrundlagen journalistischer Arbeit, Auswirkungen des Öffentlichkeitswandels auf das Recht.

Christian Steininger, Priv.-Doz. Dr., studierte Publizistik- und Kommunikationswissenschaft, Volkswirtschaftslehre und Politikwissenschaft an der Universität Wien. Professuren und Gastprofessuren an den Universitäten Fribourg, Salzburg, Wien und Zürich. Arbeitsschwerpunkte: Medienökonomik, Medienpolitik, Medientheorie.

Vinzenz Wyss, Prof. Dr., studierte Germanistik, Publizistikwissenschaft und Soziologie an der Universität Zürich. Professor für Journalistik am Institut für Angewandte Medienwissenschaft der Zürcher Hochschule für Angewandte Wissenschaften. Arbeitsschwerpunkte: Journalismusforschung, journalistische Qualität und Qualitätssicherung, Medienethik und Medienkritik.